U0143163

The Age of Great Families:
Politics and Institutions in the Six Dynasties

门阀时代

祝总斌 著

魏晋南北朝的政治与制度

北京大学出版社

PEKING UNIVERSITY PRESS

图书在版编目(CIP)数据

门阀时代:魏晋南北朝的政治与制度/祝总斌著.—北京:北京大学出版社,2023.10

(博雅英华)

ISBN 978-7-301-33977-0

Ⅰ.①门… Ⅱ.①祝… Ⅲ.①政治制度—研究—中国—魏晋南北朝时代 Ⅳ.①D691.21

中国国家版本馆 CIP 数据核字(2023)第 080352 号

书　　　名	门阀时代:魏晋南北朝的政治与制度
	MENFA SHIDAI: WEIJIN NANBEICHAO DE ZHENGZHI YU ZHIDU
著作责任者	祝总斌　著
责 任 编 辑	张　晗　刘书广
标 准 书 号	ISBN 978-7-301-33977-0
出 版 发 行	北京大学出版社
地　　　址	北京市海淀区成府路 205 号　100871
网　　　址	http://www.pup.cn　　新浪微博:@北京大学出版社
电 子 邮 箱	编辑部 wsz@pup.cn　　总编室 zpup@pup.cn
电　　　话	邮购部 010-62752015　发行部 010-62750672
	编辑部 010-62755217
印 刷 者	北京中科印刷有限公司
经 销 者	新华书店
	650 毫米×980 毫米　16 开本　20.5 印张　302 千字
	2023 年 10 月第 1 版　2023 年 12 月第 3 次印刷
定　　　价	78.00 元

导　读

叶　炜

　　本书上编、下编收录了祝总斌先生研究魏晋南北朝政治史、制度史的论文十篇,外编收录书评两篇与祝先生的学术自述。十篇论文当中,最早的一篇是发表于 1980 年的《"八王之乱"爆发原因试探》,最晚的一篇,是 1995 年发表的《试论魏晋南北朝的门阀制度》。20 世纪 80、90 年代,是祝先生最具学术创造力的时期,其代表作《两汉魏晋南北朝宰相制度研究》以及对秦汉魏晋南北朝政治、制度研究中最具原创性、影响力的论文大都出自这一时期。也可以说这一时期的论著,体现了祝总斌先生的学术旨趣与研究特点。下面,我就把个人阅读、学习这些著作后的一点儿体会,分享给大家,不一定准确,供读者参考而已。

　　祝总斌先生的史学研究,特点有四:

一、 关注重大问题，推进整体认识

　　历史研究中可供选择的论题很多,其中有些论题尤其具有实质意义和全局意义,这就是所谓重大问题。祝先生讨论重大问题,不是泛泛而谈,而是建立在细密的考证基础之上。门阀制度是魏晋南北朝的核心制度之一,影响涉及政治、经济、社会诸多方面,对当时政治、社会具有重要的塑造作用。在《试论魏晋南北朝的门阀制度》一文中,祝先生开宗明义地指出,"中国中古的门阀制度,整个看来,最主要的特征在于按门第高下选拔与任用官吏，至于士族免徭役、婚姻论门第，'士庶之际，实自天隔'等特征，都是由前者逐渐派生出来的。所以门阀制度在相当长的时期内，主要当属于政治制度的范畴，社会制度的成分是次要的"。文章正是以是否"按门第高下选拔与任用官吏"为主轴，对西晋"二品系资"、东晋南朝前期"门第二品"，以及南朝梁十八班与宋齐官品关系等一系列关键问题进行了细密、精彩的考辨，令人信服地解决了不同时期人品、门品与官品之间的复杂关系，动态地展现了不同时期士族的构成及其变化。在此基础上，祝先生条分缕析地分析了门阀制度发展的阶段性，认为门阀制度大体萌芽于东汉后期，初步形成于曹魏、西晋，确立、鼎盛于东晋及南北朝前期，而衰落于南北朝后期，进而分析了门阀制度在各个阶段的特点及其出现和存续的原因。因为门阀制度的重要性，所以祝先生关于门阀制度的研究构成了一个理解魏晋南北朝时代的框架，此期许多重要的历史现象都可以在这个框架中就位、得到比较好的解释。这不仅有效地深化了学界对于魏晋南北朝时代的整体认识，而且对秦汉史和隋唐史的认识也具有重要的参照价值。

此外，如《试论东晋后期高级士族之没落及桓玄代晋之性质》《都督中外诸军事及其性质、作用》《略论晋律之"儒家化"》等论文都是通过对重大问题的讨论，深化了学界对时代特色及发展脉络的整体把握。

在《试论魏晋南北朝的门阀制度》《都督中外诸军事及其性质、作用》等制度史研究中，祝先生对是否为制度规定、是否为正常官制的关注，对社会风气与政治制度关系的探讨，都深化了对制度史的研究，并使制度史研究与政治史、社会史更为紧密地联系起来。

二、 大处着眼、小处着手

这一道理知易行难，关键在于大、小的结合，如何找到关键的切入点，如何将宏观认识建立在微观考察基础之上。祝先生对此十分重视，他认为"一部史学著作不但需要有宏观方面的理论概括和创造性见解，而且需要有微观方面的严谨处理与史料的细致考证和巧妙运用。前者欠缺,后者便易流于恒饤;后者单薄,前者又会失之空洞、缺乏说服力"(《评田余庆著〈东晋门阀政治〉》)。他在《我与中国古代史》讲"论从史出"时谈到:"对于一些在关键问题上的精彩考证,必须给予高度评价,有些考证绝不亚于一篇大论文或专著。"本集所收《刘裕门第考》《素族、庶族解》两篇文章,就是这方面的代表。

在《刘裕门第考》中,祝先生的问题指向是"刘裕代表的是哪一种社会势力? 刘裕代晋体现了什么历史规律"? 而祝先生的具体着力处,则是刘裕家族的门第,也就是"为了有助于这些问题的研究,本文试图探讨一下刘裕的出身、门第"。祝先生从分析刘氏家族及其婚姻家族的为官情况入手,指出他们担任的官位大致上可分三类:第一类是地方上的县令、郡太守,第二类是不归朝廷选任,地方上由郡太守自行辟除的郡功曹,第三类是中央的郎官、御史和助教。接着,祝先生按类别,一一详细考辩了在东晋哪些家族可以担任以上三类官职,在比较中确认刘裕家族的社会地位。他认为在东晋,县令、郡太守多由士族垄断,故刘裕及其婚姻家族一般不可能是寒族,但他们三代人中没有一人治理过像吴郡、会稽那样的大郡,又证明他们一般决不可能是高级士族。郡功曹一般是由低级士族充任,寒族仍不敢染指。所以刘裕及其婚姻家族,从充任郡功曹这一点看,一般也不可能是寒族,多半应是低级士族。对第三类官员而言,从"尚书郎、正员郎言,我们似乎应该推定刘裕及其婚姻家族决非寒族。然就治书侍御史、侍御史、助教说,又不会是高门,恐怕只可能是一个低级士族"。论证到此,似乎已经很能够说明问题了,但祝先生仍然考虑到了反例的存在,他特别强调"刘裕家族却不可能是这种例外。因为在其本族和婚姻家族中不是个别人充任这三类官,而是整整三代人都离不开这三类官,这岂能是例外呢?"接着祝先生又论证了东晋社会"次门下一等即'役门',也就是寒族","次门和役门间并无别的阶层"。这样东晋士族仍只有两等,即高级和低级,或高门与次门,刘裕门第为低级士族、次等士族的观点得以充分论证。这篇文章中,祝先生大处着眼、小处着手,思维严谨、考证细密的特点十分突出。而且,《刘裕门第考》从分析刘氏及其婚姻家族的任官特权入手分析刘氏家族所属社会阶层,这里已经有了后来研究门阀制度,强调门阀制度"最主要的特征在于按门第高下选拔与任用官吏"的基本认识。

《素族、庶族解》是一篇篇幅不大的考证文章,但要解决的,却是关乎准确理解门阀制度的部分关键词。其中,讨论"素族""素姓"二词的出现及其与"庶族""庶姓"的混用时,还从"素"字的字义和声韵方面做了研究,与历史学讨论相得益彰。祝先生提倡"文字学、训诂学、考古学、天文历法、科学技术、中外交通、文学艺术、哲学宗教等知识,也都需要不同程度地尽可能多懂一些"(《我与中国古代史》),以上考证也是祝先生厚积薄发的一个例子。

三、 质疑成说,推陈出新

读祝总斌先生的论文,思路总是不断地随着作者提出的一个又一个"为什么"而前行。祝先生的很多研究,都是从对大家所共知的基本历史现象问"为什么"开始,又是以追问"为什么"而层层推进的。如为什么出身"寒微"的低级士族刘裕敢于觊觎皇帝宝座,而最后终于得以如愿以偿,凌驾诸高级士族之上,推翻司马氏,建立宋王朝呢?为什么高级士族要推桓玄为帝?为什么说他是高级士族的代表?(《试论东晋后期高级士族之没落及桓玄代晋之性质》)刘裕代晋后的第二年,派人杀死了禅位后的晋恭帝。祝先生就此提出"为何魏文、晋武不杀前代之君,而刘裕却敢于开此先例呢"?(《晋恭帝之死和刘宋初年的政治斗争》)在《陶渊明田园诗产生的历史、文化背景》中,祝先生开篇提出的是"陶渊明的田园诗,自唐宋以来为人们高度赞许和广泛传诵,已经一千多年","为什么恰好在东晋、刘宋之际会出现这种风格的诗"?结合具体历史、文化背景的探讨由此展开。

这作为祝先生思考、写作的一个特点,在未收入本集的论文中也比比皆是。如为什么在公元前3世纪中开始把成文法称作"律",并且此后约定俗成,一直沿用了下去?为什么在那以前各种成文法的名称,经过摸索、选择,终于为"律"所代替,"律"字适合用于法律意义,其强大的竞争力究竟何在?(《关于我国古代的"改法为律"问题》)为什么八股对仗这一文体前后能存在数百年?(《正确认识和评价八股文取士制度》)对于吏胥,唐宋以后予以严厉抨击,可是为什么这一制度始终无法废除或彻底改革?(《试论我国古代吏胥制度的特殊作用及官、吏制衡机制》)

正是这种不断提问和质疑的精神,使得祝先生的论文往往能突破成说,推陈出新。在《"八王之乱"爆发原因试探》中,祝先生认为"八王之乱"爆发的主要原因,既不是晋武帝大封同姓诸王,也不是任诸王以方面重镇、赋予权力过大的结果,而是晋武帝在世时安排的皇位继承人及辅政大臣不得其人。更为典型的是《正确理解顾炎武八股文取士"败坏人才"说》等三篇对八股文取士制度的研究。多年来,提到八股文取士,有关论著几乎是一片否定之声,而且是全盘否定,对八股文取士"败坏人才"的观点也几乎成为了大家无条件接受的"公理"和"常识"。然而,祝先生正是在他人批判性思维停止的地方继续追问,从八股文取士制度得以延续数百年这一基本现象入手,以具体问题具体分析的历史学方式,探讨其立法意图与产生的弊病,及其二者的关系,指出八股文取士制度对明清社会文明程度大幅度提高的积极作用。这使我们得以更为历史地、全面地把握这一制度。对"公理"和"常识"的质疑,使我们的认识得以摆脱桎梏。

四、 前后贯通,笼罩全局

祝总斌先生的研究成果虽然以秦汉魏晋南北朝史和古代政治制度史为主,但是他的研究范围上起先秦,下及明清,可以说对中国古代史有通盘的理解。这既包括前后贯通,如《略论中国封建政权的运行机制》和《试论我国封建君主专制权力发展的总趋势》,也包括上下贯通,既研究中国古代政权中高高在上的皇帝与宰相,也研究处于政权神经末梢、但绝非不重要的吏胥。

贯通和全局观不仅体现在研究对象的选择上,而且更体现在具体研究之中。《试论东晋后期高级士族之没落及桓玄代晋之性质》的背后,是祝先生对魏晋南北朝门阀制度发展历程的整体思考和把握,祝先生提出,门阀制度始于魏晋,至东晋前期达到顶峰。门阀特权在东晋已制度化,门阀制度的高度发展腐蚀了高级士族。他们或是统治才干越来越弱,或是虽有统治才干而为门阀特权所累,除了关心保住权位和家族外,全都在现实政治中发挥不了多大作用。这就是为什么低级士族刘裕虽然遭到高级士族普遍轻视,仍得以取代司马氏,成为高级士族不得不北面奉事之君主的根本原因,亦即门阀制度高度发展的必然结果。

儒家的礼是有差别的行为规范,法家的法是无差别的行为规范,礼、法结合是一个漫长的过程,也是理解、揭示中国古代法律发展特色的重要课题。20世纪40年代,陈寅恪先生提出了晋律在古代法律儒家化中所占之重要地位:"古代礼律关系密切,而司马氏以东汉末年之儒学大族创建晋室,统制中国,其所制定之刑律尤为儒家化。"不久以后,瞿同祖先生《中国法律之儒家化》进一步系统讨论了这一过程。祝先生在此基础上提出:"所谓儒家化,主要指制定晋律遵循和吸收的是儒家经典中'礼'的精神和规范。"进而从"司法中礼、律并举,同具法律效力""官吏得终三年丧,居丧违礼受法律制裁""关于处理私复仇案件之折中办法""强调继母名分同亲母""父在,子不得分家异财""禁止以妾为妻""贵族官吏犯法得到照顾,享有特权"等七个方面揭示晋律儒家化的表现,将晋律儒家化的讨论引向具体和深入。而且,祝先生还从封建大土地所有制和大家族发展这一东汉魏晋具有时代特色的重要历史现象出发,从秦汉魏晋政府处理封建大家族与封建王朝之间孝与忠、家与国、私与公关系的角度揭示晋律儒家化的原因,其讨论超出了法律史范畴,拓展了理解晋律儒家化的空间,也使读者能够获得更大的启发。

祝总斌先生总是能够将宏观的见识建立在微观的考证基础之上,文章恢宏而不失于疏阔,显示了祝先生关照全局的宏大视野与思接千载的史学思维魅力。让我们感受到钱穆先生所谓"能总揽全局,又能深入机微","能见其全、能见其大、能见其远、能见其深、能见人所不见处"的学术境界。读祝总斌先生的文章,眼前似乎浮现出了一位容貌清癯的武林高手形象,他非以精妙的招式取胜,而以深厚的内力见长,他出招不紧不慢,但环环相扣,毫无破绽,一招一式朴实无华,却又绵绵不绝,势不可挡。

目　录

上　编　政治与人物

下　编　制度与法律

外 编 学者与学术

上　编

政治与人物

"八王之乱"爆发原因试探[*]

"八王之乱"^①是西晋统治集团之间一场争权夺利的激烈斗争,开始是宫廷政变,后来演化成大规模的屠杀战争。在这之前,阶级斗争、民族斗争本来并不尖锐,社会秩序是比较稳定的。干宝描述说:"太康之中,天下书同文,车同轨,牛马被野,余粮栖亩,行旅草舍,外闾不闭。……故于时有天下无穷人之谚。"^②《晋书》卷二六《食货志》也说:"平吴之后……天下无事,赋税平均,人咸安其业而乐其事。"这些话虽有极大夸张之成分,却并非子虚乌有。而从"八王之乱"开始后,情况就大不同了。规模比较大的少数民族起义和流民起义,接踵而起,阶级矛盾和民族矛盾迅速激化,不过二十几年,一个强大的帝国就土崩瓦解了。很明显,"八王之乱"是西晋灭亡的一个关键性事件,所以古今论述它的不乏其人,笔者在这里想仅就其爆发的原因谈一点粗浅的意见。

——

不少人认为,"八王之乱"是晋武帝大封同姓诸王,建立了许多王国所造成的。这种看法符不符合历史情况呢?

大家知道,曹魏王朝控制诸王十分严厉。封国小,地方穷,户口少,

---

* 原载《北京大学学报(哲学社会科学版)》1980年第6期。
① 为行文简便,本文的"八王之乱"一词包括贾后乱政。
② 《文选》卷四九"史论类"干令升《晋纪总论》。

所谓"子弟王空虚之地,君有不使之民"。① 特别是诸王没有实权,"寮属皆贾竖下才,兵人给其残老,大数不过二百人"。② 而且"设防辅、监国之官以伺察之",诸王行动没有自由,"游猎不得过三十里"。③ 有一次曹植与曹彪从洛阳回封国,兄弟二人因为很久不见,"欲同路东归,以叙隔阔之思,而监国使者不听"。曹植气愤地写了首诗咒骂。④ 然而也只是骂骂而已,丝毫无济于事。由于曹魏王朝控制诸王如此之严,"王侯皆思为布衣而不能得"⑤,因而西晋初年一些大臣都把这看成是曹魏之所以轻易被取代的根本原因,认为这种制度使得诸王毫无力量藩卫中央,中央太孤立了。⑥ 正是在这个认识的基础上,晋武帝"惩魏氏孤立之敝,故大封宗室"⑦,前前后后大约封了几十个同姓王。要是单从这个指导思想看,赋予诸王的权力应该很大,然而事实不然。因为一项政治制度的建立不可能超越它的时代条件。在西晋,这些条件主要是:第一,从秦汉以来,专制主义中央集权制度适合于封建经济基础,已经逐渐完备,不可移易。王国的权力不可能摆脱这一羁绊。第二,经过东汉末年的战乱,社会经济一直未能完全恢复,全国人口到太康元年(280),包括吴、蜀在内,也才只有一千一百一十六万⑧,和西汉末年五千九百多万比,相差甚远。王国的规模和制度必然要受它制约。由于这两个条件,尽管西晋诸王极受尊重,行动也自由得多,然而就实权看,比起曹魏诸王来,却没有也不可能有根本的变化。

西汉初年,"藩国大者,跨州兼郡,连城数十"。⑨ 而西晋只不过"封诸王以郡为国"⑩。而且这个"国"并不全部属于他,"名山大泽不以封,

---

① 《三国志》卷二〇《魏书》注引《魏氏春秋》载曹冏上书之言。
② 《三国志》卷一九《魏书·陈思王植传》。
③ 《三国志》卷二〇《魏书》注引《袁子》。
④ 《三国志》卷一九《魏书》注引《魏氏春秋》。
⑤ 《三国志》卷二〇《魏书》注引《袁子》。
⑥ 《晋书》卷四六《刘颂传》、卷四八《段灼传》。
⑦ 《资治通鉴》卷七九晋武帝泰始元年。
⑧ 《晋书》卷一四《地理志上》。
⑨ 《汉书》卷一四《诸侯王表序》。
⑩ 《晋书》卷一四《地理志上》。

盐铁金银铜锡,始平之竹园,别都宫室园囿,皆不为属国"①。而对封给他的地区,诸王也无权收取全部民户的赋税。如中山国有户 32000,中山王睦食户只有 5200;平原国有户 31000,平原王榦食户只有 11300;梁国有户 13000,梁王肜食户只有 5358;太原国有户 14000,太原王瓌食户只有 5496;东平国有户 6400,东平王楙食户只有 3097;等等②。同时,即使诸王所食之户,大部分剥削收入也要归晋王朝,诸王只能到手一部分,大体是三分之一③。由于财权太小,于是便发生了这样的事情:中山王睦"遣使募徙国内八县受逋逃、私占及变易姓名、诈冒复除者七百余户,冀州刺史杜友奏睦招诱逋亡,不宜君国"。④ 招诱逋亡,汉魏以来屡见不鲜,是贵族、官僚和豪族大地主与封建王朝争夺劳动力的惯用伎俩,并不奇怪。奇怪的是中山王睦招诱的是自己封国内的劳动力。表面看来,是自己挖自己的墙脚,其实,正好反映诸王财权太小,王国范围内的赋税剥削大部分被晋王朝攫去了,诸王不够挥霍,所以要另谋生财之道。挖,实际上是挖晋王朝的墙脚。

在官吏的任用上,王国也受极大限制。西晋刚建立时,曾允许诸王"皆自选其文武官"⑤。然而说是"自选",其实并不能随心所欲,而要受晋王朝的监督。《晋书》卷三八《梁王肜传》:"时诸王自选官属,肜以汝阴上计吏张蕃为中大夫",因为蕃"素无行",犯了法,结果肜"为有司所奏,诏削一县"。所以有些王也就不敢、不愿自选官吏。《晋书》卷三八《齐王攸传》:齐国"长吏缺",攸拒绝自选,下令说:"至于官人叙才,皆朝廷之事,非国所宜裁也。"《晋书》卷三八《琅邪王伷传》:封东莞郡王,时晋武帝"特诏诸王自选令长,伷表让,不许"。在这种情况下,诸王官属的任命权大概不久又交还了晋王朝。《晋书》卷五七《吾彦传》:彦吴平后

①　《晋书》卷二四《职官志》。
②　参《晋书》之《地理志》及诸王本传。王国的户数是太康元年数字,诸王食户是泰始年间数字,二者并不正相值,但诸王食户只是王国户数的一部分则是没有问题的。
③　《通典》卷三一、《宋书》卷四〇《百官志下》、《初学记》卷二七引《晋故事》。
④　《晋书》卷三七《高阳王睦传》。
⑤　《晋书》卷二四《职官志》。《资治通鉴》卷七九系于泰始元年。

归晋，"时顺阳王畅骄纵，前后内史皆诬之以罪。及彦为顺阳内史，彦清身率下……畅不能诬，乃更荐之，冀其去职"。这是内史由晋王朝任命的明证。如果顺阳王自选，显然就不会发生"乃更荐之，冀其去职"的问题了。《晋书》卷四八《段灼传》：灼泰始、咸宁（265—280）间上书，建议诸王除特殊情况外，"年十五以上悉遣之国。为选中郎、傅、相，才兼文武，以辅佐之"。"中郎"或即中尉之误，①是王国三卿之一；"傅"即诸王师，因避晋景帝司马师讳，有时称傅；"相"即王国相②。段灼的话，反映这些主要属官是全由晋王朝配备的。③《晋书》卷四六《刘颂传》：颂于太康年间上书建议赋予诸王以实权时说："至于境内之政，官人用才，自非内史、国相命于天子，其余众职及死生之断，谷帛资实，庆赏刑威，非封爵者，悉得专之。"这段话反过来也就证明当时诸王已被取消了从内史、国相到"其余众职"的任命权了。

　　至于军队，王国的数量并不多。《晋书》卷一四《地理志》的记载是大国五千人，次国三千人，小国一千五百人。而且是由晋王朝配备的。《晋书》卷二四《职官志》称：诸王"其未之国者，大国置守土百人，次国八十人，小国六十人"。及至议遣诸王就国，荀勖又说：如诸王就国，"国皆置军，官兵还当给国，而阙边守"。④ 这里曰"置"，曰"给"，而且要动用边防军，可证不是诸王自行豢养的私兵⑤，而应是晋王朝调拨的官军。这些官军调拨给诸王后，和晋王朝维持一个什么样的关系，史无明文，但根据以下事实，可以做一个推测。第一，曹魏诸王国的军队虽然少，也是由中

---

① 考西晋王国官属无"中郎"，而有"中尉"掌兵，根据段灼两次上书强调王国"缮修兵马""增益其兵"的精神看，"郎"字可能是"尉"字之误。

② 参《晋书》卷二四《职官志》。

③ 参《晋书》卷五四《陆云传》、卷三八《乐安王鉴传》、卷九一《儒林·陈邵传》、卷四六《刘颂传》、卷九一《儒林·氾毓传》、卷九四《隐逸·辛谧传》、卷七〇《甘卓传》。还可参《太平御览》卷二四八引《山公启事》。

④ 《晋书》卷三九《荀勖传》。

⑤ 当然，诸王也养有私兵。《晋书》卷六四《淮南王允传》：允为中护军，"率国兵及帐下七百人"讨伐赵王伦。然据下文"允所将兵皆淮南奇才剑客也"，而且数量不多，加上中护军帐下亲兵才七百人，应该就是本传所说的"密养"的"死士"，这是一小部分亡命徒，和晋王朝配备的王国正式军队不同。

央王朝调拨的,而他们常常被征发调走。《三国志》卷一九《魏书·陈思王植传》注引《魏略》:"是后大发士息,及取诸国士。"曹植因为原来得到的士兵才一百五十人,后来士兵的子弟已被调走三批,"其遗孤稚弱,在者无几,而复被取",所以上书抗议,方才免除征发。但这只是一种特恩,按制度是可以调走的。第二,西晋的高级文武官员常常由皇帝"加兵",作为一种荣宠。① 如《晋书》卷三四《杜预传》:"以预为安西军司,给兵三百人、骑百匹。"《晋书》卷三六《卫瓘传》:瓘迁司空,领太子少傅,"加千兵百骑,鼓吹之府"。《晋书》卷五九《汝南王亮传》:亮为太宰,录尚书事,"给千兵百骑"。《晋书》卷四〇《杨骏传》:"置参军六人、步兵三千人、骑千人。"同卷《贾充传》:"给……兵万人、骑二千。"这种加兵与王国军队有不少共同点。首先,赐给时也是曰"置",曰"给",与调拨军队给王国的提法相同。其次,主要任务是护卫长官,与王国军队护卫诸王相同。如《晋书》卷四〇《杨骏传》:贾后发动政变,"殿中兵出,烧骏府……骏兵皆不得出"。《晋书》卷五九《汝南王亮传》:楚王玮攻亮府,"帐下督李龙白外有变,请距之。……长史刘准谓亮曰:……府中俊乂如林,犹可尽力距战"。骏、亮府中之兵当即晋王朝所加之兵。② 然而这些加兵并不属于私人,长官一离任,就和他不再发生关系。如上引卫瓘"加千兵百骑",后告老免职,所加之兵也就撤销了。至惠帝时方才作为荣宠,"复千兵"。甚至未离任时,晋王朝也有权免去这部分军队。如《晋书》卷三八《齐王攸传》:攸迁骠骑将军,"时骠骑当罢营兵,兵士数千人恋攸恩德,不肯去,遮京兆主言之,(武)帝乃还攸兵"。西晋骠骑乃虚号,并不主兵。③

① 《晋书》卷二四《职官志》。
② 《晋书》卷四二《王浑传》:浑迁司徒,虽为文官,犹加兵。楚王玮起事,浑"以家兵千余人闭门距玮"。这里的"家兵"大概不是私人豢养的军队,而应和骏、亮情况一样,是所加之兵。因为一个文官司徒在京师洛阳蓄养私兵千余人,君主专制制度是不允许的。
③ 钱大昕《廿二史考异》卷二五"南齐书·百官志·领军将军"条:"晋宋以来,将军有二等,自骠骑至龙骧将军,皆虚号,非持节出镇,不得领兵。"

罢营兵当即罢所加之兵,①故下面说"帝乃还攸兵"。然还兵乃特恩,可罢所加之兵乃制度。这些说明,"加兵"的最后支配权仍属晋王朝。第三,当时吴国实行领兵制度,由君主赐给将领以士兵,死后子弟继续统率,形成世袭。但这些士兵并不属私人,仍属孙吴王朝,君主有权夺回,改赐他人。② 所赐诸王之兵似乎也是如此。《三国志》卷四八《吴书·孙皓传》:天纪二年(278),"立成纪、宣威等十一王,王给三千兵"。而陆抗上书反对,认为"诸王幼冲,未统国事,可且立傅相,辅导贤姿,无用兵马,以妨要务"。③ 要求孙皓收回,交他统率,抵御西晋。可见按制度是可以收回的。从以上曹魏、西晋、孙吴的三项制度来推测,西晋王国的军队恐怕必要时同样可由晋王朝调动。

总之,西晋的诸王无论财权、政权、军权都受晋王朝的限制和控制,实际只不过是专制主义中央集权制度下一种特殊的地方机构而已。所以诸王在相当长一段时期内,都留在京师陪伴皇帝,而不乐意就国。后来实在不得已被迫就国时,"皆恋京师,涕泣而去"。④ "就国"有时甚至成为削弱权力、钩心斗角的一种手段。如晋武帝因为弟齐王攸威望高,怕他留在京师自己死后会夺太子之位,便下诏一再催促他"就国"。⑤ 又如楚王玮为卫将军,领北军中候,汝南王亮和卫瓘"以玮性狠戾,不可大任,建议使与诸王之国,玮甚忿之"。⑥ 这样的王国,用刘颂的话就是"法同郡县,无成国之制"。他认为建立这样的王国"适足以亏天府之藏,徒弃谷帛之资,无补镇国卫上之势也"。⑦ 既然起不到"镇国卫上"的作用,难道能掀起"八王之乱"的大风浪吗?所以我认为,说晋武帝大封同姓诸王是"八王之乱"的原因,理由是不充分的。

---

① 西晋一些虚号将军常有"营兵"。如《晋书》卷三四《羊祜传》:祜为卫将军,"给本营兵"。《晋书》卷四二《王濬传》:濬拜辅国大将军,"增兵五百人为辅国营"。这些营兵可能是"加兵"的一种,是以长官的军号为军号的。赐给无军号之长官,大概就泛称"加兵"了。
② 唐长孺:《魏晋南北朝史论丛》,生活·读书·新知三联书店,1955年,第19—26页。
③ 《三国志》卷五八《吴书·陆逊传附陆抗传》。
④ 《晋书》卷二四《职官志》。
⑤ 《晋书》卷三八《齐王攸传》。
⑥ 《晋书》卷五九《楚王玮传》。
⑦ 《晋书》卷四六《刘颂传》。

二

有的人认为,"八王之乱"虽非晋武帝大封同姓诸王所造成,却是他任诸王以方面重镇,赋予权力过大的结果。这种看法也值得商榷。

我们知道,咸宁三年(277)晋武帝在泰始初年已任命了一些王为都督的基础上,采纳了杨珧"异姓诸将居边,宜参以亲戚"①的建议,增封诸王为都督,并调换封国,使与都督所在地相近,以扩大其权力。② 到太康十年(289),晋武帝临死前,为了防止叛乱,加强帝室,他再一次增封诸王为都督,任以方面重镇。③ 这是不是"八王之乱"爆发的主要原因呢? 这就需要首先探讨一下都督制度。

都督最早建立于魏文帝曹丕之时。④ 它们的正式名称是都督某州诸军事或都督某地(如淮北)诸军事。在中央则叫都督中外诸军事。其中资历深、威望高的,加号大都督。西晋沿此制度而更完备,"都督诸军为上,监诸军次之,督诸军为下;使持节为上,持节次之,假节为下"。⑤ 都督的权力比起诸王来的确扩大了许多。就地方上的都督言,根据官职的不同,可以统率一个州或几个州的军队。大家知道,曹魏及西晋初年地方上的军队分为两类:一是驻扎在地方上的中央军;⑥一是当地的州郡兵即地方军。前者驻扎在某州固然归该州都督直接统率,并且是他的主力;后者由州郡长官直接统率,按制度也归都督指挥。《晋书》卷三四《羊祜传》:祜为都督荆州诸军事,有一次与吴将陆抗战,"遣荆州刺史杨肇攻

---

① 《晋书》卷二四《职官志》。

② 因为这样一来,都督还可以同时指挥王国的军队。《晋书》卷三八《琅邪王伷传》,伷本为东莞王,因任徐州都督,乃徙封琅邪王,平吴时指挥徐州诸军,还使"琅邪相刘弘等进军逼江",即其证。

③ 两次增封见《资治通鉴》卷八〇咸宁三年、卷八一太康十年,又见《晋书》卷三《武帝纪》。

④ 见《宋书》卷三九《百官志上》、《通典》卷三二。这是指正式建立,萌芽则可远至东汉光武帝之时。

⑤ 《宋书》卷三九《百官志上》。

⑥ 何兹全:《魏晋的中军》,载《中央研究院历史语言研究所集刊》第17本,1948年。

抗,不克","有司奏:祜所统八万余人……乃遣杨肇偏军入险……"这条材料说明了三个问题:其一,刺史的州郡兵归都督指挥。[①] 其二,州郡兵不是都督手下主力,只是"偏军",主力应是驻扎于荆州的中央军。由此也就可以解释为什么平吴后晋武帝罢州郡兵而不担心统治受到削弱。[②] 其三,都督统军竟多到八万人。当然,在这后一问题上有点特殊情况,即荆州都督处于和孙吴对峙而且交锋最激烈的前线,加上羊祜本人有才干,极受晋武帝信任,或许军队稍多一些,[③]但一般都督所统,相差也并不悬殊。[④]

但是,都督权重只是就制度的一个方面说的。必须看到,魏晋的都督是专制主义中央集权制度下的都督,建立这种机构并赋予它以重权的目的是要它为巩固专制主义中央集权制度服务,而不是起危害作用,因此限制与防范也很厉害。

第一,都督没有治民权。太康以前曹魏、西晋的都督与东晋南朝的都督不同,后者都督必兼刺史,统军兼治民;[⑤]而前者都督往往不兼刺史,刺史另由晋王朝委任。特别是平吴后,一般"都督知军事,刺史理人,各用人也"。[⑥] 在不兼刺史的情况下,都督仅仅在军事上可以指挥刺史的州郡兵,而在行政上、财政上,刺史按制度是独立的。也就是说,都督没有治民权。大概和这种制度有关吧,刺史有时甚至连军事上也不服从都督。如《晋书》卷三四《杜预传》:预为秦州刺史,都督秦州诸军事石鉴命预出兵击鲜卑,预拒之,"陈五不可,四不须","鉴大怒,复奏预……稽乏军兴……"《晋书》卷三五《陈骞传》:骞为都督扬州诸军事,"时(牵)弘为扬州刺史,不承顺骞命"。这样,都督的权力当然要大受限制。

---

① 参《晋书》卷三四《杜预传》、卷三五《陈骞传》、卷四二《王浑传》。
② 关于这一问题有不同看法,有人认为罢州郡兵削弱了西晋统治。
③ 参《晋书》卷三四《羊祜传》。
④ 《晋书》卷三《武帝纪》:咸宁五年伐吴,共派出六个都督(有的是监军)、一个刺史,共二十余万人,则平均每个都督有三四万人,其中主力监梁、益二州诸军事王濬率军达七万人,见《华阳国志·大同志》;入建业时"戎卒八万",见《资治通鉴》卷八一太康元年。
⑤ 这是从惠帝末年开始的,见《通典》卷三二。《历代职官表》卷五〇说,自此之后,"盖有不治军之刺史,而无不治民之都督"。
⑥ 《通典》卷三二。

第二，都督没有任命属官的权力。其权归晋王朝。如《晋书》卷五六《孙楚传》：石苞为骠骑将军，都督扬州诸军事，孙楚为参军，①"负其材气，颇侮易于苞，初至，长揖曰：天子命我参卿军事"。当然，从孙楚开始，参军与长官的关系有所变化，"初，参军不敬府主，楚既轻苞，遂制施敬，自楚始也"。然这只是形式上的更改，任命权归晋王朝则不变。《晋书》卷四五《何攀传》：益州刺史王濬辟攀为别驾，平吴前夕濬升为监梁、益二州诸军事，遣攀见晋武帝面陈伐吴之策，"帝善之，诏攀参濬军事"。说明州刺史僚属可以自辟，而参军之任命必须经过皇帝。《晋书》卷三四《羊祜传》："咸宁初，除征南大将军，开府仪同三司，得专辟召。"然所谓"专辟召"，仅指辟召一般文职掾属，至于掌管军事之长史、司马、参军并不在其内。故《晋书》卷二四《职官志》称：将军开府位从公者，"置长史一人，秩一千石"；加兵者（加兵见前），"增置司马一人，秩千石"；为持节都督者，"增参军为六人"。据文义都不在辟召范围内。故羊祜死后，"故参佐刘侩、赵寅、刘弥、孙勃"称："昔以谬选，忝备官属，各得与前征南大将军祜参同庶事。"此处之参佐应指长史、司马、参军，据其语气，显然不是羊祜辟召的，而是皇帝选任的。所以他们下面推崇羊祜谦虚不辟召，"虽居其位，不行其制"，临死前"始辟四掾，未至而陨"。杜预也说："祜虽开府而不备僚属。"②所谓"不备"，应指像"四掾"这样的掾属，而不是参佐。否则羊祜为荆州都督十年，统军八万，而不备长史、司马、参军，是不可想象的。然而即使这些地位较次要的掾属，羊祜也不辟召，其原因主要恐怕不是如本传所说的"谦让"，而是和前述齐王攸拒绝自选属官相仿，是为了尽可能避免皇帝的猜忌（参见下石苞事）。这从他"嘉谋谠议，皆焚其草，故世莫闻。凡所进达，人皆不知所由。或谓祜慎密太过者"③一事，亦可窥其端倪。事实上在中央集权的西晋，不慎密就可能带来大祸，因为晋王朝派来的参佐，同时也负有监视的使命。《晋书》卷四二《唐彬传》：彬为使持节，监幽州诸军事，"参军许祗密奏之，诏遣御史槛车征彬

---

① 这本是骠骑将军的参军，然魏晋都督无不带将军号，将军之参军亦即都督属官。
② 参《晋书》卷三四《羊祜传》。
③ 参《晋书》卷三四《羊祜传》。

付廷尉……"，虽"以事直见释"，却不能不在都督心中投下极大的阴影。

第三，都督无权自行发兵、募兵。《晋书》卷四一《李憙传》：憙除凉州刺史，加扬威将军，领护羌校尉，"羌虏犯塞，憙因其隙会，不及启闻，辄以便宜出军深入，遂大克获，以功重免遣……"大家知道，护羌校尉地位虽低于都督，但作为一级军事长官，统率大军镇压叛乱的性质是基本相同的。[1] 西晋凉州治姑臧，即今甘肃武威，距京师洛阳一二千里。二地相去如此之远，而护羌校尉发兵竟需先启闻皇帝，否则就要受惩罚，可见晋王朝控制之严，[2]李憙免遣只是一个特例而已。《晋书》卷四二《唐彬传》：彬任监幽州诸军事，为参军许祗密奏（见上），也是因为鲜卑叛乱，"彬欲讨之，恐列上俟报，虏必逃散，乃发幽冀车牛"。他得到的罪名恐怕也是擅发兵。又《资治通鉴》卷七九泰始八年：王濬为监梁、益二州诸军事、益州刺史，为伐吴，大作舟舰，别驾何攀建议："宜召诸郡兵合万余人造之，岁终可成。""濬欲先上须报"，[3]"攀曰：朝廷猝闻召万兵，必不听，不如辄（专）召，设当见却，功夫已成，势不得止"。这又说明即使发州郡兵，也得上请，而且数量稍多，就不批准。王濬这次擅发兵，不知为什么没有受到追究，但可以肯定是不合法的，是违反制度的。不仅发兵权，连募兵权都督也没有。《晋书》卷五七《马隆传》：隆自称能平羌患，晋武帝问其方略，对曰："臣请募勇士三千人，无问所从来，率之鼓行而西……丑虏何足灭哉！"而"帝许之。……隆……自旦至中，得三千五百人"。又《资治通鉴》卷七九泰始八年：监梁、益二州诸军事王濬为了给平吴作准备，"虽受中制募兵，而无虎符；广汉太守敦煌张敩收濬从事列上。帝召敩还，责曰：'何不密启而便收从事？'敩曰：'蜀汉绝远，刘备尝用之矣。辄收，臣犹以为轻。'帝善之"。两条材料合在一起就可看出，募兵必须皇帝批准，而且十分慎重，要有虎符。因为怕擅自募兵，发生像三国的刘备那样的割据。王濬无虎符，所以军事上归他指挥的广汉太守（属梁州）也有权扣押他的从事，而且最后博得皇帝赞扬。这还不说明为了防微杜

---

[1] 《宋书》之《百官志》、《晋书》卷二四《职官志》。

[2] 对都督控制的制度始于曹魏，参见《三国志》卷二八《魏书·邓艾传》。

[3] 《华阳国志》卷一一《何攀传》作"濬及纲纪疑辄召万兵，欲先上须报"，文义更胜。

渐,西晋制度的周密吗?

由于都督权重而又受到上述种种限制,所以我们可以看到以下情况:

首先,在晋武帝一代,无论异姓都督或诸王兼都督,起的基本上是巩固西晋统治的积极作用。例如平吴的主力就是徐州都督琅邪王伷、扬州都督王浑、沔北都督胡奋、①荆州都督杜预、梁益二州监军王濬、巴东监军唐彬。其中王濬军"旌旗器甲,属天满江",最先进入吴都建业。② 再如西北边境,氐羌鲜卑多次侵扰。泰始年间秦州刺史胡烈、凉州刺史牵弘先后败死。靠都督雍凉等州诸军事汝阴王骏"善抚御,有威恩",多次给侵扰者以打击,方才出现了"遣入质子"和"二十万口又来降"的局面。汝阴王骏因此徙封为扶风王,使王国与都督所在地相近,并且一直在这里当了十八年都督,直到死去。③

其次,在晋武帝一代没有一个异姓都督或诸王兼都督敢于叛乱。因为他们很清楚,权力是皇帝赋予的,权力虽大,限制极严,一旦用来反抗巩固的中央集权,自己只会落一个可悲的下场。《晋书》卷三三《石苞传》:苞为大司马,扬州都督,"镇抚淮南,士马强盛,边境多务,苞既勤庶事,又以威德服物"。但当晋武帝听信谗言,派大军掩袭时,石苞不敢做丝毫抵抗,立即"放兵步出,住都亭待罪"。石苞如此驯服,绝非偶然。在曹魏时期,也就在淮南,发生了三次叛乱,反对当时掌握了中央大权的司马懿父子。第一次是王凌,为扬州都督,外甥令狐愚为兖州刺史,"舅甥并典兵,专淮南之重"。④ 第二次为毌丘俭,也是扬州都督,文钦为扬州刺史,二人手下有兵五六万。⑤ 第三次为诸葛诞,仍是扬州都督,拥有"淮南

---

① 《晋书》卷三《武帝纪》作"都督江北诸军事"。吴廷燮《晋方镇年表》以为"江北"当作"沔北"。是也。江北都督已于泰始、咸宁间罢去,见《晋书》卷三四《羊祜传》。

② 《晋书》卷四二《王濬传》。

③ 《晋书》卷三八《扶风王骏传》、《资治通鉴》卷八一太康七年。又东北边境都督也立有大功,见《晋书》卷三六《卫瓘传》《张华传》。

④ 《三国志》卷二八《魏书·王凌传》。

⑤ 《三国志》卷二八《魏书·毌丘俭传》。

及淮北郡县屯田口十余万官兵,扬州新附胜兵者四五万人"。① 军队都不可谓不多,但由于司马懿父子挟中央集权之势,调动全国兵力来镇压,三次叛乱很快都失败了。另一事例是钟会和邓艾。钟会为镇西将军、关中都督,邓艾为征西将军、陇右都督。二人奉命统大军伐蜀,很快灭亡了蜀国,立下大功。但由于邓艾居功骄傲,反对司马昭"事当须报,不宜辄行"的指令,想要专权,被密告"有反状";而钟会更是"自谓功名盖世,不可复为人下,加猛将锐卒皆在己手,遂谋反"。结果都得不到部下的支持,先后送了命。② 这些不能不成为西晋石苞以及其他都督的前车之鉴。

再次,在西晋初臣子心目中,都督地位虽高,权力虽重,因远在边地,很容易在皇帝面前遭人离间(石苞即一例)而大祸临头,远不如在京师做官,接近皇帝,讨好皇帝,来得保险,并易于飞黄腾达。请看:

《晋书》卷三四《羊祜传》:祜为荆州都督,"贞悫无私,疾恶邪佞",得罪王戎、王衍,"并憾之"。二人后任职京师,"每言论多毁祜。时人为之语曰:二王当国,羊公无德"。

同书同卷《杜预传》:预继羊祜为荆州都督,平吴时功高勋重,然"在镇,数饷遗洛中贵要。或问其故,预曰:吾但恐为害,不求益也"。又"累陈家世吏职,武非其功,请退……"

同书卷四〇《贾充传》:充为尚书令,"专以谄媚取容",侍中任恺等"咸共疾之"。时氏羌侵扰,晋武帝十分忧虑,任恺乘机推荐贾充,诏以充为使持节、都督秦、凉二州诸军事。尚书令三品,持节都督二品,这是升迁。诏令还十分信任地说,有贾充镇关中,"则吾无西顾之念,而远近获安矣"。但贾充并不高兴,"自以为失职,深衔任恺"。最后采荀勖策,将女儿嫁给太子,方才免除了都督职务和关中之行。

《晋书》卷三六《张华传》:华为尚书,"名重一时……有台辅之望焉。而荀勖自以大族,恃帝恩深,憎疾之,每伺间隙,欲出华外镇。……间言

---

① 《三国志》卷二八《魏书·诸葛诞传》。
② 《三国志》卷二八《魏书·邓艾传》《钟会传》。

遂行,乃出华为持节、都督幽州诸军事……"

《晋书》卷五九《汝南王亮传》:亮为太尉、录尚书事,及晋武帝病重,"为杨骏所排",被任为"大都督,督豫州诸军事,出镇许昌"。

《晋书》卷三八《齐王攸传》:晋武帝逼攸就国时,除了齐王衔,还封他为"大司马、都督青州诸军事"。但这丝毫不能增加他的兴趣。王浑上书武帝谏阻说:这是"假以都督虚号,而无典戎斡方之实,去离天朝,不预王政"。① "斡方"即总管一个方面之意。《晋书》卷三九《王沈传》:"出斡监牧方岳之任。"此其省语。但这里并不是说不统率军队,毫无权力,而是说,和在中央辅政比起来,当都督是有名无实的。

以上六条材料,通过前两条,可以看到都督受到中央何等大的牵制和影响。像杜预,既是外戚(娶晋武帝之姑),又立有大功,极受武帝信任,尚且如此忧谗畏讥,小心谨慎,其他都督可想而知。通过后四条材料,又可看到,出任都督如同诸王就国一样,在西晋初年也成为统治集团间相互排挤的一种重要手段了。

综上所述,可以概括成这样一个看法:魏晋建立都督,从制度上说,既赋予重权,又极力限制与防范,目的是既要让它为巩固专制主义中央集权王朝服务,而又不致变成分裂割据力量。从晋武帝的统治实践看,无论异姓都督或诸王兼都督都基本符合这一要求,二十六年中立功累累而无一叛乱事例就是证明。晋武帝认识到这是个成功的经验,所以在世时广泛推行。后代封建统治者也认识到都督制度的作用,所以不仅东晋南北朝继续沿用,而且隋唐至明清的"总管""节度使""巡抚"等,也都是以此为楷模而进一步发展建立的。② 把这样一个显然有利于中央集权王朝的制度,看成是"八王之乱"爆发的原因,恐怕是过于强调了它权重的一面,而忽视了对它限制、防范的一面,是不能令人信服的。

---

① 《晋书》卷四二《王浑传》。
② 当然,明清的总督、巡抚后来兼掌军、民大权,与西晋初都督不同,但就封建王朝对他们又赋予大权,又极力予以限制的精神而言,则是一脉相承的。

三

那么,"八王之乱"的爆发主要是什么因素造成的呢? 我以为就是晋武帝在世时安排的皇位继承人及辅政大臣不得其人。

我们知道,我国专制主义中央集权封建统治机器的有效运转,在地主阶级和农民阶级的矛盾比较缓和的情况下,主要靠两个因素。第一,要靠中央集权制度特别是其中皇帝与宰相、皇帝与地方长官、皇帝与统兵大臣相互关系等具体制度的不断发展与完备。第二,要靠拥有一个能够认真实行这一制度的统治集团,尤其重要的是,拥有一个有威望、有才干的皇帝。二者缺一不可。皇帝有威望、有才干,统治集团也愿意为皇帝鞠躬尽瘁,如果中央集权制度尚未臻于完备程度,则无论如何认真实行,也超越不了历史阶段而高度集权。臣属、地方必将保有相当大的权力。反过来,制度不管如何高度完备,如果统治集团不能认真实行,特别是没有一个有威望、有才干的皇帝(皇帝年幼时则为辅政大臣)控制大局,督促实行,一切就都会落空,制度就等于具文,高度集权的目的同样无法达到;不仅如此,根据皇帝和统治集团的无能状况,中央集权制度将遭到不同程度的破坏,甚至统治阶级内部矛盾激化,爆发政变或分裂割据战争,造成持续的政局混乱。

西晋初年,上述两个因素基本具备。晋武帝建立新王朝,统一全国,本人有统治才干,威望也比较高,所以能够推动整个统治集团继续实行汉魏以来的制度,把至高无上的权力牢牢握在自己的手中,保持住政局的稳定。同时,当时"土广人稀",①土地问题不严重;晋王朝颁布了占田法、户调式,罢免了州郡兵,赋税徭役也不十分沉重,所以整个社会生产是向前发展的。前引干宝《晋纪总论》和《晋书》卷二六《食货志》的话就是证明。当然,如所周知,晋武帝和他下面统治集团中一部分人比较奢

---

① 《晋书》卷四七《傅咸传》。

俦腐化，①会不断加深阶级矛盾和民族矛盾以及统治阶级内部矛盾，但从现有史料看，到晋武帝死为止，这些矛盾还远没有达到激化或接近激化的程度。如果晋武帝死后继位的皇帝不十分愚蠢，是个中人之才，或者接受顾命的辅政大臣具有相当的威望与才干，能够基本上控制政局，西晋王朝肯定还将继续存在一个相当长的时期，直到统治阶级进一步腐朽，生产关系死死地束缚住生产力使之无法发展，各种矛盾激化时为止。

然而继位皇帝和接受顾命的辅政大臣的情况远非如此。

晋武帝在世时，根据当时的制度和舆论，可供选择的继位人有两个。一个是惠帝司马衷。他是晋武帝杨皇后所生，上面有个哥哥早死，下面诸弟又都太小，所以泰始三年被立为太子，是合法的皇位继承人。但他是个白痴。因而从晋王朝和封建地主阶级的利益出发，不少大臣主张废掉他，比较突出的是卫瓘与和峤。《晋书》卷三六《卫瓘传》："惠帝之为太子也。……瓘每欲陈启废之，而未敢发。后会宴陵云台，瓘托醉，因跪（武）帝床前曰：'臣欲有所启。'帝曰：'公所言何耶？'瓘欲言而止者三，因以手抚床曰：'此座可惜！'帝意乃悟，因谬曰：'公真大醉耶？'瓘于此不复有言。"又《晋书》卷四五《和峤传》："峤见太子不令，因侍坐曰：'皇太子有淳古之风，而季世多伪，恐不了陛下家事。'帝默然不答。"②

另一个可作为继承人的是齐王司马攸。他是晋武帝的同母弟，按照传统制度，是不该他继位的。但他在统治集团中比较有威望、有才干。《晋书》本传称他"才望出武帝之右"，过去晋文帝司马昭多次要立他为太子，因晋武帝是长子方才作罢。所以到晋武帝晚年，"诸子并弱，而太子不令，朝臣内外，皆属意于攸"。即便不作为皇位继承人，也希望能留齐王攸在京师辅佐惠帝执政。《晋书》卷四二《王浑传》：浑上书甚至说，如嫌齐王攸一人辅政权太重，为防万一，可"与太尉汝南王亮、卫将军杨珧共为保傅，干理朝事。三人齐位，足相持正，进有辅纳广义之益，退无

---

① 参《晋书》卷三一《武元杨皇后传》《胡贵嫔传》，卷三三《何曾传》《何劭传》《石崇传》，卷四二《王济传》。又可参《世说新语》卷下"汰侈"门。

② 《世说新语·方正》注引干宝《晋纪》载和峤语为："季世多伪，而太子尚信，非四海之主，忧太子不了陛下家事……"意更明。

偏重相倾之势"。考虑总算很周到了。

在这二者之间，晋武帝如何选择？

一方面武帝对齐王攸十分猜忌，从太康三年起，接连下诏逼齐王攸就国，离开京师。这就表示不但绝不以他为皇位继承人，而且也把他排斥于惠帝辅政大臣之外。对这一措施，当时一些有见识的大臣不论同姓异姓，如征东大将军王浑、扶风王骏、光禄大夫李憙、中护军羊琇、侍中王济、甄德，都曾极谏。《晋书》卷四二《王浑传附子济传》：他还使妻常山公主及甄德妻长广公主入宫见武帝，"稽颡泣请帝留攸"，以至武帝大怒说："兄弟至亲，今出齐王，自是朕家事。而甄德、王济连遣妇来生哭人！"将王济贬了官。因为听说赶走齐王攸是杨珧出谋划策的，羊琇和北军中候成粲甚至"谋欲因见珧而手刃之"。① 这都说明这场斗争非同小可，十分激烈。齐王攸本人当然不愿意走，"愤怨发疾"。于是以此为理由，"乞守先后陵"，请求不就国。晋武帝又不许。虽然表面上装作友爱，派御医去诊视，但"诸医希旨，皆言无疾"。结果攸"疾转笃，犹催上道"，终于"欧血而薨"②。这既表明晋武帝一意孤行，决心极大；③同时也表明当专制主义中央集权制度高度发展时，即使君主所干的事明显地会危害整个封建统治集团的利益，周围大臣都看到了，但谁也阻拦不住。

另一方面晋武帝又想方设法为惠帝稳稳当当继承和巩固皇位作准备。

第一，为太子护短。一次在平吴前。《晋书》卷三一《后妃上·惠贾皇后传》：由于卫瓘等主张废太子，晋武帝便召集东宫官属，举行宴会，"而密封疑事"，送东宫太子处等他回答。太子不会，贾妃竟命给使张泓起草答案，由太子抄一遍交卷。晋武帝看后很高兴，"先示太子少傅卫瓘，瓘大踧踖"。我们知道，东宫官属包括卫瓘经常与太子见面，太子水

---

① 《晋书》卷四〇《杨珧传》。

② 《晋书》卷三八《齐王攸传》。

③ 《晋书》《资治通鉴》皆言齐王攸就国是荀勖、冯紞、杨珧所构，其实是他们迎合了晋武帝心意而提出的，上引"诸医希旨，皆言无疾"，以及齐王攸死后晋武帝表面"哭之恸"，而冯紞一说齐王攸坏话，他立即"收泪而止"，可证。

准如何应了若指掌,有何必要考给他们看呢?而且既要考试,为何不当面进行,而竟让太子在东宫里回答?很明显,这是纵容弄虚作假,以便炮制出一篇考卷来塞群臣之口。其所以要考给东宫官属看,就因为他们最了解太子情况,太子的笑话多半是他们透露出去的,需要公开考这么一下,暗示他们今后不要乱说了。这一点恐怕东宫官属都清楚,晋武帝也知道他们清楚。但这一层薄纸谁也没捅破。这就是卫瓘为什么"大踧踖"的真正原因。① 另一次护短是在平吴之后。《晋书》卷四五《和峤传》记载,因为曾说过太子"不了陛下家事",有一天晋武帝便对和峤以及荀颢、荀勖说:"太子近入朝,差长进,卿可俱诣之,粗及世事。"然而见了太子回来,"颢、勖并称太子明识弘雅,诚如明诏",②而和峤仍倔强地说:"圣质如初耳","帝不悦而起"。其实,太子肯定没什么变化,所以晋武帝自己也说得很不理直气壮:"差长进","粗及世事"。他希望的是,三个人能"希旨",说两句好话,造造舆论,谁知和峤仍直言不讳,使自己下不了台,然而这是事实,无可奈何,只能"不悦而起"了。③ 这两件事说明,晋武帝为了坚持传位惠帝,不惜自己哄自己,还要求群臣和自己相互哄骗,已经顽固到了何等程度!

第二,宣扬皇孙聪慧。《资治通鉴》卷八二太康十年条称,皇孙司马遹(惠帝子)五岁时,一次宫中夜失火,晋武帝站在楼上观望,遹"牵帝裾入暗中,曰:'暮夜仓猝,宜备非常,不可令照见人主。'帝由是奇之。尝对群臣称遹似宣帝(司马懿),故天下咸归仰之"。据说,"帝知太子不才,然恃遹明慧,故无废立之心"。姑且不论失火时五岁小儿说这番话是否可信,即便宫廷熏陶加上本人聪明真说了这番话,也终究只是一个孩子,对惠帝的统治济得甚事?何况长大后很不成材,"不好学,惟与左右嬉

---

① 根据《世说新语·规箴》注引《晋阳秋》:晋武帝考太子,是紧接在卫瓘进谏之后,其护短之意甚明。所以《世说》称他"不悟太子之愚,必有传后意"。

② 《世说新语·方正》注引《晋阳秋》称荀颢没有参预这件事,似是。因当时颢已是太尉,地位甚高,又"行太子太傅",常与太子见面,恐怕没有必要找他。《晋书》卷三九《荀颢传》、《资治通鉴》均从《晋阳秋》。

③ 《晋书》卷三九《荀勖传》称:"时帝素知太子暗弱,恐后乱国,遣勖及和峤往观之。"似乎要他们如实反映情况,供自己参考。这和晋武帝一贯言行不合,今不取。

戏……",“爱埤车小马,令左右驰骑,断其鞅勒,使堕地为乐”。官属杜锡谏,竟“使人以针著锡常所坐毯中而刺之”。这种品行,晋武帝在世时应已多少有所暴露,①这个皇孙究竟可恃到什么程度,恐怕晋武帝自己也会打问号的。然而“恃皇孙”这一思想其所以始终不变,除了可作为一种自我安慰外,恐怕就是晋武帝要以此给自己坚持传位白痴多找一个借口吧。

第三,替太子安排辅政大臣。这本来是十分必要的,托付得人,或许不至于发生后来那样的风波。然而晋武帝托付的却是杨骏和汝南王亮!② 杨骏是晋武帝的岳父,侄女皇后杨艳是惠帝亲母,杨艳死后,女儿杨芷又继为皇后。《晋书》卷四〇《杨骏传》:“素无美望”,但却被晋武帝“超居重位”,任为侍中、车骑将军,和两个弟弟珧、济一起,“势倾天下”。尚书褚𡒊、郭奕上表警告说“骏小器,不可以任社稷之重”,晋武帝不听。病危时杨骏又被任为太尉、太子太傅、假节、都督中外诸军事,成为辅政大臣。他在晋武帝死后“为政严碎,愎谏自用,不允众心”,“又多树亲党,皆领禁兵,于是公室怨望,天下愤然矣”。固然,据本传,晋武帝原意托付汝南王亮和杨骏两人,由于杨骏和杨后乘晋武帝病危之际耍了手段,方才专任杨骏一人。但汝南王亮是什么人呢?是否他若参与辅政,局面就不会像后来那么糟呢?恐怕未必。因为汝南王亮也是个庸才。据《晋书》本传,在他的历史上战无不败。曾仕魏为东中郎将,“讨诸葛诞于寿春,失利,免官”。入晋为都督关中、雍凉诸军事,又在抵御羌族的战争中指挥无能,再次免官。大概因为是晋武帝的叔父,辈分高,所以后来又当了“宗师”,专对司马氏宗室“训导观察,有不遵礼法,小者正以义方,大者随事闻奏”。显然这是个无法安插而又不能不安插的无能之辈!这从晋武帝刚死时他对杨骏的态度也可看到。《资治通鉴》卷八二永熙元年(290)条:亮为杨骏所排,由太尉、录尚书事出为豫州都督,出镇许昌。尚

---

① 据《晋书》卷五三《愍怀太子遹传》,永康元年(300)他被贾后杀死时二十三岁,则太康十年(290)晋武帝死前已十二三岁,恶行不会不有所反映。

② 此从《晋书》卷四〇《杨骏传》。《武帝纪》称仅以汝南王亮一人辅政。但从晋武帝信任杨后,长期以来重用后党的行径看,《杨骏传》较合理,《资治通鉴》亦从《杨骏传》。

未离京,武帝死,"畏骏,不敢临丧,哭于大司马门外",后听说杨骏要讨伐自己,"问计于廷尉何勖。勖曰:'今朝野皆归心于公,公不讨人而畏人讨邪!'亮不敢发,夜,驰赴许昌,乃得免"。一副软弱无能的样子,暴露得相当充分。这样的人,即使不为杨骏所排,恐怕同样对当时政局无能为力,这从杨骏死后他被推出辅政而又轻易为楚王玮所杀,[①]也约略可以推测到。从杨骏和汝南王亮的情况,必然要发生这样一个疑问:晋武帝为什么要找这一对宝贝辅政呢? 是不了解他们的情况吗? 恐怕未必。因为无能的汝南王亮是晋武帝亲自处理安排的,绝不可能忘掉。而就杨骏说,不但早已有人进谏说他"小器",不可重用(见上),而且他"以后父超居重位"后的十多年中,未对西晋的文治武功出一谋、划一策、立一功,这一点晋武帝应该也是清楚的。所以我认为晋武帝用这二人辅政,不是糊涂,而是有意识这样安排的。对于杨骏,晋武帝看中的可能正是他的"素无美望"和无能,因为在"宗室殷盛"的西晋,尤其在晋武帝做了周密布置之后,[②]杨骏除了老老实实辅佐外孙惠帝之外,还敢有什么非分之想呢? 当然,"宗室殷盛"而让外戚辅政,肯定会引起宗室的不满与愤怒,所以又拉上汝南王亮。亮当过"宗师",平庸无能而辈分又很高,晋武帝取他恐怕也正在这两点。因为这样既可抚慰司马氏之忿,而又不必担心像齐王攸那样可能发生篡夺的危险。《资治通鉴》卷八一太康三年载,晋武帝在下诏逼齐王攸就国的同时,马上任命汝南王亮为太尉、录尚书事、领太子太傅。这一方面固然为了平息舆论对逼走齐王攸之不满,另一方面恐怕就已打算今后让汝南王亮当辅政大臣,所以要以他为"太子太傅"。在晋武帝心目中,安排这样一个宗室来与外戚杨骏互相配合,而不偏任,惠帝的江山就十分稳固了。后来当杨骏独揽大权,排斥汝南王亮时,傅咸曾建议说:"夫人臣不可有专,岂独外戚! 今宗室疏,因外戚之亲以得安;外戚危,倚宗室之重以为援,所谓唇齿相依,计之善者。"[③]虽然强调的是二

① 《晋书》卷五九《汝南王亮传》。
② 《晋书》卷三《武帝纪》太熙元年:"竟用王佑之谋,遣太子母弟秦王柬都督关中,楚王玮、淮南王允并镇守要害以强皇室,又恐杨氏之逼,复以佑为北军中候,以典禁兵。"
③ 《晋书》卷四〇《杨济传》。

人应和衷共济以趋吉避凶,却从另一角度某种程度上反映了晋武帝安排的意图。然而晋武帝的如意算盘落空了。他万没有想到"愎谏自用"的杨骏竟敢于排斥汝南王亮,连弟弟杨济的话也听不进;[①]而懦弱的汝南王亮也就听其摆布,束手无策。更没有想到,在尔虞我诈、钩心斗角的西晋统治集团中,怎能容许由两个庸才来给白痴皇帝辅政,实际上等于掌握全部皇权,而不觊觎,而不争夺?何况杨骏又排斥了汝南王亮独掌大权,给了人以口实?

就这样,晋武帝出于偏心,继位人选错了,辅政大臣也挑错了,一场丑恶的争权夺利的斗争也就不可避免。

四

下面我们来看一下晋武帝这一措施的后果。

杨骏执政才一年(290年3月—291年3月),就被惠帝野心勃勃的皇后贾南风利用宗室和群臣的愤怒,轻轻易易地杀掉。随后汝南王亮被请出来辅政,然而庸懦的汝南王亮又怎能压得住阵?不过三个月,贾后又利用楚王玮与汝南王亮的矛盾,使玮杀亮,然后又设计杀玮,把全部大权掌握到自己手中。由于任用"儒雅有筹略,为众望所依"而又"无逼上之嫌"的庶姓大臣张华以及裴頠为宰相,[②]在此后数年中勉强维持了一个和平局面。但根本矛盾并未解决,强大的司马氏宗室又岂能甘心听"昏虐"的贾后摆布呢?恰好后来贾后杀了愍怀太子司马遹,于是以此为借口,赵王伦便于公元300年起兵杀掉贾后,幽禁惠帝,篡夺了皇位。不幸赵王伦又"素庸下,无智策",不足以控制大局,头上又有一顶"篡夺"的帽子,所以不久即被齐王冏、成都王颖、河间王颙推翻。这时斗争也从宫廷政变演化成大规模兵戎相见。随后诸王又因为年纪轻、资历浅、威望低或是惠帝的疏属,彼此互不相让而动兵,"八王之乱"便更加激烈地展

---

① 《晋书》卷四〇《杨济传》。
② 《资治通鉴》卷八二元康元年。又参《晋书》卷三六《张华传》。

开,形成所谓"骨肉相残,四海鼎沸"的局面①。西晋王朝也就在这一次次的斗争、屠杀、破坏中,由盛而衰,每况愈下。

从这一次次斗争中可以看出一个明显的特点,即登台表演的主要人物:杨骏—汝南王亮—贾后—赵王伦—齐王冏等,没有一个是有威望、有才干,控制得住大局的,而在一个时期内他们手里掌握的却是极度膨胀了的君权,这就不能不启人以觊觎、争夺之心。晋武帝死后"山陵未干",②变乱即相继而起,其根本原因即在于此。《晋书》卷三八《文六王传》史臣曰:如果齐王攸不死,"天假之年而除其害……光辅嗣君,允厘邦政……何八王之敢力争,五胡之能竞逐哉!"王夫之甚至说:"西晋之亡,亡于齐王攸之见疑而废以死也。攸而存,杨氏不得以擅国,贾氏不得以逞奸,八王不得以生乱。"③这正是从另一个角度反映了历史真相。

王仲荦先生说:"八王之乱"是由于"使诸王出专方面重镇所致","如武帝末年,用秦王柬都督关中,楚王玮都督荆州,淮南王允都督江、扬二州,汝南王亮出镇许昌。惠帝即位,用梁王肜、赵王伦、河间王颙等先后镇关中,成都王颖镇邺。赵王伦擅政,用齐王冏镇许昌。……一切割据称雄与举兵向阙的事情,也均由此而起"。④

这个看法是有可以商榷之处的。

首先,如前所述,诸王出专方面重镇本来对中央集权制度起的作用主要是巩固而不是破坏,其所以会发生转化,关键在于晋武帝死后出现了皇位继承人及辅政大臣不得其人这一决定性因素。否则就无法解释为何晋武帝早已任诸王以方面重镇,而他在世时却始终没有发生过一起诸王叛乱的事件。

其次,诚然,"八王之乱"的爆发和军队是分不开的,但和军队分不开是否就意味诸王手中掌握大量军队就是"八王之乱"爆发的主要原因呢?这却不然。如果我们来具体分析一下王先生所列举的诸王,就会发现秦

---

① 《晋书》卷一〇一《刘元海载记》。
② 干宝语,见前引《晋纪总论》。
③ 王夫之《读通鉴论》卷一一"晋"第十五条。
④ 王仲荦:《魏晋南北朝史》,上海人民出版社,1979 年,第 216—217 页。

王柬并未参加混战，元康元年(291年)就死了。楚王玮、淮南王允、汝南王亮、赵王伦之"乱"，都不在他们出专方面重镇之时，而是在免去都督职务之后，调到京师任职之时。梁王肜附和赵王伦为乱的情况相同。只有河间王颙、成都王颖、齐王冏发动战争时是都督。然而他们主要也不是靠手中兵多起事、取胜的(虽然不能说没有关系)。我们试把晋武帝死后历次政变和战争包括这三王发动战争的情况综观一下。

公元291年贾后杀杨骏：先指使殿中中郎孟观、李肇启惠帝，夜作诏，"诬骏谋反"；杀骏后，又"矫诏"囚禁杨太后。

公元291年贾后杀汝南王亮和楚王玮："(贾)后使(惠)帝作手诏"，赐北军中候楚王玮，命他带兵免辅政大臣汝南王亮官。玮因与亮有私怨，于是借此"矫诏召三十六军(驻在洛阳宫城内外保卫京城宫城的军队)"，杀亮。可是随后贾后听从张华之计，不承认惠帝曾赐玮手诏，并当众宣布"楚王矫诏"，于是"众皆释杖而走"，不但三十六军散掉了，连楚王玮北军中候的兵也散掉了。"玮左右无复一人，窘迫不知所为。"

公元300年赵王伦杀贾后："矫诏"命军兵入宫。贾后看到来抓她的齐王冏时，惊曰："卿何为来?"对曰："有诏收后"。后曰："诏当从我出，何诏也!"并求救于惠帝。可是白痴能有何作为，何况他也落入了赵王伦手中! 贾后终于被"矫诏"赐死。

公元300年淮南王允攻赵王伦：本来手下兵不多，但他大呼曰："赵王反，我将讨之"，"于是归之者甚众"，并连连得胜。而后来失败又是因为支持赵王伦的伏胤"诈言有诏助淮南王"，允"下车受诏，胤因杀之"。

公元301年齐王冏等灭赵王伦：虽然冏当时是都督豫州诸军事，但和赵王伦比，兵力甚弱，其力量主要来自宣布赵王伦"篡逆"(时伦已废惠帝自立)，争得了人心。当新野公歆得到讨伦檄文时"未知所从"。嬖人王绥说："赵亲而强，齐疏而弱，公宜从赵。"但参军孙询大言于众曰："赵王凶逆，天下当共诛之，何亲疏强弱之有!""歆乃从冏。"当檄文到达扬州时，刺史郗隆犹疑不决，部下皆说："赵王篡逆，海内所疾，今义兵四起，其败必矣!"隆仍观望，不公布檄文，为愤怒的部下所杀。当齐王冏的使者至邺时，卢志对成都王颖说："赵王篡逆，人神共愤，殿下收英俊以从人望,杖大顺以讨之,百姓必不召自至……"颖乃出兵讨伦,"羽檄所及,莫不响应。至朝歌,众二十余万"。

公元302年长沙王乂又杀齐王冏:起因是河间王颙长史李含从洛阳逃出,诈称受密诏,使颙诛冏。颙借此"檄长沙王乂使讨冏"。时乂正在京师任职,得檄后立即驰入宫中,"奉天子"攻冏。冏派人宣布乂"矫诏",乂又称冏"谋反"。连战三日,掌握惠帝在手中的乂得到胜利。

公元303年河间王颙、成都王颖、东海王越杀长沙王乂:讨伐的借口是乂"专擅朝政,杀害忠良"。颖派陆机率军二十余万由邺指向洛阳。而乂则让惠帝下诏宣布他们是"奸逆",并"奉帝与机战于建春门。……机军大败"。颙又派张方率精兵七万讨乂,乂同样"奉帝攻张方,方兵望见乘舆,皆退走,方遂大败"。乂后又屡胜的原因是:"未尝亏奉上之礼,城中粮食日窘,而士卒无离心"。只是由于东海王越暗中与殿中诸将勾结,夜里捉住了乂,控制了惠帝,"启帝下诏免乂官",随后才杀了乂。①

以上史实说明什么?

它说明"八王之乱"之所以爆发,其力量主要不是来自出专方面重镇之诸王的军队(有的政变、战争且和诸王出专方面重镇风马牛不相及),而是来自反对篡逆、拥护皇权的旗号,或者来自"矫诏"。这正是"八王之乱"的一个突出特点。

如所周知,东汉末年发生过激烈的混战。但那是在专制主义中央集权力量经过黄巾大起义的沉重打击极大削弱情况下爆发的,除少数人外,一般不打什么拥护皇权的旗号,也不"矫诏",而是凭借手中兵力赤裸裸地实行割据,争夺地盘、财富与劳动力。"八王之乱"则不同。由于晋武帝二十六年的统治,形成了强大的皇权,虽然继位皇帝和辅政大臣不得其人,但在一个时期内过去的影响仍是强烈的。赵王伦一"篡逆",立即遭到全国反对,惠帝被请回复位时,路上"百姓咸称万岁"②,都是证明。在这种情况下,"八王之乱"的各个发起人(包括开始发动政变时的

---

① 以上由贾后杀杨骏事至此均见《资治通鉴》卷八二元康元年、卷八三永康元年、卷八四永宁元年、卷八四太安元年、卷八五太安二年、卷八五永兴元年。

② 《晋书》卷五九《赵王伦传》。

赵王伦)都懂得,要争夺就得争夺中央大权,争夺对全国的统治权,就得打着反对篡逆、拥护皇权的旗号,必要时就得"矫诏"。也就是说,必须借助强大的皇权来达到个人目的。否则,单纯依靠手中的兵力发动政变和战争,或不去争夺中央大权,径直保地自守,实行封建割据,公开与强大的皇权对抗,都将无异于以卵击石,只会自取覆亡。

但这一策略不是在任何情况下都可采用。如果晋武帝死后继位皇帝和辅政大臣得人或基本得人,中央政局稳定,这一策略就很难采用,即使采用,也很难得逞。因为很快就会被揭穿。所以问题又回到晋武帝临死时的安排上。即由于惠帝是白痴,是"土木偶人",辅政大臣又无能,它不但如前所述启人以觊觎争夺之心,而且另一面还给他们采用这种"奉土木偶人之孱主以逞"①的策略,提供了充分的可能性。贾后明白这一点,所以敢于"使惠帝作手诏"命楚王玮杀汝南王亮,随后又毫无顾忌地宣布楚王玮"矫诏",甚至公开说"诏当从我出"。诸王也明白这一点,所以敢于随意宣布对方"谋反",自称受"密诏",甚至"奉天子"讨伐对方,玩惠帝于股掌。就这样,强大的皇权实际上变成挑起战乱,破坏皇权的有力工具了。而这一切很显然都根源于晋武帝临死时的安排。如果没有这样一个安排,不但"八王之乱"爆发不了,而且诸王或诸王兼都督必将继续有力地巩固着专制主义中央集权的西晋王朝。

最后,还有一个问题要讲一下,即晋武帝时形成的强大皇权的影响并没有持续很久。道理很简单:惠帝太不争气。本来人们对惠帝期望甚高,支持他,拥护他,希望他成为一个稳定因素,结束混乱局面。谁知在一次又一次的丑恶斗争中,他不但不能结束混乱,反而一而再、再而三被人利用来发动战争。特别到了"八王之乱"的末期,一方面诸王之间的战争更加频繁,破坏性更大;②另一方面由于中央政局混乱招致的全国统治危机也进一步发展。③ 在这种情况下,惠帝的号召力逐渐削弱,晋武帝留给他的一个时期内的威望也慢慢消逝。到后来,他甚至被人看成是恢复

---

① 王夫之《读通鉴论》卷一二"晋惠帝"第九条。
② 参见《晋书》卷四《惠帝纪》永兴元年条。
③ 参见《资治通鉴》卷八五、卷八六。

和平的一块绊脚石，希望赶快由一个英明的皇帝来代替了。这可以由以下之事得到证明。公元 306 年，惠帝食饼中毒而死。《晋书》卷四《惠帝纪》称："或云司马越之鸩。"没有定论。事后也没有任何人追究此事。另一面，《晋书》卷五《怀帝纪》载其初即位，"于东堂听政，至于宴会，辄与群官论众务，考经籍。黄门侍郎傅宣叹曰：'今日复见武帝之世矣。'"两相对照，就可看出傅宣的话，绝不仅代表他一个人，而是反映了统治阶级中很大一部分人对惠帝愚昧的不满，迫切要求一个像晋武帝那样的君主来挽救危机的心情。王夫之就惠帝中毒事评论说："恶有天子中毒以死，而不能推其行弑之人者哉？惠帝之为司马越鸩也，无疑。越弑君，而当时天下不能穷其奸，因以传疑于后世，而主名不立。当其时，司马模、司马腾皆唯恐无隙而不足以逞者，然而胥中外为讳之，而模与腾不能借以为名，史臣于百世之后，因无所据以正越弑逆之罪，何也？天下胥幸惠帝之死也。"又说：惠帝死，怀帝立，"天下且如释重负而想望图存之机。故一时人心翕然，胥为隐讳……"①惠帝"昏而不虐"，②落到这样一个下场当然是一个悲剧！这个悲剧的制造者不是别人，就是晋武帝。但惠帝死去并不能解救危机，因为当时的局势已发展到不可收拾的地步，各种矛盾的不断激化，已超越了任何英明君主、统治集团所能控制的范围，不用说怀帝即位，即便晋武帝再生，也将无济于事，西晋的覆亡已经指日可待了。从这个意义上说，晋武帝不但断送了他的儿子惠帝，而且也断送了西晋的江山！当专制主义中央集权制高度发展时，封建君主个人的作用是何等巨大呵！

---

① 王夫之《读通鉴论》卷一二"晋惠帝"第十二条。
② 叶适《习学记言序目》卷二九。

试论东晋后期高级士族之没落及桓玄代晋之性质[*]

　　众所周知,在中国古代史上,东晋是一个由王、庾、桓、谢四族为代表的高级士族先后执掌政治军事大权的社会。在这个社会里,为什么出身"寒微"的低级士族刘裕敢于觊觎皇帝宝座,①而最后终于得以如愿以偿,凌驾诸高级士族而上,推翻司马氏,建立宋王朝呢? 其原因我以为最根本的就在于东晋后期高级士族的没落,②政治和军事方面的无能和软弱,他们已经统治不下去了。而这一切正是门阀制度高度发展的必然结果。

一

　　门阀制度一般说始于魏晋,至东晋前期达到顶峰。在这之前,虽说门第已经形成,但高门政治上的特权尚未制度化。当时所行九品中正制,据《宋书》卷九四《恩倖传序》,按"成法"本应"以才品人",只不过在实际评定中往往"凭借世资,用相凌驾"而已。刘毅、段灼等大声疾呼,反对"上品无寒门,下品无势族",正反映在西晋这种特权并未固定,尚处在

───────────

　　* 原载《北京大学学报(哲学社会科学版)》1985年第3期。
　　① 参拙作《刘裕门第考》,载《北京大学学报(哲学社会科学版)》1982年第1期。
　　② 本文东晋前后期划分的界限在淝水之战。在这以前,王、庾、桓、谢迭掌大权,至淝水之战,高级士族权力、勋业发展到顶峰。在这以后,高级士族衰落,大权逐步转入皇帝、皇族手中。

形成过程之中。"草泽高士,犹厕清涂"之现象因而也还没有断绝。① 而大体自东晋开始,"岁月迁讹,斯风渐笃,凡厥衣冠,莫非二品,自此以还,遂成卑庶"。② 高级士族单凭门第就能飞黄腾达了。试看以下材料。《晋书》卷九三《外戚·王遐传》:遐出身太原王氏,"少以华族,仕至光禄勋"。《晋书》卷七三《庾亮传附弟冰传》:冰出身颍川庾氏,自称"因循家宠,冠冕当世(升宰相)"。《晋书》卷九一《儒林·范弘之传》:陈郡谢石,"阶借门荫,屡登崇显(为尚书令)"。《晋书》卷八五《刘毅传》:陈郡谢混,"凭借世资,超蒙殊遇(任尚书仆射)"。《南史》卷一九《谢方明传》:方明出身陈郡谢氏,东晋末刘穆之评他与另一高门济阳蔡廓说,"谢方明可谓名家驹,及蔡廓,直置并台鼎人,无论复有才用"。就是说两人单凭门第今后就有资格当三公,何况还有才干。《晋书》卷八四《王恭传》:恭出身太原王氏,"自负才地③高华,恒有宰辅之望"。至于"华宗"琅邪王氏中王导这一支,到南齐王俭为止,更是"六世名德,海内冠冕",④当宰相的极多。在东晋,只要是高门,甚至弱智和低能儿也可以出仕。《晋书》卷七五《王湛传附孙述传》:"人或谓之痴,司徒王导以门地(太原王氏)辟为中兵属。"《宋书》卷六七《谢灵运传》:出身陈郡谢氏,父瑍,"生而不慧",⑤晋末竟能为清官秘书郎,无疑也是靠的"门地"。《晋书》卷九三《外戚·王蕴传》:蕴为尚书吏部郎,中下级官吏有缺,在向宰相推荐人才时"不抑寒素",总多列举几名,曰"某人有地,某人有才",让宰相选择,"务存进达,各随其方,故不得者无怨焉"。可见"地"作为主要标准在吏部已完全合法化,而一般情况下"寒素"有才是得不到这种推荐机会

---

① 见《通典》卷一六《选举四》引裴子野《宋论》。如西晋末、东晋初的熊远,祖为石崇苍头,竟能察孝廉,举秀才,升为侍中、会稽内史(《晋书》卷七一《熊远传》);陈頵出身"孤寒",西晋末东晋初辟为晋元帝镇东府属官、尚书、梁州刺史(《晋书》卷七一《陈頵传》),均其例。

② 《宋书》卷九四《恩幸传·序》认为:总的说,门阀制度产生、发展、完成于魏晋,而在叙述西晋情况后,紧接着讲这段话,意思是最后完成了制度上的转变。虽未具体指东晋,但依上下文意,不得不作此推定。

③ 《建康实录》卷九隆安二年作"门地"。

④ 《文选》卷四六《王文宪集序》。

⑤ 《南史》卷一九《谢晦传附兄瞻传》作"无才能"。

的。正因如此,也就出现了"门地二品"这个用语,①反映单凭门地即可获得九品中正制中的最高品——二品,由此进一步仕进、升迁。所有这一切,都证明门阀特权在东晋已制度化了。人们爱引用的《南齐书》卷二三"史臣曰"中的几句话,即魏晋以后"贵仕素资,皆由门庆,平流进取,坐至公卿",严格地说,只有东晋以后才达到了这个地步。

门阀特权带来的严重后果是什么呢?

第一,高级士族凭门第而不必靠才干就可仕进、升迁。在此制度腐蚀下,他们当中相当一部分人日益沉溺于清闲、放荡的生活,而不关心封建统治事务,甚至拒绝担任某些事务烦杂、辛苦的官职,特别是武职,因而政治、军事才干越来越削弱。

这种倾向本从曹魏玄学、清谈之风盛行后即已开始。"仕不事事。……不以物务自婴"②,作为其末流,是一种必然趋势。不过在门阀特权制度化以前,由于封建德、才这些品第人才的主要标准,对高级士族多多少少仍起作用,因而他们对之也就不敢完全忽视。而自东晋以后,这种顾虑消除了,虚玄、放诞之风也就更加厉害起来。《梁书》卷三七陈吏部尚书姚察曰:"魏正始及晋之中朝,时俗尚于玄虚,贵为放诞,尚书丞郎以上,簿领文案,不复经怀,皆成于令史。逮乎江左,此道弥扇,③惟卞壹以台阁之务颇欲综理,阮孚谓之曰:'卿常无闲暇,不乃劳乎?'宋世王敬弘身居端右(尚书仆射),未尝省牒,风流相尚,其流遂远。望白署空,是称清贵;恪勤匪懈,终滞鄙俗。是使朝经废于上,职事隳于下。小人道长,抑此之由。"④

这段话中的阮孚,出身高门陈留阮氏,是一个"蓬发饮酒,不以王务婴心"的人物。⑤ 王敬弘出身琅邪王氏。所谓"未尝省牒"一事,见《宋

① 范泰表语,时在刘裕代晋后第二年,无疑乃晋制,见《宋书》卷六〇《范泰传》。
② 《晋书》卷三五《裴秀传附子顾传》。
③ 《宋书》卷六七《谢灵运传》"史臣曰":"有晋中兴,玄风独振,为学穷于柱下,博物止乎七篇,驰骋文辞,义单乎此。"说的虽是文化,且有夸张,但虚玄、放诞之风对政事也有影响。
④ 晋代此风,又见《隋书》卷二六《百官志上》,《唐六典》卷一注引梁天监元年诏。
⑤ 《晋书》本传。

书》本传，发生在刘宋元嘉三年（426）。当时他为尚书仆射，"关署文案，初不省读。尝豫听讼，上（宋文帝）问疑狱，敬弘不对。上变色问左右：何故不以讯牒副仆射？敬弘曰：臣乃得讯牒读之，政自不解"。一个宰相连文书也看不懂，甚至看也不看便在上面署名画行，怠忽职守和昏聩无能已到了何等严重地步！元嘉二年离晋亡才六年，王敬弘入宋前已出仕约四十年，此风无疑沿自东晋。[①] 至于"尚书丞郎"，由于典掌机要，在东晋一般仍由高级士族把持。[②] 和西晋比，一个显著变化是：高级士族的上层——第一流高门过江后却不愿担任这些官职了（吏部郎除外）。[③] 原因是尚书丞郎事务烦杂，尽管不负责任之风极盛，他们仍嫌辛苦。这是东晋高级士族日益忽视、脱离实际统治事务的一个重要动向。总之，陈吏部尚书姚察所批评的风气，具体分析起来，其主要社会基础，不是别的，正是高级士族。

必须指出，高级士族此风不仅盛行"台阁"（宰相机构），在其他中央、地方部门同样严重。《晋书》卷八〇《王羲之传附子徽之传》：徽之任都督、车骑将军桓冲之骑兵参军，不理政务，"冲问：'卿署何曹？'对曰：'似是马曹。'又问：'管几马？'曰：'不知马，何由知数！'又问：'马比死多少？'曰：'未知生，焉知死。'"比这更荒诞可笑的事见于《晋书》卷七六《虞潭传附孙啸父传》：啸父出身会稽虞氏，为南土高门，任晋孝武帝侍中，"尝侍饮宴，帝从容问曰：'卿在门下，初不闻有所献替邪？'啸父家近海，谓帝有所求，对曰：'天时尚温，鲻鱼虾鲊未可致，寻当有所上献。'帝大笑"。"献替"指献可替否，为门下侍中最基本的职掌。[④] 虞啸父身为侍中不但一直没有献替，竟连献替这个词的意思也不懂，会误解为向皇帝进献海味，这比后来王敬弘之"未尝省牒"，就昏聩无能言，可以说更高出一等！

---

① 参《文选》卷四九《晋纪·总论》注引应詹表"望白署空，显以台衡之量"；《晋书》卷七一《陈頵传》"小心恭肃，更以为俗，偃蹇倨慢，以为优雅"。可证晋制早已如此。

② 参拙作《刘裕门第考》，载《北京大学学报》1982年第1期。

③ 参《晋书》卷七五《王湛传附王坦之传》《王湛传附王国宝传》。

④ 《宋书》卷三九《百官志上》。

然而东晋后期高级士族之没落,更重要的方面是源于鄙薄武事。在西晋,兵家地位虽然低下,但和士族界限还不十分森严。史载太原王氏显赫的一支司徒王浑子王济,身为驸马、侍中,曾准备将妹妹许配给"有俊才"的"兵家子";他的母亲钟琰,出身名门颍川钟氏,开始也表示可以考虑,后因兵家子身体太弱,事方作罢。[①] 而东晋以后,这种情况不见了。不仅士兵,连一般武将也被划入"小人"行列,[②]遭到轻视与侮辱。《晋书》卷七九《谢安传附弟万传》:万出身高门陈郡谢氏,为豫州刺史、监司豫等四州诸军事,"但以啸咏自高,未尝抚众。……召集诸将,一无所言,直以如意指四坐云:'诸将皆劲卒。'诸将益恨之"。《资治通鉴》卷一〇〇升平三年(359)胡注:"凡奋身行伍者,以兵与卒为讳,既为将矣,而称之为卒,所以益恨也。"《晋书》卷八四《刘牢之传》:牢之为北府兵名将,及高门太原王恭为北府兵长官,"虽杖牢之为爪牙,但以行阵武将相遇,礼之甚薄。牢之负其才能,深怀耻恨"。《晋书》卷七五《王述传》:述乃前述太原王济之从侄,子坦之,为桓温大司马长史,"温欲为子求婚于坦之。及还家省父……坦之因言温意。述大怒……曰:'汝竟痴邪!讵可畏温面而以女妻兵也。'坦之乃辞以他故"。谯国桓氏本亦高级士族,[③]不过上升为第一流高门时间稍晚;桓温又长期掌军,多次北伐,以武功显,太原王氏竟把这样的家族也轻蔑为"兵",[④]并且拒绝联姻,则真正的"兵""将"社会地位之低落便可知了。

当然,由于南北对峙,战争一直不断,为了保住或建立功勋,东晋高级士族虽鄙薄武事,却不能不过问武事。但他们过问武事一般都是文武

① 参《晋书》卷九六《列女·王浑妻钟氏传》、《世说新语·贤媛》第一二条,见余嘉锡《世说新语笺疏》(中华书局,1983年),以下凡引《世说》,均同。又《晋书》卷三六《张华传附刘卞传》、卷四九《王尼传》,均兵家子,而能升高官,或受名士器重,亦其证。

② 《三国志》卷三《魏书·明帝纪》青龙三年注引《魏略》"吏为君子,士为小人"。而至东晋,据《晋书》卷六六《陶侃传》:庾亮手下将军王章被视为"小人"。《晋书》卷六三《郭默传》:默位居后将军,也被视为"小人"。

③ 《晋书》卷七四《桓彝传》:"有人伦鉴识……时人方之许(劭)、郭(太)。……为中书郎、尚书吏部郎,名显朝廷。"第一流高门庾亮曾属他"觅一佳吏部(郎)"。《世说·赏誉篇》第四八条注:"庾亮、周颉、桓彝一代名士。"依东晋风气,都不可能不是高级士族。

④ 《晋书·谢奕传》:为桓温司马,亦称温为"老兵"。

迭任,或文武兼任,①体现的精神是武事虽贱,为了效力君主,不得不暂时屈尊为之,所以往往当军事长官,而和"以武力为官",②很少文授的专职武将,有明显界限。《晋书》卷七九《谢尚传》:尚出身陈郡谢氏,原为清望官给事黄门侍郎,出为建武将军、郡太守、都督等,"建元二年,诏曰:尚往以戎戍事要,故辍黄散(指黄门侍郎及散骑侍郎,均清望官)以授军旅。所处险要,宜崇其威望。今以为南中郎将,余官如故"。《宋书》卷六三《王昙首传》:出身琅邪王氏,东晋末与从弟王球均辟为大司马属官,一起随太尉刘裕北伐姚秦。刘裕曰:"此君并膏粱盛德,乃能屈志戎旅。"昙首答曰:"既从神武之师,自使懦夫有立志。"时谢晦在座,便说:"仁者果有勇。"两条材料意思一致,即高门本应文授,由于需要,方"屈志戎旅",所以要"崇其威望"或口头表扬,以资鼓励。

在这种思想指导下,高级士族虽然在东晋前期因为门阀特权刚刚制度化,影响尚浅,不少人又经历过西晋末的动乱,接触社会实际较多,因而出过一些军事人才,立过功勋,最后还在淝水之战中获得大胜;但总的说来,军事才干在逐渐削弱,特别东晋后期。试举二例:

王恭:③出身太原王氏,晋孝武帝时"以地望见礼",④被用为兖、青二州刺史、都督,成为北府兵最高长官。如前所引,他"恒有宰辅之望",然而实是东晋后期高级士族志大才疏、无能愚蠢之典型。其一,身为北府兵长官,而"不闲用兵",⑤对北方胡族未打过一次胜仗,相反,曾败于鲜卑慕容垂,军号由前将军降为辅国将军。其二,喜清谈,"有清辞简旨……而读书少",并且宣扬,"名士不必须奇才,但使常得无事,痛饮酒,

① 文武迭任,如《晋书》卷七五《王湛传附王国宝传》:国宝先为琅邪内史,加辅国将军;后补侍中、中书令;又任中领军,为武职。《晋书》卷六五《王导传附孙珣传》:珣先为大司马参军,乃武职;后升侍中、尚书令等官;又进卫将军,都督琅邪水陆军事,为武职。文武兼任,如王导子王劭,以尚书仆射领中领军;王荟,以尚书领中护军;太原王恺,以侍中领右卫将军。均见《晋书》本传。
② 《资治通鉴》卷一一〇隆安二年杨佺期婚宦失类下胡注。
③ 以下除注明者外,均见《晋书》卷八四《王恭传》《刘牢之传》。
④ 《世说·谗险篇》第三条。
⑤ 晋孝武帝信任的另一高门陈郡殷仲堪,身为振威将军、荆州刺史、都督,而"素无戎略"。可见东晋末高门通常如此,见《晋书》卷八四《殷仲堪传》。

熟读《离骚》,便可称名士"。① 对此,余嘉锡先生批评说,此言"皆所以自饰其短也",他的垮台,"正坐不读书"。② 其三,高门恶习极深,就像谢万"以啸咏自高,未尝抚众"一样,"自矜贵,与下殊隔","以才地陵物"。部下刘牢之,出身低级士族,③为北府名将,王恭礼之甚薄,已如前述。后王恭因争权夺利起兵反对当权的司马道子、元显父子,由于自己不会打仗,为让刘牢之卖命,竟一反常态,当众拜刘牢之为兄,并许愿,"事克,即以卿为北府","精兵利器悉以配之,使为前锋"。有人提出警告,不听。但正如胡三省所说,"此岂能得其死力邪? 适足以速其背己耳"。④ 果然,刘牢之大权在握,乘机反戈相击,王恭毫无准备,"久不骑乘,髀生疮",被追及捕杀。在这之后,刘牢之功大兵强,司马元显便不得不让他代王恭任北府兵长官。就这样,低级士族开始脱颖而出了。很显然,在某种意义上说,这个局面正是王恭愚蠢无能造成的。

谢琰:⑤出身陈郡谢氏,乃名相谢安之子,淝水之战立过大功。然其后十几年中,和低级士族刘牢之一直为武将不同,多为文授,加上轻武之社会风气使然,于戎旅之事日益生疏。表现为:其一,晋安帝初,王恭举兵,司马道子命谢琰与另一高门琅邪王珣率兵讨伐,然二人均无战功可言,是靠刘牢之的倒戈方得以平定王恭的。所以事后要以刘牢之代王恭,而不及谢琰。其二,刘牢之的官衔是辅国将军,都督兖、青、冀、幽、并、徐、扬州晋陵诸军事,司马道子和高门对他歧视,⑥所以同时又用资望比他高的谢琰为卫将军、徐州刺史、假节。就职务言,徐州诸军应归刘牢之都督,然就军号言,卫将军(二品)又高过辅国将军(三品)。很显然,是

---

① 以上分别见《世说新语·赏誉》第一五五条及《任诞》第五三条。

② 《世说新语·任诞》第五三条按语。

③ 据《晋书》本传,祖为郡太守,父为征虏将军(三品),王恭又曾当众拜他为兄,都可证刘氏绝非寒门。

④ 《资治通鉴》卷一一〇隆安二年九月胡注。

⑤ 以下除注明者外,均见《晋书》本传、《资治通鉴》卷一一一隆安三、四年。

⑥ 《晋书》卷八四《刘牢之传》:"牢之本自小将,一旦据恭位,众情不悦。"即其证。吴廷燮《东晋方镇年表》兖州刺史隆安二年条下按:刘牢之淝水战时已为北府名将,至代王恭为都督时已逾二十年;迁龙骧将军(三品)亦十余年,"而传仍曰小将。晋人重清谈,轻勇将如此,宜乎不能恢复中原也"。

为了牵制刘牢之。但在一年多时间里,谢琰似乎没发挥作用,"京口及江北皆刘牢之及广陵相高雅之(牢之婿)所制,朝政所行,惟三吴而已"。其三,孙恩起义,司马元显怕刘牢之插手会稽,立即任命谢琰兼督吴兴、义兴军事以讨孙恩,①后又委以会稽太守,都督五郡军事。据说"琰既以资望镇越土,议者谓无复东顾之虞"。然实际他至郡,"无绥抚之能,而不为武备"。孙恩打来,又拒绝部下"宜持重严备"的建议,狂妄叫嚣:"要当先灭此寇而后食也。"结果,出战败死,全军覆没。大敌当前,迫使司马元显不得不改用刘牢之都督会稽五郡。而在这之后,特别从刘裕率军讨伐孙恩起,局面大变,刘裕不断取胜(当然起义军本身弱点也起重要作用),"恩由是衰弱"。② 这是一个鲜明对比! 如果联系王恭,便可看到,至东晋后期,经过门阀制度的腐蚀,高级士族已经没有军事人才足以承担维护封建统治、镇压农民起义的严重任务,甚至连原来的人才(如谢琰)也发生了蜕变。这就迫使当政的皇族,尽管内心畏惧迟疑,仍不得不把军权一点点交给有才干的低级士族,从而为他们后来执掌统治大权奠定了基础。

第二,当然,以上论述东晋高级士族政治及军事才干日益削弱,是就总的趋势说的,并不排斥以下情况,即由于各人教养和经历不同,某些高级士族仍具有一定的统治才干。不过在门阀制度下,只要门第不垮,他们和子弟的富贵荣华也就不愁,因而就又培养出了东晋高级士族的另一特点,即在激烈的政治斗争,甚至关乎王朝更替的斗争中,往往畏葸退缩,明哲保身,或者见风使舵,随声附和,而不愿意冒风险,按封建名教行事。就是说他们的统治才干被门阀特权限制住了。虽然这个问题至南朝发展到最高峰,但东晋开其端,并且到后期已经相当严重。试举二例:

王彪之:③出身琅邪王氏。公元371年,桓温凭借手握军权,废掉了

---

① 《晋书》卷一〇《安帝纪》:同时还派刘牢之讨伐,误。据《资治通鉴》卷一一一隆安三年条及《晋书》卷八四《刘牢之传》:东晋只委任谢琰一人,刘牢之是自行出兵,"拜表辄行",大敌当前,东晋只得默许。

② 《资治通鉴》一一二隆安五年八月。

③ 以下除注明者外,均见《资治通鉴》卷一〇三咸安元年条及《晋书》卷七六《王廙传附弟彬子彪之传》。

皇帝海西公司马奕。史载："温集百官于朝堂，废立既旷代所无，莫有识其故典者。百官震栗，温亦色动，不知所为。"这时王彪之为尚书左仆射，对桓温说："公阿衡皇家，当倚傍先代。""乃命取《霍光传》，礼度仪制，定于须臾。彪之朝服当阶，神彩毅然，曾无惧容，文武仪准，莫不取定。朝廷以此服之。"这样一件对封建统治阶级来说具有头等重要意义之废立大事，海西公既无大过，①事先又未经过酝酿和准备，仓猝提出，百官竟无一人提出异议，包括被认为东晋名臣、颇有才干的第一流高门王坦之在内。当时高级士族是何等的怯懦，便可知了。王彪之颇有才干，谢安曾说："朝之大事，众不能决者，谘王公无不得判。"然而在这件关系身家性命之事上，见风使舵，不但提出废帝之礼度仪制，帮了桓温大忙；而且吹捧桓温"阿衡皇家"，相当于伊尹放太甲，又依据《霍光传》，把海西公比为昌邑王，为桓温行径制造正义性的舆论。所以胡三省说："晋朝以此服王彪之，余甚恨彪之得此名于晋朝也。彪之父彬，不畏死以折王敦，②此为可服耳。"《晋书》卷八《海西公纪》"赞"曰："彼（桓温）异阿衡，我（海西公）非昌邑。"似乎也是针对王彪之的。固然，王彪之在此事前后，都曾一定程度上抵制过桓温，但在这性命攸关的问题上，并不是一般随声附和，而是积极出谋划策，大加吹捧，纵然不算政治品质恶劣，至少也应该说不是一个在关键的时刻可以信赖的人。

王珣：③乃王导之孙，为高门之高门，有才干，深受桓温器重。晋孝武帝以他为尚书仆射，与王恭、殷仲堪并为帝党，而与宰相司马道子及其党王国宝等不和。孝武帝死，司马道子、王国宝掌权，珣为保住权位，改取和事佬立场。其一，和王恭、殷仲堪继续对道子等采反对立场，"屡有忧国之言"不同，珣"循默而已"。④ 因此虽失势仍得由仆射升尚书令。王

① 见《晋书》卷八《废帝海西公纪》。
② 参《晋书》卷七六《王廙传附弟彬传》。
③ 以下除注明者外，均见《晋书》本传、卷七五《王湛传附王国宝传》，《资治通鉴》卷一〇九隆安元年、二年。
④ 其他高门多同此态度。王夫之指出：司马道子等胡作非为，"乃在廷之士，持禄取容，无或以片言摘发而正名其为奸邪者"（王夫之《读通鉴论》卷一四"晋安帝"第二条）。可见这是东晋末年高门的共性。

恭掌北府兵，欲率兵入朝诛王国宝，王珣劝阻，"恭乃止。既而谓珣曰：'比来视君，一似胡广'"。胡广乃东汉三公，由于贪恋权位，从不冒风险，"京师谚曰：万事不理问伯始（胡广字），天下中庸有胡公"。① 成为历史上一种典型。王珣正采此立场。所以对王恭的话《资治通鉴》胡注说："谓依违于权奸之间，以保禄位。"其二，后来王恭在殷仲堪等人支持下仍两次起兵反对司马道子、元显等，统治集团矛盾激化。在此期间先是原相党王国宝、王绪被杀，后是原帝党王恭兵败伏诛，而作为原帝党主要人物的王珣，不知耍了什么手腕，于王恭第一次举兵时，不但未遭迫害（时珣在建康，在相党控制之下），反而能使王国宝向自己问计，王国宝听信后放弃抵抗，"诣阙待罪"，结果被处死。而王恭第二次举兵，王珣又能挂名成为讨伐王恭的一员，"进卫将军"，然又只不过担任次要的守城任务，万一王恭得胜自己又留下后路，及恭败死，"加散骑常侍"。两次流血，王珣时而似乎站在王恭一边，时而又似乎站在相党一边，始终未伤一根毫毛，还当他的尚书令。很明显，王珣的才干只是用在保住个人权位，保住家族特权上了。所以王珣死后，桓玄给司马道子信说：珣一生"崎岖九折，风霜备经，虽赖明公神鉴（指道子不计前嫌），亦识会居之故也，卒以寿终"。

以上说明，门阀制度的高度发展腐蚀了高级士族。他们或是统治才干越来越弱，或是虽有统治才干而为门阀特权所累，除了关心保住权位和家族外，全都在现实政治中发挥不了多大作用。可以说，东晋高级士族是一代不如一代了。这就是为什么低级士族刘裕虽然遭到高级士族普遍轻视，仍得以取代司马氏，成为高级士族不得不北面奉事之君主的根本原因。

二

下面再以太原王氏及王、庾、桓、谢四大族为例，进一步考察上面论述的问题。

---

① 《后汉书》卷四四《胡广传》。

太原王氏：①魏晋时已发达。过江后以王湛这一支"世有高名"。湛、承、述三代"论者以为祖不及孙，孙不及父"。且谓王承"渡江名臣王导……之徒皆出其下，为中兴第一"。然考诸史实，王承除了"言理辩物……约而能通"，"推诚接物，尽弘恕之理"外，无任何值得称道的政绩可言。连吹捧他的《晋书》也不得不承认他"崇勋懋绩有阙于旂常"。王承之孙坦之，著《废庄论》，比较重实务，曾一定程度上敢于冒风险，抵制过桓温，并与谢安一起，辅孝武帝，是太原王氏这一支中唯一在东晋政治中起过较大积极作用的人。虽然，冒风险是有限度的，如果身家性命遭威胁太大，如桓温废海西公时，他便默无一语。② 至于再下一代，王坦之四子恺、愉、国宝、忱及诸孙，情况更糟。其中王忱虽有才干，然"放酒诞节"，末年，"一饮连日不醒，或裸体而游"，早死。国宝"贪纵聚敛，不知纪极"，以阿谀奉迎、谄媚无耻著称。恺亦早死。愉无能。愉子绥，"鄙而无行"。太原王氏这一支由王泽至绥，"八叶继轨，轩冕莫与为比焉"。愉因此轻侮刘裕，③于裕当权后"谋作乱"，事泄伏诛，子孙十余人皆死。太原王氏的另一支至东晋末只有王恭最有名，然其无能亦突出，已如上述。恭败，五男及弟爽等亦被处死，几乎灭族。④

琅邪王氏：⑤过江后王导这一支兴起最早，官位最显赫。"王与马，共天下"之语，首先即指这一支。然衰落也最早。王导六子诸孙皆历显官，均徒有虚名。除文化上（如书法、弈棋等）有造诣外，在政治、军事上可以说没有任何作为。诸孙位至三公、令仆者，如王珣，前已述，有似胡广，而且"颇好积聚，财物布在人间"。另一孙王谧，在桓玄篡位时以司徒兼太保身份，实际代表高级士族"奉玺册诣玄"，开东晋南朝易代之际高门奉

---

① 下除注明者外，均见《晋书》王湛等太原诸王传、《资治通鉴》卷一○三咸安二年、宁康元年。

② 由于王坦之抵制过桓温，有一次温召谢安及坦之，传说要杀他俩，"坦之甚惧"，见温"流汗沾衣，倒执手版"，其胆怯可以想见。这就是为什么抵制有限之原因。见《晋书》卷七九《谢安传》、《世说·雅量篇》第二九条。

③ 《宋书》卷一《武帝纪上》：愉、绥"江左冠族"。绥"以高祖起自布衣，甚相凌忽"。文义胜于《晋书》。

④ 参《晋书》卷八四《王恭传》、卷九三《外戚·王蕴传》。

⑤ 以下除注明者外，均见《晋书》王导等琅邪诸王传、《宋书》卷四二《王弘传》。

玺献册之先河。王夫之曾痛斥谥"俄而事此以为主,而吾之富贵也无损;俄而事彼以为主,而吾之富贵也无损","诚豺虎不食、有北不受之匪类矣!"[1]再一孙王廞,为吴国内史,先附和王恭起兵反对司马道子,"多所诛戮",[2]想"乘间而取富贵";后又与王恭矛盾,立即翻脸讨恭,恭派刘牢之抵御,廞一战即溃走,"遂不知所在"。[3] 其品质之恶劣,军事才能之平庸可知。王导后代最著名的为王珣子王弘。弘甚有才干,然不冒风险,走的是投靠刘裕父子的道路,从而得以飞黄腾达,升为刘宋宰相,与弟昙首发展成为南朝琅邪王氏中最显赫的两支。琅邪王氏中位望微减的其他各支,只有王彪之、王羲之具有才干。王彪之之见风使舵已如上述。王羲之极负盛名。[4] 王应麟高度评价他说:"言论风旨,可著廊庙,江左第一流也。"[5]有一次他对谢安说:"虚谈废务,浮文妨要,恐非当今所宜。"[6]这话切中时弊。然而由于他在会稽拥有许多田庄,剥削收入丰厚;同时作为第一流高门,子弟仕进有保障,于是便形成高级士族另一种类型:"素自无廊庙志",不贪恋权位。就是说他虽反对当政者"虚谈废务",自己并无意身体力行。因与太原王述矛盾,愤而辞会稽内史职,"与东土人士尽山水之游,弋钓为娱",一直到死。结果,"功名成就,无一可言"。[7]这与"虚谈废务"实际作用一样。王羲之诸子亦无政绩。其中著名的徽之,放诞无能,已见前。献之仅善书法。凝之为会稽内史,信五斗米道。孙恩起义,不为备,但祷请"鬼兵"助战,为义军镇压。王夫之讥为"以庸劣当巨寇,若鸿毛之试于烈焰"。[8] 王彪之后代虽较重实事,[9]然只不过"谙江左旧事",熟悉典章制度,四世为御史中丞,被讥为"唯解弹事",手中从未掌实权,政治上也没提出什么办法,对挽救东晋的垮台无济于事。

---

① 王夫之《读通鉴论》卷一四"晋安帝"第十条。
② 《宋书》卷六三《王华传》。
③ 《晋书》卷六五《王导传附孙廞传》
④ 以下除注明者外,均见《晋书》本传。
⑤ 王应麟《困学纪闻》卷一三《考史篇》"南丰记王右军墨池"条。
⑥ 《晋书》卷七九《谢安传》。
⑦ 洪迈《容斋四笔》卷一〇。
⑧ 王夫之《读通鉴论》卷一四"晋安帝"第六条。
⑨ 以下见《南史》卷二四《王准之传》。

颍川庾氏：①虽魏晋之际即已升为高门，但东晋掌大权的这一支，却主要是从庾亮兄弟这一代联姻帝室而显赫起来的。庾亮与弟冰、翼都有才干，重实务，在东晋初年内政和北伐中具有一定影响。这恐怕和庾亮兄弟的经历，即从青少年时代起一直处于动乱之中紧密不可分。② 他们的后代则不同，政治上十分平庸。一部分因与桓温矛盾，遭到杀戮或流放，另一部分有史可稽的，或是无能之辈，或是反复无常的小人。突出的如庾亮之孙庾楷，为左将军、豫州刺史。本党于司马道子、王国宝而反对王恭，后因个人权力受侵害，便派人说王恭联合起兵反对司马道子。结果楷军大败，投奔桓玄。当桓玄与司马道子、元显父子斗争时，楷"惧玄必败"，又密遣使告元显，"若朝廷讨玄，当为内应"，终于为桓玄发觉杀掉。再如庾冰曾孙庾登之，③东晋末投靠刘裕。刘裕将北伐，检阅军队，他"击节驱驰"，似乎很积极，然一转眼，"以母老求郡"，实际拒绝参加北伐。刘裕大怒，免官。此人在刘宋初年任荆州刺史和都督谢晦的司马，谢晦反朝廷，命他率军留守江陵，以"亲老在都"为借口加以拒绝，但又不翻脸对抗，而是改任不统军之"长史"，以备万一谢晦得胜还有回旋余地。谢晦败死，代登之为司马的周超亦被杀，而"登之以无任免罪"。后作为高门，又被起用，"以赃货免官"。以上庾楷、登之两人都可称得上是又无能、又无耻之典型。

谯国桓氏：④大体从东晋桓温贵显时方升为第一流高门。在这之前，温父彝死于苏峻之乱，时温年十五，"兄弟并少，家贫，母患，须羊以解，无由得之，温乃以（弟）冲为质"，其困苦可以想见。这大概就是温、冲所以并有军事和政治才干的客观原因。然自此以下，桓氏子弟除石虔、石民以武勇著称外，其他人政治、军事多不足道，后因追随桓温子桓玄篡晋，

---

① 以下除注明者外，均见《晋书》庾亮等颍川诸庾传、《庾楷传》。
② 据《晋书》本传，庾亮公元 340 年死时五十二岁，则当生于公元 289 年，三岁时开始爆发"八王之乱"。又庾亮让中书监表自称中原大乱曾随父"逃难""求食"，当颇困苦。庾冰公元 344 年死，年四十九，当生于公元 296 年；庾翼公元 345 年死，年四十一，当生于公元 305 年，情况略同。
③ 以下见《宋书》卷五三《庾登之传》。
④ 以下均见《晋书》桓彝等谯国诸桓传。

先后为刘裕所败。桓氏这一支几乎族灭，入宋完全衰落。

陈郡谢氏：[1]也在东晋上升为第一流高门。谢安贵显前，谢氏社会地位还不很高。[2] 所以子弟和兴起较早的琅邪、太原二王氏不同，习武的还不少，[3]如谢尚、石、玄、琰等。其中石、玄、琰在谢安统一部署下，淝水之战中立下不世功勋。毫无疑问，这反映了他们的军事才干。但恐怕也不能估计过高。因为淝水战中苻坚大败，主要是前秦内部种种矛盾特别是民族矛盾造成的；再加上一个偶然因素，即秦兵从淝水岸边后撤发生混乱，又给晋兵以可乘之机。[4] 也就是说，不能把胜利过多地归功于诸谢之军事才干。[5] 叶适曾评说："若（苻）坚部分无扰，十倍（于晋）之众得用，则玄等兵力有限，虽极其精锐，亦难以必得志矣。"[6]正因如此，诸谢后来再无值得称道的战绩可言。谢安于淝水战后第二年北征，一年后无功而死，谢玄于这次北征中为前锋都督，开始因对手是大败后的秦军，"乘其衅会"，取得一些胜利，及至遇到后燕与丁零翟辽军，接连失败，不得不请求解职。谢琰晚年之无能已见上。至于谢石，情况更糟。史称他为尚书令，"无他才望，直以宰相（谢安）弟兼有大勋，遂居清显"。不但"唱言无忠国之谋，守职则容身而已"，而且"货黩京邑，聚敛无厌"。[7] 当然，话又

---

① 以下除注明者外，均见《晋书》谢安等陈郡诸谢传、《宋书》卷六七《谢灵运传》。

② 《世说新语·方正》第二五条：曾与王导争门第高下的诸葛恢不愿把女儿嫁给谢氏；《简傲》第九条：陈留阮裕轻谢万为"新出门户"。均其证。但余嘉锡据此便谓谢安贵显前谢氏非世族则非是。谢安伯父谢鲲乃名士，王敦、温峤均重之，论者以比庾亮，见《晋书》卷四九《谢鲲传》。鲲子尚，官至尚书仆射，军号二品卫将军；谢安弟万妻父为第一流高门太原王述；谢安妻父沛国刘耽，妻兄刘惔，恢为东晋风流清谈者所宗。均在安、万贵显前。可证谢氏肯定是高门。阮裕之"新出门户"，盖指升第一流高门。参《晋书》卷七九《谢安传》等、《世说新语·德行》第三六条。

③ 《晋书》卷六五《王导传附子恬传》：恬为王导次子，"少好武，不为公门所重（《世说新语·德行》第二九条注作'不为导所重'），导见悦（恬兄）辄喜，见恬便有怒色"，这种风气导致子弟习武者极少。

④ 参《资治通鉴》卷一〇五太元八年。

⑤ 据《资治通鉴》卷一〇四太元四年条，谢玄虽曾在淮南大败秦军，但对方并非主力，而是为配合苻丕攻襄阳而派出的军队。晋秦军数大致相当。所以对此胜利，苻坚并不以为意；而桓冲仍视谢玄等为"不经事年少"（《世说新语·尤悔》第一六条注）。

⑥ 叶适《习学记言》卷三〇。又《晋书》卷九《孝武帝纪》"史臣曰"："上天乃眷，强氏自泯。"意略同。

⑦ 《晋书》卷九一《儒林·范弘之传》。

说回来,安、石、玄、琰毕竟立下"大勋"。特别是谢安,在东晋高级士族中,政治才干确是佼佼者。然而由于整个高级士族已经腐朽了,谢安等的出现只不过是一种回光返照。不但其他高级士族,即便谢氏子弟亦无能为继。如谢安孙谢混,是东晋高级士族中最负盛名的一人,"风华为江左第一"。① 晋孝武帝请王珣给推荐女婿,条件是"但如刘真长、王子敬便足"。珣举谢混。刘真长即刘惔,是东晋前期清谈代表人物。王子敬即王羲之子献之,"风流为一时之冠",实际上只有书法有成就。谢混官至尚书仆射,因党于刘毅,反对刘裕,被杀。及至东晋禅位于宋时,谢晦谓刘裕曰:"陛下应天受命,登坛时恨不得谢益寿(混小字)奉玺绂。"裕也叹曰:"吾甚恨之,使后生不得见其风流。"由此可见,在人们心目中谢混只不过相当于刘惔、王献之,善清谈,忽实事,如前述琅邪王谧一样的"风流"人物而已。上述材料中的谢晦,在谢氏子弟中最有才干,然而他走的又是比较保险的、投靠刘裕的道路。谢氏子弟中另一风流人物是谢玄孙灵运,"文藻艳逸",刘宋时为官,"朝廷唯以文义处之,不以应实见许"。

叶适说:"东晋权归王谢庾桓四族,而四族亦人材所自出。"②指的均是前期,到东晋末年,这些家族的人材已日益凋零了。正因如此,早在刘裕之前已出现以下奇特现象,即淝水战后,晋孝武帝竟一变渡江以来"号令威权多出强臣"的局面,③把军国大权从高级士族手中夺了过来。史称孝武帝"威权己出",④加上弟司马道子的辅佐,"政出王室,人无异望"。⑤这是什么原因呢?是孝武帝特别有才干吗?否。《晋书》本纪称他"条纲弗垂,威恩罕树","既而溺于酒色,殆为长夜之饮"。是司马道子特别有才干吗?更不是。他是庸才。《晋书》本传称他掌权时,"官以贿迁,政刑谬乱"。所以大权被孝武帝、皇族夺去,恐怕要从东晋末年高级士族人材

---

① 《南史》卷一九《谢晦传》。
② 叶适《习学记言》卷三〇。
③ 《晋书》卷九一《儒林·范弘之传》。
④ 《晋书》卷九《孝武帝纪》。
⑤ 《晋书》卷九一《儒林·范弘之传》。

凋零中去寻找原因。

如所周知,掌握东晋政治军事大权的高级士族开始有王导、王敦,其后有庾亮、庾冰,再后有桓温,而到孝武帝时,却没有这样一些可以左右政局、使君主俯首听命的人物了。桓温死后只有其弟桓冲和谢安握有实权。但桓冲功勋、资历、威望都无法与桓温比,所以代温为扬州刺史后小心谨慎,不敢像桓温那样跋扈,后又主动让出扬州刺史这一足以控制京师的要职,以示没有野心,诸桓皆"扼腕苦谏",不听。① 这样的人是不可能成为孝武帝收回大权的障碍的,何况他淝水战后第二年已死去。至于谢安,声望虽高过桓冲,但早年高卧东山,屡征不起,入仕时已四十多岁,桓温死后方入相,淝水战前,才干、威望均未尽为诸高门所敬服。《晋书》卷六七《郗鉴传附孙超传》:超出身高平郗氏,"常谓其父(郗愔)名公(郗鉴)之子,位遇应在谢安右,而安入掌机权,愔优游而已,恒怀愤愤,发言慷慨,由是与谢氏不穆"。《晋书》卷七四《桓彝传附子冲传》:淝水战前,桓冲认为谢安"不闲将略",甚至慨叹由谢安部署淝水之战,"吾其左衽矣"。此外,《晋书》卷六五《王导传附孙珣传》:琅邪王氏与谢安矛盾也不小,"以猜嫌致隙。……二族遂成仇衅"。太原王氏在王坦之死后也与谢安不和。坦之子王国宝乃谢安婿,"安恶其为人,每抑而不用……国宝……由是怨安……谮安于(司马)道子"。② 王夫之评论这一时期的谢安是:"社稷之功未著,而不受托孤之顾命(指简文帝死未受顾命辅孝武帝)……虽为望族,无异于孤寒。时望虽隆……固群情之所不信。"③淝水之战使谢安威望大大提高了,然而第二年在本可以进一步提高威望、权力的北征中,功绩并不理想。在这种情况下,谢安地位不但不能与长期居要职、早建功勋的王导、桓温比,而且也不能与身为外戚、受遗诏辅政的庾亮相比。史称:"安功名既盛,而险诐求进之徒,多毁短安,帝由是稍疏忌之。"④再加上帝弟司马道子的排斥,谢安就不得不自求北镇广陵

---

① 见《晋书》卷七四《桓彝传附桓冲传》。
② 《资治通鉴》卷一〇五太元八年十二月。
③ 王夫之《读通鉴论》卷一四"孝武帝"第三条
④ 《资治通鉴》卷一〇五太元八年十二月。

"以避之"，①并不久即死去。桓冲、谢安如此，两人之外高级士族还有谁可与君权抗衡呢？孝武帝和司马道子两人都没有卓越才干，却能毫不费力地从高级士族手中收回大权，原因就在于此。

正因孝武帝恢复君主专制并非建立在主相二人才干杰出，以及政治清明、经济发展、社会稳定的基础之上，而是出于高级士族已无人能控制东晋政局，不得不对君主、皇族让步这一原因，所以收回大权之后，统治危机继续加深。"左右近习，争弄权柄，交通请托，贿赂公行，官赏滥杂，刑狱谬乱"，"毒赋年滋，愁民岁广"。范宁上书形容当时的统治危机是："厝火积薪，不足喻也。"②事实证明，高级士族也好，皇族也好，都已腐朽无能。所以从孝武帝晚年起，社会上出现以下看法：

《晋书》卷一〇〇《孙恩传》：恩叔父孙泰是东晋官吏，根据种种迹象，"以为晋祚将终，乃扇动百姓，私集徒众，三吴士庶多从之"。

《晋书》卷九《孝武帝纪》：东晋末谶云，"晋祚尽昌明（孝武帝字）"。《晋书》卷一〇《安帝纪》：谶又云，"昌明之后有二帝"。

《宋书》卷一《武帝纪上》：桓玄从兄桓谦问刘裕，桓玄代晋何如？裕曰："晋室微弱，民望久移，乘运禅代，有何不可？"后两句虽非真心话，前两句确是当时普遍看法。

这一些看法、谶语意味什么？意味东晋王朝已失去人心，人们从种种矛盾中预见它寿命不长了。

为了解决严重的统治危机，当时一般说有三条途径：一是由北方少数族政权打过长江，消灭东晋。但前秦灭亡之后、北魏统一之前，北方处于分裂割据和相互兼并状态，完全无力顾及江南。二是爆发农民起义，推翻东晋，建立新的由农民领袖掌权的新王朝。孙恩、卢循起义即其尝试。然而由于主客观种种原因，起义最后失败了。剩下第三条途径，就是由腐朽性比较小一些的低级士族，压服和拉拢高级士族与皇族，执掌军国大权，取代东晋。刘裕正是在这样的客观需要下，因缘时会，脱颖而

---

① 《晋书》卷七九《谢安传》。
② 见《资治通鉴》卷一〇七太元十四年、《晋书》卷九《孝武帝纪》"史臣曰"。

出,不但出身"寒微"而敢觊觎皇帝宝座,而且最后终于胜利地坐上了皇帝宝座。

三

然而在刘裕执掌大权之前,东晋高级士族并没有料到,也不甘心出现这种局面。他们看到皇族不行了,又想轮流做庄,把军国大权再次掌握到自己手中来。前述王恭起兵反对司马道子、元显,为其第一次尝试。由于王恭之愚蠢无能和低级士族代表刘牢之转而支持皇族,这次尝试失败了。但高级士族并没有从中吸取教训,不久,他们又在政治舞台上演出一幕短剧,这就是桓玄篡晋。公元 402 年,高级士族代表荆州刺史、都督桓玄攻入建康,杀掉司马元显,害死道子,从皇族手中夺回大权;403 年底,进一步推翻东晋,建立楚朝。这一系列斗争实质反映东晋末年的高级士族想用改朝换代的办法,欺骗舆论,以挽救晋孝武帝和皇族掌权以来激起的统治危机。下面略加申述。

首先,为什么高级士族要推桓玄为帝?为什么说他是高级士族的代表?就因为他具备两个条件:

第一,桓玄出身东晋第一流高门谯国桓氏,是桓温之子,和其他高门有千丝万缕之联系。特别因为桓温掌东晋大权二十多年,虽打击了一批对他有威胁的高门(如颍川庾氏),然更多的是辟举、拔擢了不少高门,包括王谢二族子弟(如王珣、谢安、谢玄,以及太原王坦之等),再加上婚姻关系,①所以当时高门多给桓玄支持。如司马道子当权,桓玄受到压抑,年二十二尚未出仕。太元十五年王珣为尚书右仆射领吏部,第二年桓玄即起家太子洗马;同年王珣转左仆射,谢琰为右仆射,桓玄又升义兴郡太守(洗马七品,太守五品)。②尽管桓玄本人还不满意,但在道子压制下,

---

① 如桓冲娶琅邪王恬女,见《世说新语·贤媛》第二四条。桓玄姐嫁琅邪王敬弘,见《宋书》卷六六《王敬弘传》。桓温女嫁太原王愉,见《晋书》卷七五《王湛传附王愉传》。

② 以上见《资治通鉴》卷一〇七太元十七年条,并参《世说新语·言语》第一〇一条余嘉锡笺疏。

恐怕王珣、谢琰已尽了很大力量了。又如《世说·言语篇》记载，一次桓玄见司马道子，道子醉，当面指斥桓温晚年想篡位，桓玄吓得"伏不得起"①。这时道子的长史谢景重（谢安侄孙）竟敢说："故宣武公（桓温）黜昏暗，登圣明（指废海西公，立道子父简文帝），功超伊霍。纷纭之议，裁之圣鉴。"给桓玄解了围。《资治通鉴》卷一○七又载，就在桓玄刚出仕之时，太学博士范弘之上书指斥桓温"不臣之迹"，王珣时为尚书左仆射，"以为温废昏立明，有忠贞之节"，于是黜弘之为余杭令。这对桓玄的发展也是有利的。余嘉锡先生指出，"晋之士大夫感温之恩，多党附桓氏"。② 大量材料证明，是有道理的。

第二，在无能、软弱的高级士族中，相对说，桓玄较有才干和魄力，所谓"承藉门资，素有豪气"。经过统治阶级间相互兼并，到402年消灭司马道子父子前，桓玄实力雄厚，统治地盘达"晋国三分之二"，③没有其他任何一个高级士族可与比拟，要从皇族手中夺回大权，建立新王朝，非他莫属。

其次，再来看看高级士族对桓玄的支持。

当时桓玄手下主要分两派。一派以高门泰山羊孚为代表，④他极力拥护桓玄。《世说新语·文学》第一○四称：桓玄进入建康后，羊孚时为兖州别驾，特意从京口赶来，"诣门，笺云：……明公启晨光于积晦，澄百流以一源"，钦佩之情，溢于言表。实质反映不少高级士族对桓玄从皇族手中重新夺回大权的支持，并寄托以挽救统治危机之希望。⑤ 桓玄对羊孚也十分信任，称他是自己的"腹心"。孚死，玄慨叹："祝予之叹，如何

---

① 《资治通鉴》卷一○七太元十七年条作"伏地流汗不能起"，文意更加显豁。

② 《世说新语·贤媛》第三二条按语，又参《世说新语·言语》第一○○条按语。但余氏认为谢氏压制桓氏，此处不从。

③ 《资治通鉴》卷一一二隆安五年、元兴元年两见。

④ 过江羊氏与曾和王导争第高下的诸葛氏为"世婚"，见《世说新语·方正》第二五条。羊孚弟娶琅邪王氏女，见《世说新语·文学》第六二条。羊孚本人又是第一流高门太原王熙、王爽佩服的人，并与谢安孙谢混"相好"，见《世说新语·雅量》第四二条。均羊氏为高门之证。以下除注明者外，均见《世说新语·伤逝》第一八、一九条。

⑤ 《资治通鉴》卷一一二元兴元年条："自隆安以来，中外之人厌于祸乱。及玄初至，黜奸佞，擢隽贤，京师欣然。"反映寄托希望的人不少。

可言。"把自己与羊孚比为孔子与颜渊的关系。然而正是这个羊孚,在世时"恒禁"桓玄篡晋。理由史不载,我想大概是怕篡位会招致风险,不如维持东晋之名,让桓玄以宰辅身份掌握实际大权来得保险。当然,也有可能并非原则上反对篡晋,而是反对在根基不稳时过早篡晋。① 另一派以桓玄姐夫殷仲文为代表。仲文出身高门陈郡殷氏,祖融,曾任吏部尚书、太常卿;②从叔浩,历官扬州刺史、都督、中军将军,均较显赫;本人又"素有名望"。所以连第一流高门谢安之孙谢混,他也不放在眼里。③ 他与另一士族卞范之力主桓玄早日篡晋,④目的除了谋求个人富贵外,还因为司马道子父子腐朽统治和多次战争之后,危机严重,⑤人心不稳,想用这个办法加上伪造符瑞,来防止变故,稳定封建统治。⑥《魏书》卷九七《岛夷桓玄传》所谓的"既虑事变,且幸其利",大概就是指的这一动机。以上两派政见虽然不同,但在支持桓玄上则是一致的。

诸桓氏子弟也不外乎这类态度。至于其他高级士族,对桓玄篡晋积极支持或不反对的也不少:

太原王氏:当时王坦之四子只剩下王愉一人。愉为桓温婿,愉子绥为桓玄甥,都大力支持桓玄。楚朝建,愉为尚书仆射,绥为中书令,均要职,"父子宠贵"。

琅邪王氏:首先是王导孙王谧以中书监、领司徒、兼太保的身份"奉玺册诣玄",粉饰了禅代,因而"受宠桓氏",已如前述。王导曾孙王嘏,由晋左卫将军(四品)升桓玄太常(三品)。⑦ 王彪之孙王讷之任桓玄尚书

---

① 《世说新语·伤逝》第一九条:桓玄自称当时篡晋太仓促,"匆匆作此诋突,讵允天心?"即一侧证。

② 此据《世说新语·文学》第七四条注引《中兴书》。

③ 《晋书》卷九九《殷仲文传》。

④ 《世说新语·贤媛》第三二条:卞范之外祖母是陈郡殷浩姐,曾任吏部尚书、中正之韩康伯的母亲,可见至少是士族。

⑤ 《资治通鉴》卷一一二元兴元年四月:"三吴大饥,户口减半,会稽减十三四,临海、永嘉殆尽。"同书卷一一三元兴二年九月:"晋室衰乱,江淮南北,户口无几,戎马单弱。"

⑥ 伪造符瑞参《晋书》卷九九《桓玄传》。

⑦ 《晋书》卷六五《王导传》、卷九九《桓玄传》。

左丞，讷之子准之任尚书祠部郎。①

陈郡谢氏：谢安孙谢澹，桓玄时"兼太尉"，地位甚高。谢安兄谢据之孙谢裕为桓玄黄门侍郎，领骁骑将军。谢据曾孙瞻仕桓玄为秘书郎。谢安弟谢铁之孙谢方明仕桓玄为著作佐郎。②

颖川庾氏：由于遭桓温迫害，宗族已不繁盛，且与桓氏有仇，然仍有仕楚朝者，如庾亮曾孙悦为桓玄中书侍郎。③

四族以外之高门追随桓玄的也不少。如南阳刘瑾为尚书，渤海刁逵为中领军，吴郡张敞为廷尉卿等。④

这些高级士族不仅仕于楚朝，而且积极支持、吹捧桓玄，我们还可举出以下材料：

1.《宋书》卷五二《谢景仁传》：谢景仁即谢裕（见上），司马元显当权时受压抑，桓玄入建康，"谓四坐曰：司马庶人父子云何不败，遂令谢景仁三十方作著作佐郎"，为高级士族打抱不平，并显示他与皇族不同，不断提拔谢裕至四品官（"领骁骑将军"）。而谢裕也不负桓玄期望，为之出谋划策。史称他"博闻强识，善叙前言往行，玄每与言，不倦也。玄出行，殷仲文、卞范之之徒皆骑马散从，而使景仁陪辇"。有一次他留刘裕吃饭，"食未办，而景仁为玄所召。……俄顷之间，骑诏续至。高祖（刘裕）屡求去，景仁不许，曰：'主上见待，要应有方。我欲与客共食，岂当不得待。'竟安坐饱食，然后应召。高祖甚感之"。后一事并不意味他重视刘裕，而是为了表示他与桓玄亲密无间，极得信任。联系前引太原王愉、王绥"父子宠贵"，琅邪王谧"受宠"，以及桓玄败后，刘裕上台，愉、绥谋反，谧从弟王谌也鼓动他"起兵为乱"，⑤就可看出，高级士族对桓玄

---

① 《资治通鉴》卷一一三元兴三年二月"讷之"作"纳之"。此据《世说新语·文学》第六二条注。王准之，见《南史》本传。

② 见《晋书》卷七九《谢安传》、《南史》卷一九《谢裕传》《谢晦传附兄瞻传》《谢方明传》。

③ 《南史》卷三五《庾悦传》。

④ 刘瑾、刁逵见《晋书》卷九九《桓玄传》、《世说新语·品藻》第八七条注、《晋书》卷六九《刁协传附孙逵传》。张敞见《宋书》卷四六《张邵传》。此外参《晋书》卷六一《刘乔传附孙耽传》、《宋书》卷五六《孔琳之传》、卷五四《羊玄保传》、卷五二《袁湛传》。

⑤ 《晋书》卷六五《王谧传》。

绝非敷衍,而是真心拥戴。

2.《晋书》卷九九《桓玄传》:玄为刘裕打败后,吏部郎曹靖之指责桓玄统治腐败,招致"神怒人怨"。玄曰:"卿何不谏?"对曰:"辇上诸君子皆以为尧舜之世,臣何敢言!"这些辇上诸君子无疑指的是一些地位高,经常接近桓玄,多半由高级士族充任的官吏。从曹靖之语气看,他们绝非少数。同传记载桓玄于篡晋前夕还曾"置学官,教授(门地)二品子弟数百人"。可见桓玄不但提拔原来受皇族压抑的某些高级士族(如谢裕之类),而且加意培养他们的子弟,作为楚朝官吏的后备军,因而所谓"尧舜之世",恐怕也就不能不理解为肺腑之言。

3.《宋书》卷一《武帝纪上》:"桓玄虽以雄豪见推,而一朝便有极位,晋氏四方牧守及在朝大臣,尽心伏事,臣主之分定矣。高祖位微于朝,众无一旅,奋臂草莱之中,倡大义以复皇祚。由是王谧等诸人时失民望,莫不愧而惮焉。"这段话虽旨在吹嘘刘裕,但据说晋内外大臣"尽心伏事"桓玄,却大体是事实。在朝大臣王谧之流已如上述;四方牧守据吴廷燮《东晋方镇年表》,除益州刺史毛璩拒绝桓玄任命,其弟宁州刺史毛璠估计抱同一态度外,其他十几个牧守,没有一个抵制的。其中江州刺史郭昶之,直到桓玄被刘裕打败,由建康逃往江陵,路径寻阳,还在"给其器用兵力",以至使殷仲文产生希望说:"败中复振,故可也。"所谓"臣主之分定矣"在这里得到了体现。[1]

总之,以上材料证明,东晋高级士族和内外大臣对桓玄从皇族手中夺权及篡晋,基本上是拥护支持的,并对他寄托以保护高级士族利益、挽救统治危机之希望。

然而他们的希望落空了。

自晋孝武帝以来,由于无能和软弱,高级士族连平庸昏聩的皇帝和皇族都对付不了,现在局面更复杂了,包括卢循农民起义军的继续斗争和以刘裕为首比较有才干的低级士族集团的竞争,又岂能独掌大权,特别是篡晋另立新王朝呢?篡晋就得戴上"篡逆"的帽子。尽管司马氏已

---

① 参《晋书》卷九九《桓玄传》。

不得人心,但由于传统习惯势力的顽强存在,如果本人及核心集团没有特殊才干,是禁不住这顶帽子的压力的。《宋书》卷一《武帝纪上》:刘裕在桓玄篡晋前对何无忌说:"桓玄必(《资治通鉴》作'若')能守节北面,我当与卿事之,不然,与卿图之。"刘裕并非晋室忠臣,他这话的实际意思是:桓玄如不篡晋,就不能贸然反对他,篡晋,就容易打败了。这个意思从《宋书》卷五四《孔季恭传》也可得到印证。传称:刘裕欲讨桓玄,"季恭以为……玄未居极位,不如待篡逆事彰,衅成恶稔,徐于京口图之,不忧不克"。可见篡晋确是桓玄被对手抓住的一条辫子。但桓玄失败更主要的原因并不在此,而在于他和手下谋士才干有限。桓玄才干虽比其他高级士族高出一筹,可以打败司马元显,但用来执掌大权,应付复杂的局面,却远远不够了。依羊孚方案,或许可多统治一些时日,急于篡晋,贻刘裕以口实,就只能加速崩溃。

桓玄本来像许多高级士族一样,文化方面颇有造诣,"文翰之美,高于一世"。余嘉锡先生评说:"盖是杨广、赵估一流人物,但彼皆帝王家儿,适承末运,而玄乃欲为开国之太祖,为可笑耳。"[1]他的无能于掌大权、当皇帝后显得突出了。[2] 史称桓玄"欲废钱用谷帛,及复肉刑,制作纷纭,志无一定,变更回复,卒无所施行","性苛细,好自矜伐……或手注直官,或自用令史,诏令纷纭,有司奉答不暇,而纪纲不治,奏案停积,不能知也"。再加上桓玄又像一般高级士族一样,贪得无厌,穷奢极欲,"人士有法书、好画,及佳园宅,必假蒲博而取之;尤爱珠玉,未尝离手"。篡晋后,"更缮宫室,土木并兴,迫严督促,朝野骚然,思乱者众"。同时桓玄又十分怯懦。早在他从江陵出发讨伐司马元显时,"虑事不捷,常为西还之计;及过寻阳,不见官军,意甚喜"。胡三省注:"史言桓玄畏怯。"那次是因司马元显比他更无能方才得志的。及桓玄执掌东晋大权,曾上表请北伐,扫平关、洛(后未行);在准备时,"先命作轻舸,载服玩、书画。或问其故。玄曰:'兵凶战危,脱有意外,当使轻而易运。'众皆笑之"。这里一是

① 以上两条分见《世说新语·文学》第一○二条注,及《世说新语·品藻》第八七条按语。
② 以下均见《资治通鉴》卷一一二、一一三元兴元年至三年。

北伐中还要带服玩、书画，二是还没打仗先准备逃走。怪不得胡三省又说："桓玄意态终始如此耳。时人误以为雄豪而惮之，故每遇辄败。峥嵘洲之战，刘道规等知其为人而径突之，一败而不能复振矣。"所谓峥嵘洲之战，指的是后来桓玄为刘裕败后的事。当时他逃回荆州，收集军队，重新率师东下，遇刘裕部下于峥嵘洲。时玄军要多数倍，众惮之。刘裕弟刘道规说："玄虽窃名雄豪，内实怯怯……决机两阵，将雄者克，不在众也。"麾众先进，"玄常漾舸于舫侧以备败走，由是众莫有斗心"，遂大败。

桓玄的无能、怯懦和胡作非为，刘裕及其同伙都看在眼里。所以正当高级士族、内外大臣对桓玄"尽心伏事"之时，后来成为刘裕同党的王仲德却说："自古革命诚非一族，然今之起者（指桓玄），恐不足以成大事。"[1]北府兵的另一将领袁虔之早在桓玄篡晋前便对后秦姚兴说："玄乘晋室衰乱，盗据宰衡，猜忌安忍，刑赏不公，以臣观之，不如其父（温）远矣。玄今已执大柄，其势必将篡逆，正可为他人驱除耳。"[2]这个"他人"是谁呢？无能和软弱的高级士族中已没有人了，历史使命便落到了刘裕头上。

当然，促使刘裕起兵反对桓玄，除上述原因外，还有一个重要因素，就是桓玄对北府兵将领的屠杀。如前所述，北府兵主要将领本是低级士族出身的刘牢之。刘牢之手握重兵，而又有才干，但为了个人名位，反复无常。先背叛王恭投司马元显，后又背叛元显投桓玄，弄得"大失物情"。[3] 所以第三次当桓玄刚进入建康他又要背叛桓玄时，部下诸将不干了，刘牢之被迫自杀。然桓玄向来畏惧、猜忌北府兵将领，实质反映没落的高级士族对有才干而又不驯服的低级士族和寒门的态度。所以刘牢之死后，桓玄并不罢手，乘北府兵将领群龙无首之机，先后杀掉高素、竺谦之等六人，"皆牢之之党，北府旧将也"。[4] 另一方面对刘裕，由于他曾

---

① 《宋书》卷四六《王懿传》。王懿虽出身太原王氏，但过江甚晚，故王愉等"礼之甚薄"，地位略相当于低级士族。

② 《资治通鉴》卷一一三元兴元年十二月。

③ 《晋书》卷九九《桓玄传》卞范之语。

④ 参《晋书》卷九九《桓玄传》。

口头上表示支持桓玄篡晋(见前),又有军事才干,桓玄想先利用他征伐北方,于是使出了另一手,即拉拢、收买;同时仍不放松警惕,一直到刘裕起兵前夕,桓玄还在打听:"北府人情云何?卿近见刘裕何所道?"①迫使刘裕为了保全自己,也不得不起兵。

由此可见,桓玄与刘裕之争,实质是高级士族与低级士族为争夺全国统治权的一次较量。桓玄是高级士族推出的新的代表人物,妄图在皇族倒台后用改朝换代的办法稳固自己的统治。刘裕等人则是长期以来不为高门重视的低级士族、武将,他们看到高级士族之无能,准备取而代之。《晋书》卷八五《何无忌传》:刘裕起兵后,桓玄甚惧,或曰裕乃乌合之众,势必无成。玄曰:"刘裕勇冠三军,当今无敌。刘毅家无儋石之储,樗蒲一掷百万。何无忌,刘牢之之甥,酷似其舅。共举大事,何谓无成!"这是反桓玄的三个主要人物。刘裕乃低级士族。刘毅,曾祖广陵相,祖、父两代无闻,叔父镇曾为三品清官左光禄大夫,但那是刘毅与刘裕一起打倒桓玄、贵显以后的事,不足为门第高之证据。② 所以刘毅顶多也不过是一个高级士族的最下层。③ 至于何无忌,史但言为低级士族刘牢之甥,而不及其父系,则据婚姻关系推断为低级士族,当无大误。

桓玄的顾虑变成现实。较量结果,刘裕集团取得胜利。桓玄统治才半年便垮了台。高级士族的最后一张王牌失灵了。从此在东晋历史上,军国大权第一次落到低级士族、武将刘裕等人手中。事实证明,受到门阀制度腐蚀而无能、软弱的高级士族已没有资格独力支撑封建大厦,必须要由低级士族来充当顶梁柱了。

---

① 《宋书》卷一《武帝纪上》。

② 参《晋书》卷八五《刘毅传》、《宋书》卷四五《刘粹传》、《资治通鉴》卷一一六义熙八年十月。

③ 这是考虑到刘氏与荥阳郑氏中居江南位望不高的一支通婚所做的推定,见《宋书》卷六四《郑鲜之传》。

刘裕门第考[*]

刘裕是南朝的第一个君主,中国历史上以统治大权完全由高级士族垄断著称的东晋王朝,就是被他推翻的。刘裕代表的是哪一种社会势力? 刘裕代晋体现了什么历史规律? 为了有助于这些问题的研究,本文试图探讨一下刘裕的出身、门第。

赵翼说:"江左诸帝乃皆出自素族。宋武本丹徒京口里人,少时伐荻新洲,又尝负刁逵社钱被执,其寒贱可知也。"①他所谓的素族,与"世(士)族"对举,指的是庶族。从此说者至今史学界不乏其人。陈寅恪先生很早提出另一看法,主刘裕为"次等士族",②虽未专门论证,我以为是比较符合历史真实的,只不过如把"次等士族"改为"低级士族",或许更准确一些。

《宋书》卷一《武帝纪上》称:刘裕乃"汉高帝弟楚元王交之后也",并且列举了由"交"到晋代的世系和官位。这些世系和官位因为在史书上找不到任何旁证,所以王鸣盛说:"皆未必可信。"③很可能是当时史臣如徐爰之流为抬高刘裕身价而编造的。不过编造只限于西晋末渡江以前的情况,至于刘裕曾祖刘混渡江居京口里以下事,因有其他史料印证,则不能一概抹杀。根据这部分比较可靠的材料,按刘氏家族及其婚姻家族的次序排列一下,就可得到以下官位:

---

* 原载《北京大学学报(哲学社会科学版)》1982年第1期。
① 赵翼《廿二史札记》卷一二"江左世族无功臣"条。
② 陈寅恪:《述东晋王导之功业》,载《金明馆丛稿初编》,上海古籍出版社,1980年。
③ 王鸣盛《十七史商榷》卷五四"楚元王二十一世孙"条。

刘氏家族:直系,刘裕曾祖混,官至武原令;祖靖,东安太守;父翘,郡功曹。旁系,刘裕族弟遵考,遵考曾祖淳,为刘混弟,官至正员郎;祖岩,海西令;父涓子,彭城内史。

婚姻家族:母系,刘裕亲母孝穆赵皇后,后祖彪,治书侍御史;父裔,平原太守。刘裕继母孝懿萧皇后,后祖亮,侍御史;父卓,洮阳令。妻系,刘裕微时妻武敬臧皇后,后祖汪,尚书郎;父儁,郡功曹;兄焘,国学助教,临沂令。①

这些官位大致上可分三类。第一类:地方上的县令、郡太守(包括王国内史)。第二类:地方上不归朝廷选任,由郡太守自行辟除的郡功曹。第三类,中央的郎官、御史和助教。

什么门第的人出任这些官呢?

在东晋,县令、郡太守多由士族垄断。道理很简单,因为直接统治人民,剥削收入要比京师官吏丰厚得多。《晋书》卷九〇《良吏·邓攸传》:攸为吴郡太守,"后称疾去职。郡常有送迎钱数百万,攸去郡,不受一钱"。《晋书》卷七八《孔愉传》:愉为会稽内史,去职,"送资数百万,悉无所取"。这是两个极个别不要钱的例子,所以史书特为表出。一般情况是:高级士族都为攫取这笔丰厚收入而极力钻谋郡县职位。如东晋第一流士族琅邪王导有六子,除二人早死外,均历郡职:恬,魏郡太守;洽,吴郡内史;劭,东阳太守;荟,吴国内史。②《晋书》卷九二《李充传》:充出身高门江夏李氏,"以家贫,苦求外出。(褚)衰将许之为县,试问之。充曰:穷猿投林,岂暇择木。乃除剡县令"。李充的意思就是,当县令虽有失高门身份,但为了捞钱,也就顾不得了。《晋书》卷八二《孙盛传》:盛出身高门太原孙氏,"以家贫亲老,求为小邑,出补浏阳令"。后为长沙太守,"颇营资货……赃私狼藉"。然而事发后却受到包庇,"舍而不罪"。特别值得注意的是《晋书》卷七五《王述传》:述出身第一流高门太原王氏,"家贫,求试宛陵令,颇受赠遗,而修家具,为州司所检,有(罪名)一千三

---

① 以上参见《宋书》卷一《武帝纪上》、卷五一《营浦侯遵考传》、卷四一《后妃传》、卷五五《臧焘传》。

② 《晋书》卷六五《王导传》。

百条"。然而宰相王导对此事竟不处理,只派人去劝王述收敛一下。述答曰:"足自当止。"意思是,"家贫"问题解决就不再受贿。据说王述后为地方官"清洁绝伦","世始叹服之"①。这事既说明东晋高门在"家贫"的幌子下贪污受贿是何等地明目张胆,而"世始叹服之"一句又反映像王述"足自当止"的情况肯定极少,一般当继续贪污受贿。《抱朴子·百里篇》指出:西晋县令选任之弊极重,"或父兄贵重而子弟以闻望见选,或高人属托而凡品以无能见叙"。赴任后"冒于货贿,唯富是图,肆情恣欲,无止无足"。显然这风气一直延续到了东晋。

为了把持郡县职位,东晋高门甚至公开限制选用庶族。《晋书》卷七六《王彪之传》:彪之出身琅邪王氏,为吏部尚书,宰相司马昱命以秣陵令曲安远补句容令,殿中侍御史奚朗补湘东郡太守,彪之坚决反对说:"秣陵三品县耳,殿下昔用安远,谈者纷然。句容近畿,三品佳邑,岂可处卜术之人无才用者邪!湘东虽复远小,所用未有朗比,谈者谓颇兼卜术得进。殿下若超用寒悴,当令人才可拔。朗等凡器,实未足充此选。"东晋大臣多信卜术,而卜术之人绝大多数出身寒族,②曲安远、奚朗当不例外。由此可见,郡县官职虽然不能说绝对排斥寒族,但如非"人才可拔",就会"谈者纷然",遭到高门抵制。这就无异于表明,一般必由士族充任。当然,这里说的县是"三品县",指的是按制度应由门地三品的人治理的县,③而没有涉及三品以下的县。在东晋,由于门阀制度的进一步发展,三品虽非高品,④另有二品县专用来安置门地二品的高级士族,⑤但从"三品佳邑"的口气看,三品县还是很不坏的。另外,秣陵、句容每县领户约五千,⑥在东晋南朝为数也不多。所以,除了三品县,我们还必须进一步研究三品以下的县是否也排斥寒族。

---

① 《世说新语·品藻》"王修龄问王长史"条注引《中兴书》。
② 参见《晋书》卷九五《艺术传》。
③ 参见唐长孺《九品中正制度试释》,载《魏晋南北朝史论丛》,三联书店,1955 年。
④ 《宋书》卷九四《恩幸传序》:"凡厥衣冠,莫非二品,自此以还,遂成卑庶。"
⑤ 二品县,见《太平御览》卷二六九引宋武帝诏。在晋代品人才没有一品,实际上二品就是极品,见上引唐文。
⑥ 《宋书》卷三五《州郡志一》"丹阳尹"和《晋书》卷一五《地理志下》"丹杨郡"。

《晋书》卷九九《桓玄传》："置学官，教授二品子弟数百人。"此处之"二品"，指的是门地二品。① 如加上三品以下低级士族的子弟，数量肯定要庞大得多。而当时东晋全部统治区只有郡约二百，县约一千，②其中二品县、三品县、大郡、近郡更少。③ 此外按制度郡县一任六年，时间很长，也加剧了分配的紧张。大概主要由于这个缘故吧，到刘宋孝武帝时竟将六年一任改为三年，后来甚至连三年也无法坚持。《南史》卷七七《恩幸·吕文显传》说："晋宋旧制，宰人之官，以六年为限，近世以六年过久，又以三周（年）为期，谓之小满。而迁换去来，又不依三周之制，送故迎新，吏人疲于道路。"所以在郡县任期未缩短，数量或许还要少一点的东晋，高级士族肥缺争不到，退而求其次或更次是必然的趋势。《南史·王镇之传》：镇之出身琅邪王氏，"以母老求补安成太守。……为子标之求安复令"。安成是远郡，④领县七，刘宋统户6116，西晋统户3000，东晋如折中于二者之间，则统户约4558。他为儿子所求的安复令，属安成郡，按七县平均数计，统户651。再如王述求试并大肆受贿之宛陵县，虽属近郡（宣城），民户却不多，刘宋统户1012，西晋统户2136，东晋仍按二者之折中计，则为1574。又如孙盛所历长沙太守，刘宋领县七，户5684；所求的浏阳县属此郡，按七县平均，领户812。西晋长沙郡人口较多，领县十，户33000，平均每县领户3300。东晋之折中数为领户郡19342，县2056。⑤ 以上各县比起秣陵、句容等三品县来，领户相差远甚；甚至安成一郡的领户也只有4558，比秣陵、句容每县领户5000还少。然而即便这样次的郡、县，高级士族同样没有放松钻营、攫取。

---

① 据《宋书》卷四〇《百官志》、《通典》卷三七《职官十九》"晋官品"，官位二品的人数很少，子弟到不了数百人，另外桓玄为扩大自己的社会基础也不可能仅培养官位二品的子弟。

② 《通典》卷一七一《州郡》，宋孝武帝时有郡238、县1179，东晋末刘裕尚未收复青、兖等地前，数量当更少一些。

③ 东晋郡无二品、三品之目，而有大郡、小郡、近郡、远郡之分，参《晋书》卷六七《郗鉴传附子愔传》、卷七六《王廙传附弟彬子彪之传》、卷七六《王舒传附子允之传》、卷六八《贺循传附杨方传》。

④ 据《晋书》卷九一《儒林·徐邈传》，豫章为远郡，安成更在豫章之西，其为远郡无疑。

⑤ 以上刘宋数字均见《宋书》之《州郡志》，西晋数字均见《晋书》之《地理志》。以下除另行出注者外，出处相同。

不仅如此,户口更少的郡、县,高级士族也不拒绝。如陈郡谢尚曾任历阳太守,而历阳郡刘宋时仅领户3156,口19470。颍川庾翼曾历西阳太守,而西阳郡刘宋时仅领户2983,口16120。谯国桓石虔曾为南顿太守,而南顿郡刘宋时仅领户526,口2365。《通典》卷七《食货七》载,宋孝武帝时全境共统户约90万,口468万;当时共设郡238,县1179,平均一县领户约760,口近4000;一郡领户近4000,口近20000。据此,上述历阳、西阳诸郡户口均低于此平均数,而南顿郡相差更悬殊。当然,这都是刘宋数字,但由于从东晋到南朝初年南方户口不断增加,[①]东晋郡县户口一般可能还少一些,因而和此处之分析不会有多大出入。

如果以上看法不错,则在东晋不但二品县、三品县、大郡、近郡,而且不少贫瘠、边远、户口甚少的郡县也落入高级士族手中。如果再考虑大量低级士族也在钻营、争夺,那么不难推测,纵然三品以下的县,甚至很次的县,庶族也很难插足。

刘裕及其婚姻家族属于哪一种情况呢?

武原令,属南彭城郡。郡领县十二,户11758,口68163,则每县领户980,口5680。

东安太守,领县三,户1285,口10755。

海西令,属临淮郡。郡领县七,户3711,口22886,则每县领户530,口3269。

彭城内史,领县五,户8627,口41231。

平原太守,领县八,户5913,口29267。

洮阳令,属零陵郡。郡领县七,户3828,口64828,则每县领户547,口9261。

临沂令,属南琅邪郡。郡领县二,户2789,口18697,则每县领户1394,口9348。

以上为刘宋统计,东晋数字一般可能还要少一些。由此可以得出以下结论:第一,这些数字和上述晋宋郡县平均户口数比,有的不及(东安

---

① 参王仲荦《魏晋南北朝史》上册第五章第二节,上海人民出版社,1979年。

太守、海西令、洮阳令），有的超过（武原令、彭城内史、平原太守、临沂令），而和高级士族"屈就"的郡县相仿，这就证明，刘裕及其婚姻家族一般不可能是庶族。第二，刘裕及其婚姻家族在三代人中没有一人治理过像吴郡、会稽那样的大郡（户约 50000），甚至没有人治理过万户之郡，所治县户数也远较三品县秣陵、句容为少，这又证明他们一般决不可能是高级士族。

再看第二类官：郡功曹。

郡功曹"主选举"，曹魏"皆取著姓士族为之"[1]。后来有些变化。京师显贵子弟起家多改由三公、相国、将军各府掾属[2]，但位望稍差的官吏子弟或地方上豪族仍以郡功曹为入仕的重要途径。见《晋书》卷四二《唐彬传》、卷四八《段灼传》、卷八九《忠义·刘沈传》、卷五〇《庾峻传》，及《荀岳墓志》《石尠墓志》等。[3] 而且出仕本郡是一种特权。《晋书》卷五一《束晳传》：晳祖父两代均郡太守，因兄璆得罪三公石鉴，"鉴以为憾，讽州郡公府不得辟，故晳久不得调"。这是以压制仕州郡作为打击手段，反过来也就证明仕州郡包括当郡功曹在当时还颇为荣耀。东晋郡功曹的地位似乎又有所下降。著名北方高门如琅邪王氏、太原王氏，陈郡谢氏、袁氏，颖川庾氏、谯国桓氏、高平郗氏，子弟无一仕郡，这可能和北方高门侨居江南，土断前与地方关系不密切有关，但主要恐怕还是因为郡吏的地位下降而不屑为，所以土断后北方高门仍不仕郡，而江南高门中显赫的各支也一直不为郡吏。他们的出路大多数情况是由司徒、丞相、将军府辟为掾属，或起家佐著作郎、秘书郎，至少也得充州佐。后来南朝起家州从事的人方被视为"士流"，[4]大概就是由此进一步发展而成的制度。在东晋只有高级士族中位望最次的家族还继续仕郡。如会稽虞预先后为县功曹、郡功曹；兄喜，也出任过郡功曹。会稽虞氏作为南土士族位望

---

① 《新唐书》卷一九九《儒学·柳冲传》。

② 参《晋书》卷三五《裴秀传》、卷三九《王沈传》《荀勖传》、卷四二《王浑传》、卷四三《王戎传》。

③ 墓志见赵万里《汉魏南北朝墓志集释》第三册，科学出版社，1956 年。

④ 《南史》卷四九《庾杲之传附叔父羊传》。

本无法与南渡之北方士族相比，而虞喜兄弟一支又是其中更差的。① 再如吴郡顾辟强"历郡功曹"，②而他也不属顾荣、顾众、顾和等比较显赫的各支。他如孔严、谢沈、虞謇等，情况大抵相同。③ 不过尽管如此，郡功曹一般还得由低级士族充任，寒族仍不敢染指。《宋书》卷九一《孝义·吴逵传》：逵为吴兴人，"太守王韶之擢补功曹史，逵以门寒，固辞不就"。王韶之任吴兴太守有两次，这一次在刘宋景平元年（423），离刘裕代晋才三年，很明显，吴逵之固辞功曹，反映的是东晋的风气。当然，所谓"门寒"在东晋情况比较复杂，也有可能指低级士族，甚至个别高级士族，④但根据吴逵"家徒壁立，冬无被绔，昼则庸赁，夜则伐木烧砖"的境遇，再以与吴逵同时由王韶之察孝廉的潘综当过"左民令史"⑤显然出身寒族作为侧证，似乎还应该推定吴逵所谓"门寒"是指自己的寒族身份。所以刘裕及其婚姻家族，仅从充任郡功曹这一点看，一般也不可能是寒族，多半应是低级士族。

至于第三类官职则更明显地体现了刘裕家族的特点。

尚书郎：这是一个把持在士族手中的官职。《颜氏家训·涉务篇》："晋朝南渡，优借士族，故江南冠带有才干者，擢为令仆已下，尚书郎、中书舍人已上，典掌机要。"只不过因为事务烦剧，第一流高门后来逐渐不大愿意充任除吏部郎以外的其他尚书郎了。《晋书》卷七五《王坦之传》："仆射江虨领选，将拟为尚书郎。坦之闻曰：自过江来，尚书郎正用第二人，何得以此见拟！虨遂止"。此事又见《世说新语·方正》第四六条，刘注："此知郎官寒素之品也。"然刘说是不对的。所谓"第二人"，乃指比太原王氏位望稍逊的第二流以下的高级士族，⑥而决不是指"寒素之

---

① 参《晋书》本传。会稽诸虞只有虞翻一支在东晋地位稍高，见《晋书》卷七六《虞潭传》。

② 《世说新语·简傲》"王子敬自会稽经吴"条注引《顾氏谱》。

③ 参《晋书》本传及《世说新语·政事》"何骠骑作会稽"条及注引《棋品》。

④ 如渤海刁氏，多历显职、且有充郡大中正的，也被称为"寒门"。见《晋书》卷六九《刁协传》。

⑤ 《宋书》卷九一《孝义·潘综传》。

⑥ 《梁书》卷三三《刘孝绰传》：孝绪为秘书丞，梁武帝曰："第一官当用第一人。"孝绰出自彭城刘氏，祖勔曾为宋司空，梁武帝意为第一流清官当用第一流高门，用法与王坦之同。

品"。《晋书》卷七五《王国宝传》："中兴膏腴之族惟作吏部，不为余曹郎"，也是此意，是将膏腴之族与一般高级士族相比，而不是与"寒素之品"相比。通观东晋一代，除王导这一支以及极少数高门（如太原王湛一支）未为吏部以外之尚书郎外，其他高门如琅邪王氏中位望微减的王彪之、王准之、王韶之，陈郡袁乔、颍川荀伯子、吴郡顾众、济阳蔡谟等，都当过尚书郎。[1] 其中王彪之、荀伯子之事更能说明问题。《晋书》卷七六《王彪之传》："从伯（王）导谓曰：'选官欲以汝为尚书郎，汝幸可作诸王佐邪！'彪之曰：'位之多少既不足计，自当任之于时。至于超迁，是所不愿'。遂为郎。"由此虽可看出诸王佐要比尚书郎清贵，但王彪之却不愿"超迁"，甘心为郎；而彪之不但出身琅邪王氏，父彬官至尚书右仆射，而且本人后来顺利地升至吏部尚书、尚书令，与谢安"共掌朝政"，显然不是什么"寒素"。《宋书》卷六〇《荀伯子传》："常自矜荫籍之美，谓弘曰：天下膏粱，唯使君与下官耳。宣明之徒，不足数也。"弘即王弘，是王导曾孙。宣明乃谢晦字，是荀伯子妻弟，虽非陈郡谢安的嫡支，也是高门，当时权势正盛。荀伯子可能自矜颍川荀氏是汉魏以来的望族，"六世九公"，[2]而陈郡谢氏大体上从东晋中期方显赫起来，所以对谢晦等表示轻视。然而就是这个荀伯子，也当过尚书祠部郎。由此再一次证明，尚书郎决非高门不屑充任之官。

正员郎：即正员散骑侍郎，[3]是和员外、通直散骑侍郎对比而言的。在东晋一般也由士族充任。如王导的儿子王洽、孙子王珉，颍川庾亮的弟弟庾怿，东晋名臣高平郗鉴的孙子郗恢等，[4]均曾为之。而上述"自矜荫籍之美"的荀伯子，还曾当过"员外"散骑侍郎。《宋书》卷五八《谢弘微传》："晋世名家身有国封者，起家多拜员外散骑侍郎。"可见已经制度化了。此外，琅邪王氏另一支的王韶之还曾当过"通直"散骑侍郎。"员外""通直"声望都逊于"正员"。这些就从另一角度证明当正员郎的一

---

① 参《晋书》《宋书》各本传。

② 《太平御览》卷四七〇引《荀氏家传》。

③ 《通典》卷二一《职官三》注。

④ 分见《晋书》各本传。

般不可能是寒族。当然,这类官后来似乎和散骑常侍一样,逐渐不为高门所重视,①但那是刘宋以后的事,而且直到南齐,正员郎按制度仍是士族充任的清官,②这也是不能不加注意的。

治书侍御史和侍御史:情况与尚书郎、正员郎不同,在东晋很不受重视。高级士族除陈郡袁瑰在渡江初当过治书侍御史外,其他从无任此职及侍御史的。相反,据前引《晋书·王彪之传》,他反对用寒族曲安远、奚朗当秣陵令、句容令、湘东太守,却不反对任用其为殿中侍御史。这也从一个侧面反映这类官多半用的是寒族。不过,据《宋书》卷四〇《百官志下》,治书侍御史"魏晋以来,则分掌侍御史所掌诸曹,若尚书二丞也",地位应略高于侍御史。又《梁书》卷五〇《文学·谢几卿传》:由尚书郎转治书侍御史,"旧郎官转为此职者,世谓之南奔。几卿颇失志,多陈疾,台事略不复理"。谢几卿是高门陈郡谢灵运的曾孙。他对此职虽不乐为,亦未坚拒。这虽是稍后之事,但联系袁瑰的情况,似乎可以推定,在东晋治书侍御史声望比侍御史要高一些,或许一般是用低级士族充任的。

助教:《宋书》卷四〇《百官志下》、《通典》卷三七《晋官品》中均无助教,但《通典》卷三八《魏官品》中载助教品第八,估计晋代当相同。《南齐书》卷一六《百官志》:国学"助教准南台御史",似乎也是高门不为之官。但这大概是刘宋以后的变化,东晋尚非如此。《宋书》卷六〇《范泰传》,上表称:"昔中朝助教亦用二品。……所贵在于得才,无系于定品。……今有职闲而学优者,可以本官领之。门地二品,宜以朝请领助教,既可甄其名品,斯亦敦学之一隅。其二品才堪,自依旧从事。"范泰上书在刘裕代晋的第二年,反映的当然大体上是东晋的情况。从表文看来,西晋助教用的是二品,东晋已降低要求,但肯定仍是士族,因为范泰主张以奉朝请领助教,而奉朝请在东晋是比较清贵的。《晋书》卷二四《职官志》:"……后罢奉车、骑二都尉,唯留驸马都尉奉朝请。诸尚公主者刘惔、桓温皆为之。"刘惔出身高门沛国刘氏,"为名流所敬重"。桓温

---

① 参《南史》卷二五《到彦之传附孙挹传》。
② 参《南齐书》卷五一《张欣泰传》。

出身高门谯国桓氏，后来执掌整个东晋大权。二人又都娶公主，和皇室结亲，所充任的奉朝请位望当然低不了。① 又《宋书》卷九四《恩幸·阮佃夫传附朱幼传》也说："……有济办才能，遂官涉二品，②为奉朝请、南高平太守，封安浦县侯。"也是把门地二品与奉朝请连在一起。当然朱幼为此官在宋明帝时，据《宋书》卷四〇《百官志下》："永初（刘裕年号）以来，以奉朝请选杂，其尚主者唯拜驸马都尉。"朱幼出身贫贱而当上了奉朝请，正是"选杂"的一个证明。但这并不妨碍我们认定东晋的奉朝请相当于门地二品之官，相反，恰恰证明就制度言直到朱幼之时尚未变化，虽然从刘宋起已经"选杂"了。如果这一看法不错，那么由奉朝请所领之助教，地位也不会相当于南台御史，否则门地二品的士族定会拒绝。从范泰的语气看，东晋助教大概降到了门地三品或三品以下，与门地二品不相称，③而范泰又认为门地二品的子弟需要当助教以"敦学"，于是想出了以奉朝请兼领的办法来。总之，在东晋，助教一般决不会由寒族充任。

从以上第三类官中尚书郎、正员郎言，我们似乎应该推定刘裕及其婚姻家族决非寒族。然就治书侍御史、侍御史、助教说，又不会是高门，恐怕只可能是一个低级士族。其中侍御史虽然地位更低，多由寒族充任，但这可能正好符合兰陵萧氏和刘裕一族当时的状况。因为兰陵萧氏虽然从刘宋起因与帝室通婚，特别经过齐梁两代作为皇族而上升为高门，但在东晋，社会地位却还比较低。《新唐书》卷七一下《宰相世系表》追述萧氏先世，与刘裕家族通婚的这一支最早只能追溯到刘裕继母的父亲萧卓，④再往上至后汉萧苞其间九世，皆无名位可传。另外，《南史》卷一五《刘瑀传》：瑀宋初为御史中丞，弹萧惠开曰："非才非望，非勋非

---

① 分见《晋书》各本传。

② 《南史》卷七七《恩幸传》作"官涉三品"，中华书局标点本《宋书》卷九四《恩幸传》"校勘记"以县侯才三品，奉朝请、郡太守均低于三品，因而据《南史》改此"二品"为"三品"。这似是混淆了官位二品和门地二品。《宋书》"二品"当指门地二品，奉朝请正是相应之官，《南史》"三品"或笔误。至于县侯虽官品为三，只是爵位，凭功劳即可取得，恐怕是不论门地的。故阮佃夫、寿寂之、王道隆等虽封县侯，并不提"官涉二品"之事。而朱幼作为寒族，能当上二品清官，所以要记上一笔作为光荣。

③ 参唐长孺《九品中正制度试释》，载《魏晋南北朝史论丛》。

④ 据《宋书》卷四一《后妃·孝懿萧皇后传》，卓父亮，侍御史，《宰相表》失载。

德。"萧惠开祖源之,是刘裕继母之弟,父萧思话作为外戚,"早见任待,凡历州十二,杖节监、都督九焉",①而惠开仍被讥为"非望"。由此似可推定萧氏东晋时是比刘氏还差的低级士族,所以有时也得当侍御史,宋初地位上升了,但尚未被公认,刘瑀之讥,其故或即在此。另一面,刘裕一家虽为低级士族,但父刘翘只是个郡功曹,娶继室萧皇后时家道大概更加中落。《宋书》卷四一《萧皇后传》称:"高祖(裕)微时,贫约过甚,孝皇(翘)之殂,葬礼多阙,高祖遗旨太后百岁后不须祔葬。""祔葬"即合葬,晋代贵族均行此礼制。② 刘裕不主张祔葬,大概是怕合葬时显出过去的寒酸来。后来萧太后遗令仍葬刘翘兴宁陵中,但只允许在同一茔域之内"别为一圹",而不动旧坟,与刘裕遗旨并不矛盾。这虽是稍后之事,也从一个侧面反映了刘氏家族之没落。所以当刘裕父亲之时,面对现实,完全有可能续弦一个比自己门望更差的姑娘。然这并不影响我们认定刘裕出身低级士族,相反,正好体现了这一家族当时之特点。

当然,以上三类官(除侍御史外)只能说一般情况下必须由士族充任,并不排斥在某些情况下(如王彪之所谓"人才可拔")寒族仍可入选,东晋史料中这种例外也并不罕见。但刘裕家族却不可能是这种例外。因为在其本族和婚姻家族中不是个别人充任这三类官,而是整整三代人都离不开这三类官,这岂能是例外呢?

又,《宋书》卷五五《臧焘传》、《南齐书》卷五三《傅琰传》载:刘裕的"外弟"(表弟)北地傅弘仁,"以中表历显官,征虏将军、南谯太守、太常卿"。这个傅弘仁的上代世系以及本人在刘裕执政前之情况均不详,其所历显官当然不足为门第很高之据,但一般说来,北地傅氏乃魏晋士族,如果再联系上述刘裕家族的婚宦,似亦可推定傅弘仁出身士族,并作为刘裕门第的一个侧证。

认为刘裕出身寒族最主要的根据是他家贫穷,甚至以卖履为业,受人歧视。但仅仅根据贫穷是无法分辨士庶的。因为即便望族、士族,由

---

① 《宋书》卷七八《萧思话传》。
② 《世说新语·贤媛》"贾充妻李氏"条:充先娶李氏,又娶郭氏,后充与李氏和好,"充卒,李郭女各欲令其母合葬,经年不决。(郭女)贾后废,李氏乃祔,葬遂定"。

于某种特殊原因，也可能一个时期内生活艰难。此例在魏晋南北朝决非个别。突出的如曹魏的贾逵，"世为著姓，冬常无裤"。西晋高门颍川庾衮，"诸父并贵盛，惟父独守贫约。躬亲稼穑，以给供养……岁大饥，藜羹不糁……"东晋出身高门沛国刘氏，后娶公主的刘惔，"家贫，织芒屩以为养"。东晋出身高门谯国桓氏，后娶公主并执掌军政大权的桓温，父彝死后，"兄弟并少，家贫，母患，须羊以解，无由得之，温乃以（弟）冲为质"。东晋高门琅邪王韶之，"家贫……尝三日绝粮"。[①]《颜氏家训·涉务篇》说："江南朝士，因晋中兴，南渡江，卒为羁旅，至今八九世，未有力田，悉资俸禄而食耳。"所说"悉资俸禄而食"虽未必全然，如琅邪王氏、陈郡谢氏在浙东均经营田庄，[②]但由于当时江南生产力（包括劳动力）的限制，和原南方士族大地主已广占良田的制约，这种情况确不在少数。而资俸禄而食，一旦因某种原因如早死、降官、丢官等，家庭生活发生困难是完全可能的。上述刘惔、桓温、王韶之等当即属此类。刘裕上代一直当县令、太守，到父翘时下降为郡功曹，因而生活贫困当亦属此类，而这是不足为刘裕出身庶族的主要根据的。

最后想就高级士族和低级士族的区分略加申述。陈寅恪先生将渡江之北方士族分为上层、次等和下层士族，归刘裕入次等士族之列。但从东晋的社会制度看，似乎直到东晋末年士族仍只有两等，即高级和低级，或"高门"与"次门"。《宋书》卷八三《宗越传》："本南阳次门"，"安北将军赵伦之镇襄阳，襄阳多杂姓，伦之使长史范觊之条次氏族，辨其高卑，觊之点越为役门"。赵伦之镇襄阳在东晋末年，见《宋书》卷四六本传。宗越早在他镇襄阳之前已是"次门"，而次门下一等即"役门"，也就是寒族，所以后来宗越立功后"启太祖求复次门"。他既不敢觊求高门，又不甘心沦为役门，似说明次门和役门间并无别的阶层。据此似东晋士族只有两等，而以将刘裕门第归入低级士族较为合适。

①　分见《三国志·魏书》《晋书》《南史》各本传。
②　陈寅恪：《述东晋王导之功业》，载《金明馆丛稿初编》。

晋恭帝之死和刘宋初年的政治斗争[*]

从东晋末年刘裕团结北府兵将领起兵反对桓玄的统治起,到南朝宋文帝元嘉十三年止,统治阶级内部经历了一系列政变和战争。[①] 我以为,其性质是逐渐兴起的低级士族借日益腐朽无能之高级士族遭孙恩农民起义沉重打击之机,向他们争夺全国统治权的斗争;而以低级士族基本胜利,在政权中占据主导地位,原来的高级士族俯首称臣,和新贵合作而告终。低级士族的代表刘裕,[②]代晋后很快杀死晋恭帝,临终前选拔出以徐羡之为首之顾命大臣,以及这些大臣从显赫到覆灭,便是整个斗争的两个重要环节。

一

公元 421 年,即代晋的第二年,刘裕派人杀死了禅位后的晋恭帝。对于此事,古来激烈抨击的人甚多。如宋王应麟评论:"魏之篡汉,晋之篡魏,山阳(汉帝)、陈留(魏帝),犹获考终,乱贼之心犹未肆也。宋之篡晋,逾年而弑零陵(晋帝),不知天道报施,还自及也。齐梁以后,皆袭其迹,自刘裕始。"[③]明王夫之说:"恶莫烈于弑君。篡之相仍,自曹氏而已

---

* 原载《北京大学学报(哲学社会科学版)》1986 年第 2 期,题目为《晋恭帝之死和刘裕的顾命大臣》。

① 主要为刘裕推翻桓玄楚朝,刘裕消灭刘毅及司马休之,刘裕代晋杀晋恭帝,徐羡之等人废杀宋少帝,宋文帝杀徐羡之等三人,以后又杀檀道济。

② 刘裕出身参看拙作《刘裕门第考》,载《北京大学学报》1982 年第 1 期。

③ 王应麟《困学纪闻》卷一三。

然,宋因之耳。弑则自宋倡之。"①一直到清代的王鸣盛还在诅咒:"刘裕首行大逆……其恶大矣。"②然而究竟为何魏文、晋武不杀前代之君,而刘裕却敢于开此先例呢?王应麟"乱贼之心,犹未肆也"的解释,显然是唯心主义的。王夫之有另一看法。他说:"宋武之篡也,年已耄,不三载而殂,自顾其子皆庸劣之才,谢晦、傅亮之流抑诡险而无定情,司马楚之兄弟方挟拓跋氏以临淮甸,前此者桓玄不忍于安帝,而二刘(裕、毅)、何(无忌)、孟(昶)挟之以兴,故欲为子孙计巩固而弥天下之谋以决出于此。"③这一段话虽然没有抓住要害,而且还有不准确的地方,如宋文帝不能算"庸劣",傅亮在宋武心目中并不"诡险"等,但力图通过分析具体客观条件来探讨刘裕"弑君"之原因,比王应麟就高明多了。

为弄清此事,需先探究魏文、晋武为何不杀前代之君?

如所周知,魏文帝代汉时门阀制度尚在形成过程之中,④除汝南袁氏,弘农杨氏、颍川荀氏等少数东汉已兴起之显赫家族外,后来形成的魏晋高门还基本没有定形。所以曹氏家族虽然被骂为"赘阉遗丑",⑤然跟随曹氏平定北方的将相大臣原来社会地位一般也不高。如魏文帝代汉前后的三公贾诩、华歆、王朗,出身既非望族,上代亦无显官。⑥ 其中贾诩"少时人莫知",⑦华歆早年曾共管宁"园中锄菜"。⑧ 他们赖曹氏父子拔擢而飞黄腾达,自然感恩戴德,对禅代积极支持。另一些大臣如颍川钟繇、颍川陈群,虽出身著姓,上代为名士,然因汉末战乱,献帝播越草莽,受人摆弄,汉室早已名存实亡;再加这时社会上门第观念还不很深,⑨繇、

① 王夫之《读通鉴论》卷一五"宋武帝"第二条。
② 王鸣盛《十七史商榷》卷五四"宋武帝胜魏晋"条。
③ 王夫之《读通鉴论》卷一五"宋武帝"第二条。
④ 唐长孺:《门阀的形成及其衰落》,载《武汉大学学报》1959 年第 8 期。
⑤ 《三国志》卷六《魏书·袁绍传》注引《魏氏春秋》。
⑥ 见《三国志·魏书》卷一〇《贾诩传》,以及卷一三《华歆传》《王朗传》。
⑦ 《三国志·魏书》卷一〇《贾诩传》。
⑧ 《世说新语·德行》"管宁华歆共园中锄菜"条。
⑨ 如《三国志·魏书》卷一〇《荀彧传》,彧抛弃名门袁绍,投奔曹操;卷一一《张范传》,范祖、父两代汉三公,范与弟承均拒袁术而归曹操。又弘农杨彪虽拒仕魏朝,但其子杨修很早已成为曹植羽翼,见卷一九《陈思王植传》。

群均忠于曹氏,舆论也并不以为非。曹操封魏王,钟繇任魏相国,陈群为御史中丞。曹丕曾赐繇铭:"厥相惟钟,实干心膂";①代汉后又以他为太尉,陈群为尚书仆射、尚书令(实际上的宰相)。二人之受信任可知。《世说新语》注载,魏受禅,文帝问陈群曰:"我应天受命,百辟莫不说喜,形于声色;而相国(华歆)及公独有不怡者,何邪?"②似乎二人还留恋汉室。李慈铭据歆、群一贯党附曹氏之行径指出这并非事实,"不怡"云云,乃出华氏子孙附会。③ 其说诚是。然自汉献帝都许以来,二十多年中,忠于汉室之力量已被剪除殆尽,不仅谋反、公开对抗的董承、孔融、伏完、耿纪等人相继伏诛,而且立下大功但不支持曹氏代汉的荀彧也未能免死,"百辟"越来越清一色了,所以"莫不说喜"的话,或许还不会假。这些都说明,曹丕代汉所得到的统治阶级中的支持比较广泛。另一方面,到曹丕即位前后,军事大权多掌握在比较有才干的曹氏子弟和心腹手中。如曹仁为大将军,都督荆、扬、益三州诸军事,曹休为镇南将军,曹真为镇西将军,全位居都督,手握重兵。此外和曹氏关系极亲密的夏侯氏,如夏侯楙(曹操女婿)为安西将军,夏侯尚为征南将军,也都任都督,居方面。在京都,"都督中军宿卫禁兵"的则是曹操以来最受"爱待""亲近"的死党许褚。④ 这些又说明,曹丕代汉军事上也十分有把握。

在这种条件下,汉献帝几乎成了孤家寡人。据万斯同《历代史表》,到禅位时,献帝周围的三公九卿只设张音一人,政事已全归魏国诸臣。而张音的使命就是以太常行御史大夫的身份代表献帝"持节奉玺绶禅位"。⑤ 正如一年前陈群所说,这时的汉室,"唯有名号,尺土一民,皆非汉有,期运久已尽,历数久已终,非适今日也"。⑥ 正因如此,魏受汉禅后

---

　　① 《三国志·魏书》卷一三《钟繇传》。
　　② 《世说新语·方正》"魏文帝受禅"条注引华峤《谱叙》。
　　③ 参余嘉锡《世说新语笺疏》,中华书局,1983 年,第 281 页。又《三国志·魏书》卷一《武帝纪》建安二十四年注引《魏略》,陈群早已劝曹操受禅,亦其一证。
　　④ 以上参《三国志·魏书》卷九《魏书·曹仁传》《曹真传》《夏侯惇附子楙传》《夏侯尚传》,以及卷一八《许褚传》。
　　⑤ 《三国志·魏书》卷二《文帝纪》延康元年条。
　　⑥ 《三国志·魏书》卷一《武帝纪》建安二十四年注引《魏略》。

政局稳定，未爆发任何叛乱；孙权也"使命称藩"。①刘备虽然对抗，但他借机自立为帝，并不以复辟献帝为号召。整个形势既然如此，曹丕还有什么必要杀掉汉帝，而不是极力优待，甚至允许"行汉正朔，以天子之礼郊祭，上书不称臣……"，②使极少数站在汉室一边的人无话可说呢？

晋武代魏的条件更加优越。当时门阀制度虽已进一步发展，然司马氏本身就是河内大族，司马防仕汉至京兆尹，子朗仕汉为名刺史，懿仕魏至太傅、丞相、相国等，有足够的声望以代曹氏。③特别自公元249年司马懿发动高平陵政变消灭曹爽，随后又相继平定了王凌、毌丘俭、诸葛诞等拥魏势力的反抗，曹魏君主"威权日去"，十分孤立。正如王经对高贵乡公所说，"今权在其门，为日久矣。朝廷、四方皆为之致死，不顾逆顺之理，非一日也"。因此当高贵乡公率兵讨司马昭时，无异以卵击石，被轻易杀掉后还加上种种莫须有罪名，"废为庶人"。④正如后来吴国张悌所说："司马懿父子自握其柄，累有大功……民心归之，亦已久矣。故淮南三叛，而腹心不扰；曹髦之死，四方不动。……本根固矣……奸计立矣。"⑤所谓奸计，便是指司马氏羽翼已丰，代魏只是时间问题。因而几年以后当代魏条件更加成熟时，晋武帝坚信自己统治之稳固，受禅后不但不杀魏帝，而且"比之山阳（汉帝），班宠有加焉"（如允许"载天子旌旗……礼乐制度皆如魏旧"等），⑥也就是毫不奇怪的了。

刘裕代晋的情况却大不相同。

首先是东晋司马氏宗室还有一定力量。对他们，刘裕在代晋之前虽不断剪除，如公元415年打败荆州刺史司马休之等，但由于当时南北对峙，不少宗室逃亡北方，甚至降附北方政权，这就不能不对刘裕构成一定

---

① 《三国志·吴书》卷四八《吴主权传》黄初二年条。

② 《三国志·魏书》卷二《文帝纪》黄初元年条。

③ 参《三国志·魏书》卷一五《司马朗传》、《晋书》卷一《宣帝纪》。还可参河北磁县出土的北魏司马兴龙墓志，见郑绍宗《北魏司马兴龙墓志铭跋》，载《文物》1979年第9期。

④ 参《三国志》卷四《魏书·三少帝纪》及注引《汉晋春秋》。

⑤ 《三国志》卷四八《吴书·三嗣主·孙皓传》天纪四年注引《襄阳记》。

⑥ 《三国志》卷四《魏书·三少帝纪》史评、《晋书》卷三《武帝纪》。

威胁。如司马休之败后与司马文思、道赐等逃亡后秦。姚兴任用休之等回过头来"侵扰襄阳"。后秦灭,休之等又投奔北魏。其中司马文思直到宋文帝时还在被北魏用来对抗南朝。[1] 另一宗室司马楚之因躲避刘裕杀害,"亡于汝颍之间。……规欲报复,收众聚长社,归之者常万余人。刘裕深惮之,遣刺客沐谦害楚之(未成)"。楚之后亦降北魏,并且同样被用来威胁刘宋。所以崔浩曾说,宋帝最怕北魏发兵南下,"存立司马,诛除刘族"。[2] 再如《资治通鉴》卷一一八元熙元年条:"时宗室多逃亡在河南。有司马文荣者帅乞活千余户屯金墉城南。又有司马道恭自东垣帅三千人屯城西;司马顺明帅五千人屯陵云台。"所有这些,就不能不使刘裕顾虑,如果一旦这些宗室在北朝支持下打回来,晋恭帝只要活着,马上会被重新拥戴,复辟晋室,在长期的司马氏为正统的观念支配下,自己的宋朝就很被动了。

但刘裕顾虑晋恭帝可能复辟的更重要的原因,恐怕还在于高级士族对他缺乏真诚的拥戴。固然,东晋末年之高级士族已日益无能和软弱,在现实政治生活中起的作用越来越和他们占据的要职不相称,[3]但他们毕竟文化素质高,并且积累了一定的管理国家的经验。刘裕很明白,自己手下军事人才济济,但自刘毅、诸葛长民变为敌对势力被消灭,何无忌、孟昶、刘穆之又先后死去,政治人才却十分缺乏,不拉拢高级士族,统治就很难巩固;特别是他们社会基础深厚,思想影响广泛,政治上的向背,对新朝的长治久安关系更大。然而由于以下原因,高级士族真心诚意合作者不多:

第一,东晋初年以来,和魏文、晋武之时有所不同,门阀制度进一步发展的结果是,不仅士族、寒门界限森严,士族之间鸿沟也不浅。高级士族垄断军政大权,凌忽低级士族,把他们压抑在官吏下层,已成为一代之

① 《魏书》卷三七《司马休之传》。

② 参《魏书》卷三七《司马楚之传》、卷三五《崔浩传》。

③ 参拙作《试论东晋后期高级士族之没落及桓玄代晋之性质》一文,载《北京大学学报》1985 年第 3 期。

不成文法和风尚。① 刘裕本人就有亲身经历。史称他早年家道中落，"仅识文字，以卖履为业，好樗蒲，为乡闾所贱"；"名微位薄，轻狡无行，盛流皆不与相知。……裕尝与刁逵（高门）樗蒲，不时输直，逵缚之马柳"。② 一直到刘裕消灭桓玄，位居太尉后，由于"素不学"，"朝士有清望者"仍宁愿靠拢虽然地位低于刘裕而气质和他们接近一些的刘毅。③ 谢混与郗僧施便是最露骨的两个。谢混是谢安的孙子，郗僧施是郗鉴的曾孙，均出身第一流高门。《建康实录》卷一〇：刘裕拜太尉，谢混晚到，"衣冠倾纵，有傲慢之容。裕不平。乃谓曰：谢仆射（时混为尚书仆射）今日可谓傍若无人"。虽然谢混巧于言词，搪塞了过去，但轻视刘裕的态度十分明显。这和后来他被指控党附刘毅，"扇动内外，连谋万里"，④是完全一致的。至于郗僧施，他情愿放弃京都的三品要职丹阳尹不当，而外出给镇守江陵的刘毅当助手——四品的南蛮校尉，⑤无疑也是一种反对刘裕的姿态。

除开谢、郗，还必须提到谢方明与蔡廓。《南史》卷一九《谢方明传》："丹阳尹刘穆之权重当时，朝野辐凑，其不至者唯（谢）混、方明、郗僧施、蔡廓四人而已。穆之甚恨。及混等诛后，方明、廓来往造穆之，穆之大悦。"这绝非偶然。谢方明与谢混是堂兄弟，蔡廓出身济阳蔡氏，乃著名高门，而且与郗僧施可能是亲戚，⑥彼此之间有千丝万缕的联系。刘穆之为刘裕心腹（见下），由于"权重"，辐辏于其门者固然有种种动机，并不意味真心支持刘裕。⑦ 然方明、廓和混、僧施一样拒绝造访，却只能

_____

① 《晋书》卷八四《刘牢之传》：第一流高门王恭"虽杖牢之为爪牙，但以行阵武将相遇，礼之甚薄，牢之……深怀耻恨"。同卷《杨佺期传》：佺期少仕军府，充武将，虽为弘农杨氏之后，"时人以其晚过江，婚宦失类，每排抑之，恒慷慨切齿……"均其例。

② 参《资治通鉴》卷一一一隆安三年、卷一一三元兴三年条。

③ 见《资治通鉴》卷一一六义熙八年条。

④ 《晋书》卷八五《刘毅传》。

⑤ 《晋书》卷六七《郗僧施传》。

⑥ 《宋书》卷五七《蔡廓传》："妻郗氏。"当时高门相互联姻，姓郗的高门只有郗鉴这一支。

⑦ 《世说新语·雅量》"谢太傅与王文度共诣郗超"条：桓温当政，郗超得宠，谢安、王坦之"共诣郗超，日旰未得前，王便欲去。谢曰：不能为性命忍俄顷"。即另一种动机。

理解为用另一种方式表示不合作。① 二人没有公开投靠刘毅，所以在混等诛后能够见风使舵，转变态度，然究其动机，很可能出于害怕被视为混、僧施同伙而遭祸，不得不放下架子，勉强捧场，究竟其中有多少诚意，刘裕心里是不会不打上问号的。而这正是当时高门一般所采取的态度。《宋书》卷五二《褚叔度传》：叔度出身高门阳翟褚氏而忠心刘裕，"高祖以其名家，而能竭尽心力，甚嘉之"，下诏封爵食邑。这条材料就从另一角度证明，高门一般是采敷衍态度，不肯"竭尽心力"事奉刘裕的。

第二，如在曹魏之时，在"赘阉遗丑"与名门大族之间还有一个缩小差距，消弭界限的办法，这就是用高官厚禄收买。如曹氏对钟繇、陈群等，就是以三公、录尚书事等为钓饵，使之委诚效忠的。当时门阀制度尚在形成过程中，"冯藉世资，用相陵驾"的风气还不严重，②名门大族如果得不到像曹操这样的当权者之大力提拔，爬上高位也并非易事。然而东晋的高门却不同了，他们凭门第即可"平流进取，坐至公卿"。《晋书》卷七三《庾亮传附弟冰传》：冰出身高门颍川庾氏，自称"因循家宠，冠冕当世（得为宰相）"。《晋书》卷八五《刘毅传》：谢安之孙谢混是"凭藉世资，超蒙殊遇（得为尚书仆射）"。这样，得到高官厚禄在他们心目中是理所当然的，毋须感激什么人。所以，刘裕掌大权以至代晋后，尽管对高级士族花了一番心血，极力拉拢，某种程度上也缩小了彼此差距，但除少数人外，仍换不来他们真心诚意的拥戴。再以陈郡谢氏的代表人物谢混为例，他在义熙六年（410）孟昶自杀，卢循兵逼建康时，继昶为尚书左仆射，③无疑是刘裕表示对他的信任。后来谢景仁迁吏部尚书，"时从兄混为左仆射，依制不得相临。高祖（刘裕）启依……（琅邪王氏）前例，不解职"。④ 这又是对陈郡谢氏的特殊优待。《宋书》卷六〇《范泰传》：泰转度支尚书，"时仆射陈郡谢混后进知名，高祖尝从容问混：'泰名辈可以比

---

① 固然，二人早已被刘裕辟为属吏，但那是东晋末高门出仕通例，这和主动辐辏是不同的。

② 《宋书》卷九四《恩倖传·序》。

③ 谢混升尚书左仆射在何年，《晋书》不载，此据万斯同《东晋将相大臣年表》。

④ 《宋书》卷五二《谢景仁传》。

谁?';对曰:'王元太一流人也。'徙为太常"。由此可以推测,关于人事任命,刘裕常征求他的意见。《南史》卷一九《谢晦传》:晦尝与谢混同见刘裕,刘裕夸赞曰:"一时顿有两玉人耳。"然而对这些提拔、优待、信任、夸奖,谢混并不以为意,还是带着对刘裕的"傲慢之容"倒向刘毅一边去了。再如袁湛,据《宋书》本传,出身高门陈郡袁氏,刘裕先后任以吏部尚书、中书令、尚书右仆射、兼太尉等高官要职,可是义熙十二年北伐后秦时,他奉旨与兼司空范泰拜授刘裕九锡,随军至洛阳,"泰议受使未毕,不拜晋帝陵,湛独至五陵致敬,时人美之"。范泰主张不拜晋陵,不能证明忠心刘裕,而袁湛致敬,又恰在授九锡之时,只能表示于晋室未能忘情,对刘裕想通过北伐为代晋造舆论是不利的。

大概由于以上分析的缘故吧,刘毅垮台之后,高级士族明白,在军事、政治上已不宜再公开对抗刘裕了,于是便转向文化素养方面打击刘裕。《南史》卷三三《郑鲜之传》:刘裕"少事戎旅,不经涉学,及为宰相,颇慕风流,时或谈论,人皆依违之不敢难。鲜之难必切至,未尝宽假。与帝言,要须帝理屈,然后置之。帝有时惭恧变色……"郑鲜之出身荥阳郑氏,虽然过江的这一支位望不太高,不能和留在北方的相比,但毕竟还得算高级士族,[①]他对刘裕附庸风雅毫不容情地揭露,正典型地反映了高级士族对刘裕"不学"之蔑视。只不过一般高门"依违不敢难",而郑鲜之虽为刘毅之舅,却早年"尽心高祖",有政治资本而已。就郑鲜之说,或许并非想以此从政治上打击刘裕,而是出于具有文化素养的高级士族对不学者附庸风雅的一种本能。然而在刘裕心目中,却不能不把这看作是代表一股势力对自己正在树立的代晋威望之打击。他对人说:"我本无术学,言义尤浅。比时言论,诸贤多见宽容,唯郑不尔,独能尽人之意,甚以此感之。"[②]很明显,这是认为"诸贤"内心瞧不起自己,郑鲜之则公开说出了他们的心里话。"甚以此感之"无疑说得很勉强,而对郑鲜之十分不满却溢于言表。《南史》卷三三《郑鲜之传》:刘裕代晋,"时傅亮、谢晦位

---

① 郑鲜之乃刘毅之舅,刘毅门第不高,郑氏也只能是高级士族之下层。
② 《宋书》卷六四《郑鲜之传》。

遇日隆,范泰尝众中让诮鲜之曰:'卿与傅、谢俱从圣主有功关洛,卿乃居僚首,今日答飒,去人辽远,何不肖之甚。'鲜之熟视不对"。傅亮、谢晦因处处关心刘裕,维护其威望而得到信任、拔擢(见下),而郑鲜之的答飒不振,我想,最根本原因就在他面折刘裕。刘裕虽心胸并不十分狭窄,但也并非如《宋书》所说的那样豁达大度,特别是代晋前面对高门,在文化上正自惭形秽,想勉力文饰不学之时,碰到迫使他不得不痛苦地承认"本无术学"这种难堪场面,怎能不把此事与政治上的忠诚、支持联系起来,即便未发现其他不轨行为,也要把郑鲜之归入不可大用之人的行列呢?

刘裕之所以会对郑鲜之采取这种态度和认为高级士族拥戴自己出于真心者不多,通过他和刘穆之的关系可以进一步看清。

刘穆之出身东莞刘氏,祖、父两代情况均不明,但从其叔父(或伯父)刘爽为尚书都官郎,从兄刘仲道投奔刘裕为参军,本人早年"家本贫贱,赡生多阙",起家建武府主簿看,大体上应是低级士族。① 刘裕在推翻桓玄之后,义熙十三年(417)以前,真正信得过、倚为心腹的只有这个刘穆之。道理有二,一条是刘穆之有卓越统治才干,更重要一条是他对刘裕忠心耿耿,为巩固其统治,树立其威望效尽犬马之劳,在刘裕心目中和那些虚情假意或冷嘲热讽的高级士族大不相同。这种不同的看法和态度特别鲜明地表现在刘裕几次离建康出征之时。义熙十一年(415)刘裕西伐司马休之,以弟刘道怜"知留任"。道怜忠诚有余,然"素无才能",因而"事无大小,一决穆之"。第二年北伐后秦,刘裕以刘穆之为尚书左仆射等职"总摄内外"。及至义熙十三年刘穆之病死,刘裕在长安"闻问惊恸。……本欲顿驾关中,经略赵魏。穆之既卒,京邑任虚,乃驰还彭城(《通鉴》作'以根本无托,乃决意东还')"。② 当时建康百官何止万数,穆之一死就认为"京邑任虚"或"根本无托",对他们不信任的态度十分鲜明。后来刘裕虽以徐羡之"代管留任",然"朝廷大事常决穆之者,并悉北谘(刘裕)"。可证到义熙十三年为止,他对徐羡之也还不十分放心,由此

① 《宋书》卷八一《刘秀之传》、卷四二《刘穆之传》。
② 《宋书》卷四二《刘穆之传》、《资治通鉴》卷一一七义熙十二年条。

也可看到在盘根错节的高级士族势力面前，刘裕感到何等的孤立了。王夫之说："当时在廷之士，无有为裕心腹者，孤恃一机巧汰纵之刘穆之，而又死矣。"①这是有一定道理的。

刘裕这种感到孤立的心理，还有一条材料可以证明。《南史》卷一五《刘穆之传》："及帝受禅，每叹忆之，曰：'穆之不死，当助我理天下。可谓人之云亡，邦国殄瘁。'光禄大夫范泰对曰：'圣主在上，英彦满朝，穆之虽功著艰难，未容便关兴毁。'帝笑曰：'卿不闻骥骤乎，贵日致千里耳。'帝后复曰：'穆之死，人轻易我。'"可见，刘裕对刘穆之评价极高，怀念极深。范泰出身顺阳范氏，虽非第一流高门，也是东晋望族。② 他的"英彦满朝"无疑主要指的甲族高门；而刘裕之回答实际上是对他看法的否定，至少意为这些人均非"骥骤"，不能与穆之相提并论。至于"人轻易我"，没有具体指明何事，很可能还是就文化素养而言。《宋书》卷四二《刘穆之传》："高祖举止施为，穆之皆下节度。"可证刘裕一举一动原来一定很粗俗，难登大雅之堂，为高门窃笑，所以刘穆之要把着手教。其中一例是"高祖书素拙。穆之曰：'此虽小事，然宣彼四远，愿公小复留意。'"但刘裕"既不能厝意，又禀分有在，穆之乃曰：'但纵笔为大字，一字径尺无嫌。大既足有所包，且其势亦美。'高祖从之，一纸不过六七字便满"。连批答文件的书法这种小事，刘穆之都想到如何维护刘裕威望，这怎能不使他怀念不已呢？同时通过以上材料，我们可以看到：在门阀制度高度发展，经学、玄学为高门垄断并借以骄人的东晋社会里，刘裕出身"寒微""仅识文字"，本来在文化素养上很自卑，一度附庸风雅，又面招折辱；平时举止粗野，全靠刘穆之节度，方能免遭讥刺。由于北伐南燕、后秦，建立大功，加之手中握有军权，因而得以代晋，然而出身、"不学"已无法改变，刘穆之死后，举止无人节度，一定经常招来轻视的目光，"穆之死，人轻易我"，恐怕便是反映这一背景的。当然，这些只是文化素养问题，但如前所述，

---

① 王夫之《读通鉴论》卷一四"晋安帝"第二十一条。
② 《世说新语·排调》"范玄平在简文坐"条注引《范汪别传》，范泰祖汪"历吏部尚书、徐兖二州刺史"；又《世说新语·方正》"张玄与王建武先不相识"条注引《王氏谱》，范汪女嫁第一流高门太原王坦之。均其证。

高门甲族大多数政治上往往也阴阳怪气，若即若离，刘裕不能不把它和他们内心深处是否不屑于北面事奉自己联系起来，而感到心虚、孤立；不能不担心有朝一日风吹草动，高门甲族会如响斯应，立即把篡立的帽子戴在自己头上，重新把晋恭帝捧回皇帝宝座。

以上说明，由于东晋末年刘裕面临的客观形势与魏文、晋武之时已大不相同，所以尽管刘裕也苦心经营了十几年，到代晋时其统治巩固程度也就远不能和二人相比。[①] 在此条件下，刘裕为免夜长梦多，代晋后匆匆忙忙害死晋恭帝，也就是可以理解，毫不奇怪的了。当然，王夫之所说刘裕年岁已大，诸子年幼，或许也起了点作用，但决非主要因素。[②] 因为如果整个统治比较巩固，仅仅怕诸子年幼控制不了局面，那完全可以通过任命一些忠诚、得力的顾命大臣来解决矛盾，而没有必要代晋不久就冒"弑君"之恶名，贻人以口实。刘裕是个极有心计的人。《宋书》卷四三《傅亮传》：元熙二年（420）刘裕镇寿阳，"有受禅意，而难于发言，乃集朝臣（指宋国诸臣）宴饮，从容言曰：'……今欲奉还爵位，归老京师。'群臣唯盛称功德，莫晓此意。日晚坐散，亮还外，乃悟旨，而宫门已闭，亮于是叩扉请见，高祖即开门见之。亮入便曰：'臣暂宜还都。'高祖达解此意，无复他言，直云：'须几人自送？'亮曰：'须数十人便足。'于是即便奉辞。亮既出，已夜，见长星竟天。亮拊髀曰：'我常不信天文，今始验矣！'"这是一段绝妙文字。把刘裕欲代晋而闪烁其词，以退为进的奸雄本色，以及傅亮善于揣摩、迎合主子意图的戏剧场面，描绘得淋漓尽致。然而通过这个材料也可看出以下问题：第一，刘裕从 404 年推翻桓玄起，到这时已掌大权十几年，而且北伐燕、秦，建立大功，然而连他宋国诸臣，对拥他为帝也还不很主动，需要刘裕亲自出马，暗示意图。这就再一次说明在东晋的门阀制度下，人们心目中刘裕的门第、声望和代晋为帝之

---

① 《宋书》卷六一《刘义真传》："高祖始践祚，义真意色不悦……曰：'安不忘危，休泰何可恃。'"恐亦多少反映当时舆论。

② 后来萧道成代宋时诸子均成年有才干，并握军权，仍杀死宋顺帝，亦一侧证。

间的差距是何等之大！这和魏文、晋武禅代前诸心腹积极筹划张罗，[①]是大不相同的；第二，刘裕十几年来清除异己，一步步为自己代晋铺平道路，但却始终未向周围的人包括亲信透露内心奥秘，[②]这除了证明刘裕胸有城府之外，恐怕主要原因仍在门第低、文化素养差，不到代晋条件成熟，绝不留把柄于人。[③] 然而就是这样一个遇事不露声色的人，现在迫不及待地要杀晋恭帝，为此不仅甘冒恶名，而且不惜贻人以把柄。如交毒酒给张伟，使酖零陵王，谁知张伟不干，拿到毒酒后竟自饮而卒；于是又命褚秀之兄弟设法先杀零陵王新生男，然后害死零陵王。[④] 在这里，刘裕撕下面具，毫不掩饰地亲自出马布置"弑君"，这事本身就证明当时形势给了他何等大的压力，以至于无暇计较其他后果了。

总之，刘裕之杀晋恭帝绝不能仅用刘裕为人狠毒这一唯心主义观点去解释，而必须从当时统治阶级内部力量对比中去找答案。

二

刘裕代晋后为巩固低级士族的斗争成果，所完成的另一件大事，便是在死前选拔了几个顾命大臣。这些大臣是刘裕十几年中特别是在刘穆之死后，经过考验和比较，最后确立下来的。其成员是：

1. 徐羡之：出身东海徐氏，虽非寒门，然上代无显官。据《新唐书》卷七五下《宰相世系表》，徐羡之曾祖徐褚，晋太子洗马（七品）；祖徐宁，晋

---

① 《三国志》卷一《魏书·武帝纪》建安二十四年注引《魏略》："孙权上书称臣，称说天命。"陈群等随即奏请曹操禅代。《晋书》卷三三《石苞传》：司马昭死，苞哭曰，"基业如此，而以人臣终乎！……后每与陈骞讽魏帝以历数已终，天命有在"。均其证。

② 刘裕虽在这之前曾密使王韶之害死晋安帝，但晋安帝是白痴，"自少及长，口不能言，虽寒暑之变，无以辨也"。害死他而另立恭帝，也可辩解为着眼于晋室统治之巩固，并非要禅代。见《晋书》卷一〇《安帝纪》、《宋书》卷六〇《王韶之传》。

③ 魏晋则不然。曹操早已自称要做"周文王"，见《三国志·魏书》卷一《武帝纪》建安二十四年注引《魏氏春秋》。而在晋武帝前，也早已"司马昭之心，路人所知"，见同上《三国志》卷四《魏书·三少帝纪》注引《汉晋春秋》。

④ 见《资治通鉴》卷一一九永初二年条。

吏部郎(六品);①父祚之,上虞令(六品)。② 徐羡之本人投奔刘裕前,官位低微,③按其门第,如无刘裕父子提拔,很难爬上司空、录尚书事等极品高位。④ 所以当宰相后仍被琅邪王氏视为"中才寒士";⑤《宋书》本传也说他"起自布衣,又无术学"。均证明东海徐氏在东晋末大概只是高级士族中位望最差的家族,和第一流高门关系不深。再加上徐羡之早在刘裕未掌大权、同为桓修部下时即"深相亲结";不但有才干,而且表现忠诚,所以刘裕北伐,能以他为太尉左司马,当刘穆之助手,刘穆之死后,又升为吏部尚书、丹阳尹"总知留任"。无疑,除开刘穆之,刘裕最信任的就是他。代晋后,刘裕"思佐命之功",下诏封爵的第一名也是他。顾命大臣的首席自然也就非他莫属。

2. 傅亮:出身北地傅氏,据《宋书》本传,高祖傅咸曾为西晋司隶校尉(三品),官位不低,然至东晋,似乎没落,⑥直到父瑗方复得为小郡安成郡太守(五品);本人"博涉经史,尤善文词",然最高也只不过出任桓玄的秘书郎(六品)。所以琅邪王华轻之为"布衣诸生"。⑦ 而傅亮的族兄傅隆情况更糟,《宋书》本传记他"父、祖早亡",似均未入仕;傅隆"少孤……单贫",于东晋末投刘裕部下孟昶前,竟年四十未得一官半职。⑧ 所有这些都证明北地傅氏这一支决非著名高门。再加上刘裕代晋前很长一段时期"表策文诰,皆亮辞也";特别是由于刘裕受禅前是他最先领

---

① 《晋书》卷七四《桓彝传附徐宁传》作"左将军、江州刺史",但据《宋书》卷四三《徐羡之传》其"江州刺史,未拜卒"。故此处从《宰相世系表》。

② 此从《宋书》卷四三、《南史》卷一五《徐羡之传》。《宰相世系表》作"秘书监",疑误。《南史》称羡之兄钦之入宋后为秘书监,《宋书》卷七一《徐湛之传》同,《宰相世系表》则作钦之"宋丞相",误。《宰相世系表》可能将钦之的秘书监误为其父祚之,又将羡之的宰相误为钦之所任。

③ 《宋书》本传称原为桓修抚军中兵参军,只有七品。

④ 据万斯同《东晋将相大臣年表》,以司空为例,东晋一百多年中充任者除皇族即著名高门。例外者二人:陶侃有特殊功勋,祖约是苏峻攻入建康后矫诏任命的。徐羡之绝无可能当司空。

⑤ 《南史》卷二三《王华传》。

⑥ 《晋书》卷四七《傅咸传》:咸有三子,其中二子东晋初年当镇东从事中郎、司徒西曹属,仅七八品官。

⑦ 《南史》卷二三《王华传》。

⑧ 《宋书》卷五五《傅隆传》。

会意图,衔命回建康,讽晋帝退位,促成此事的,在刘裕看来,这就使他的命运和新王朝的命运紧紧联系在一起,可以放心托以顾命大事。

3. 檀道济:出身高平檀氏,上代无闻。从其从叔檀凭之起家骠骑行参军,兄韶"初辟本州从事"看,应是士族,而不是寒门。① 然檀氏世代为将,和当时轻视武人的高门没有关系;且"合门从义",很早就投靠刘裕;檀道济又屡立大功,有卓越军事才能,"而无远志"。② 所以也把他列入了顾命大臣。

4. 谢晦:情况比较复杂。出身陈郡谢氏,虽非谢安直系,也是第一流高门。他之所以被刘裕看中主要缘故如下:首先,曾为刘裕太尉府主簿,从征司马休之,徐逵之(羡之侄)战死,刘裕怒,将亲自出战,当时从船上仰攻峭岸,十分危险,"诸将谏,不从,(裕)怒愈甚。晦前抱持高祖,高祖曰:'我斩卿!'晦曰:'天下可无晦,不可无公,晦死何有。'"③对刘裕生命安全如此关切,这在第一流高门中是不可多得的。其次,从征后秦回彭城,刘裕开大会,"命纸笔赋诗,晦恐帝有失,起谏帝,即代作曰:先荡临淄秽,却清河洛尘……"④又表现了对刘裕声誉的爱护,这正是刘裕当时十分计较,而高门常常以此"轻易"他的地方。再次,为刘裕出谋划策甚多。如征后秦,"入关十策,晦有其九,才略明练,殆难与敌"。⑤ 所以这次征伐中刘裕"内外要任悉委之"。然而由于是第一流高门,另一面刘裕和刘穆之对他并不十分放心。刘裕欲用晦为执法的从事中郎,"以访穆之,坚执不与。(晦)终穆之世不迁"。刘裕临死前虽以他为顾命大臣,但仍对太子交待说:"檀道济虽有干略,而无远志……徐羡之、傅亮当无异图。谢晦屡从征战,颇识机变,若有同异,必此人也。"⑥《资治通鉴》此条下胡注:"帝固有疑晦之心矣。"但"颇识机变"何以就可疑呢? 恐怕主要还是因为陈郡谢氏是高门中之高门,是蔑视甚至反对刘裕的主要异己力量之

---

① 《晋书》卷八五《檀凭之传》、《宋书》卷四五《檀韶传》。
② 《宋书》卷三《武帝纪下》。
③ 《宋书》卷四四《谢晦传》。
④ 《南史》卷一九《谢晦传》。
⑤ 《南史》卷一五《檀道济传》。
⑥ 《宋书》卷三《武帝纪下》。

一(如谢混等),谢晦和他们有着千丝万缕的联系,是否始终忠于新王朝还不能肯定,所以要太子提防。关于新王朝猜疑谢晦,还有一证。《资治通鉴》卷一一九景平元年条:刘裕死后第二年,徐羡之侄徐佩之与侍中王韶之、程道惠,中书舍人邢安泰、潘盛结为党友,"时谢晦久病,不堪见客。佩之等疑其诈疾,有异图,乃称羡之意以告傅亮,欲令亮作诏诛之。亮曰:'我等三人同受顾命,岂可自相诛戮。'"坚决反对,事方作罢。此事说明,徐羡之对谢晦也不放心,佩之等不过是其耳目,所以佩之可以称其意以告傅亮,而傅亮也不怀疑;如果平时徐羡之常表示信任谢晦,傅亮就会断定佩之的话是捏造。同时,徐佩之等人除王韶之均非著名的高门;①而王韶之虽出自琅邪王氏却并非显赫的王导一支,年轻时并未从门阀特权中捞到多少好处,曾穷到"三日绝粮"。所以后来会投靠刘裕,奉命干毒死晋安帝这一极不光彩的勾当;而且又与琅邪显赫的一支王弘、王华存在矛盾,"惧为所陷",深附结徐羡之、傅亮等。② 他的命运已与复辟晋王朝相互抵触了。因而徐羡之、佩之等怀疑谢晦,实际上正是刘裕怀疑谢晦的继续。

这里有个问题:既然对谢晦不太放心,为什么要让他充当顾命大臣,相反刘裕的兄弟、同族却一个也没有呢? 我以为这正是刘裕不同凡俗,高人一筹之所在。因为如前所述,到刘裕死前低级士族及刘裕诸弟、同族中有政治才干或文化素养的如刘穆之、刘道规等已先后死去,剩下的武将均不足以担当此任,③与其勉强把他们塞进顾命班子、随后被人轻易搞掉,不如从高级士族下层中挑选精明强干而又和新王朝利害关系一致的人,委以重任,使之感激涕零,竭诚效力,或许会更好一些。徐羡之、傅亮就是在这一战略思想指导下被看中的。至于谢晦,虽然可疑,但比起

---

① 据《宋书》卷四《少帝纪》,邢安泰、潘盛均中书舍人,出身寒门可能性大;邢安泰还奉徐羡之命,干过弑少帝的勾当。程道惠在少帝废后,劝徐羡之立年幼之刘义恭;元嘉二年对徐羡之上表归政,又表示不同意,进行苦劝,无疑是羡之心腹,见《宋书》卷四三《徐羡之传》。

② 《南史》卷二四《王韶之传》

③ 参《宋书》卷五一《刘道怜传》《刘遵考传》,卷四五《刘怀慎传》、卷四七《刘怀敬传》。道怜"素无才能",怀敬"涩讷无才能",怀慎"谨慎质直"。遵考一直是武将,且"为政严暴,聚敛无节"。

其他第一流高门来又是最靠拢新王朝的；由于他们的社会基础深厚，政治影响大，顾命大臣中吸收一个这种类型的人，只要不放松警惕，恐怕只会缓和他们的消极、对立情绪，而没有坏处。因为谢晦"颇识机变"，檀道济或许就是刘裕为防万一，安排从军事上对付谢晦的人；这一着棋，后来果然发挥重大作用，但随着统治阶级内部各种力量的重新组合，其性质和刘裕原来估计的却完全不同了（见下）。

总之，徐、傅、谢、檀是经过刘裕深思熟虑，反复斟酌定下来的。

为了充分了解刘裕的意图，还可看看他对王弘的态度。

王弘是王导曾孙，祖王洽，中领军（三品），父王珣，司徒（一品），因为是高门中之高门，很快当上刘裕的太尉左长史，宋国建，任尚书仆射，掌选事。在刘裕代晋后的封功臣诏中名列第二，仅次于徐羡之。但地位虽高，刘裕并不信任他。和徐、傅、谢一直被刘裕留在身边当顾问不同，王弘于义熙十四年（418）即被出为江州刺史。① 永初三年（422）进号卫将军、开府，品秩第一，比檀道济、傅亮、谢晦高得多，但刘裕临死，却未预顾命。如果说是因为在外地（江州），则檀道济时为南兖州刺史，也不在建康，可见关键不在这里。王弘之所以不预顾命，恐怕主要因为他一直按高门惯例，"平流进取"，对刘裕缺乏谢晦那样的忠诚表现；同时大概也因为刘裕不愿第一流高门在顾命大臣中占的比重过大。

把王弘的未预顾命和谢晦虽预顾命仍遭猜疑两件事联系起来，我们再一次看到刘裕对第一流高门的不信任和畏忌。同时通过他这一套中立、拉拢、利用高门的策略，可以想象，在安排顾命大臣人选上，他是多么绞尽脑汁啊！

历史证明，刘裕心血没有白费，以徐羡之为首的顾命大臣没有辜负刘裕的托付，他们立下的最大功勋便是：在纷乱的政治局势中，以极大魄力和胆略，废黜宋少帝，拥立宋文帝，从而使刘宋王朝转危为安，并建立于巩固基础之上。

---

① 刘裕对声望高而不信任的人，常出为地方官。如刘裕临死疑谢晦，便诫太子："小却，可以会稽、江州处之"，即其证，见《宋书》卷三《武帝纪下》。

宋少帝乃刘裕长子。由于刘裕本人是武将,"轻狡无行",长期忙于战争和争权夺利,根本不懂也无暇顾及诸子之教育;加以老年得子,溺爱多于管教,所以诸子德才,以封建正统观念来衡量,多不合格。① 宋少帝更为突出,史称"多诸愆失"。如"居丧无礼,好与左右狎昵,游戏无度";②"兴造千计,费用万端,帑藏空竭,人力殚尽,刑罚苛虐,幽囚日增"。③ 少帝的愆失又给了内外反对力量以可乘之机。当时北魏取临淄,围东阳,陷虎牢,"河南非复国有"④;而江南根本之地会稽郡又有富阳孙氏之叛乱。⑤ 如果原来根基稳固,这种局面本来并不算很严重,或许不致酿成大变,无奈刘宋建国方数年,底子不厚,威信不著,在这时候,碰上这种君主,便不能不使"朝野岌岌,忧及祸难"。⑥ 作为顾命大臣的徐羡之等人,恐怕还得担心统治集团内部发生分裂,即对刘宋皇室并不心悦诚服之高级士族借机复辟晋室问题。《宋书》卷四三《傅亮传》:"少帝失德,内怀忧惧。"忧惧什么呢? 当时傅亮与少帝没有直接冲突,身家性命并未遭受威胁,无由为之担心,他忧惧的无疑便是和自己的命运已经紧紧拴在一起的刘宋王朝可能颠覆之危险。在这种情况下,为了挽救刘宋王朝,也为了保住个人权位,徐羡之等经过一番策划,采取断然措施把少帝废掉,应该说这不但未辜负刘裕委托,恰好是符合刘裕顾命之基本精神的。所以《南史》卷一论曰:少帝失德,"危亡不期而集,其至颠沛,非不幸也"。

但废了少帝拥立谁呢? 徐羡之等的眼光还是比较远大的。按次序本该刘裕第二子刘义真继位。但史称义真"轻动无德业",谢晦早就当刘裕之面评论他"德轻于才,非人主也"。⑦ 对此刘裕并未提出异议,可见大体是符合实际的。正因此故,刘裕临死前对义真也有所安排:一是将

---

① 参《南史》卷一《宋本纪上》史论、赵翼《廿二史札记》卷一一"宋世闱门无礼"条。
② 《资治通鉴》卷一二〇元嘉元年条。
③ 《宋书》卷四《少帝纪》。
④ 《宋书》卷六〇《范泰传》。
⑤ 《宋书》卷四《少帝纪》、卷五二《褚叔度传》。
⑥ 《宋书》卷四四《谢晦传》。
⑦ 《南史》卷一三《刘义真传》。

他外调为南豫州刺史，以防争夺帝位；二是对少帝及徐羡之等人交待，义真"若遂不悛，必加放黜"。此语出自少帝尚未被废黜时徐羡之等奏废义真疏。原奏说，此语乃刘裕"亲敕陛下，面诏臣等。……至言苦厉，犹在纸翰"。[①] 看来不可能是捏造，因为当时少帝犹在位，徐羡之等人决不敢把少帝未听到的话强加于他。

刘裕死后刘义真有没有悔改呢？丝毫没有。更严重的是他与谢灵运、颜延之、慧琳等人打得火热，"云得志之日，以灵运、延之为宰相，慧琳为西豫州都督"。[②] 谢灵运乃谢玄之孙，第一流高门，原受从叔谢混"知爱"，后又给刘毅当卫军从事中郎（仅次于长史、司马），应该属于反对刘裕的势力集团。刘毅、谢混被杀，他虽未受到惩罚，但从此"朝廷唯以文义处之"，不予重用。谢灵运大为不满，"自谓才能宜参权要，既不见知，常怀愤愤"。徐羡之、傅亮当权后，由于继续执行刘裕的策略，谢灵运权位没有得到改善，于是他便进一步兴风作浪，"构扇异同，非毁执政"，终于被出为永嘉太守，不得志……在郡一周，称病去职"。[③] 对于这样一个刘宋王朝的异己力量，刘义真说当皇帝后要以他为宰相，徐羡之等怎能容忍？何况还要侵夺他们个人权位？至于颜延之虽无谢灵运那么多问题，也出身琅邪颜氏，是高级士族，[④]因被怀疑煽动义真与徐羡之等作对，出为边远的始安郡太守，刘义真要以他为宰相，徐羡之等当然也不能不反感。这里特别要提出的是：徐羡之等对谢灵运、颜延之的压制，立即遭到高门的非议。谢灵运称病辞永嘉太守，"从弟晦、曜、弘微等并与书止之，不听"。颜延之出为始安郡太守，谢晦谓延之曰："昔荀勖忌阮咸，斥

----

① 见《宋书》卷六一《刘义真传》。又《宋书》卷四四《谢晦传》在上文帝表中说刘义真"悌顺不足，武皇临崩，亦有口诏"。也是强证。

② 《宋书》卷六一《刘义真传》。慧琳见梁慧皎《高僧传》卷七、《宋书》卷九七《夷蛮·天竺迦毗黎国传下》。

③ 见《宋书》卷六七《谢灵运传》。

④ 琅邪颜氏兴起于魏晋之际，颜延之曾祖含。含曾祖盛，魏徐州刺史，见《元和姓纂》卷四；祖钦给事中，父默汝阴太守。含以"孝友""儒素笃行"知名于世，两任侍中，迁光禄勋，加右光禄大夫，子孙仕宦不绝，虽非第一流，也是高级士族，见《晋书》卷八八《孝友·颜含传》、《宋书》卷七三《颜延之传》。

为始平郡,今卿又为始安,可谓二始。"①殷景仁也说:"所谓俗恶俊异,世疵文雅。"①殷景仁出身陈郡殷氏,是著名高门,他的话明显是在讥刺徐、傅。值得注意的是谢晦。他和徐、傅同受顾命,本该三位一体,互相支持,然而他关心谢灵运的进退,为颜延之鸣不平。他与谢曜、谢弘微给谢灵运的信,其内容虽已不可详知,以颜延之事推之,估计少不了要对徐、傅措施加以讥刺。这些说明谢晦第一流高门之烙印是何等之深,虽然他已成为刘裕的顾命大臣,决心为刘宋王朝效忠,但一遇到具体事情,便又会对一些持不同政治态度的高门表示同情,不自觉地站到了徐、傅的对立面。如果再联系前面讲过的谢晦受到徐羡之等猜疑一事,便可看到徐、傅与谢之间存在着不小的矛盾。

所有这一切,都迫使徐羡之、傅亮下决心,不但废掉少帝,而且要设法不让义真继位。这不仅因为义真本人品德不够格,而且还因为他如果上台,加上谢晦等人之同情,谢灵运等人便有可能一步步爬上要位,掌握大权,后果将不堪设想。怎么办呢?徐羡之、傅亮大概抓住谢晦虽同情谢、颜,但当年又曾批评义真"非人主也",害怕义真继位后会报复的心理,拉他共同决策,在废少帝前,利用少帝与义真的矛盾,②先废义真为庶人,后废少帝,并先后加以杀害。这样,少帝废了,义真当立的危险也消除了。大概以此为起点,徐、傅、谢三人的命运也就紧紧地拴在一起。后来宋文帝杀徐、傅,讨谢晦,晦上表辩解,对徐、傅推崇备至,一字未涉及彼此过去的矛盾以推卸责任,根本原因恐怕就在这里。

总之,徐羡之等人在当时形势下,为了挽救刘宋王朝,废少帝、废义真,应该说是无可厚非的。如果听任少帝胡作非为,或让义真继位,刘宋王朝或许早已覆亡,即便晋室不能复辟,也会出现宋末后废帝、齐末东昏侯的暴政导致萧道成、萧衍篡代那样的局面。谢晦曾就此事辩解说:"废昏立明,事非为己。"③要说未考虑个人权位,那是瞎说,但重要着眼点是

① 参《宋书》卷六七《谢灵运传》、卷七三《颜延之传》。

② 《宋书》卷六一《刘义真传》:"与少帝不协。"卷四四《谢晦传》,晦上文帝表曰,义真于少帝时"屡被猜嫌,积怨犯上,自贻非命"。

③ 《宋书》卷四四《谢晦传》。

新王朝的长治久安,却是不错的。这从新君的选择上也可得到证明。少帝废后,徐羡之等最后选中、拥立了刘裕诸子中年龄较大,比较符合君主条件的刘义隆继位,是为宋文帝。《宋书》卷五《文帝纪》"史臣曰":"太祖幼年特秀,顾无保傅之严,而天授和敏之姿,自禀君人之德。"又傅亮亦赞文帝是"晋文、景以上人"。[①]"天授"云云当然是鬼话,但联系后来的"元嘉之治"看,文帝比较有才干却可以肯定。当时徐羡之等如果单纯从个人权位着想,不是不可以选立一个刘裕幼子,自掌大权(时刘义恭、义宣均十二岁,义季更小,见《宋书》本传)。正如谢晦所说,"若臣等志欲专权,不顾国典,便当协翼幼主,孤背天日,岂复虚馆七旬,仰望鸾旗者哉"。[②] 应该说,这个辩解是有说服力的。当然,话又说回来,徐羡之等选立宋文帝也有其不得已之处。第一,宋文帝是刘裕第三子,按次序当立,越过他,必得提出充分理由。第二,更重要的是,废少帝前,为求第一流高门的支持,徐羡之等拉拢了王弘(见下),而王弘之弟王昙首便是宋文帝镇守江陵的主要辅佐——镇西长史,如果越过宋文帝不立,也无法向王弘兄弟交待。甚至可以这样推测,徐羡之等在拉拢王弘,废少帝、废义真之时,便已决心拥立宋文帝了。不过,无论动机如何,徐羡之等"废昏立明",确未辜负刘裕顾托,刘宋王朝存在了六十年,和他们这一果断措施是分不开的。

三

然而徐羡之等把有统治才干的宋文帝推上皇帝宝座,使这一为高门所轻视的刘氏家族转危为安之后,历史使命也就完成了。因为以他们(主要徐、傅)的出身经历来掌握大权,高门很不服气。琅邪王华所说徐羡之是"中才寒士",傅亮是"布衣诸生",就反映对他俩门第、官历的轻

---

① 《南史》卷一五《傅亮传》。
② 少帝废,傅亮去荆州接宋文帝至建康,由五月乙酉至八月丙申,正好七十天,见《通鉴》卷一二○元嘉元年条。又当时确有人建议另立幼主,如程道惠主立刘义恭,见《宋书》卷四三《徐羡之传》。

视。《南史》卷二四《王裕之附孙秀之传》：秀之祖琅邪王敬弘，"性贞正，徐羡之、傅亮当朝，不与来往"。亦是一证。又《宋书·蔡廓传》：廓征为吏部尚书，曰："选事若悉以见付，不论，不然，不能拜也。"录尚书事徐羡之说："黄门郎以下，悉以委蔡……自此以上，故宜共参同异。"廓曰："我不能为徐干木（羡之小字，此处有轻蔑意）署纸尾也。"遂不拜。众所周知，魏晋以来录尚书事权极重，"职无不总"。[1] 官吏任免是极重要的一项，岂能由吏部尚书独揽而不过问？怪不得有人不以蔡廓为然，批评他"固辞铨衡，耻为志屈"，"不知选、录同体，义无偏断"。[2] 蔡廓曾与谢混等一起不登刘穆之之门（见上），刘裕对他有戒心，[3]现在又给刘穆之的后任徐羡之出难题，只从不懂制度上怪他，远非要害所在。廓"博涉群书，言行以礼。……朝廷仪典……（傅亮）每谘廓然后施行"。[4] "选录同体"之制他怎会不懂？很明显，就像当年不登刘穆之门一样，蔡廓不过是有意炫耀自己门第高贵，表示对徐羡之的轻蔑和不合作而已。《宋书》卷五八《王惠传》：惠出身琅邪王氏，蔡廓不肯拜吏部尚书，"乃以惠代焉。惠被召即拜，未尝接客，人有与书求官者，得辄聚置阁上，及去职，印封如初时。谈者以廓之不拜，惠之即拜，虽事异而意同也"。一个正面拒绝，一个消极怠工，其不合作的态度则同。

当然，从刘裕掌权以来，士族高门由于无能与软弱，虽不甘心，也不得不俯首听命。如无其他变故，他们也只得听任徐羡之等把大权继续执掌下去。然而当中出了少帝"失德"问题。本来他们袖手旁观。如果因此出身低微的刘氏家族垮台，他们只会高兴，在另一新王朝中定不会失去富贵。他们根本无意于用废黜少帝去挽救刘宋王朝。这一冒极大风

① 《宋书》卷三九《百官志上》。
② 《宋书》卷五七《蔡廓传》史臣评论引。沈约不同意这一看法。
③ 《宋书》卷五二《褚叔度传》：会稽郡太守缺，"朝议欲用蔡廓。高祖曰：'彼自是蔡家佳儿，何关人事。'"而用了帮他杀晋恭帝的褚淡之。
④ 《宋书》卷五七《蔡廓传》。

险之事,他们既不愿意干,也没胆量干。① 但当徐羡之等干了,文帝上台后,他们却感到赶走徐羡之等人的机会到了。因为徐羡之等不但废除少帝、义真,而且杀了二人,这种"弑君"行径是攻击徐羡之等最冠冕堂皇的口实。他们达到了目的。宋文帝正是在这些高门的蛊惑下终于除掉了徐羡之等人。

徐羡之等既废黜了少帝、义真,为什么还要加以杀害?大概有两个原因。第一,害怕夜长梦多,有人会复辟少帝或拥立义真。② 第二,更重要的还是为了讨好宋文帝。因为在他们看来,留这二人给文帝登基后亲自处理,将使他处于困境:不杀吧,会影响他皇位之稳定,杀吧,以弟杀兄,有干礼教名分。所以不如由自己事先杀掉,除去文帝心病。用谢晦的话就叫"不以贼遗君父"。③《南史》卷一五《傅亮传》:少帝废,傅亮去江陵迎文帝,"及至都,徐羡之问帝可方谁? 亮曰:'晋文、景以上人。'羡之曰:'必能明我赤心。'"这里"明我赤心"大概含义有二:一是废少帝、义真之动机在于挽救刘宋王朝;二是杀掉二人乃为了给你新皇帝除去祸害。

当然,徐羡之等在迎立文帝前后为了保住权位也作了另一手准备:

第一,在宋文帝到京前任命谢晦为荆州刺史、都督,"欲令居外为援……精兵旧将,悉以配之"。同时檀道济仍镇广陵,与晦"各有强兵以制持朝廷;羡之、亮于中秉权,可得持久"。④

第二,文帝入京后,徐羡之要以宋文帝镇江陵时之主要心腹武将到彦之为雍州刺史,把他调开,"上不许,征为中领军,委以戎政"。⑤ 中领军统率皇帝的警卫部队。所以这一事件实际上是徐羡之等企图限制文

---

① 《宋书》卷四三《檀道济传》:"羡之等谋欲废立,讽道济入朝,既至,以谋告之。将废之夜,道济入领军府就谢晦宿。晦其夕辣动不得眠,道济就寝便熟,晦以此服之。"可反映冒风险时高门之恐惧状况。如非特殊原因,谢晦定不肯参预此事。

② 当时还有人支持他们。如《宋书》卷六一《刘义真传》:刚一废黜,前吉阳令张约之即上疏反对这一措施。《宋书》卷六〇《范泰传》,泰在义真死后仍称他为"贤王"。

③ 《宋书》卷四四《谢晦传》。此耿弇语,见《后汉书》卷一九《耿弇传》。

④ 《宋书》卷四四《谢晦传》。

⑤ 《南史》卷二五《到彦之传》。

帝力量,和文帝反限制的一场斗争。

第三,文帝即位后,按儒家经典,因刘裕丧事三年未满,大权仍交宰相徐羡之等掌握,实际上是为了稳住他们。① 徐、傅也采取积极态度,元嘉二年,上表归政,"表三上,帝乃许之"。这是他俩企图表示自己并无野心,以求文帝宽恕,保住权位性命的一种手段。

然而所有这一切都无济于事了。第一流高门找到了赶走门第不高的徐羡之、傅亮,重新夺回刘裕平桓玄以来自己所丧失之大权的大好机会,是绝不会放弃的。《宋书》卷六三《王华传》:华与另一南土高门会稽孔宁子,原为宋文帝镇江陵时属官,"并有富贵之愿,自羡之等秉权,日夜构之于太祖。宁子尝东归,至金昌亭……曰:'此弑君亭(因徐羡之派人杀少帝于此),不可泊也。'华每闲居讽咏,常诵王粲《登楼赋》曰:'冀王道之一平,假高衢而骋力。'出入逢羡之等,每切齿愤咤,叹曰:'当见太平时不?'"反映二人不遗余力地在造舆论,陷害徐羡之等人。由于此故,卷末史臣曰:"元嘉初,诛灭宰相,盖王华、孔宁子力也。"但如果深入一分析,就会发现,王、孔二人出力固然不小,然绝非主要人物。真正出谋划策,起主要作用的是王弘、王昙首兄弟,特别是王弘。

前面讲过,刘裕对王弘并不信任,临危也不以他为顾命大臣,但琅邪王氏各支的潜势力和影响比较大,当时已在官的有王弘、昙首、华、琨、惠、球、敬弘、准之等,见《南史》各传。所以徐羡之等欲行废黜少帝这一大事时,便对王氏作了一个妥协,召弘入京(时弘仍为江州刺史),"以废立之谋告之"。② 加上檀道济,至少形式上由五人一起发动这次政变。当时王弘似乎并无任何异议,所以外人也以为"五人同功并位"。③ 这正是东晋以来第一流高门处理非常事变的一个特点。参与废立当然要冒极大风险,但少帝无能而徐羡之等掌握实权,成功的可能性大,这一份功劳何必推掉。何况如果拒绝或许立即会遭迫害。退一步讲,万一政变失

① 《宋书》卷四三《徐羡之传》:文帝诛羡之等诏称早知其罪,"虽欲讨乱,虑或难图,故忍戚含哀,怀耻累载"。

② 《资治通鉴》卷一二〇元嘉元年条。

③ 《资治通鉴》卷一二〇元嘉元年条。

败,主要风险也在徐羡之等人身上,自己只是附和者,罪责较轻;甚至还可用被胁迫参与为借口完全推卸责任。正因为王弘打着这一套如意算盘,所以后来当宋文帝的左右王昙首、王华陷害徐羡之等人时,他从其高门的本能出发,立即见风使舵,大概通过弟王昙首不但向文帝洗刷自己,而且可能还揭露了徐羡之等废立内幕,也许还包括原来五人商定如何对付文帝的策略(如以谢晦镇江陵,调开到彦之等)。由于史料阙如,以上所说当然只是一个推测,但绝非主观想象,是有以下蛛丝马迹为依据的:

第一,《资治通鉴》卷一二〇元嘉二年条:文帝即位,徐羡之进位司徒,王弘进位司空,"弘自以始不预定策,不受司空,表让弥年,乃许之"。所谓不预定策,表面指不预迎立文帝之策,实际暗示不预杀少帝、义真之谋。王弘大概看到形势不妙,所以采用这一极其巧妙的推托罪责之法。后来谢晦在上文帝表辩解中攻击王弘说:"弘于永初之始,实荷不世之恩,元嘉之让,自谓任遇浮浅,进诬先皇委诚之寄,退长嫌隙异同之端。"[1]所谓元嘉之让,即指此让司空一事。"进诬先皇委诚之寄"是一顶大帽子,王弘"自谓任遇浮浅",其意并不在此。"退长嫌隙异同之端",倒确是事实。王弘正是在"任遇浮浅"的借口下,巧妙地把废杀少帝、义真之责全盘推给徐羡之等人。这是王弘与徐羡之等决裂,进而落井下石的第一步。

第二,《南史》卷一五《檀道济传》:"素与王弘善,时(弘)被遇方深,道济弥相结附,每构羡之等,弘亦雅仗之。"据上下文义,时间就在王弘让司空的这一年。可见不但王弘本人落井下石,而且连檀道济也被他拉过去提供材料。檀是掌握军权的,檀被拉走,徐羡之等人的命运便已决定。只不过王、檀勾结很隐秘,外人不知道,所以后来少帝、义真一案公开,徐、傅被杀,一方面王华等人还坚持要杀檀道济;另一面谢晦在江陵上表,也以为他"不容独存"。[2] 殊不知檀道济为保住权位,早已

---

① 《宋书》卷四四《谢晦传》。

② 《宋书》卷四四《谢晦传》。

把他们出卖了。

第三，《宋书·王昙首传》：徐、傅、谢被杀后，"上欲封昙首等……因拊御床曰：'此坐非卿兄弟，无复今日。'"昙首推辞，事乃罢。所谓"卿兄弟"，当指王弘、王昙首和王华。有三个根据。首先，《宋书·王弘传》：元嘉九年死，文帝奖诔"三逆（徐、傅、谢）"之功，下诏首先增封王弘，其次追封王华、王昙首为开国县侯。上次没有生封，这次实行增封、追封，两件事是呼应的，可见上次应包括王弘。其次，《王弘传》又称，文帝将诛徐羡之等，"弘既非首谋，弟昙首又为上所亲委，事将发，密使报弘"。依此文，事先王弘对杀徐羡之等并不知情，更未出谋划策。然同传下文又称"羡之等诛，征弘为侍中、司徒、扬州刺史、录尚书，给班剑三十人"。这就很奇怪了。按理，由于昙首之故，又非首谋，王弘顶多不受惩罚，为何反而加官、班剑呢？而且如前所述，王弘元嘉二年自以"不预定策"，坚拒司空之授，那么这次如果也不预定策，照说对加官、班剑也不应接受，为什么却慨然拜领，毫不推辞呢？证以同传元嘉九年诏称杀徐羡之等人时，王弘、华、昙首"抱义怀忠，乃情同至，筹谋庙堂，竭尽智力，经纶夷险，简自朕心"，王弘肯定不是毫不知情，而是大大出了力，所以论功行赏时才会有当之无愧之气概。再次，王昙首与王华亲属关系较远（同曾祖），如无王弘在内，似不得泛称"卿兄弟"；谢晦上表"王弘兄弟"与王华并举，即其一证。

第四，《宋书》卷四四《谢晦传》：为废杀少帝、义真辩解的上文帝三表，是在徐、傅已死，从江陵起兵时先后发出的。当时谢晦对京师杀徐、傅的具体情况并不清楚，但在此三表中担心檀道济"不容独免"，却肯定这一事件是"王弘兄弟"、王华等"奸回潜遘"，甚至说，"奸臣王弘等窃弄威权，兴造祸乱"，每表王弘均列在前面。由此可见，檀道济之背叛他虽不知，而王弘之出卖早已不是秘密，所以一见徐、傅被杀，便毫不迟疑断定王弘是主谋。

总之，在元嘉初年杀害徐羡之等人的重大事件中，王弘不是不知情，而是大大知情，很可能就是整个阴谋的幕后策划者，所以事成加官、班剑、增封，超过别人，只不过有的事干得很隐秘（如拉檀道济这关键的一招等），历史上没留下材料，详情已不得而知。

徐羡之等顾命大臣的被消灭，是一个历史的悲剧。在一个高级士族日益腐朽无能而基础又十分深厚的社会里，由于腐朽无能，所以刘裕等人有可能从他们手中夺取大权，并建立起他们不很情愿事奉的刘宋王朝；然而又由于他们基础十分深厚，刘裕从一开始便不得不和他们作某些妥协；当徐羡之等人遇到难题时，为了挽救新王朝，也不得不拉拢他们，减少废杀少帝、义真的阻力。徐羡之等人本来以为此事王弘参与，不容反悔；宋文帝因此得了好处，坐上皇帝宝座；而宋文帝的主要辅佐王昙首、王华又是王弘之弟或从弟，投鼠忌器，旧账总不至于再算了。谁知这时的高级士族代表人物，治国经邦无术，争权夺利的阴谋诡计却很有一套。王弘翻手为云，覆手为雨，恰恰利用了王昙首对文帝颇有影响的地位，先来一个"不预定策"，洗刷自己；接着耍了一手釜底抽薪，把徐、傅的军事支柱檀道济暗中拉走，并且从檀那里进一步获取大量用以陷害徐羡之等人的材料，促使宋文帝下决心。而且很可能起用檀道济以制谢晦（见下），也是王弘、王昙首的献策。这真可谓"筹谋庙堂，竭尽智力"。于是徐、傅、谢"三逆"之首级也就不得不献于阙下，而原来参与废杀少帝、义真政变的王弘也就成了惩办这一政变罪魁祸首的第一功臣。从此，"王弘辅政，而王华、王昙首任事居中"。[①] 通过种种历史的机缘，第一流高门又从低级士族刘裕安排的顾命大臣手中，把失去的大权夺回来了。"百足之虫，死而不僵"这句谚语，它的某些真理性由此再一次得到证实，何况晋末宋初的高级士族根本还没有死，只不过躯体变得越来越衰弱而已！

但是徐羡之等顾命大臣从某种意义上说，并没有失败。因为通过宋初一系列斗争，给刘宋王朝带来覆灭危机的少帝被废黜，比较有才干的文帝登上了皇帝宝座；而且在搞掉徐羡之等人的过程中，以王弘为首的

---

① 《宋书》卷六九《刘湛传》。

高级士族由于本身软弱无力，不掌握军权，为了争取胜利，不得不以忠于刘氏君主，痛恨"弑主"罪行的姿态出现，并大造舆论（如前述王华、孔宁子之所为），进一步推崇文帝，倚靠文帝手中的军队（原为到彦之，后又加上檀道济）来压倒对方。而所有这一切，不以高级士族意志为转移地反过来又促进了宋文帝和刘氏家族统治的巩固。刘宋王朝因此脚跟站稳，东晋复辟或为另一王朝代替的可能性过去了。而这正是刘裕赋予徐羡之等人的使命，也是徐羡之等人力图完成的使命。不过这个使命不是径直地、单纯地，而是通过曲折复杂的形式最后完成的，这正反映了历史本身的复杂、多样，是不容许我们把它简单化的。从此，高级士族打消了别的念头，一心一意在这原来被十分轻视的刘氏家族统治下谋求富贵，保住家门。这也就是说，以王弘为首的高级士族从低级士族手中夺回的只是相权、辅政权，而君权则恰恰相反，在这一次次斗争中进一步加强了。东晋以来相权压倒君权，实际高级士族独揽一切的日子再也回不来了。也正因如此，王弘兄弟好景不长，当宋文帝弟刘义康长大，得到信任，他们便不得不把从徐羡之等人手中夺回的相权拱手让出，"自是内外众务，一断之义康"。[①] 这里浸透了高门甲族的悲哀，也反映了他们的没落无能，历史规律就是这样无情地开辟自己的道路的。

现在让我们附带看一下檀道济的下场。

《宋书》卷四四《谢晦传》："及太祖将行诛，王华之徒咸云道济不可信"，然文帝却"诏道济入朝，授之以众，委之西讨"。王华之徒不知檀道济早已暗中归顺，特别是他有卓越军事才能，非他不能敌谢晦（很可能是文帝、王弘先争取了檀道济，方敢杀徐、傅，讨谢晦的），杀了他怎么能行呢？果然，在西讨中，宋文帝的心腹大将到彦之稍战即败，檀道济继至，由于威望素著，谢晦军队一听说他到来，"人情凶惧，遂不战自溃"。[②] 这件事本身就表明宋文帝、王弘高出王华之徒一筹。如果杀了檀道济，元

① 《宋书》卷六八《彭城王义康传》。
② 《宋书》卷四三《檀道济传》。

嘉历史也许要向另一方向发展了。

平谢晦之后的十年里,在南北对峙中檀道济又屡败北魏军队,为刘宋王朝效尽犬马之劳。

但刘宋王朝进一步得到巩固之后,檀道济的历史作用也完成了,元嘉十三年(436),连同诸子及心腹一并被处死。其原因除了彭城王义康和刘湛的构陷外,最主要的还是因为"道济立功前朝,威名甚重,左右腹心,并经百战,诸子又有才气",文帝这时连年寝疾,害怕死后无人控制,檀道济会行篡夺。至于当年参与废杀少帝、义真一事,文帝在诛檀道济诏中虽未明确列入,但却提到"檀道济阶缘时幸,荷恩在昔……曾不感佩殊遇,思答万分,乃空怀疑贰,履霜日久。元嘉以来,猜阻滋结……"①所谓"空怀疑贰""猜阻滋结",恐怕不完全是捕风捉影之词。刘裕的顾命大臣共四人,三个已处决,檀道济事先又参与了各项谋划及行动,尽管后来立功,但无论如何很难不忐忑不安的;即便本人不以为意,妻子、左右腹心也不能不忧虑,而形成一股"疑贰"之势力,使宋文帝、刘氏皇族"疑畏之",②最后导致下决心除掉他。

檀道济的下场,可以说是徐羡之等三人被杀的余波。只不过这次杀害,主要已不是出于高级士族的挑拨、陷害,而是进一步巩固了统治的刘氏皇族自己的意思,是属于鸟尽弓藏、兔死狗烹的性质。从此再没有一个异姓大臣、高级士族的权力、威望能威胁刘宋王朝,于是以宋文帝与彭城王义康的矛盾为起点,统治集团间的斗争主要转到君主与皇族、皇族与皇族之间进行了。

最后,还要明确一个问题,尽管经过东晋末年以来的动荡,低级士族与高级士族的多次较量,低级士族出身的刘氏代替了司马氏为帝,巩固了统治,但刘宋王朝的阶级本质和东晋王朝比起来,仍基本相同,即都是

---

① 《南史》卷一五《檀道济传》侧重在义康矫诏杀道济。但如果宋文帝无其意,或其意不坚,即便当时碍于义康之情不予追究,后来义康、刘湛处死,也应给道济平反。然文帝没有这样做,也没有人提,可证原来杀道济主要是文帝之意。

② 《南史》卷一五《檀道济传》,文帝病重,召道济入朝,其妻向氏就忧虑:"今无事相召,祸其至矣。"

封建地主阶级的政权;并且同样由士族地主特别是高级士族垄断统治大权,着重保护高级士族的政治经济利益。只不过士族地主特别是高级士族的构成上发生了某种程度的变化,即一些原来的寒门变成士族,一些原来的低级士族升为皇族和高级士族。① 这些新成员的加入,多多少少延缓了封建士族地主的腐朽过程,给王朝的政策注入了一些活力,这些都有利于南朝社会经济的发展。

---

① 如到彦之原"担粪自给",刘裕镇压孙恩,彦之有战功而不得官。后成为宋文帝心腹大将,到氏升为高级士族。其孙到㧑于南齐时竟嘲弄琅邪不显赫的一支王晏所任之官乃"清华所不为"。梁、陈二代到氏有升吏部尚书、尚书令的。见《南史》卷二五到氏各传。

陶渊明田园诗产生的历史、文化背景[*]

　　陶渊明的田园诗,自唐宋以来为人们高度赞许和广泛传诵,已经一千多年。但对为什么恰好在东晋、刘宋之际会出现这种风格的诗,结合历史、文化背景专门予以论述的,却似乎不多。我于文学是门外汉,可是为了讲授《中国通史》课,不得不涉及这个问题,并搜集资料,略微探索了一下魏晋文学发展的大势,形成了一点肤浅的看法。敝帚自珍,兹斗胆写出,以就正于方家,千虑一得,则所是幸。

一

　　如所周知,两汉独崇儒术,注重通经致用。正统文学观宣扬的也是文学的讽喻教化,"劝善惩恶",①亦即直接为巩固封建统治服务的作用,而把讲究艺术形式视为"雕虫篆刻"。② 在此风气中,田园诗的出现绝没有可能。

　　汉末、魏晋社会动乱,经学衰落,文学也渐生变化。在曹魏,"主爱雕虫,家弃章句",③艺术形式开始被重视,曹丕公开提出"诗赋欲丽"。④ 西

---

　*　原载《北大史学》第 1 辑,北京大学出版社,1993 年。
　①　王充《论衡》卷二十《佚文》。
　②　扬雄《法言》卷二《吾子》。
　③　《宋书》卷五五《臧焘等传论》。
　④　曹丕《典论·论文》。

晋陆机更进一步强调"诗缘情而绮靡,赋体物而浏亮"。^① 这一段时期文学作品的发展大势,和这种历史背景和文学观点是大体相适应的。正如《宋书》卷六七《谢灵运传论》的评价:"至于建安……二祖、陈王,咸蓄盛藻……降及元康,潘、陆特秀……缛旨星稠,繁文绮合……"《文心雕龙》卷六《通变》也说:"晋之辞章,瞻望魏采。"经过这些发展,从艺术形式方面看,田园诗以及属于同一范畴的山水诗的产生,已逐渐具备了条件;但就文学思想言,则直到两晋之际,这个条件也还没有成熟。因为在正统文学思想中,文学主旨在于讽喻教化,劝善惩恶,因而必须以人事、社会为描述中心。这个观念,从汉代以来已经深入人心,牢不可破。所以曹丕尽管提出"诗赋欲丽",但同时又大声疾呼:"盖文章(包括诗赋),经国之大业,不朽之盛事";陆机一面强调"诗缘情而绮靡",一面又承认"……文之为用……济文武于将坠,宣风声于不泯"。^② 而影响颇大并"为世所重"的专论文体的著作——西晋挚虞的《文章流别论》,仍本汉代正统观点,宣扬、肯定文学的讽喻教化作用。^③ 再加上西晋王朝为了巩固统治,标榜"以孝治天下",^④强化名教之治。因而在这种环境里,离开劝善惩恶内容,单纯或着重描写田园、山水的作品,决没有产生之可能。正像图画,虽然早在先秦,宗庙、祠堂墙上已"图画天地山川"之状,^⑤但总是与神灵、怪物、明君、贤臣等结合在一块,两汉、曹魏、西晋俱不例外,一直到东晋顾恺之方得以写下《画云台山记》,创作出山水画如"云台山图"。^⑥ 这是因为由先秦至西晋,无论图画也好,文学也好,在涉及自然景

---

① 《文选》卷十七《文赋》。按:靡有丽、美等义,见《经籍纂诂》上声四纸"靡"下。故绮靡即绮丽。"诗缘情而绮靡"当指诗应抒发感情,注重华丽辞藻。"浏亮",李善注"清明之称也",意思不易准确把握。但如联系《文心雕龙·铨赋》一般将赋视为"写物图貌,蔚似雕画"的看法,陆机此话很可能指描绘事物需要形象鲜明突出,像漂亮的雕画。如这一理解不错,则"浏亮"与"绮靡"用语角度虽不同,重视艺术形式则一。

② 《典论·论文》、《文选》卷十七《文赋》。"风声",《文选》李善注引伪古文尚书《毕命》"彰善瘅恶,树之风声"。孔传:"立其善风,扬其善声",当与陆机本意相去不远。

③ 《晋书》卷五一《挚虞传》、严可均《全晋文》卷七七。

④ 《晋书》卷三三《何曾传》。

⑤ 王逸《楚辞·天问章句》。

⑥ 详参傅抱石《中国古代山水画史的研究》第二、三章,上海人民美术出版社,1960年。

色的同时,着重描述的对象或着眼点,仍在人事、社会(包括魏晋时期的
"缘情"作品)。

　　总之,到西晋为止,田园诗、山水诗的出现,还有一个条件不具备,这
就是缺乏一个足以与儒家正统文学观相颉颃,能在思想内容上将诗人的
注意力,由人事、社会引向田园、山水的重要思想武器。这个条件直到玄
学进一步渗入文学领域后的东晋,才逐渐成熟。

二

　　提到玄学,必然要追溯到老、庄。如所周知,早在战国时期《老子》已
批判了人格神的"天",提出"自然""无为"的"道",作为万物的本源。由
于当时自然科学还跟不上,《老子》学说根据不足,因此到了汉代,董仲舒
所宣扬的有意志的"天"和"天人感应"说,依然占据统治地位。但是魏
晋以后有了很大变化。几百年天文历法的成就十分显著。首先是浑天
说这时进一步流行。[①] 历法、日月食、五星运行的推算,也日益精确。如
所测定一回归年天数(岁实),和今科学测值比,其误差,东汉四分历为
0.0078 日,东汉末乾象历已下降到 0.004 日,刘宋大明历进一步降为
0.0006 日,即 52 秒钟。朔望月天数(朔策)的误差更小,大明历还不到
1 秒钟。至于五星会合周期,早于大明历的元嘉历就已很精确,其木星、
水星的测值甚至与今测一样。[②] 既然日、月、五星之运行规律可以测出,
便必然进一步动摇有意志"天"的地位。《魏书》卷七《高祖纪》太和十二
年诏曰:"日月薄蚀,阴阳之恒度耳。圣人惧人君之放怠,因之以设诫,故
称日蚀修德,月蚀修刑……"就是说,日月运行自有规律,天人感应是人
制造的。这虽是稍后材料,但就日月食说,《史记》已有月食算法之记载,

<hr>

　　① 参郑文光等《中国历史上的宇宙理论》第三章第二节,人民出版社,1975 年。又唐长孺
称:三国孙吴地区依然流行天体之讨论,浑天说占主要地位。见《魏晋南北朝史论丛》,生
活·读书·新知三联书店,1955 年,第 367 页。

　　② 以上四分、乾象、大明诸历岁实、朔策数字,见陈遵妫《中国天文学史》第三册,上海人民
出版社,1984 年,第 1408—1410 页。元嘉历五星会合周期,见同书第 1447 页。

乾象历开始推步日食，三国景初历中又增加计算日食的方法，①所以魏孝文帝诏反映的应是魏晋以后至南北朝时期进步人士中的一般看法。这样，从魏晋起，随着自然科学之进步，有意志"天"的地位进一步动摇了，而老子自然无为的"道"的权威则逐渐提高。这一重大变化，在与另一重要的社会、政治因素，即东汉末农民起义和军阀混战所导致的东汉王朝灭亡和经学地位的低落相结合之后，经过一个时期"名法之治"的过渡，②从曹魏正始年间开始，新学即玄学便逐步形成与流行。

玄学是一种新的思想武器。正统玄学在世界观上坚持"以无为本""贵无"，与儒家有意志的"天"、天人感应说相对立；③在社会、政治问题上崇尚自然无为，实际上走向否定东汉以来的名教之治，因而遭到魏晋统治集团许多"礼法之士"的反对。因为如果离开名教之治，封建王朝便将立即垮台，这是他们断断不允许的。由于此故，在很长一个时期内，儒家思想在哲学上虽受冲击，实际上仍然在政治、思想文化各个领域占据统治地位。直到后来兴起调和自然与名教的种种主张，如自然与名教相同等，④情况方才进一步发生变化。这种调和主张，一方面承认名教之治与自然无为并不矛盾，这是对"礼法之士"的让步，也是玄学倡导者虽在思想上追求清高玄远，超脱现实，而在生活上却不得不统治剥削人民，无法摆脱现实的必然的理论归宿；然而另一方面，这种调和也等于肯定提倡自然无为、放浪形骸，不问世事，形式上虽与汉代以来的名教之治抵触，实际上则毫无扞格。⑤ 这样便使玄学清谈、自然无为思想的发展减少

---

① 陈遵妫：《中国天文学史》第三册，第 759—760 页、1445 页。

② 参唐长孺《魏晋玄学之形成及其发展》，载《魏晋南北朝史论丛》。

③ 不过它本身也是唯心主义，而且混淆了本体论的讲法与宇宙发生论的讲法，参冯友兰《中国哲学史新编》第四册，人民出版社，1984 年，第 32、40、135 页。

④ 参陈寅恪《陶渊明之思想与清谈之关系》，载《金明馆丛稿初编》，上海古籍出版社，1980 年。

⑤ 《晋书》卷五〇《庾峻传》：晋武帝时上书以为"朝廷之士，佐主成化"，然而"山林之士"同样起作用，"节虽离世，而德合于主；行虽诡м，而功同于政"。又《世说新语·任诞》（余嘉锡《笺疏》本第十一条）：魏末阮籍丧母，饮酒傲诞，裴楷吊之尽礼。人问其故，对曰："阮方外之人，故不崇礼制；我辈俗中人，故以仪轨自居。""时人叹为两得其中。"按阮籍为"居丧无礼"，曾受何曾面责，见《晋书》卷三三《何曾传》。当时裴楷和"时人"未必有这种自然与名教一致之观念，但此传说至少当是两晋之际和东晋以后存在这一调和思想之反映。

阻力,得以进一步深入各个领域,包括文学领域,使密切结合人事、社会、劝善惩恶的正统文学观受到冲击,发生动摇。《宋书》卷六七《谢灵运传论》说:"有晋中兴,玄风独振,为学穷于柱下,博物止乎七篇,驰骋文辞,义殚乎此。"其道理便在这里。

正是在这种潮流中,玄言诗开始流行起来。

据钟嵘、沈约分析,玄言诗的特点是"理过其辞,淡乎寡味","寄言上德,托意玄珠,遒丽之辞,无闻焉尔"。① 这就是说,不重辞藻与感情,而直接宣扬老庄哲理。就文学水平说,和建安与西晋时期比较,是一个倒退。试看其代表人物孙绰的诗:"野马闲于羁,泽雉屈于樊。神王自有所,何为人世间。"②完全是《庄子·养生主·马蹄》篇有关字句的拼凑,既无感情,又乏辞藻,的确是"淡乎寡味"。③ 可是另一方面,如果不是单纯比较文学水平的高低,而是从文学发展角度考虑功过,则对玄言诗还不能一概否定。《南齐书》卷五二《文学传论》:"江左风味,盛道家之言。"《文心雕龙》卷二《明诗》:玄言诗"嗤笑徇务之志,崇盛亡机之谈"。这种倾向,在正统文学观占据统治地位之时,是不能想象的。它是魏晋形成的玄学这一思想武器在文学领域中与儒家思想斗争,并在调和自然与名教观念影响下,所得到的一个结果。它本身的艺术成就虽不足道,但在它的冲击下,却将诗人的注意力从局限于讽喻教化,劝善惩恶的目的上引开了,这便为下一步出现崭新风格的田园诗、山水诗开辟了道路。当然,这一趋势从"正始明道,诗杂仙心"之时就已萌芽,④但只有经过永嘉年间"学者以庄老为宗而黜六经",⑤以及江左近百年的"玄风独振"之后,方才真正打开了局面。

试看陶渊明"归园田居"诗:"少无适俗韵,性本爱丘山。误落尘网中,一去十三年。……暧暧远人村,依依墟里烟。……久在樊笼里,复得

---

① 分见《诗品·总论》,《宋书》卷六七《谢灵运传论》。
② 《太平御览》卷三五九兵部"羁"下。
③ 《世说新语·文学》第八十五条注四,余嘉锡评江淹拟孙绰杂述诗(拟作见《文选》卷三一):"通首皆谈玄理,无一语不出于蒙庄,虽非绰所自作,譬之唐临晋帖,可以窥其笔意矣。"
④ 《文心雕龙·明诗》。
⑤ 干宝《晋纪·总论》,见《文选》卷四九。

返自然。"人们都欣赏"暧暧"诸句为田园诗名句,然如将前引孙绰的玄言诗与之比较,就可看到,二者指导思想几乎一模一样。一曰"屈于樊",一曰"久在樊笼里";一曰"何为人世间",一曰"误落尘网中";一曰"神王自有所",一曰"复得返自然"。这些话均与儒家入世思想大相径庭,而为明显的玄谈。只不过前者虽摆脱了儒家"诗教",却停留在哲理上,淡乎寡味;后者则发展到与"自然""丘山"相结合,熔炼为传诵千古的田园诗。然如没有前者,没有一批玄言诗人大声呐喊,糠秕人世与社会,倡导从中解脱,陶渊明怎会吟咏"实迷途其未远,觉今是而昨非",并以田园为对象,发挥他杰出的诗人天才呢?

<h2 style="text-align:center">三</h2>

不过,由玄言诗发展到田园、山水诗,还有它自己的规律和过渡条件。

第一,玄言诗本主要吟咏哲理,其所以会转向田园、山水,是因为依据庄子学说,要领会这种哲理,固然离不开嗒焉丧耦,内心冥思,但同时还可通过观察生活于其中的自然万物悟取。① 由于东晋立国江南,山清水秀,自然条件得天独厚,士大夫多在此遨游赏玩,放浪形骸,于是常把山水作为话题,借以体会哲理。《世说新语·容止》第二四条注引孙绰庾亮碑文:"公雅好所托,常在尘垢之外。虽柔心应世,蠖屈其迹,而方寸湛然,固以玄对山水。"所谓"以玄对山水",当指面对山水,通过玄思,悟取哲理。同书《言语》第六一条,"简文入华林园,顾谓左右曰:会心处,不必在远。翳然林水,便自有濠、濮间想也"。这又是指从园林水光中体会庄子的逍遥观。②《文选》卷十一孙绰《游天台山赋》:"游览既周,体静心闲:害马已去,世事都捐;投刃皆虚,目牛无全;凝思幽岩,朗咏长川。……

---

① 如通过庖丁解牛,悟取养生之道,见《庄子·养生主》。至于《齐物论》,更是通过反复论证万物一齐之理,要求人们触类旁通,悟取哲理。

② 又如孙绰《兰亭诗序》称:暮春修禊于南涧之滨,"高岭千寻,长湖万顷……于是和以醇醪,齐以达观,泱然兀矣,焉复觉鹏鷃之二物哉"。见《艺文类聚》卷四。

浑万象以冥观,兀同体于自然。"更是具体描述游山既遍,激发玄思,达到物我浑一,同体自然之心境。这样,在玄言诗与山水诗中间便出现一个过渡阶段,即由拼凑庄老字句而为玄言诗,发展成浏览山水,悟取哲理,因而有时不免在玄言诗中也涉及山水,附带描写山水。① 到时机成熟时(见下另一过渡条件),"庄老告退",很自然便演变成山水诗了。另外,东晋时大量中原劳动力南渡,江南经济发展,一些地区的村落田园,人丁兴旺,生意盎然,也开始吸引文人的注意力。著名玄言诗人许询写下《农里诗》便说:"亹亹玄思得,濯濯情累除。"②由于田园与山水相互依傍,情趣很难截然分开,③所以上面的论述,大体也就是田园诗出现的一个文化渊源、条件。

第二,我们知道,山水、田园诗比较讲究艺术形式。陶渊明的田园诗虽然有人"叹其质直",钟嵘却评他"风华清靡"。④ 萧统也赞他"辞采精拔"。⑤ 苏轼更确切地说:陶诗"质而实绮,癯而实腴"。⑥ 应该说,这和谢灵运清丽的山水诗有异曲同工之妙。问题是:玄言诗艺术性极差,以至孙绰、许询这两位代表人物的诗,在偏重艺术形式的《昭明文选》中竟不登一字,由这种诗演变为山水、田园诗,这个弯子是怎么拐的呢?为了回答这个问题,不得不首先分析魏晋文学已重艺术形式,为什么到东晋又会"遒丽之辞,无闻焉尔"了呢?我以为,很可能这和政治因素,即中正品第,门阀制度密切相关。

原来,晋室南迁,门阀制度进入确立、鼎盛时期。要想不断取得中正上品,由此提高自己家族的地位,必须具备两个条件。主要是政治条件,家族中得有人长期垄断高官要职。⑦ 其次是文化条件,其中特别是玄谈。

① 如东晋诸人所咏兰亭诗,即一例。见逯钦立《全晋诗》卷十三。
② 逯钦立《全晋诗》卷十二。
③ 《宋书》卷六七《谢灵运传》:所写《山居赋》记"山野、草木、水石、谷稼之事",即二者往往难分之证。
④ 《诗品》卷中。
⑤ 《全梁文》卷二十《陶渊明集序》。
⑥ 苏辙《追和陶渊明诗引》中引苏轼语,载《苏东坡集》续集卷三。
⑦ 参唐长孺《门阀的形成及其衰落》,载《武汉大学学报》1959 年第 8 期。

《晋书》卷九一《儒林传序》：江左"崇饰华竞，祖述虚玄。摈阙里之典经，习正始之余论；指礼法为流俗，目纵诞以清高"。当时的价值观是：和东汉以儒学为入仕的标准不同，谁能玄谈，谁就能提高声誉，成为名士，谁也就取得出仕清官，升迁迅速，最后夺得高官要职的资格。《世说新语·文学》第五三条：张凭举孝廉，未为人所重。及至在清谈领袖刘惔处"清言"，"言约旨远……一坐皆惊"，刘惔立即"延之上坐"，后又向宰相司马昱推荐他说："下官今日为公得一太常博士（六品）妙选。"张凭由此起家，"累迁吏部郎、御史中丞"。同书《雅量》第二二条：顾和任扬州刺史王导属吏，吏部尚书周颉于王导门外见之，"（顾）和觅虱，夷然不动"。颉指其心曰："此中何所有。"顾和"搏虱如故。徐应曰：此中最是难测地"。周颉进门谓王导曰："卿州吏中有一令、仆（宰相）才。""导亦以为然。"后来顾和果然受重用，升至宰相。[1] 相反情况是：如不愿或不善玄谈，便遭讥刺。《晋书》卷七〇《卞壸传》：卞壸是崇尚礼法的代表人物，反对玄风甚力，虽因忠心耿耿，得君主赏识而官居尚书令，仍"为诸名士所少，而无卓尔优誉"，家族也未至著名高门。

由于以上缘故，东晋王、庾、桓、谢四大家族，没有一家不历高官，也没有一家不崇尚玄谈。王、庾西晋时已成名门，自不用说。陈郡谢氏原来门第不很高，至谢安而上升为第一流高门，主要原因固然在于谢安主持部署淝水之战所立不世之功，但也是因为他善"清言"，有风度，早年获"重名"，为名流推服，出仕后方得以升迁迅速，而获此机遇的。[2] 至于谯国桓氏，西晋时默默无闻，至东晋其所以门第逐步上升，同样也有玄谈的因素。桓彝是与庾亮、周颉齐名的"名士"。桓温从青年起便与清谈领袖刘惔交往，不但吟咏虚玄，而且写玄言诗，[3]因而得诸名士青眼。这便为他选尚公主，飞黄腾达，北伐西讨立功，提高家族地位，打下一个良好基

---

① 此例甚多。如《晋书》卷六九《刘畴传》"善谈名理"，被认为是"司徒公（一品）之美选"。卷七七《殷浩传》"尤善玄言"而名重一时，直接起家扬州刺史（三品），"参综朝政"。

② 参《晋书》卷七九《谢安传》。

③ 《诗品》总论称："孙绰、许询、桓、庾诸公"写玄言诗；卷下晋骠骑将王济等人下又称玄言诗"真长（刘惔）、仲祖（王濛）、桓、庾诸公犹相袭"。此"桓"，当指桓温。《世说新语·品藻》第三十六条，孙绰逐个品藻名士，刘惔、王濛之后，就是桓温，是其证。

础。桓温是一个雄心勃勃,以军事、政治才干著称的人,掌握大权后还有过讥刺玄谈的言论。① 可是早年为求美誉,竟不得不与刘惔这班名士周旋,后来也一直断绝不了关系,道理何在? 如果再联系东晋末"仅识文字"的刘裕,靠军事、政治才干当上宰相后,"颇慕风流",竟也谈论起玄学来,②这便只能有一个解释:玄谈与中正品第、个人声誉、官位、门阀的关系十分密切,以至连桓温、刘裕这种类型的人,也不得不屈从于这一潮流,尽管和一般士人比,程度或许有所不同。以这样的观点来看玄言诗之流行,其原因便不难找到。

以孙绰为例。他文才杰出,冠于群英,可是因为玄谈水平不高,③屡遭轻视、凌辱。《世说新语·方正》第四八条:孙绰为庾亮作诔,吹嘘二人关系密切,"风流同归"。庾亮子羲,"慨然送还之,曰:先君与君,自不至于此"。同书《轻诋》第九条,刘惔死后,孙绰言谈中表示二人感情深厚。褚裒大怒说:刘惔平生轻视孙绰,"何尝相比数"。同书第二二条:孙绰为另一清谈领袖王濛作诔,称他二人"交非势利,心犹澄水,同此玄味"。王濛孙王恭曰:"才士不逊,亡祖何至与此人周旋。"然因玄谈关乎个人声誉、仕进,④所以孙绰继续自诩"托怀玄胜,远咏老、庄"。⑤ 在这种背景下,他想用干瘪的玄言诗以及充斥老庄字句的赋,来弥补玄谈之不足,以猎取声誉,也就可以理解了。⑥ 固然,他早年曾写《遂初赋》,似乎满足于

---

① 参《世说新语·排调》第二十四条。

② 参《宋书》卷六四《郑鲜之传》。

③ 《世说新语·轻诋》第十七条:谢安妻(刘惔妹)听到孙绰兄弟"言至款杂(空泛芜杂)",评价甚低,曰:"亡兄门,未有如此宾客。"《殷芸小说》卷一第二十五条:王羲之讥讽孙绰为"啖石客",指伶牙俐齿。因他玄谈多强词夺理。参《世说新语·排调》第五十四条余嘉锡笺疏。

④ 如刘惔、王濛作为清谈领袖,俱以宰相司马昱"谈客","蒙上宾礼"。刘惔官至丹阳尹(三品),王濛官至司徒左长史(五品)。二人如非早死(均未到四十岁死去),肯定将升至更高官位。参《晋书》二人本传。

⑤ 《世说新语·品藻》第三十六条。

⑥ 玄言诗在东晋评价并不低。《诗品》卷下:"世称孙、许,弥善恬淡之词。"特别是与孙绰、许询同时代,而又握实权的司马昱,竟赞扬说:"玄度(许询)五言诗,可谓妙绝时人。"而孙绰则认为,和许询比,"一吟一咏,许将北面",即其玄言诗还不如自己。分别见《世说新语·文学》第八十五条,《品藻》第五十四条。

隐居生涯,可是那只是魏晋以来士人抬高身价的惯伎,所以时机一成熟,"高尚之志"便被抛在一边,欣然出仕,"婴纶世务"了。[①] 至于许询,情况虽略有不同,一生未出仕,但名利心也极重。[②] 如果不是早死,是否能坚持隐逸,也大可怀疑。[③] 因而他写玄言诗的意图,恐怕不见得会与孙绰有多大区别。

总之,玄言诗恰好在东晋前期流行,虽是玄学影响,但归根到底,仍与阶级、门第的利益分不开。如果这一看法不错,则在门阀制度高度发展,高级士族凭门第而不必凭个人德才包括玄谈,就可赢得中正上品并攫取高官之后,[④]玄风、玄谈及玄言诗便渐趋衰歇。《世说新语·任诞》第五三条:出身第一流高门,以清辩过人著称的太原王恭竟说:"名士不必须奇才,但使常得无事,痛饮酒,熟读《离骚》,便可称名士。"连老、庄都不提了。这不但表明东晋末年玄风之没落,而且还反映高级士族之兴趣,已从枯燥、抽象的玄学,转向辞藻华丽、感情充沛的作品。在此背景下,再加上前面讲的第一个条件,由玄言诗发展为山水、田园诗的时机成熟了。于是"(殷)仲文始革孙、许之风,叔源(谢混)大变太元之气",[⑤]二人作品且为"华绮之冠"。[⑥] 为什么首先由陈郡殷仲文、谢混来打开局面?很可能是因为他们均出身高门,在东晋后期社会中,已没有早年诗人为邀声誉,不得不迎合玄风,限制自己文才,放弃遒丽之辞的顾虑了。后来谢灵运其所以能纵笔山水,诗如芙蓉出水,也和这个条件分不开。

这样,在建安、西晋文学基础上,经过上百年演变,先是儒家观点受

---

① 《世说新语·品藻》第六十一条注。

② 《世说新语·言语》第六十九条:许询就丹阳尹刘惔宿,"床帷新丽,饮食丰甘",羡慕说"若保全此处,殊胜(隐居)东山"。遭王羲之讥讽。同书《栖逸》第十三条:询虽隐居,"每致四方诸侯之遗"。"或谓许曰:尝闻箕山人(上古隐士许由),似不尔耳。"同书《文学》第三十八条:人将许询比王修,"许大不平",追着王修玄谈,"苦相折挫",胜,很得意,受到支道林讽刺。

③ 如与许询同时隐居的谢安,也是屡拒征命,声望日高,至四十余岁出仕后,升迁迅速。这是当时入仕的一种手段。

④ 参拙作《试论东晋后期高级士族之没落及桓玄代晋之性质》,载《北京大学学报》1985年第 3 期。

⑤ 《宋书》卷六七《谢灵运传论》。虽然"玄气"犹未尽除,见《南齐书》卷五二《文学传论》。

⑥ 《诗品》卷下"晋征士戴逵"条。

到玄学之排挤,讽谏、教化不一定再是文学内容的主旋律;后来是庄、老字句也退出诗篇,艺术形式、辞藻重新被推崇,于是虽体现哲理自然无为,而又不落干瘪言诠的山水、田园优秀诗篇,便渐次脱颖而出。

总之,山水、田园诗之所以会在晋、宋之际出现,绝非偶然,而是长期以来文学、哲学、社会、政治等多种因素发展斗争、融合的结果。

四

但以上只是客观可能性,陶渊明其所以能写出传诵千古的田园诗,将这一可能性转化为历史现实性,则还有他自己的独特条件。

第一,陶渊明生活的环境是当时农业经济比较发展的江州(约当今江西省)。人们都熟悉,在陶渊明笔下,榆柳桃李,绕屋扶疏,墟烟依依而起,良田、美池、桑竹错落,“平畴交远风,良苗亦怀新”。暖暖远村,悠悠南山。这些美丽画面,没有一定的现实生活为依据,是绝对写不出来的。东晋的江州如何?本来,秦汉之时它叫豫章郡,经济很落后,直到东汉末还被视为“江南卑薄之域”。[①] 可是经过长期开发,特别是西晋末北方人口大量南渡,人口较大幅度增加。除了一般编户,还有不少兵户和大量佃客、奴婢、浮浪人等。[②]《南齐书》卷十四《州郡志上》江州条:东晋庾亮领刺史,都督六州,曾说就户口言“江州实为根本”。《资治通鉴》卷一二八:“晋氏南迁,以扬州为京畿,谷帛所资皆出焉;以荆、江为重镇,甲兵所聚尽在焉……三州户口,居江南之半。”劳动力增加,北人带来先进经验,促进了农业发展。《搜神后记》卷三:“庐陵巴丘人文晃者,世以田作为业,年常田数十顷,家渐富。晋太元初,秋收已过,刈获都毕,明日至田,禾悉复满,湛然如初。即便更获,所获盈仓。于此遂为巨富。”这虽是神话,也反映东晋后期庐陵郡(属江州,治所当今吉水县北)农业产量的提高。《太平御览》卷八二一资产部“田”下引《豫章记》:“郡江之西岸,有

---

① 《后汉书》卷五三《徐稺传》。

② 《晋书》卷八一《刘胤传》:“流人万计,布在江州。”卷九五《艺术·幸灵传》:江州士人多“制服人以为奴婢”。

盘石,下多良田,极膏腴者,一亩二十斛,稻米之精者,如玉映澈于器中。"《豫章记》作者雷次宗,《宋书》有传。此书成于元嘉六年,[1]则所记必东晋末豫章郡事(时郡已比汉缩小,郡治当今江西南昌,属江州)。按魏晋度量衡,一斛当今二斗,[2]故一亩产量当今四石,且米色如玉,说明无论质或量都很高。当然,这是极膏腴田,但由此也可推定一般土地产量也会比汉魏增加。东晋前期,"朝廷空罄,百官无禄,惟资江州运漕",[3]道理也在这里。

至于陶渊明家乡即隐居地寻阳郡柴桑县(今九江西南),农业也比较发展。据洪亮吉《东晋疆域志》卷二,东晋江州州治,除少数时间在豫章郡外,长期在寻阳郡。寻阳郡郡治就在柴桑。由于既是郡治,又是州治和军府所在地,故柴桑多官僚、军官居住。陶诗《与殷晋安别》序,称殷景仁"先作晋安南府长史掾,因居浔阳",后改官建康(当今南京),"移家东下",即其强证。[4] 这些官僚、军官当住在城中或附郭村庄里。他们俸禄的一部分由"公田"供给,归"吏"耕种;[5]同时由于州治、军府在一地,士兵十分集中,按东晋制度,需"且田且守"。[6] 二者之土地一般都在柴桑

① 见《四库全书总目》卷七七地理类存目《豫章古今记》。

② 参吴承洛《中国度量衡史》第二章第四节,商务印书馆,1957年。

③ 《晋书》卷八一《刘胤传》。

④ 此诗所赠者乃殷景仁,系据宋吴仁杰《陶靖节先生年谱》说。但诗题为《与殷晋安别并序》,疑文有误。1.江州晋安郡当今福建泉州一带,不在鄱阳湖畔,则官晋安为何住在柴桑?2.既称"殷晋安",按当时习惯,自指官居晋安郡太守(如《文选》卷二十谢宣远诗《庾西阳》,即指西阳太守庾登之;谢玄晖诗"范零陵",即指零陵内史范云)。可是郡太守五品,太尉参军七品(参《通典》卷三七《晋官品》、《宋书》卷四十《百官志下》),由前者转后者,是贬谪,为何序、诗中毫无反映?3.长史掾是军府官,不是州郡官;如"南府"之"府"指都督江州诸军之军府,则决无排在"晋安"郡下之理,更不可能由远在千里外的郡太守来军府兼任小小的长史掾。据上三点,此序"先作晋安南府长史掾"之"晋",应指晋朝。或许此序是入宋后追写,故书"晋"以别之。"安南府",即安南将军府。江州在建康之西南,历来多由刺史带以南为号之将军都督诸军,如温峤为平南将军、王允之为南中郎将等。唯殷景仁于义熙七年任刘裕太尉行参军(见《资治通鉴》卷一一六义熙七年),则为军府长史掾必在这以前,时将军为何无忌(由义熙二年至六年,见《晋书》本传),乃镇南将军,不是"安南将军",二者必有一误。至于题作"殷晋安",当因陶集目录早佚,后世陶集又非当年之旧(参《陶渊明年谱》,中华书局,1986年,第342页引清陶澍文),或后人误解小序而擅改,似不足为据。

⑤ 参唐长孺《三至六世纪江南大土地所有制的发展》,上海人民出版社,1957年,第41—46页。

⑥ 参《晋书》卷六七《温峤传》、卷七十《应詹传》。

附郭一带。这样,这一地区村落相间,人烟稠密,陇亩纵横,生产发展。加上邻近鄱阳湖和庐山,山水秀丽,陶渊明长期生活、往来于这一带,耳濡目染,心领神会,优秀的田园诗无疑便是以这一现实生活为依据提炼出来的。如果无此条件,而是依然生活在秦汉人烟稀少、火耕水耨的环境里,或北方荒瘠的黄土地上,诗的风味便会迥然不同了。

第二,当然,生活在寻阳郡以及其他类似环境的士人颇多,为什么别人没有写出田园诗,而他写出了?这就还和陶渊明辞官回乡隐居二十多年,亲自参加一些生产劳动,与农民交流感情这些条件分不开。当时有才华的士人,或者一生生活在城市中,悉资俸禄而食,自然与田园诗无缘;即使生活或隐居农村的,也多有田庄,农业"皆信僮仆为之,未尝目观起一坺土,耘一株苗,不知几月当下,几月当收"。① 他们可以通过欣赏奇山异水,写出杰出的山水诗篇;也可以出于对农业生产浮光掠影的瞥视,吟出几句肤浅的、有关农耕或同情贫民的诗句。② 而像《归园田居》那样韵味、风度、情感的作品,以及"晨兴理荒秽,带月荷锄归"那样的名句,他们是无论如何也写不出的。道理很简单,他们没有这种生活感受,而陶渊明有。

那么,为什么陶渊明要辞官隐居,以至亲自参加一定劳动呢?这又和东晋门阀制度的高度发展紧密关联。陶渊明的从父陶夔官至九卿(太常);外祖父孟嘉曾除尚书郎,不拜,历桓温征西大将军府参军、从事中郎、长史;祖父陶茂,武昌太守。陶渊明本人起家州祭酒,视郡督邮为"乡里小人",在"士庶天隔"的社会里,与著名高门陈郡殷景仁友好,又蒙江州刺史、第一流高门琅邪王弘亲自造访,依东晋风气都不可能不是士族。③ 不过这一家族到陶渊明之时,已经不很得意了。1.他的父亲历史上没留下名字,即便曾入仕,位子也不会高,所以陶渊明《命子诗》才会笼

① 《颜氏家训·涉务》。

② 如逯钦立《全宋诗》卷二谢灵运《白石岩下径行田诗》,刚说两句同情灾民的话,接着又去"行田登海口盘屿山",欣赏"依稀采菱歌"去了。

③ 以上参陶渊明《晋故征西大将军长史孟府君传》,见《全晋文》卷一一二,《晋书》卷九四、《宋书》卷九三《陶潜传》。又颜延之《陶征士诔》,称其族为"洪族",见严可均《全宋文》卷三八。

统说他"寄迹风云,冥兹愠喜"。2.从父陶夔史书无传,所任太常虽是九卿,因自魏晋以来九卿权已渐为尚书所夺,故对家族庇荫不大。据《归去来辞序》,他怜渊明贫苦,也只能推荐"用于小邑",当个彭泽县令而已。如果再考虑渊明原已历官军府参军,七品,与小县县令平级,则陶夔起的作用很有限,是十分明白的。3.堂弟敬远年过三十,尚未出仕,郁郁死去;渊明本人也至"向立"之年(二十九岁),方"投耒去学仕",在东晋,也是很晚的了。① 4.本人虽"不慕荣利",终于出仕,据说是因"亲老家贫"。但从家有僮仆看,这个"贫"和农民之贫不同,不能理解得太实。他所以出仕,实际上是为了支撑门户,以免过于衰败。这是东晋士族的一般风气。所以他多次辞职,又多次再度出仕。隐居田园之素志与支撑门户之义务在他心中斗争。他后来回忆说:"少而穷苦荼毒,每以家弊,东西游走……";"余尝学仕,缠绵人事,流浪无成,惧负素志,敛策归来……"②如把这里的"流浪无成",与他《荣木》诗中的"四十无闻,斯不足畏"联系起来,便可知他出仕决非仅为解决"贫"的问题,而是希望"成""闻",即飞黄腾达,光大门户。③ 但这个志向是注定达不到的了。他自称由于"性刚才拙,与物多忤",而无所成就。其实这是表面现象。《晋书》卷八〇《王羲之传》:王羲之和陶渊明一样喜好山水,不乐出仕,"以骨鲠称"。做官挑三拣四,又多次上书反对当时颇为时髦的北伐;对赋役繁重,"每上疏争之";瞧不起上司,终于愤而辞职。这样的人可算"性刚""与物多忤"了吧。可是他不但起家清选秘书郎,而且朝廷频召为美官,他推辞不就,还有显贵寄书敦劝。为什么呢? 就因为出身高门琅邪王氏。在门阀制度下,朝廷中自有人为他的"骨鲠"缓颊、说情,从而不废升迁。而陶渊

---

① 如《宋书》卷五二《谢景仁传》:东晋末起家前军行参军,历官辅国参军,著作佐郎,年三十。桓玄认为这是受了司马道子父子的压制,曰:"司马庶人父子云何不败,遂令谢景仁三十方作著作佐郎。"意思是三十岁早应升至要职。当然,谢景仁出自陈郡谢氏,虽非谢安直系,陶氏亦无法与之相比,但作为官至九卿的家族,陶氏总不能相差太远,今陶渊明及其堂弟,三十岁以前尚未出仕或刚刚出仕,自是很晚的。

② 以上引文分别见《与子俨等疏》《祭从弟敬远文》。

③ 元李公焕笺注陶集引赵泉山曰:"靖节当年抱经济之器……将以振复宗、国为己任,回翔十载,卒屈于戎幕佐吏,用是志不获骋。"见《陶渊明诗文汇评》,中华书局,1961年,第12页。

明却等于无人庇护。再加上性刚、忤世，自然"流浪无成"。他之所以从彭泽令任上辞官归隐，所谓不能为五斗米折腰，恐系借口，主要当是越来越看出自己政治上没有前途，长期思想斗争的结果，最后下了决心。晚年他写了《感士不遇赋》，人们都欣赏其"宁固穷以济意，不委曲而累己"。其实这是他经过十几年未能"固穷"而"委曲"入仕，一再求"遇"，终于"无成"后的体会。他自己过去很长一个时期并未能身体力行。

由上考证可见，陶渊明之辞官归隐，参加劳动，是和门阀制度下他这一家族日趋没落，政治上无前途分不开的。换言之，如果他门第甚高，青云直上，便不会辞官归隐，即便归隐，如王羲之那样，可以"行田视地利，颐养闲暇"，①不必亲自劳动，恐怕写下的便是如谢灵运似的山水诗，而不是田园诗了。

第三，陶渊明之所以能写下田园诗，还因为他的哲学思想基本属于魏晋玄学范畴，而不是正统儒学。他年轻时"好读书，不求甚解"，便表明与章句儒生大为不同。一生屡仕屡退，从思想上说，如上所论，便是归隐素志与出仕、支撑门户思想之间的斗争，某种意义上也可以说是庄老思想与儒家思想之间的斗争，而以庄老得胜，决心归隐而告终。正因如此，尽管他诗文中推崇"圣人"，引用儒书，②但基本精神乃出自庄老。前引他视入仕为"尘网""樊笼""迷途"的诗文，即非正统儒生包括其中之归隐者所能道。③ 特别《形影神》诗，陈寅恪先生曾逐段解释，并联系《自祭文》等，证明陶渊明既反对求长生、学神仙的道家言，也不推崇儒家名教说，更与佛教思想无关，他所坚持的乃是"新自然说"即魏晋玄学。陈文分析极细，请参看。④ 陶渊明的诗其所以会围绕田园、村居，写得那么自然、朴实、浑厚、有感情，道理便在这里。没有这样一种哲学思想为基础，便不可能全身心地热爱田园，安心生活，细致观察，真情流露，便不可能

---

① 《晋书》卷八〇《王羲之传》。

② 如多处引《论语》，以至如清沈德潜据此竟视他为"圣门弟子"；见《陶渊明诗文汇评》，第199页。

③ 如据《后汉书》卷八三《逸民传》，正统儒生归隐多出于政治上遭挫折或持不同政见，往往在乡里诵经、授经，甚至待价而沽，正如范晔所评，只不过"异夫饰智巧以逐浮利者乎！"

④ 陈寅恪：《陶渊明思想与清谈之关系》，载《金明馆丛稿初编》。

接受玄言诗的影响，摆脱两汉以来儒家文学观束缚，也就写不出这样的诗来。

综上所述，陶渊明田园诗的产生，既有必然性，又有偶然性。从文学等各种因素长期相互激荡、发展变化，最后为田园诗及山水诗的出现开辟道路来说，这是必然性。然而正好出现在东晋末年，田园诗的水平又如此之高，则具偶然性，是和陶渊明的出身、经历、生活环境、世界观，加上自身"博学善属文"分不开的。①

---

① 萧统《陶渊明传》，见严可均《全梁文》卷二十。

下 编

制度与法律

试论魏晋南北朝的门阀制度[*]

汉魏以降的"门阀"一语,其形成有一个过程。按"阀"通"伐",义为功劳。与另一义指资历的"阅"字,往往连用。有无伐阅,乃任用、提拔官吏之极重要条件。考虑伐阅之风,先秦已萌芽。据徐中舒、唐兰先生考证,金文中屡见之"蔑历",大体就是简阅、称美某人功劳、资历之意。"伐阅一语,就是蔑历一语的变异"。①

本来,伐阅仅与官吏个人相关联,东汉以后因世家大族兴起,一个家族中往往多人出仕,于是出仕者的伐阅便又成为家族荣誉、声望的标志。《三国志》卷五三《张纮传》注引《吴书》载,张纮草成关于孙坚、孙策经历、功业的文章,孙权读后曰:"君真识孤家门阀阅也。""家门阀阅"的简化,便是"门阀"。随着魏晋九品中正制之推行和士族之发展,"门阀"之义有时指"士族""高门"。《宋书》卷四〇《百官志下》称:殿中将军等,"晋孝武太元中,改选,以门阀居之"。《周书》卷一六赵贵等传末:"故今之称门阀者,咸推八柱国家云。"均其证。但更多的还是相当于"门地""门第"的同义语。如《后汉书》卷七八《宦者列传》末范晔"论曰:……刑余之丑……声荣无晖于门阀"。《北齐书》卷一三《赵郡王睿传》:"世宗谓之曰:我为尔娶郑述祖女,门阀甚高,汝何所嫌而精神不乐?"由于两义可以相互补充,覆盖面比较宽,所以本文采用了"门阀制度"一语。

---

* 原题《门阀制度》,载白寿彝主编,何兹全分册主编《中国通史》第5卷上册,上海人民出版社,1995年。

① 唐兰:《"蔑历"新诂》,载《文物》1979年第5期;徐中舒:《西周墙盘铭文笺释》,载《考古学报》1978年第2期。两位先生具体训诂略异,大体意思则同。

中国中古的门阀制度,整个看来,最主要的特征在于按门第高下选拔与任用官吏,至于士族免徭役、婚姻论门第,"士庶之际,实自天隔"①等特征,都是由前者逐渐派生的。所以门阀制度在相当长的时期内,主要当属于政治制度的范畴,社会制度的成分是次要的。只有到了隋唐以后,方才逐渐完全转化为社会制度,并最后退出历史舞台。

本文仅论述主要属于政治制度范畴之时期的门阀制度,到南北朝结束为止,而不涉及隋唐以后。

这一制度,大体萌芽于东汉后期,初步形成于曹魏、西晋,确立、鼎盛于东晋及南北朝前期,②而衰落于南北朝后期。

一 门阀制度的萌芽

东汉后期是门阀制度的萌芽时期。

东汉的世家大族,是"魏晋士族先行阶段的形态",③以弘农杨氏"四世三公"、汝南袁氏"四世五公"为其鼎盛标志。然而这些家族贵宠的取得,主要依靠乡举里选,通经入仕,建立在个人才德和儒学传统基础之上,特别是在兴起的前期。

大约到了东汉后期,经过长期的酝酿、演变,门阀制度开始萌芽。仲长统说:"天下士有三俗,选士而论族姓、阀阅,一俗。"④这是汉代著作中第一条将选士与"族姓"联系在一起的材料。⑤所谓"族姓",或作"姓族",当指世家大族。《后汉书》卷四三《朱穆传》:"侍中……皆用姓族。"章怀注:"引用士人有族望者。"同书卷八一《独行·陆续传》也称:"世为族姓。祖父闳……建武中为尚书令。"同书卷三一《张堪传》称:"为郡族姓……让先父余财数百万与兄子。……受业长安……诸儒号曰圣童。"

---

① 《宋书》卷四二《王弘传》。

② 南朝前期指宋、齐,北朝前期指魏太武帝至孝文帝时期。

③ 田余庆:《论东晋门阀政治》,载《北京大学学报》1987年第2期。

④ 《意林》卷五引《昌言》。

⑤ 至于仲长统所说"阀阅"一语,则出现较早,见《后汉书》卷三《章帝纪》、卷二六《韦彪传》。不过指的是被选举者个人的功劳、资历,这与"族姓"不同。

《群书治要》卷四五引《昌言》说得更清楚：王侯子弟"生长于骄溢之处……其行比于禽兽也。……故姓族之门不与王侯婚者，不以其五品（常）不和睦，闺门不洁盛耶"。可见仲长统虽反对选士论族姓，却仍赞许姓族之门风。这种"姓族"，王侯愿与通婚，而它竟加以拒绝。联系上引材料，除了世家大族，还能是别的哪种社会力量呢？

《三国志》卷八《公孙瓒传》注引《英雄记》："瓒统内外，衣冠子弟有材秀者，必抑使困在穷苦之地。或问其故，答曰：'今取衣冠家子弟及善士富贵之，皆自以为职当得之，不谢人善也。'"所谓衣冠，即衣冠之族，亦即世家大族。《后汉书》卷六七《党锢·尹勋传》："家世衣冠，伯父睦，为司徒；兄颂，为太尉；宗族多居贵位者。"是为证。衣冠家子弟自以为当得富贵，不谢人恩，这与仲长统选士而论族姓之说，正好一致。

然而从仲长统把选士论族姓视为"一俗"，将它与"交游趋富贵之门"等庸俗行为等量齐观，[1]又证明这不过是一种社会风气，远没有形成经国家认可的制度，顶多只能算是这种制度之萌芽。前引《英雄记》提到"衣冠子弟"自以为当得富贵，然而又限定必须是"有材秀者"，这与后来纯以或主要以门地选士，存在明显区别，反映东汉后期是一个过渡时期，"衣冠子弟"已有一些特权，但"材秀"仍是重要标准。所以公孙瓒在"衣冠家子弟"下提到另一类型"善士"也自以为当得富贵，同样给予压抑。按"善"本吉、美、德行好之义。《后汉书》卷六七《党锢传·序》称党人多"名士"，又说"皆天下善士"。而党人正以德、才著称，见党锢各传自明。可见公孙瓒所以在"衣冠家子弟"之下紧接着又举"善士"，绝非偶然，正是东汉末当得富贵者中，德、才标准仍起重要作用的一个反映。又《英雄记》称公孙瓒"所宠遇骄恣者，类多庸儿"，称"庸儿"，也证明主要着眼点不在门第。

更能说明门阀制度在东汉后期尚未形成的材料，是《后汉书》卷六二《陈寔传》、卷六八《郭太传》。陈、郭两人尽管出身贫贱，可是因为"博通坟籍"，或"天下服其德"，不但深受公卿士大夫尊礼，陈寔还多次被推为

---

[1]　《意林》卷五引《昌言》。

三公之选,死后"司空荀爽(出身名族颍川荀氏)……并制缞麻,执子孙礼"。① 这在门阀制度形成之后,是不可想象的。《三国志》卷二二《卢毓传》:毓于曹魏之时两为吏部尚书,前后历五六年,"于人及选举,先举性行,而后言才"。反映当时占统治地位的选举思想和制度,仍重在德、才,反过来也就更加证明东汉后期选举论"族姓",只可能是一种风气,门阀制度仍处在萌芽阶段。

《通典》卷一六《选举四》记载:沈约认定两汉官吏之选拔、任用,仅是"以智役愚",尚未"以贵役贱";裴子野以为两汉取士,"学行是先,虽名公子孙,还齐布衣之士"。这正是门阀制度尚未最终形成的一个有力侧证。

二 门阀制度的初步形成

曹魏、西晋是门阀制度的初步形成时期。

曹魏创行的九品中正制,对门阀制度的形成,在形式方面影响甚大,本文将在后面专门论述。这里仅研究一下:当九品中正制与社会经济发展和阶级、阶层变化相结合之后,在官吏的选拔、任用上,呈现出一些什么特征。

最明显、最主要的特征,便是西晋的"二品系资"。《晋书》卷四六《李重传》:重上奏曰:"如(癸酉)诏书之旨,以二品系资或失谦退之士,故开寒素以明尚德之举。"此"二品系资"既为诏书承认,自为一种正式制度,而非仅为社会风气。按李重上奏在惠帝元康年间,"二品系资"之制当建立于上奏之前,或许就在晋武帝太康末年。

所谓"二品",乃中正品第,目的是"平次人才之高下",②与官品不

① 《三国志》卷二二《陈群传》裴松之注。
② 《太平御览》卷二六五引《傅子》。

同。本文试称之为"人品"。① 其衡量标准,本为德、才。二品是上品,应由德充才盛者取得。可是西晋竟正式增加一个标准——资。换言之,如果资不够,即使德、才合格,一般也不能取得"人品"二品。这在门阀制度发展史上,是一个里程碑。②

所谓资,汉魏之时多称阀阅。如前所述,阀阅本来仅指个人当官的功劳与资历。由于资历中可以包括功劳,多半体现功劳,逐渐便简称为资。后来资亦包括父祖的功劳与资历,于是又有了门资、世资等熟语。由于当官的功劳、资历与官位高低往往一致,所以"系资"的最简便办法,便是按本人或父祖官爵高低来衡量。《晋书》卷三六《卫瓘传》:瓘上疏称九品之制开始"犹有乡论余风"(指根据德、才评定),"中间渐染,遂计资定品,使天下观望,唯以居位为贵"。《晋书》卷四六《李重传》:司徒左长史荀组说,"寒素者,当谓门寒身素,无世祚之资。原(指霍原)为列侯……不应寒素之目"。可见,此处资即指爵位列侯,与卫瓘"居位"之说吻合。按卫瓘上疏于太康五年(284),"计资定品"大概不久就正式形成制度——"二品系资"。

总之,大体是先开风气,后定制度。由于在九品中正制下,中正的品

---

① 长期以来所惯用的"乡品"一词,似不甚恰当。按"乡品"二字最早见于《世说新语·尤悔》:温峤因被认为孝道有阙,"迄于崇贵,乡品犹不过也"。意思是直到官高位显,在评定他的品第时,乡邑总不通过高品。这里"乡品"并非一词,而是乡邑给予品第之意。其用法与《晋书》卷六四《会稽文孝王道子传》之"无乡邑品第"略同。把"乡"与"品"勉强凑成一词,与"官品"并举,其毛病首先是二者角度并不一致:"乡品"之"乡"是就由谁给予品第而言,而"官品"之"官"是就何种事物的品第而言。其次,更重要的是"乡品"一词含义不很准确。因"乡品"与"乡邑品第"并非真由乡邑评定,而是由中正官评定,经司徒府批准,实际上与"官品"之确定出于一源,全都是封建王朝。而称"乡品"则会给人造成是民间评定品第之错觉。基于以上考虑,本文试将"乡品"改称"人品",指士人德、才之品第,与"官品"角度一致,而不涉及由谁给予品第,据人品,定官品,合乎魏晋指导思想。"人品"一词也有历史根据。班固《汉书》卷二〇《古今人表》,品第就是九等。《太平御览》卷二六五引《孙楚集》:班固人表"盖记鬼录次第耳,而陈群依之以品生人"。《后汉书》卷六八《郭太传》注引谢承《后汉书》,经郭太评题,"人品乃定"。《文选》卷四〇沈约奏弹王源:"源虽人品庸陋,胄实参华。"当时虽重在门品,但仍反映士人德、才品第,原称"人品"。故宋《愧郯录》卷一〇、《文献通考》卷六七《职官二一》俱称"人品"。

② 《太平御览》卷二一四引《晋阳秋》:"陈群为吏部尚书,制九格登用,皆由于中正。考之簿世,然后授任。"这是人品已由中正评定后,吏部在铨选上考虑簿世,并非定品时系资。而且"考之簿世"有无诏书规定,亦不可知。

第经司徒府批准后，与吏部铨选上个人仕进升迁的迟速、官位的高下相一致，因而实行"二品系资"之后必然会导致一种恶性循环。即只有据有较高官位的人及其子弟，可以获得人品二品；只有人品二品才具有铨选和升迁较高官位的资格；而有了较高官位，又可以继续获得人品二品。

前面已讲，考虑阀阅即功劳、资历之风，先秦已萌芽。可是直到东汉末年，从来没有在制度上规定，必须本人或父祖具有某种阀阅方可取得某些官位。① 而至西晋却不同。由于"二品系资"乃硬性规定，加上中正官往往趋炎附势，故意抬高高官显贵及其子弟的人品等第，于是一种过渡性门阀制度，即按官位高低形成的门第差别，便逐渐产生。在这种制度下，高官显贵及其子弟往往据有人品上品，垄断选举，形成"公门有公，卿门有卿"。② 它与汉代四世三公、四世五公的家族相比，存在显著差别。后者在制度上除有限制的父兄任出身外，③没有任何特权，子弟的大部分在未出仕前用裴子野的话便是"还齐布衣之士"。而前者却有"二品系资"。"公门""卿门"的子弟，在未出仕前已有很大可能评为人品上品，为以后在仕进上超越虽有德、才，而资不够的官吏及其子弟，开辟了广阔的道路。正是在这个意义上，可以认为曹魏、西晋是门阀制度的初步形成时期。④

那么，"二品系资"的"资"，或者说"唯以居位为贵"的"位"，指多高的官位呢？

一般当指官品五品以上官位。这从下述零碎材料中可以推得：

《晋书》卷六六《刘弘传》：郭贞人品四品，在晋本任官品八品的尚书令史。⑤ 张昌在荆州起事用之为官品六品的尚书郎，自是大力提拔，但他"遁逃不出"。荆州刺史刘弘为鼓励此忠君行为，"辄以……贞为信陵令

---

① 只有西汉初规定需以列侯为丞相，可这只涉及个别官职。

② 《晋书》卷九二《文苑·王沈传》。又参《晋书》卷四八《段灼传》。

③ 参胡宝国《魏西晋时代的九品中正制》，载《北京大学学报》1987 年第 1 期。

④ 曹魏虽无"二品系资"，但已有九品中正制。由于九品中正制与门阀制度大体同步发展，紧密关联，"上品无寒门，下品无势族"风气在曹魏后期当已流行，刘毅也批评它是"魏氏之弊法"，所以这里把曹魏、西晋归为一个阶段。

⑤ 见《通典》卷三七《职官一九》"晋官品"。以下凡官品出处均见《通典》。

（官品六或七品）"，当然也意味不次拔擢。可见适应人品四品的官品，一般当为八品。①

《北堂书钞》卷六八"山简不拘品位"条下引西晋镇东大将军司马伷表："从事中郎缺，用（人品）第二品。中散大夫河内山简，清精履正，才识通济，品仪第三也。"按中散大夫官品第七；司马伷镇东大将军府之从事中郎，官品当第六。② 可见，人品三品一般当与官品七品相适应，如用为官品第六的从事中郎，便算超越品位。不过这种关系大概只限于朝廷官吏，至于地方官吏则要宽一些。《晋书》卷七六《王彪之传》：为吏部尚书。宰相有命用秣陵令曲安远补句容令，殿中侍御史奚朗补湘东郡，彪之执不从曰："秣陵令三品县耳，殿下（指宰相司马昱）昔用安远，谈者纷然。句容近畿三品佳邑，③岂可处卜术之人无才用者邪！湘东虽复远小，所用未有朗比，谈者谓（彼）颇兼卜术得进。殿下若超用寒悴，当令人才可拔。朗等凡器，实未足充此选。"此材料说明：第一，所谓三品县、二品佳邑，当指例用人品三品、二品充任县令的县。这两县县令官品应俱为第六。④ 联系上引司马伷表，证明与人品三品相适应的官品，除了七品，还有六品。曲安远人品当在三品以下，所以用为秣陵令后"谈者纷然"，王彪之当然更拒绝将他补句容令。这和郭贞人品四品，因德行可嘉，被超拔为信陵令，在制度上正好相衔接。第二，湘东郡太守官品第五，殿中

---

① 《晋书》卷六六《刘弘传》记载刘弘还用以"孝笃"著称，人品为四品的南郡廉吏仇勃"为归乡令"。按归乡县属晋荆州建平郡，见《水经·江水》注"又东过秭归县之南"下杨守敬疏。上引郭贞之信陵县，亦属此郡。据《晋书》卷一五《地理志下》，建平郡人口稀少，统县八，户一万三千二百，每县不到一千七百户，在荆州二十二郡中居下等，则县令之官品一般恐为七品，而不可能是六品。信陵县当同。既然官品七品对人品四品来说是拔擢，一般自当与官品八品相应。

② 据《通典》卷三七"职官一九""晋官品"，公府从事中郎官品第六，与诸大将军长史、司马相等，则诸大将军从事中郎官品自当第七。但司马伷是皇叔、郡王，身份特殊，故从事中郎或官品第六。

③ 阎步克先生以为此处"三品"当作"二品"，方与语气事理相合，见《从任官及乡品看魏晋秀孝察举之地位》，载《北京大学学报》1988年第2期。其说是。《元和郡县图志》卷二五"句容县"下曰"晋元帝兴于江左，为畿内第二品县"，是其证。

④ 据《通典》，县令官品或六品，或七品。秣陵、句容属丹阳郡，东晋以后，人口仅次于吴、会稽、吴兴诸郡各县，远居全国其他县之上，县令自当为官品六品。参《宋书》卷三五《州郡志一》。

侍御史官品第六。奚朗人品当为三品,任殿中侍御史合乎制度,所以王彪之不置可否。他对用奚朗为郡太守之所以反对,当因官品第五例以人品二品充任,或以人品三品中"人才可拔"者超补,而奚朗两个条件都不够。①

由此可见,人品三品、四品例用官品一般都在六品和六品以下,则人品二品以上例用官品一般自当在五品至一品。②《晋书》卷六七《温峤传》:东晋初上书反对选拔"使臣""取卑品之人",建议其资格"不可减二千石见居二品者"。按二千石为汉官等级,相当于魏晋官品四、五品;③二品则为人品。此奏说明:第一,所谓"卑品",自指人品三品以下。第二,前考人品三品例用官品为六、七品,则联系此奏,"二千石"即官品四、五品按制度自应以人品二品例用。其所以要提"不可减二千石见居二品者",当因东晋初"卑品之人"因军功等升迁"二千石"的不少,温峤以为他们不够资格充使臣,所以要限定"二千石"中"见居二品者"。第三,温峤的意图也有另一可能,即高官显贵子弟定为人品二品,已起家并历官七品、六品者,经验还不够,不能胜任出使重任,所以建议历练多年,已升至"二千石"以上者充任。

不管怎样,人品二品例用官品为四、五品以上当是常制。这样我们便找到了前述恶性循环的一个环节:只有人品二品才具有铨选五品以上官品的资格。则在有关史料奇缺的条件下,据此推定下一个循环:只有本人或父祖有了五品以上官品(以及相应爵位),方可获得人品二品,亦即认定"二品系资"之资,"唯以居位为贵"之位,为五品以上官品,当无大误。

---

① 参唐长孺《九品中正制度试释》,《魏晋南北朝史论丛》,生活·读书·新知三联书店,1955年。另外,曲安远、奚朗也有出身寒人、无中正品第的可能。

② 当然,这是就一般情况而言。由于官品五至一品位置少,某些官品六品之清要官,也有例用人品二品的,如上举公府从事中郎、二品县县令即是。此外,人品二品之起家官及早年为官,仍得从官品六品以下开始,只不过他们可以较快地升至官品五品甚至三品以上,而人品三品以下一般最高只能升至官品六品。参宫崎市定《九品官人法的研究》第二编第三章第八节,《宫崎市定全集(6)》,岩波书店,1992年,第219页。

③ 《隋书》卷二六《百官志上》:梁武帝于官品九品的文书上注曰:"一品秩为万石,第二、第三为中二千石,第四、第五为二千石。"

将官品五品与六品之间，定为人品上品和卑品例用官位的分界线，也和其他制度符合。《晋书》卷二一《礼志下》：西晋元会朝贺，二千石与千石（官品六品）以下礼制截然不同。"王公二千石"可"上殿"向皇帝敬酒，而"千石、六百石（官品七品）停本位"。朝朔望时"二千石以上上殿称万岁"，千石以下只能在殿下祝贺。《晋书》卷二五《舆服志》：皇帝出巡，"三公、九卿、中二千石、二千石、河南尹（中二千石）、谒者仆射（二千石）……皆大车立乘，驾驷"，与千石以下制度不同。

《南齐书》卷九《礼志上》：曹思文上表称，西晋太学生三千人，"多猥杂"，"惠帝时欲辩其泾渭，故元康三年（293）始立国子学，官品第五以上（子弟）得入国学……太学之与国学，斯是晋世殊其士庶，异其贵贱耳"。

《通典》卷五三《礼一三》：东晋后期，国子学废已久，孝武帝时尚书谢石请恢复旧制。帝纳其言，"选公卿二千石子弟生（入学）。……而品课无章，君子耻与其列。国子祭酒殷茂上言：'臣闻旧制，国学生皆取冠族华胄，比列皇储，而中混杂兰艾，遂令人情耻之……'""公卿二千石子弟生"当即殷茂所说"冠族华胄"，应该都是门地二品。由于东晋后期官分清浊，门阀制度已经确立（见下第三部分），而淝水战后，估计门地非二品，因军功升迁四、五品以上浊官或不分清浊之地方官者不少，[①]而国学一时未加区分，只要二千石以上子弟便予以吸收，这恐怕就是所谓"品课无章""混杂兰艾"。由此证明，直到东晋后期，官品五、六品之间这条制度上的分界线，依然未变；而且在一些"冠族华胄"中，更加重视二千石中人品或门地二品与卑品之别。这是温峤建议精神的进一步发展。关于这个问题，我们还可举出一证。《晋书》卷九九《桓玄传》：玄篡位前，"置学官，教授（门地）二品子弟数百人"。和孝武帝时相比，学官当即国子学官，"二品子弟"大多数当即"公卿二千石子弟生"。不同的只是桓玄出身第一流高门谯国桓氏，门阀烙印极深，不让学官教授二千石以上浊官等子弟，企图以此笼络门地二品，"冠族华胄"，求得大力支持。

----

① 地方官不分清浊及其原因，参宫崎市定《九品官人法的研究》第二编第二章第七节，第115—116页，及第463页注11。

总之,通过以上考证,我们确信,"二品系资"之"资",是指五品以上官品(以及相应爵位)。而前述由于人品、官品之间的恶性循环所导致的西晋过渡性门阀制度,亦即按官位高低形成的门阀差别,正是以官品五品以上和六品以下出现明显界限,为其主要特征。《晋书》卷四五《刘毅传》:"上品无寒门,下品无势族。"其"寒门""势族"的界限便是如此,并非如门阀制度已经确立的东晋以后,是以血缘关系,实质上也就是以血统高贵与否为区分。虽然出身低微,只要升迁至官品五品以上,便成势族;反之,尽管出身东汉以来世家大族,如家族成员官品长期徘徊在六品以下,仍是寒门。① 简言之,这一阶段的门阀制度,其大体趋向是官品决定人品和门第高下,在不发生意外的情况下(如族灭、本人不寿而子弟又早夭等),又导致官品进一步提高。这和东晋南北朝大体趋向是门品决定官品,再导致门阀档次的进一步提高,有着显著区别。

　　这种门阀制度,我们之所以称其为过渡性的,主要有以下三点理由:

　　1. 这一阶段德、才仍为评定人品极重要标准。刘毅激烈批评九品中正制,核心便是反对中正评定人品"随世兴衰,不顾才实,衰则削下,兴则扶上"。② 他一再强调"才实""才德",实际上也就是否定了"资"。卫瓘公开反对"计资定品",主张恢复乡举里选,更是重视才德之证。刘毅、卫瓘都是大臣,两人不但公开上奏,而且武帝览奏后至少表面上"优诏答之","善之",这些表明,作为定品标准,德、才虽然逐渐被忽视,但在制度上仍占主要地位。对于"计资定品"的出现,卫瓘在奏文中用了"中间渐染"四字,也证明只是一种风气、倾向,尽管已经十分严重。

　　如果以为刘毅、卫瓘上疏时间稍早,"二品系资"之制或许尚未建立,那么我们可以再看一下"二品系资"已行之后的材料。如前引《晋书》卷四六《李重传》,司徒左长史荀组在反对评定霍原人品为二品时,除指出他身为列侯,谈不上门寒身素外,还批评他"先为人间流通之事,晚乃务学……草野之誉未洽,德礼无闻"。而尚书吏部郎李重为他辩解,只陈

---

① 参胡宝国《魏西晋时代的九品中正制》。
② 《晋书》卷四五《刘毅传》。

述、宣扬他的德行，而不及是否有世祚之资。这绝非偶然，正好表明霍原能否进入人品二品，关键在德才。荀组明白，如果霍原"德礼"有闻，则加上世祚之资，岂不更应评为二品，尽管可以不名"寒素"。李重也明白，只要在"德礼"之论证上站得住脚，不管霍原有无世祚之资，都有希望升入二品。最后李重之议得到批准。这正是有了"二品系资"之制后，德、才仍为定品极重要标准之证。也就是说，这时官品五品以上之"势族"，其子弟要定为人品二品，虽在"资"上比官品六品以下"寒门"子弟占有优势，但决定因素仍在德、才。如果德、才不够，至少在制度上是不能进入二品的（中正迎合"势族"是另一回事）。相反，"寒门"子弟，德、才够了，仍可以通过"寒素"之目进入二品，虽然此目比较狭窄。

附带一说，从《李重传》可知，晋惠帝曾专门下诏举寒素。又《晋书》卷九四《隐逸·范乔传》："元康中，诏求廉让冲退履道寒素者，不计资，以参选叙。尚书郎王琨乃荐乔……时张华领司徒，天下所举凡十七人，于乔特发优论。"这与上述惠帝诏举寒素似乎是一回事。从尚书郎王琨荐，司徒张华于乔特发优论，[①]联系燕国中正刘沈举霍原，司徒府不从后，沈又抗诣中书，中书复下司徒府，出现荀组与李重辩论一事，证明"寒素"一目极受重视，执行得很认真。东晋以后便不见这种情况了。

和德、才仍受重视紧密相关的现象，便是裴子野所说的，在魏晋，"草泽高士，犹厕清途"。[②] 如出身"兵家子"，少为县小吏、亭子的刘卞，因有才干，最后升为并州刺史、太子左卫率（官品五品）。祖父曾为"苍头"的熊远，靠自己的才干、"忠公"，东晋初升至官品三品大臣侍中、太常卿。"出自寒素"的陈颙，主张"随才授任"，反对"藉华宗之族"取官，仍历官品三品、四品的尚书、州刺史诸官。至于"早孤贫，为县吏"，被轻为"小人"的陶侃，由于吏才、德行，西晋末已升为人品二、三品方得出任的郡中正，东晋初因军功卓著又封长沙郡公，位大司马（均官品一品），更是一个突出例子。[③] 当然，出身寒微因军功而历高位的，南朝一直不断；可是由

---

① 据《晋书》卷三六《张华传》，华从未位司徒，具体人或有误。
② 《通典》卷一六《选举四》引裴子野语。
③ 上四人分见《晋书》本传。又参《晋书》卷六八《贺循传附杨方传》。

"小人"升郡中正的,除门阀制度衰落的北朝后期(见后),一般情况下却几乎见不到。《晋书》卷六〇《李含传》:"门寒微",遭豪族排挤,曾仕不入流的"门亭长",但因州刺史"素闻其贤",经过推荐、提拔,终于人品得定二品,并领始平国中正。由此可见,陶侃的殊遇绝非个别,这正是两晋之际,亦即由门阀制度初步形成期向确立期过渡时,德、才标准尚未完全被忽视的反映。

2. 这一阶段的户籍,基本上还没有离开官位的士庶区别。这从免徭役之制便可见到。

如所周知,门阀制度确立和鼎盛时期,士族除了铨选上享有特权,还在徭役上享有特权——复除。然而在西晋,《晋书》卷二六《食货志》载太康法令却是这样规定的:

> 其官品第一至于第九,各以贵贱占田。……而又各以品之高卑荫其亲属,多者及九族,少者三世。宗室、国宾、先贤之后及士人子孙亦如之。而又得荫人以为衣食客及佃客,品第六已上得衣食客三人,第七、第八品二人,第九品……一人。其应有佃客者,官品第一、第二者,佃客无过五十户……第八品、第九品一户。

关于占田,这里不论。而从荫亲属、荫客规定中,可以清楚看到,享受特权最多的,是现任官吏。他们两者兼而有之,而"宗室、国宾、先贤之后及士人子孙",则仅有荫亲属之权。这里的"士人子孙"虽非指现任官吏,但从其与"宗室、国宾、先贤之后"并列,数量应该较少,和东晋南北朝一郡一县就有较多的"士人""士族"情况不同。[1] 或许主要指的是魏晋时期声望特别高的士人,本人及子孙均未出仕,西晋为了表示对儒学、德行之尊重,所以给予某些照顾。如《晋书》卷九四《隐逸·范粲传》:粲本人是"时望",西晋时不仕,武帝予以优待,使"以二千石禄养病"。子乔声望也极高,"凡一举孝廉,八荐公府,再举清白异行,又举寒素,一无所就"。这样的士人,西晋肯定不会让其子孙服徭役,所适用的恐怕就是上

---

① 参《南齐书》卷四六《顾宪之传》、卷三三《王僧虔传》。

引太康法令规定。又《晋书》卷八八《孝友·王裒传》:裒父王仪为司马昭司马,因直言被斩。裒"行己以礼","博学多能",但一生不仕晋朝,"三征七辟皆不就"。所教授之门人应服徭役,"告裒,求属(县)令"。裒曰:"卿学不足以庇身,吾德薄不足以荫卿,属之何益!"从"德薄不足以荫卿"句,联系王裒随后送门人至县服役,县令"以为诣己,整衣出迎之",并免除了该门人徭役等情况看,王裒恐怕也属太康法令中"士人"范围,所以县令对他很礼貌,但他只能荫亲属、子孙,而没有资格荫客包括门生。县令放免其门生,乃属特殊优待,并非法令规定。像范粲、范乔、王裒这样的士人,全国肯定不多。他们之所以能荫亲属,与"先贤之后"取得这一特权一样,道德意义恐重于政治意义,这和东晋以后大量士族复除,主要是王朝借此求取这一社会力量的支持,是有所不同的。近人论证士族身份有无法律界定时,有引此太康法令中"士人"依法可荫亲属,以为"士人"即士族,似是不确的。

如果这种理解不错,则由此可以推断,在魏晋,基本上还没有离开官位、依靠高官显贵父祖之血缘关系而享有免役特权的士族。除宗室、国宾、先贤之后、"士人子孙"等特殊情况外,按制度,有官则可荫亲属以至荫客,哪怕出身寒微,仅八、九品的官吏;如果失官或死去,子孙由于种种原因没有出仕,则不但不能荫客,连荫亲属之权也失去,哪怕原来是五品以上甚至三品以上"势族",也不例外。一句话,在魏晋,离开官位基本上不存在士庶差别。《礼记·王制》:公、卿、大夫、士,都是"官",其下则为"庶人",礼制差距极大。魏晋政治、社会制度基本上未脱离这一范畴。士庶之别,乃以官品九品上下为标准,极不稳定。原为庶人,如果出仕官品九品以上,户籍就应注为"士",享受一些特权。《三国志》卷二一《王粲传附吴质传》注引《魏略》:"始质为单家,少游遨贵戚间,盖不与乡里相沉浮。故虽已出官,本国犹不与之士名。"可见本来"出官"就应得到"士名",亦即户籍上注为"士"。吴质因眼中只有京师贵戚,不把"乡里"势力当一回事,所以遭到压抑。另一种情况是,原为官品九品以上"官",已有"士名",但如果失官,按制度户籍上则又恢复成编户齐民,作庶人对待,丧失一切特权。士庶区别的这种不稳定性,便是门阀制度处在过渡阶段,只能算初步形成时期的又一特点。

3. 由于德、才仍为评定人品极重要标准,庶人仕进之路还不算很窄,所以在社会风气上士庶界限并不很严。如东晋南北朝士庶之间几乎不可能的通婚问题,这时却仍存在可能。《世说新语·贤媛》第一二条:司徒王浑子王济,为驸马、侍中,见一兵家子"有俊才","欲以妹妻之"。母钟琰,出身名门(祖钟繇,曹魏三公),也说:"诚是才者,其地可遗。"及至见面后评价说:"此才足以拔萃,然地寒,不有长年,不得申其才用。观其形骨,必不寿,不可与婚。"这表明,地寒如兵家子(低于庶人),只要有才,虽会遭到一些压抑,但在较长时期内仍可"申其才用"。上述兵家子,如果形骨有寿征,则门阀高到三公之家,也将与之通婚。这同样属于门阀制度处于过渡阶段或初步形成时期之特点。

三 门阀制度的确立与鼎盛

东晋及南北朝前期是门阀制度的确立与鼎盛时期。

魏晋时期按官位高低形成的门阀制度,东晋以后逐渐转化成按血统高贵与否区别的门阀制度,出现了"膏腴之族""华族""高门""次门""役门"等长时期内一般不因官位有无、高低而发生变动的社会等级。北魏孝文帝也进一步接受这种门阀制度,广泛推行。

确立时期门阀制度的特点

确立时期门阀制度的特点有三:

第一,人品的评定由西晋"二品系资",犹重德、才,进一步演化成完全以血缘关系区别的门阀高下为标准,德、才已不在考虑之列。即所谓"凡厥衣冠(冠族华胄),莫非二品;自此以还,遂成卑庶"。① 因而后来便出现了"门地二品"之用语。② 官职的清浊,升迁之迟速,是否达到五品

---

① 《宋书》卷九四《恩倖传·序》。
② 《宋书》卷六〇《范泰传》。又《晋书》卷九九《桓玄传》:"二品子弟",亦门地二品。

以上清官高位,全都与门阀或门地是二品还是卑庶相适应。《晋书》卷七五《王述传》:述出身第一流高门太原王氏,"人或谓之痴,司徒王导以门地辟为中兵属(官品七品清官)"。王导是东晋开国元勋,他不依德、才,而依门第辟人,自开一代风气。《南史》卷一九《谢方明传》:方明出身第一流高门陈郡谢氏,东晋末刘穆之评他与另一著名高门济阳蔡廓曰:"谢方明可谓名家驹,及蔡廓,直置并台鼎人,无论复有才用。"就是说单凭门阀,两人今后就有资格当三公(官品一品),何况还有才干。总之,这个时期一般不再是官品决定人品和门第高下,而是门品决定官品。至南北朝,高级士族特权更加制度化。南朝前期有"甲族(高级士族)以二十登仕,后门(低级士族)以过立试吏"之格,见《梁书》卷一《武帝纪上》。第一流高门依惯例可以"平流进取,坐至公卿"。北朝前期魏孝文帝"制定姓族",全盘接受并推行魏晋以来门阀制度,任用官吏,"专崇门品",形成"以贵承贵,以贱袭贱"。[1]

第二,户籍上的士庶界限,一般说不再是以九品官品之有无,而是由血缘关系区别的门阀高低来划分。《宋书》卷八三《宗越传》:"本为南阳次门(即低级士族,不服徭役)。"东晋末地方长官赵伦之发觉户籍混乱,乃命长史范凯之加以整顿。范"条次氏族,辨其高卑",宗越被改定为"役门",需服徭役。后来宗越以军功升为"扬武将军(官品四品),领台队","启太祖(宋文帝)求复次门",许之。可见,"次门""役门"是按"氏族"血统"高卑"决定的;而且一般并不因家族中是否有人出仕及官位高低而变化。否则,如果仍像西晋那样,依官位区分士庶,则宗越已有四品扬武将军军号,自可依军功升迁,荫亲属、荫客,何必请求皇帝批准改回"次门",按特殊情况处理呢?请求皇帝特批本身,就表明按制度"役门"无法改变。这也就是说,自东晋以后,按制度庶人凭才干虽能取得官位,却无法升为士人,家族在户籍上仍为"役门"。

第三,在社会风气上,士庶界限森严,即所谓"士庶之际,实自天隔"。

---

[1] 《魏书》卷六〇《韩显宗传》。

士族如与比庶人地位还低的工商杂户通婚，刘宋时曾规定"皆补将吏"，[1]即降为比"役门"还贱的兵户、吏家；北魏则规定"犯者加罪"，并"著之律令，永为定准"。[2] 士族如与庶人通婚，虽打击没有这么重，也会成为门阀之玷。南齐士族王源与寒族满氏联姻，竟遭到御史中丞沈约弹劾，请求免王源"所居官，禁锢终身"[3]。《魏书》卷三三《公孙表传》：表孙邃、叡乃堂兄弟，只因叡母出自高门渤海封氏，本人又为第一流高门清河崔氏之婿，而邃母出自雁门李氏，"地望县（悬）隔"，二人声望便大不相同。以至善人伦的祖季真"每云：士大夫当须好婚亲，二公孙同堂兄弟耳，吉凶会集，便有士庶之异"。所谓"当须好婚亲"，更重要的倒不在吉凶会集时人们礼遇高低，而在它涉及仕进升迁的迟速，官品的上下。《魏书》卷六〇《韩显宗传》称："朝廷每选举人士，则校其一婚一宦，以为升降。""宦"指官之清浊，"婚"就是看是否有"好婚亲"。这和《晋书》卷八四《杨佺期传》"时人以其晚过江，婚宦失类，每排抑之"的记载，时间虽相差约一百年，精神可说完全一样。此外，《南史》卷二三《王球传》：球出身第一流高门琅邪王氏，任吏部尚书，"时中书舍人徐爰有宠于上（宋文帝），上尝命球……与之相知。球辞曰：'士庶区别，国之章也，臣不敢奉诏。'上改容谢焉"。又说明士庶之际，私下绝不交往。

以上特点，也可以说是门阀制度确立、鼎盛的标志。

下面再就几个有关重要问题，做些说明、考证或推测。

高门、次门形成的原因

按血缘关系区别的门阀，其高门、次门的形成、固定，大概和长时期内一定的人品、官品在一个家族中反复出现有极大关系。

根据现有材料，我们看得比较清楚的高门甲族的形成与固定，便是极大程度地决定于几代人反复取得人品二品和官品一至五品这一因素。

---

[1] 《资治通鉴》卷一二九大明五年及胡注。
[2] 见《魏书》卷五《高宗纪》和平四年（463）诏、《魏书》卷七上《高祖纪》太和二年（478）诏。
[3] 《文选》卷四〇沈休文《奏弹王源》。

上文已讲，"二品系资"之资，一般指的是五品以上官品，按制度德、才仍为当时定品极重要的标准。虽有资，如无德、才，一般仍无法评为人品二品以上，从而也就无法最后升至官品五至一品。当然，刘毅、段灼所说的中正官对"势族"的逢迎、照顾，正在逐渐瓦解这种制度，但如果皇权伸张，这种瓦解过程必然较慢，或者说门阀制度不可能很快确立，因为从整个封建王朝统治着想，迅速抛弃德、才标准是十分不利的。可是东晋以后出现了一个特殊环境，加速了上述制度的瓦解过程。即由于种种机缘，东晋王朝君弱臣强，以北方一批"势族"为主，联合江南一批大族，把持了统治大权。如果说西晋"二品系资"尽管对"势族"做了很大让步，着重考虑的仍是整个王朝利益，所以定品不放弃德、才标准的话，那么东晋制度很大程度上考虑的便是各"势族"利益，王朝利益必要时得服从这些"势族"利益。于是定品注意德、才，拔擢寒素，自然也就越来越不合潮流。相反，在君权不张的情况下，"势族"子弟定品，要比刘毅上书之时受到更多的照顾。估计东晋初期"下品无势族"现象一定更加突出，从而使"势族"子弟除早卒者外，升迁至官品五品以上的或然率更高。

试看以下几个"势族"所达到最高官位的材料（均见《晋书》各传。①每个"势族"只举显赫的一两支。1、2、3……各代表一代人，但不一定是父子关系）：

太原王氏：

1.王昶：曹魏司空，一品（指官品，下同）。2.王浑：西晋司徒，一品。3.王济：西晋太仆，三品。4.王述：东晋尚书令，三品。5.王坦之：东晋中书令，三品。6.王愉：东晋尚书仆射，三品。

琅邪王氏：

1.王祥：西晋太保，一品。2.王裁：西晋抚军长史，五品。3.王导：东晋丞相，一品。4.王洽：东晋中书令，三品。5.王珣：东晋卫将军、都督，二品。6.王弘：刘宋太保，一品。

---

① 参王伊同《五朝门第》下册《高门世系婚姻表》，金陵大学中国文化研究所，1943年。

颍川庾氏：

1.庾峻：西晋侍中，三品。2.庾琛：东晋会稽太守，五品。3.庾亮：东晋司空，一品。4.庾龢：东晋中领军，三品。5.庾恒：东晋尚书仆射，三品。

谯国桓氏：

1.桓颢：西晋郎中，六品。2.桓彝：东晋散骑常侍，三品。3.桓温：东晋大司马，一品。4.桓玄：东晋太尉，一品。

陈郡谢氏：

1.谢衡：西晋国子祭酒，三品。2.谢裒：东晋吏部尚书，三品。3.谢安：东晋太保，一品。4.谢玄：东晋前将军、都督，二品。5.谢混：东晋尚书仆射，三品。6.谢弘微：宋侍中，三品。

泰山羊氏：

1.羊忱：晋徐州刺史，四品。2.羊权：东晋黄门郎，五品。3.羊不疑：东晋桂阳太守，五品。4.羊欣：宋中散大夫，四品。

通过以上材料，可以看出：

第一，这些家族除个别人外，全都取得五品以上官品。这种官品和人品二品的结合，在这些家族中不断重复，不知不觉提高了整个家族的社会地位和声望。于是同时逐渐出现一个显著变化：取得高官要职，不再仅看作是个人德才杰出和资历深、功劳大的结果，而首先是家族血统高贵、禀赋异常的外在表现。上引刘穆之评谢方明为"名家驹"，与蔡廓"直置并台鼎人"，便是反映这种观念之一例。与这种观念上的变化紧密相联系，大概也是同步形成的，则是制度上的人品演化为门品。"门地二品"出现了。自负"门地高华""膏腴之族"①的风气流行了。就这样，高档次官品与人品的结合和反复取得，导致了高门甲族的形成与固定。

第二，同是五品以上官品，由于也有高下之分，这些家族又区别为第

---

① 分见《建康实录》卷一〇隆安二年（398）九月、《晋书》卷七五《王国宝传》。

一流高门和一般高门。如泰山羊氏，四代人的官位都徘徊在四、五品之间，所以只是一般高门。据《世说新语·方正》第二五条，泰山羊氏与名族琅邪诸葛氏为"世婚"。《世说新语·文学》第六二条，羊氏子还与琅邪王氏联姻。这些都是羊氏为高门之证。可是羊欣得罪司马元显，元显竟以他为"本用寒人"的后军将军府舍人以示侮辱，这又表明羊氏并非第一流高门，否则司马元显绝不敢如此毫无顾忌。上举除羊氏以外的五大家族则不同。他们多数达到官品三品以上，而且每个家族都有人取得官品一品，或主持国政，或立下辉煌功勋。太原王浑在西晋有平吴之功。琅邪王导为东晋开国元勋。颍川庾亮及弟庾冰（中书监，三品；车骑将军，二品），先后与王导、何充分主国政。谯国桓温不但很长时间（十九年）掌握"内外大权"，官居一、二品，而且西灭成汉，北伐中原。陈郡谢安、谢玄淝水之战，以少胜多，阻遏了北方胡族之南下，立下不世功绩。这些便大大提高了这些家族的声望，标志了其血统之高贵，使之成为第一流高门。

第三，同是第一流高门，由于达到三品以上特别一品官品时间有早晚，门阀形成时间也就不同。太原王氏、琅邪王氏、颍川庾氏，都是在西晋或东晋初期便有人升至官品一品，并建立功勋、主持国政的家族，所以确立第一流高门地位也早。而谯国桓温建立功勋，取得官品一品稍晚，陈郡谢安更晚，因而家族开始遭到一些轻视。如太原王述不愿与桓氏联姻；谢氏被讥为"新出门户"。① 可是终究因为桓氏、谢氏官高功著，其第一流高门地位，谁也无法否认，太原王氏最后仍不得不与桓氏通婚。陈郡谢氏进入南朝，更是后劲十足，与琅邪王氏一起，发展成两支并秀的甲族之甲族。相反，颍川庾氏、太原王氏、谯国桓氏因在东晋稍晚和末年的激烈政治、军事斗争中几乎族灭，后人在南朝官位较低，很少取得三品官品，无一升至一品，所以尽管仍是高门，已从第一流宝座上跌了下来。

总之，在东晋君弱臣强的特殊环境里，以上几个"势族"，由于种种机缘，几代人中反复取得人品二品和五品以上官品，于是逐渐形成、固定为

---

① 分见《晋书》卷七五《王述传》、《世说新语·简傲》第九条。

高门甲族。其中较多取得三品以上,特别是一品官品的"势族",又形成、固定为第一流高门。这样,由于个人官位显赫而形成的"势族",通过家族几代人中的官位显赫,便起了质的变化,而发展成以家族血统高贵为标志的高门甲族、膏腴之族了。

《新唐书》卷一九九《柳冲传》:柳芳记北魏孝文帝定姓族云"郡姓者,以中国士人差第阀阅为之。制:凡三世有三公者曰膏粱,有令、仆者曰华腴,尚书、领、护而上者为甲姓,九卿若方伯者为乙姓,散骑常侍、太中大夫者为丙姓,吏部正员郎为丁姓,凡得入者谓之四姓"。虽然其中"四姓"之说,可能有些问题;[1]是否主要以北魏官爵为标准重定门阀高下,也值得怀疑(见后);但祖上如无魏晋官爵,便依三代人在北魏反复取得官位上下,确定门第高低,这恐不会是孝文帝创造,应该承袭有自,可作为前述东晋高门甲族形成、固定原因的一个侧证。

以上是高门。

次门大概是由刘毅所说的"寒门"中经常评为人品三品至九品,反复充任一般最高达官品六品的家族固定而成。可举彭城刘氏家族为例。据《宋书》纪、传,刘裕父系、母系、妻系三代官位可查者十三人。[2] 除一人于制度尚疏的东晋初位至五品清官散骑侍郎,三人位至清浊不分、官品五品的郡太守外,其余多数(七人)均位在官品六、七品之间(如尚书郎、治书侍御史、县令等);还有两人则是东晋后期高门所不屑为的郡功曹。试将这些官位和上述泰山羊氏相比,虽然两者有的是交错的,如都有郡太守,可是就整体看,则有明显区别。泰山羊氏这支可考者十八人,[3]一人早卒,其余十七人,官品五品以上者十二人。十二人中五人为刺史、太守,七人为清望美官(如黄门郎、中书郎),包括三品、四品各一人。剩下五人,也全为六、七品清望官(尚书郎二人,车骑掾、卫军功曹、

---

① 据《资治通鉴》卷一四〇建武三年(496)"魏主雅重门族"条及胡注,"四姓"指卢、崔、郑、王,而不是甲、乙、丙、丁。依柳芳说,"四姓"位在膏粱、华腴之下,亦与该条所载太和十九年诏(又见《魏书》卷一一三《官氏志》)推崇"四姓"而不及其他的精神不合。

② 因为刘裕父系可考者人数太少,所以把母系、妻系也一并统计。好在当时婚姻论门第,官位高下应接近。参拙作《刘裕门第考》,载《北京大学学报》1982年第1期。

③ 参王伊同《五朝门第》下册《高门世系婚姻表》。

州别驾各一人)。对比之下,刘裕家族包括婚姻家族,主体官位在官品六、七品,且杂有低微官职。而泰山羊氏这支主体官位在官品五品,且除不计清浊之刺史、太守外,均清望官。所以一个当为次门,一个则是高门,界限是清楚的。

刘裕家族在次门中品第又是比较高的。据《宋书》卷一《武帝纪上》:"初为冠军(将军)孙无终司马。"冠军将军为位次很后的三品军号,其司马官品大约在七、八品官品之间。如所周知,刘氏家族到刘裕时已破落得很厉害,"盛流皆不与相知"。可是起家仍为司马,这只能用门品在次门中还较高来解释。类似情况还有刘牢之、刘毅、刘迈、何无忌、檀凭之等人。如刘牢之虽"世以将显",但第一流高门王恭曾当众拜他为兄,自亦次门。他的起家是谢玄建武将军参军。建武将军虽为四品军号,但谢玄还"监江北诸军事",独当一面,所以刘牢之的参军,当与刘裕的司马官品相仿。① 估计他们的门品(原为人品)当在三品。

次门中品第比较低的大概由经常评为人品四品以下,反复充任一般是官品八、九品的家族固定而成。它们就是后来常见的"寒微士人"或"人士之末"。② 宗越可能本来就是类似门第,所以比较容易降为"役门"。东晋末、刘宋初的鲍照,虽起家宋临川王(刘义庆)王国侍郎(官品八品),可是如考虑他"家世贫贱",因刘义庆"爱其才",给予优待,实际上与"人士之末"的巢尚之因得君主赏识而"补东海国侍郎"情况略同,应该也是"人士之末",原来起家官恐只能是官品九品,而与刘牢之、刘裕有别。③ 出身这种门第,一般情况下如要充任供士人铨选的官位,恐终身只能徘徊在八、九品官品之间。④ 可是鲍照因为有才干,所以除历清浊不

---

① 参《晋书》卷八四《刘牢之传》、《世说新语·文学》"桓玄下都"条注引《续晋阳秋》。

② 分见《隋书》卷二六《百官志上》、《宋书》卷九四《恩倖传》。

③ 参《鲍参军集》虞炎序;巢尚之之情况见《宋书》卷九四《恩倖传》。

④ 其所以认定"人士之末"官位徘徊在八、九品之间,是因据《隋书》卷二六《百官志上》所记梁、陈"寒微士人"充任的流外七班,正好是东晋、宋、齐的官品八、九品,考证见后。又以理推测,士人出仕,这类门第所任官吏数量最多。可是因他们门品低,官位又不高,很难有什么事迹,故史书极少为之列传。偶尔有记载,也只是其中极个别因特殊机遇而超越了门第应得官品的人物。巢尚之、鲍照即其例。我们绝不能据此便忽视"人士之末"按制度绝大多数当徘徊在八、九品官位间的事实。

分的官品达六、七品的海虞令、秣陵令、永嘉令外,还升至一般供士人铨选的太学博士(七品)和前军刑狱参军(七品),超越了门第应得官品。不过也正因原来门品太低,官位也就到此为止,五十多岁死去,迄未再升进。

至于役门,本魏晋以来之庶人,亦称寒人,当由无人品、无任何官位,或即便入仕,也只能反复充任不入流寒官的家族固定而成。因为史书中这方面记载极少,所以只能做此推测。

以上由于一定人品、官品在一个家族中反复出现而形成、固定的门第,最后都要经过一定手续,由王朝认可。东晋以后多次进行土断和整顿户籍,主要目的是为了固定和增加剥削对象,则在这同时认可或调整高门、次门、役门等,是十分必要,完全有可能的。前引《宋书》卷八三《宗越传》,东晋末赵伦之镇襄阳,使长史范凯之整顿户籍,改定宗越为役门,其事虽然不是全国性的,却足可说明,门第之形成、固定,须经封建政权认可,后者有权整顿、调整。《南齐书》卷三三《王僧虔传》:僧虔为会稽太守,"听民何系先等一百十家为旧门"。被劾,"委州检削","坐免官"。所谓旧门,乃士族之泛指。虽然这条材料时间稍晚,但东晋南朝制度一脉相承,南齐"旧门"之固定须要地方长官批准,其制应沿袭自东晋。

以上还表明,两晋门阀制度之确立,有一个按官位高低区分的"势族""寒门"、庶人等,向按血缘关系区分的高门、次门、役门等发展的过程。前者与后者虽不能截然分开,但也不能等量齐观。

《晋书》卷一〇五《石勒载记下》:"勒清定五品,以张宾领选。复续定九品。署张班为左执法郎,孟卓为右执法郎,典定士族,副选举之任。"这个"士族"指的是过渡阶段的"势族"加"寒门"呢?还是确立阶段的高门加次门呢?是前者而不是后者,绝不能把它理解为按血缘关系区分的士族。

首先,石勒所清定的"五品""九品",指的是人品,而不是门品。《晋书》卷一〇六《石季龙载记上》所载石虎诏书,对我们理解石勒这一措施大有帮助。该诏书称:"魏始建九品之制,三年一清定之,虽未尽弘美,亦缙绅之清律,人伦之明镜。从尔以来,遵用无改。先帝(石勒)创临天下,黄纸再定,至于选举,铨为首格。自不清定,三载于兹,主者其更铨论,务扬清激(遏)浊,使九流咸允也。"这就表明,石勒、石虎只不过照搬了曹魏之制,并无发展。"扬清激浊"中之"清浊",也只是指的人伦上的清浊,[①]意谓要严格按德、才定品。这和后赵统治状况也相适应。当时西晋原"势族"、世家大族之留中原者,多不愿与石赵合作。为稳定统治,石赵固然不放松对他们的争取,下令"不得侮易衣冠华族",[②]即其一例;但更重要的则是把希望寄托在愿意为自己效劳的一般士人甚至庶人上。清定五品、续定九品的对象应该就是这些社会力量。主持选举和清定人才的张宾,当即属西晋的"寒门",[③]亦其证明。因而石勒所"典定"的"士族",应该就相当于西晋人品九品、官品九品以上的官族。目的是通过定为"士族",给予荫亲属、荫客特权,进一步笼络他们,使之死心塌地忠于自己。也就是说,石勒所典定的士族身份,失官也就失去,应大体与西晋一样,而和门阀制度确立时期的士族不同。这是因为石勒之时还不具备形成后者的条件。

从以下几条材料,也可看出石勒以及随后很长一个时期的士族,是按官位高低区分的:

《晋书》卷一〇五《石勒载记下》:"徙朝臣掾属已上士族者三百户于襄国崇仁里,置公族大夫以领之。"按"公族大夫"见于《左传》。成公十八年载:晋荀家等为公族大夫,"使训卿之子弟共俭孝弟"。石勒似采此制。故第一句话当理解为朝臣凡掾属以上之家族,称士族,统被迁徙,由公族大夫领之。此按官位定士族之一证。

《晋书》卷一一三《苻坚载记上》:苻坚建太学,"公卿已下子孙并遣

---

① 《晋书》卷四五《刘毅传》:毅指责中正定品"所下不彰其罪,所上不列其善,废褒贬之义,任爱憎之断,清浊同流,以植其私"。石氏之清浊即此处之清浊,并非官分清浊之清浊。《论衡·累害》"清浊殊操",《论衡·命禄》"操行清浊",刘毅、石氏清浊之含义与此略同。

② 《晋书》卷一〇五《石勒载记下》。

③ 据《晋书》卷一〇五《石勒载记下》,张宾,赵郡人,并非望族。敦煌发现的唐代姓望资料,赵郡无张氏即一侧证。参见《敦煌吐鲁番文献研究论集(第二辑)》(北京大学出版社,1983年)王仲荦、唐耕耦两文所举"氏族谱"。张宾父张瑶,官止中山太守。西晋重内轻外,祖上无显宦,仅一代官止太守,也不可能是"势族"。

受业"。"行礼于辟雍(太学),祀先师孔子,其太子及公侯卿大夫士之元子,皆束修释奠焉。"这"公卿以下子孙""公侯卿大夫士之元子",以前引石勒措施例之,恐即"士族"。可见直到苻坚之时,太学入学资格仍和西晋以官位高低为标准之制同,① 而与东晋末桓玄置学官教授门地二品子弟之制异,则在石勒之时岂能形成按血缘关系区分的士族。

我们知道,五胡十六国时期中原王朝更迭频繁,与东晋不同,加上胡汉隔阂的存在,所以门阀制度确立的时间也比较晚一些。《晋书》卷一二四《慕容宝载记》:"定士族旧籍。"时在公元 396 年,或许这才是北方门阀制度确立的一个反映。既称"定",就不是沿用,而是新定。又称"士族旧籍",恐怕指的是后燕以前旧的户籍上的士族。在这以前,如石勒等全都按出仕本朝的官位高低,将九品以上定为士族,而一般不承认被推倒王朝户籍上之士族,除非他们归附了本朝。从慕容宝开始,对旧籍上士族不再一概否定,即便未出仕新朝,根据情况,不少人仍可予以承认。"定士族旧籍"的内容或许就是如此。另外,从永嘉末年以来,留在北方的某些世家大族,如范阳卢氏、河东裴氏等,每个胡族王朝上台,全都有人出仕,而且位居公卿,经过几代,家族声望大大提高,成为不管出仕与否,胡族王朝全得考虑依靠或拉拢的力量。这些情况,大概就是慕容宝之所以要"定士族旧籍"的一个客观动因。当然,南方东晋门阀制度的确立,对之也有很大影响。

役门之出仕及出仕后免徭役问题

在门阀制度确立之后,高门、次门、役门等已经固定,一般并不因家族中是否有人出仕以及官位高低而发生变化。这种制度十分有利于高门甲族,而不利于次门、役门等。许多特权,特别是出仕中升迁迅速,轻易取得美官、高官等特权,被高门甲族垄断,长期把持,次门特别役门等,很难染指。不过,为了维护整个王朝的统治,高门甲族又不能把什么事

---

① 西晋官品五品以上入国子学,六品以下入太学;前秦只有太学,卿大夫、士以上元子入学。两者具体规定虽不同,但按官位入学之精神是相同的。

务都包下来,特别是他们鄙薄的武事、吏事,必须依靠次门、役门以至兵户、吏家去承担。为了鼓励他们的积极性,在长期实践中形成以下制度:

第一,虽为役门等,但如果仕至官品九品以上,在职期间,本人和家族沿用西晋太康旧制,仍可免徭役(官品九品以下大概不能荫族)。只不过去职之后仍须按"役门"等门第服徭役。和高门、次门无论在职、去职均享有免役权相比,这种优待是很有限的,可是毕竟对役门等为王朝服务的积极性,是一个不小的刺激。

第二,推行西晋已经萌芽的官分清浊之制,使之逐渐确立。① 这一制度一方面可以刺激役门等贡献个人才能为王朝效力的积极性。因为根据这种制度,高门所不愿为、不屑为的武官和吏事烦杂的文官,虽不是清官,但品级并不低,有的高到三品以上,在统治人民、指挥战争上,权力很大。另外还有不分清浊的地方官(县令、太守、刺史),取得一定官职的役门等,也可升任。② 另一方面又不影响高门甲族的优越地位。因为役门等不得为清官,清官必须由士族铨选。清官不但社会声望远高于官品高的浊官、武官,而且升迁迅速,易于飞黄腾达。特别是朝廷大权掌握在高级士族手中。他们虽鄙薄武事,但还是通过文武兼任或文武迭任的方式,紧紧抓住军事长官(如各地都督)的位子。这些就使役门等官位虽高,也只能从属于高级士族,为他们服务。《晋书》卷六六《陶侃传》:庾亮抵抗苏峻失利,"亮司马殷融诣侃谢曰:'将军(指庾亮,时以护军将军为征讨都督)为此,非融等所裁。'将军王章至,曰:'章自为之,将军不知也。'侃曰:'昔殷融为君子,王章为小人;今王章为君子,殷融为小人。'"殷融出身陈郡殷氏,是名族;所任将军府司马,也是士族常出仕的幕僚性

① 周一良《南齐书丘灵鞠传试释兼论南朝文武官位及清浊》一文有详论,载《魏晋南北朝史论集》,中华书局,1963年。

② 关于地方官不分清浊的原因,宫崎市定以为是西晋行甲午制,"凡选举皆先治百姓,然后授用"(《晋书》卷四三《王戎传》),世族、寒门均得先经宰县,故无法分清浊。其实西晋官分清浊仅处萌芽时期,地方官恐怕还不存在是否分清浊的问题。而到东晋,并未继续推行甲午制。地方官之所以不分清浊,很可能是因为统治地方,事务极烦杂,边境还有战争,原则上无法排斥让有才干的役门、将门充任;但地方上有丰厚剥削收入,高门也有不少力争当外官的,因而清浊之分也就无法适用地方官。

质之武官。王章事《晋书》仅此一见，不知详情，推定出身将门。陶侃的意思是，殷融本来出身名门，故是君子，王章出身将门，故是小人。但现在殷融作为幕僚，打仗失败后，归过于府主，而王章却风格甚高，肯替庾亮承担责任，故从思想品质言，两人倒换了位置。按王章敢于替庾亮承担全部责任，陶侃也没有斥他不够资格，可见其将军官品不低，权力不小，但他从门第言，仍是小人，和殷融存在士庶之别。《晋书》卷六三《郭默传》："少微贱，以壮勇事太守裴整，为督将。"以后虽逐渐升至官品颇高的后将军（三品）领屯骑校尉（四品），但仍被官品与他相等，然出身大族的平南将军刘胤视为小人。这种制度和风气，正是又拉拢"小人"，又保证"君子"优越地位的手段。

第三，如果役门等因功勋能够升至官品九品以上，甚至五品以上职位，子弟又能小心谨慎，将以上官位接连保持二三代，还可以改换门庭，成为高门或次门。如彭城到彦之曾以担粪自给，显属役门。但自因军功封侯，升至护军将军（四品），第二代位至州刺史（四品），第三代位至五兵尚书（官品三品），到氏便升为高门。① 这种制度与风气，对役门等为王朝服务的积极性，是个更大的刺激。当然，由于高门甲族的压抑与排斥，以及当时役门等家族本身文化素质的限制，取得高官要职并维持二三代的，几如凤毛麟角；但将六至九品官位保持二三代，升为次门的，虽然不多，却也不能算很稀罕，特别是在南朝。

以上为役门等出仕的制度。

至于次门，本为士族，无论出仕与否，均免徭役，自比役门等优越。但在高级士族掌握统治大权的东晋，同样受到压抑，仕途升迁困难，因此对待他们也有个如何调动其积极性的问题。估计上述关于役门等出仕的制度，有的固然与次门无关（如出仕九品官以上免徭役），有的则大体也适用于他们。如次门虽有取得清官资格，但所得官位除清度低外，品级也不可能高，因为高级清官多为高门把持。因此次门也往往把出仕武

---

① 《南史》卷二五《到彦之传》：彦之孙到㧑竟讥琅邪王晏官职"清华所不为"。徂到溉位吏部尚书。到氏门阀自已成高门。

职或清浊不分的地方长官,作为晋升的终南捷径。而且应该说,在东晋,通过这一途径取得高官的,次门因为条件稍优,数量要多于役门。同样,次门二三代中保持五品以上高官升为高门的,可能性也大于役门等,南朝前期材料稍多,见后。

以下着重讨论一下役门等出仕后的免徭役问题。

如上所述,役门如仕至官品九品以上,去职后不能免徭役,但在职期间,依太康制度,是可以荫三族的。然而自刘宋元嘉年间起,发生了对役门不利的变化。

《宋书》卷九五《索虏传》:

> (元嘉二十七年)军旅大起,王公妃主及朝士牧守,各献金帛等物,以助国用。……又以兵力不足,尚书左仆射何尚之参议发南兖州三五民丁;父祖伯叔兄弟仕州居职从事,及仕北徐、兖为皇弟皇子从事,庶姓主簿,诸皇弟皇子府参军督护、国三令以上相府舍者,不在发例,其余悉倩暂行征。

唐长孺先生认为:"虽然这里没有说凡充任上举官职的才是士族,但既承认其免除兵役权利,实际等于宣布这些官职是最起码的士族标识。"又指出"寒人"如仕至这些官职,"也当认作准予荫三族的起码士族"。①

此说可酌,这似是把役门、寒人仕至这些官职免役,与是否士族这样两个不同的问题混淆了。诚然,士族中层次低的,往往充任这些官职,甚至高门也有起家或历官州从事的,然而仕至这些官职的,却不限于士族,也可以是役门、寒人。如《宋书》卷八三《武念传》:念乃"三五门",即仕至宋孝武帝当皇子时,军号抚军将军,任雍州等州都督的"参军督护"。唐先生自己也举了好几个寒人仕至参军督护、国三令的例子。可是这些人怎么能因此便"认作准予荫三族的起码士族"呢?试看下例:

---

① 参唐长孺《士人荫族特权和士族队伍的扩大》,载《魏晋南北朝史论拾遗》,中华书局,1983年,第71页及72页注一。虽然唐先生在做出上述论断前曾说"规定最起码的士族起家官是在元嘉二十七年"。似乎要讨论起家官,可是因为何尚之议一个字也没有涉及起家问题,所以在具体分析中实际上主张仕至这些官职就是"起码士族"。

《南史》卷三六《江敩传》：宋末齐初，寒人纪僧真得君主宠幸，自小吏仕至中书舍人(官品七品，士庶杂选)、尚书主客郎(六品清官)、太尉中兵参军(官品七品)，官位都高过皇弟皇子府参军督护、国三令。可是他仍非士族。他对齐武帝说："臣小人，出自本县武吏，邀逢圣时，阶荣至此。……即时无复所须，唯就陛下乞作士大夫(意即将门第改为士族)。"帝曰："由江敩、谢瀹，我不得措此意，可自诣之。"结果纪僧真碰了一鼻子灰，叹曰："士大夫故非天子所命。"

考永明年间，江敩任司徒左长史，谢瀹为吏部尚书。当时纪僧真必仍为役门或吏家，武帝是要他找江敩等将出身或门第改为士族，①而江敩予以拒绝。《江敩传》又称："时人重敩风格，不为权幸降意。"这既说明当时权幸改变门第的不在少数，一般司徒左长史、中正无此"风格"，所以江敩为人所重。另一方面又说明如不经一定手续，即使在君主示意下仕至清官，甚至更高的三品以上文职大臣(如南齐王敬则、陈显达，均位三公)，也非士族。

再举一例：

《文选》卷四〇《奏弹王源》一文反映南齐士族王源因与寒人满氏联姻，遭到御史中丞沈约弹劾，此事前已提及。而据沈约文，满璋之官"王国侍郎"。如是皇弟皇子王国，则侍郎官位高过"国三令"；如王国等级较低(如嗣王)，侍郎官位也大体与皇弟皇子"国三令"相等。如果仕至这一官职就被认作"起码士族"，便不会发生弹劾问题。实际情况是：沈约虽提到了这一官职，却不把它当一回事，仍从血缘上揭发："窃寻璋之姓族，士庶莫辨……王满连姻，实骇物听。"这又证明仕至这些官职的寒人仍是役门、庶人，不是士族。

那么何尚之的建议如何理解呢？

便是要求进一步改变西晋太康制度，压缩官吏荫族特权。情况大概

---

① 这当中定有一套制度和手续，因史料阙如，试推测如下：凡士族均有门品，归司徒左长史掌管，吏部尚书则据品铨选。而役门等仕至官品九品以上，大概仍无门品，与司徒左长史不发生关系，直接由吏部尚书根据另一套制度铨选。要改士族，不但要司徒左长史准予定门品，而且也要吏部尚书将其铨选由役门等改为士族铨选系统，这就是为何要找江敩、谢瀹两人之原因。

是这样的：在这之前，即使役门，凡官至九品以上，在职期间均可荫族，这是沿袭太康旧制。可是自东晋门阀制度确立以后，高门、次门不管出仕与否均可免役；再加上战争频繁，役门等立功升至官品九品以上者日多，这样，可供王朝役使的对象便在减少。到元嘉二十七年，军旅大起，"兵力不足"，怎么办呢？对士族不敢碰，便在役门头上做文章。依何尚之议，仅只征发"三五民丁"，即"三五户"亦即役门之民丁，但实行一个新制度，即将三五户中本来出仕至九品以上官位所享有的荫族权予以压缩，改定为大体官品七、八品的州从事、皇弟皇子"国三令"等方能享有。为了缓和这些被剥夺荫族权之寒官的不满，规定"悉倩暂行征"，意即只此一次，下不为例，而且限于兵役。可是因为整个说来，徭役、兵役等需大于供，这个口子一开，便收不住了，不但后来征行照此办理，而且也适用于其他徭役、杂役。太康制度便改变了。这是门阀制度确立，高门甲族掌握大权（何尚之即高门），压制役门、寒人的又一表现。据《宋书》卷五四《羊玄保传附羊希传》记载：希为尚书左丞，在离元嘉二十七年不久的大明初建议改变旧制，允许官吏占山护泽，官品第一、第二听占山三顷，依次递减，七、八品听占一顷五十亩，而九品却与"百姓"同，仅听占一顷。这种压制绝大多数由役门、寒人充任的九品官吏特权的作法，与何尚之议的精神正好遥相呼应（泰山羊氏亦高门），可作为前述对元嘉二十七年改制新看法的一个旁证。

附带一说，史学界有认为出身州从事是起码的士族标志，我觉得这个论断尚可斟酌。按《隋书》卷二六《百官志上》，萧梁天监官制改革后，门地二品者官分十八班，门地不登二品者为"寒微士人"，又有流外七班安置他们。这流外七班，大体相当于晋宋八、九品官位（考证见后）。我们知道，"寒微士人"也是士族，数量较多。《南齐书》卷四六《陆慧晓传》：山阴一县课户二万中资产超过三千者，占一半以上乃至三分之二。可"凡有资者，多是士人复除"。从这句话虽无法断定其绝对数字，但绝不止三百、五百户是可以肯定的。其中大多数当为层次比较低的"寒微士人"。这些士人，据天监官制，需经历了流外七班，方能登流内一班。州从事属于哪一班呢？如按南兖州班次最低的文学从事和皇弟皇子北徐、北兖州班次最低的文学从事言,分别是流外六班和五班,略相当于刘宋官品八品。如按扬州、南徐州西曹祭酒从事、议曹从事言,则是流内一班,略相当于刘宋官品七品。把起码士族之标识定为出身州从事,则出身梁流外四班至一班,或刘宋官品九品的"寒微士人",岂不被排斥于士族之外,成了役门了吗?这不可能,也不符历史事实。为了进一步证实这个问题,还需对唐先生据以论断的两条材料加以考证。一条即《宋书》卷九五《索虏传》何尚之参议,上面已经指出它一个字也没有涉及起家官,其中免役资格与是否士族不是一回事。另一条材料为《南史》卷四九《庾荜传》,原文如下:"后为荆州别驾……初,梁州人益州刺史邓元起功勋甚著,名地卑琐,愿名挂士流。时始兴忠武王憺为州将,元起位已高,而解巾不先州官,则不为乡里所悉,元起乞上籍出身州从事,憺命荜用之,荜不从……遂止。"

这段记载具体史实有误,见《廿二史考异》卷三七,但不影响我们讨论的问题。唐先生把"名挂士流"理解得太实,以为邓元起只想要个"起码士族"身份,以便"取得士族荫族特权,首先是免役特权"。可是原文明明说"解巾不先州官,则不为乡里所悉",首先是为了社会声望。如果这一动机是事实,则在大量寒人通过非法手段"改注籍状,诈入仕流('起码士族')"①的南齐,仅仅改为"起码士族"是否能满足他的愿望呢?考南齐永元末邓元起已历官槐里令、弘农太守、武宁太守(官品五品),地位虽不高,也不算低。② 所以所谓"愿名挂士流",恐怕不只是想取得一个"起码士族"或"寒微士人"身份,而是一句谦词,实际上是想取得较高门品和地望,让"乡里"羡慕。试看邓元起终于争取到的皇弟皇子荆州议曹从事,据《隋书》卷二六《百官志上》载,在梁流内一班,略当宋齐官品七品,大体是层次较高之低级士族或一般高门的起家官。《宋书》卷七六《王玄谟传》:玄谟出身太原王氏不发达的一支,上代多郡太守,玄谟起家徐州从事史。《南史》卷三五《顾琛传》:琛出身吴郡顾氏,曾祖和,晋司空,

---

① 《南齐书》卷三四《虞玩之传》。
② 《梁书》卷一〇《邓元起传》。

祖、父并七品清官，琛"起家州从事"。《南史》卷三一《张岱传》：岱出身吴郡张氏，祖敞度支尚书，父裕都官尚书，均官三品，岱起家州从事。由此可见，州从事是一种起点稍高的起家官，恐不是"起码士族"或"寒微士人"的标志。

士族队伍的变化和梁武帝改制

在东晋社会渐次形成、固定的高门、门地二品，直到东晋末年数量仍是不多的。如前面已引，东晋末，桓玄为了笼络人心，"置学官，教授二品子弟数百人"，据《通典》卷三七《职官一九》，晋代内外文武官6836人（官品九品以上），其中内894人，外5942人。我们无法知道桓玄的"二品子弟"是否包括外官中门地二品，姑且全按内官计，如一官有子弟二人，则全部内官共得子弟1788人，[①]"数百人"只能是其中一部分。如果数百人中再扣除虽门地二品，然未出仕户之子弟，则不难看出九品以上内官中大部分必由门地三品以下官吏组成。然而正是这少数门地二品，特别是其中第一流高门掌握统治实权，形成东晋"门阀政治——皇权政治的变态"。[②] 可是到东晋末年，随着高级士族，特别其中第一流高级士族的腐朽，门阀政治无法维持下去了。大体从东晋末至南朝前期士族队伍发生如下变化：

第一，随着宋、齐两代皇权政治的恢复，原为低级士族的皇族，凌驾于高级士族之上，成为享有种种特权的特殊高级士族，只是文化素养、儒学传统一时还跟不上，特别是在刘宋。[③] 这一状况在政治上形成两个特点：一是皇帝重视吏事，往往信用气质比较接近、长于吏事的寒人、役门为近臣（如中书通事舍人），甚至倚为顾问，造成"寒人掌机要"之局面。

---

① 《通典》记载的当是西晋官数，但东晋大概减少不多，因《通典》同卷记刘宋内官823，外官5349，东晋当相仿，故此处不再区别。

② 田余庆《论东晋门阀政治》。

③ 《宋书》卷四一《明恭王皇后传》：王皇后出身琅邪王氏。明帝在宫内"裸妇人观之，以为欢笑"。王皇后"以扇障面"曰："为乐之事，其方自多。……外舍（指娘家琅邪王氏）之为欢适，实与此不同。"明帝大怒。而皇后兄王景文闻之则赞后"刚正"。此即两种门阀差别的一个表现。

另一特点是皇族本身也长于吏事,他们与皇权存在矛盾甚至尖锐矛盾,但在一定条件下,又往往成为皇帝信用的另一对象,而且官位远高过寒人近臣。以刘宋六十年统治言,皇族任尚书令或录尚书事之时即占三十六年。扬州刺史掌握京都地区军政大权,前后十七人,皇族即占十二人。①

第二,在宋、齐,原东晋第一流高门太原王氏、颍川庾氏、谯国桓氏都没落了。王、谢两族虽仍显赫,但真正得君主信任,执掌实权的,却极少,并各有其特殊原因。如齐代的王俭,前后任尚书仆射、尚书令共十年,除了本人才干外,主要是以死心塌地投靠萧齐,为宋、齐禅代竭尽智力的代价换来的。这种情况,在第一流高门中极为罕见。由于此故,陈郡谢氏在宋、齐两代无一人任尚书令、仆射。其他琅邪王氏即便入选,也多为形式。如王球即一著例:为仆射,装病,"朝直至少",以至录尚书事江夏王义恭要"以法纠之",因宋文帝称他为"时望所归","遂见优容"。②

第三,低级士族和高级士族中声望稍低的家族,相继配合皇族执掌大权。如上述刘宋的尚书令或录尚书事,皇族充任以外的二十四年中,徐羡之、傅亮、柳元景、袁粲任职一共占去十六年。徐羡之、傅亮被琅邪王氏轻为"中才寒士""布衣诸生",实属于一般高门。袁粲虽出自著名高门陈郡袁氏,但袁粲这一支却"饥寒不足",走向衰败,父袁濯早卒未仕,母"躬事绩纺,以供朝夕"。袁粲于宋孝武帝世飞黄腾达,升至吏部尚书。因凌辱"寒士",孝武帝大怒,揭其底曰:"袁濯儿不逢朕,员外郎(即员外散骑侍郎,官品五品)未可得也,而敢以寒士遇物!"③这话一方面表明袁粲门第并不显赫,另一面也反映或许孝武帝正是有意识重用这一类门第的人,以压制第一流高门的。后来宋明帝临终赐"门族强盛"的尚书左仆射琅邪王景文死,相反却以尚书令袁粲为主要顾命大臣,可能也与这种指导思想有关。柳元景上代最高位不过清浊不分的郡太守,本人以

① 见万斯同《宋将相大臣年表》,《二十五史补编》第三册。
② 《南史》卷二三《王球传》。
③ 见《南史》卷二六《袁粲传》。

武功显,原来当是低级士族。① 仕于东晋南朝的这一支河东柳氏,似自元景以后方升高门。

刘宋六十年,尚书仆射中原次门更多。如孟颛、刘延孙、刘遵考、刘秀之、颜师伯、刘勔、柳世隆均是。其中颜师伯就是一个颇有军事、政治才干,深得宋孝武帝宠幸,而又被袁粲轻视的"寒士"。刘延孙与皇室本非同族,但因有军事政治才干,宋孝武帝与弟竟陵王刘诞发生矛盾时,竟破例"与之合族",以便用他为"非宗室、近戚不得居之"的南徐州刺史,以防刘诞(时诞为都督南兖州等六州诸军事,南兖州刺史,镇广陵。南徐州刺史所居京口与广陵正好隔江相对)。从刘延孙两任尚书仆射,官至侍中、车骑将军,并两领徐州大中正推测,他这时肯定已由次门升为高门了。像颜师伯、刘延孙这类原低级士族,数量多于一般高门;而且和东晋之时比,儒学修养、文化素质正在日益提高,已越来越成为巩固封建王朝统治的重要力量。

第四,不少役门、寒人靠吏干、军功升至较高官位,经过钻营,依合法手续,将户籍改为士族。如上述宗越请宋文帝特批,邓元起请随王萧子隆照顾均是。此外,还有更多役门、寒人通过贿赂等非法手段,改注户籍。据沈约说,不过"用一万许钱"贿赂,便可使"昨日卑微,今日仕伍"。因为人数相当多,竟造成"宋齐二代,士庶不分,杂役减缺,职由于此"。②不过,以上两类役门、寒人转成的士族,一般说社会声望还较低,绝大多数乃是寒微士人,政治上作为、影响不大。

总之,在皇权政治得到恢复的宋、齐两代,士族队伍发生的变化是:原东晋一流高级士族声望虽然更高,实权却进一步丧失。原为低级士族的皇族彭城刘氏、兰陵萧氏,转为特殊高级士族;声望较低、腐朽性较少的原某些高级士族(如陈郡袁氏袁粲这一支,河南褚氏褚湛之、褚渊这一

---

① 《新唐书》卷七三上《宰相世系表》称柳氏西晋有吏部尚书柳轨、侍中柳景猷,恐不可靠。《晋书》无柳景猷其人,柳轨只是尚书郎,见《晋书》卷四〇《贾充传》。据万斯同《晋将相大臣年表》,西晋吏部尚书也无柳轨。所以柳元景侄柳庆远,《梁书》本传称他"世为将家"。

② 见《通典》卷三《食货三》。

支等),上升为著名高门;数量稍多,有军事政治才干的原低级士族,有的已上升为高门,有的极力想升为高门。以上三类士族,一般说,以皇族为主,相互配合,乃是支持皇权,巩固王朝统治的主要力量。此外,不少役门、寒人转为寒微士人,少数且通过吏事、军功显示了自己的力量,取得九品以上甚至更高官位。不过总的来说,在南朝前期,这一类人政治影响还不大。

对于以上士族队伍的变化,封建王朝怎么适应呢?除了宋、齐两代对非法混入士族队伍的役门不断采取整顿户籍办法加以清理外,最突出的一项措施,便是梁武帝天监初总结宋、齐两代经验教训,面对现实,实行了官制改革,特别是天监七年(508),更进一步将魏晋以来的官品九品改为十八班。据《隋书》卷二六《百官志上》,整个改革具体内容主要有二:

第一,魏晋以来官品九品与人品九品相适应,而改革后的官品十八班,只有人品二品,在当时即门地二品方可铨选。"其不登二品者",即门地三品以下,只能铨选流外七班。

第二,改革后的官品十八班,并不是原来官品九品一分为二,而是大体把原来官品七品以上官位打乱,重新排列组合而成。原官品八、九品官位,则多半降为流外七班。

关于后一问题,需加考证。

宫崎市定氏曾断定:十八班是宋、齐官品六品以上重新组合而成,七品以下则入流外七班和蕴位、勋位。[1] 此说可酌。

事实是,这一分界线大体上说不在六、七品之间,而在七、八品之间。亦即十八班大体是由宋、齐官品七品以上重新组合而成。《宋书》卷四〇《百官志下》载官品七品凡十类官,绝大多数进入梁制十八班,便是明证:

1. 诸卿尹丞

梁太常丞在五班;宗正、太府、卫尉、司农、少府、廷尉等丞在四班;光

---

① 宫崎市定《九品官人法的研究》,第 265 页。

禄丞、太仆、大匠丞在三班;鸿胪丞在二班;太舟丞在一班。

2. 太子傅、詹事、左右二卫率诸官之丞

梁太子太傅、少傅丞在五班;太子詹事丞在四班。太子左右二卫率丞,梁制失载;但"太子二率殿中将军",梁在一班。而据与梁十八班相适应的陈官制九品,有"太子左右二卫率殿中将军及丞"在第九品①,可见太子二率殿中将军与太子二率丞品级相等,前者梁在一班,则后者自亦当在一班。

3. 诸军长史、司马六百石者

梁制失载。但据陈制诸军长史、司马六百石者,有的在八品,有的在七品,可证梁制必在流内。

4. 诸府参军

梁诸府等级高下不一。最高者为皇弟皇子府,以下递为嗣王府、庶姓公府、皇弟皇子之庶子府、蕃王府,最低为庶姓持节府。其参军除庶姓持节府在流外七班外,其余都在流内,高的如皇弟皇子府正参军还在四班。

5. 戎蛮府长史、司马

梁制只载诸戎蛮府中品位最低的"杂号护军"如镇蛮护军、安远护军的司马在流外七班,②然据陈制,诸戎蛮府长史、司马六百石者,俱在八品,可证梁制这类官一般亦应在流内。

6. 公府掾属

梁制在六班。

7. 太子洗马、舍人、食官令

梁制太子洗马在六班,太子舍人在三班,太子食官令不载。但《宋

---

① 中华书局标点本《隋书》第三册第746页此处作"太子左右二卫率、殿中将军及丞",其中"、"误,应删。因"殿中将军及丞"乃太子二卫率属下之殿中将军及丞,加上顿号,只会造成混乱。

② "杂号护军",见《宋书》卷四〇《百官志下》。

书》卷四〇《百官志下》称：太子食官令"职如太官令"，而梁太官令在一班，食官令当相若。

8. 诸县（署）令六百石者①

梁制太官、太乐、太市、太史、太医、太祝等诸署令在一班。县令不载。然陈制县令六百石者在九品，可推知梁当在流内。

9. 谒者

梁、陈制均不载。可采迂回办法推算。据《宋志》谒者仆射在五品，谒者在七品，相差两品。梁制谒者仆射在六班，如按相差四班至五班计，谒者亦当在流内。

10. 殿中监

梁制但有殿中外监，在寒人充任的三品蕴位，殿中内监在寒人充任的三品勋位。《唐六典》卷一一也称由"位不登（流外）七班者"充任。《通典》卷二六《职官八》则称：梁陈殿中监"资品极下"。可见这一官职由晋宋官品七品跌到梁陈的蕴位、勋位，属于特殊变动，不能反映官制改革的一般情况。

由上可见，宋制官品七品的十分之九均转入梁改革后官制的流内一班以上。

再考察《宋志》的官品八品。

1. 内台正令史

梁在三品蕴位。

2. 郡丞

梁制不载。陈制万户郡丞和不满万户郡丞分别在七、八品，可推定梁制亦当在流内。

---

① "署"字今本《宋书》卷四〇《百官志下》无。按《百官志下》官品表第六品中有"诸县署令千石者"，六百石、千石相对，可知六百石上当脱一"署"字。又《通典》卷三七《职官一九》晋官品表第六品下有"诸县置令秩千石者"，第七品下有"诸县置令六百石者"，和宋志所载比较，知"置"均"署"之讹。晋有"诸县置（署）令六百石者"，则宋当亦有之。

3. 诸县、署长

梁制不载。据《续汉书》志二八《百官志五》，县长秩四百石或三百石，署长四百石。陈制五千户以下六百石县令在九品，则不满六百石之县长自在九品以下，亦即梁当在一班以下。诸署长位次于诸署令，诸署令梁在一班，则署长亦当在一班以下。

4. 杂号宣威将军以下

据《通典》卷三七《职官一九》，门品二品铨选的军号二十四班，与宋、齐军号的对应关系是：二十四班相当宋齐骠骑、车骑等。二十三班相当四征等。……十六班相当征虏，十五班相当冠军，十四班相当辅国，十三班相当宁朔。十二班以下未言相当宋齐何军号。但依十六至十三班的对应比例，据《宋志》杂号宣威将军以前尚有建威至凌江共军号十八，则到宣威将军以下，其相当的军号自应由"不登二品"者铨选，亦即其官相当于流外。

由此可见，宋制官品八品基本上转为梁改革后官制的流外官。

至于宋制官品六品，十四类官，虽然几乎全转为梁改革后官制的流内官，但一般班次均高于和宋制官品七品对应的流内官，最高的达到十一班（皇弟皇子师），九班、八班也颇多。而后者最高才只有六班（公府掾属、太子洗马）。

综观宋制官品六、七、八品和梁改革后官制之对应关系，可以肯定，梁制十八班不是宋制六品以上，而是七品以上官品的重新组合。

这样改革，有着历史根据。

自汉以来，官秩二千石（相当于官品四、五品）与千石（相当于官品六品）之间固然有着一条重要界线，而官秩六百石（相当于官品七品）与四百石（相当于官品八品）之间，也存在一条重要界线。《汉书》卷八《宣帝纪》：黄龙元年（前49）诏"吏六百石，位大夫，有罪先请，秩禄上通，足以效其贤材，自今以来，毋得举"。表明六百石是大夫等级，享有先请特权。什么叫"秩禄上通"？《礼记·儒行》"上通而不困"。郑注："上通，谓仕道达于君也。"据此可知"秩禄上通"便是其官职是直接效力君主，政绩可上达于君主之意。按汉代公府与州郡辟除掾属,秩禄最高四百石(公府东、西曹掾),见《续汉书》志二四《百官志一》。这些掾属有事只与辟主相通,相互有君臣关系,相当于先秦的"陪臣",由"士"充任,而不能上通于君主。汉宣帝不许举六百石官吏,就是为了给这些掾属之察举开辟道路,①反过来也就证明二者之间存在一条重要界线:六百石以上是大夫,四百石以下是士,多数是"陪臣"。

这条界线也体现于晋宋礼制中。《晋书》卷二一《礼志下》:西晋元会朝贺,二千石以上与千石以下固然有着截然不同的礼制,已见前考;另外六百石即官品七品以上与四百石即官品八品以下礼制的不同同样突出,这就是除服务人员(如一些郎官等)外,凡元会正式成员,亦即在殿前设有位次者,均六百石以上官吏,而无四百石以下官吏位次。这恐怕仍是汉代大夫上通之制的延续。②

通过以上改制,梁武帝将十八班界线划在宋、齐官品七品以上,规定由门品二品之人充选,实际上就是将原来一般情况下最高能升至官品六、七品,即层次较高的低级士族(门品约三品),吸收到门品二品即高级士族行列中了。③ 这是因为在宋、齐两代低级士族的儒学修养、文化素质、统治经验日益提高,越来越表现出他们在巩固封建王朝统治中的才干和作用,因此梁武帝为了自己朝廷的利益,采取承认现实的政策,在继续拉拢琅邪王氏、陈郡谢氏等第一流高门,也不忽视重用某些有才干、有

---

① 当然,这并不意味四百石以下全不能上通,如少数四百石、三百石之县长、郎中等,亦可上通,宣帝诏只是大体划一界线。《后汉书》卷一上《光武帝纪》:建武三年将"先请"范围扩大到秩禄三百石,但只限于"墨绶长、相",即直接效力君主可"上通"的官吏,精神同。
② 《晋书》卷二五《舆服志》规定车制,也只有六百石以上官吏制度。又《晋书》卷二〇、卷二一《礼志》中、下篇两见以官品六品以上为界线,但都只涉及局部问题(一为晋成帝杜皇后死,选六品子弟为挽郎;一为晋孝武帝于太学行释奠礼毕,会六品以上官吏),和汉代以来一般的大夫上通之制并不矛盾。
③ 《南史》卷五九《王僧孺传》:梁武帝诏僧孺"改定百家谱"。僧孺曾"通范阳张等九族"以代"雁门解等九姓",或即反映官制改革内容的一部分。当然,梁武帝的改革也可解释为进一步扩大高级士族特权,将官品六、七品的铨选也从低级士族手中夺走,完全转归高级士族。可是这和东晋以来士族的整个发展趋势(高级士族没落,低级士族逐渐取而代之)不合,是不可能的。观梁武帝全部政策自明。如他即位前就上书反对"甲族以二十登仕,后门以过立试吏",为"后门"即低级士族鸣不平,即一例。

作为的一般高门的同时，不得不进行改制，大幅度地拉拢、讨好这一社会力量。具体变化大概是：凡原来上代往往充任宋、齐六、七品官位，本人官位又在改制后的十八班以内，便由低级士族升为门地二品，成高级士族，从而为合乎制度地取得五品以上特别三品以上官品，准备了资格、条件。梁武帝在位期间最信用的一批参与机密的大臣，除周舍为一般高门外，其他原来多为这类低级士族。如徐勉，被梁武帝目为"寒士"；朱异，自称"寒士"；范云"起家（宋武陵王赞）郢州西曹书佐，转法曹行参军"，俱见《南史》本传。如起家法曹行参军，还有可能是一般高门，起家州西曹书佐（即西曹或西曹从事，亦即汉代功曹书佐，见《宋书》卷四〇《百官志下》，梁在改制后的一班），原来只能是低级士族。梁代这些人都升至五品以上高位，如范云，尚书右仆射，三品；徐勉，尚书仆射，十五班，右光禄大夫，十六班；朱异，中领军，十四班。而且门阀也改变了。《南史》卷五六《张缵传》：缵出身范阳张氏，"本寒门（低级士族）"，弟张绾曾被人目为"寒士"。① 可是因父张弘策助梁武帝夺天下有功，三子包括缵均起家秘书郎（乃著名高门起家官），缵、绾均位吏部尚书、尚书仆射。门阀未升二品，是不可能得此任命的。《资治通鉴》卷一六一梁武帝太清二年：梁武末年，欲利用侯景，景"征求无已，朝廷未尝拒绝。景请婚于王、谢，上曰：'王、谢门高非偶，可于朱、张以下访之。'景恚曰：'会将吴儿女配奴！'"侯景生气的是未能与第一流高门王、谢联姻，并不意味朱、张门阀低；相反，从梁武对侯景征求一直给予满足推测，朱、张肯定门阀也比较高，只不过稍逊王、谢而已。"朱、张"，胡三省注："谓朱异、张绾之族也。"这不但再次印证范阳张氏门阀升得相当高，而且也表明朱异自称"寒士"，是就过去的门阀而言，或就与原高门交往中仍被目为寒士而言（此即朱异所谓"诸贵皆恃枯骨见轻"②），其实在户籍记注上，在吏部铨选文书上，他已和范阳张氏一样，升为相当高的门阀了。③

---

① 《周书》卷四二《刘璠传》。
② 《南史》卷六二本传。
③ 周一良《论梁武帝及其时代》，载《魏晋南北朝史论集续编》，北京大学出版社，1991 年，有关问题考证、分析极详。

总之，梁武帝改制，乃是东晋末至宋、齐间士族队伍变化在官制上的反映。它表明，宋、齐门阀制度虽仍处鼎盛时期，高级士族仍占据高官要职，享有种种特权，但已极大程度上要受皇权支配和限制，特别是随着社会经济、文化的发展，各个层次的士族升降、兴衰已大不相同。梁武帝官制改革，便是宋、齐这些变化的一个总结。

附带一说，前言宋、齐多以"寒人掌机要"，为什么梁武帝改革着重照顾、优待的却是原来的"寒士"呢？

原因有二：

第一，由于社会经济、文化发展程度的限制，从东晋末至宋、齐，只有原来的低级士族儒学修养、文化素质、统治经验显出长足的进步，逐渐在顶替原来的高级士族，充当支撑封建大厦顶梁柱的角色。与低级士族有所不同，役门、寒人虽得到皇帝出于种种动机的信用而"势倾天下"，但多半仅长于吏事和武职，儒学修养、文化素质尚未跟上，还缺乏从封建统治的整体、长远利益着眼、考虑和处理政务之水准，因而一旦得宠，虽能带来短期效益，往往因贪污纳贿、胡作非为，最后反而导致王朝或君主的覆败。沈约在《宋书》卷九四《恩倖传序》中便说："民忘宋德，虽非一涂，宝祚夙倾，实由于此（指信用恩幸）。"这就是说，从整个社会发展趋势言，役门、寒人的德、才虽有进步，但与士族特别高级士族平起平坐的条件尚未成熟。所以新起的梁武帝君臣不可能重视他们。

第二，宋、齐两代，特别宋代的君主和皇族虽然原为低级士族，可都是以长于吏事、武职和权术，乘前朝末年种种矛盾尖锐、统治昏乱之机，夺取政权的。本身气质则与寒人比较接近。所以为了巩固统治，君主一方面固然不得不拉拢、拔擢某些有才干而又愿意为自己效忠的高级士族和文化素质、儒学修养好的低级士族，治理国家；另一方面出于种种特殊目的（如解决与皇族、大臣之间矛盾等），需找亲信密谋、商议时，气质相近而又极力谄附、迎合自己的寒人，便入选了。梁武帝的气质则不同。尽管过江的兰陵萧氏各支本低级士族，多以武功显，但经过一百多年的发展，儒学修养、文化素质已有了很大提高，梁武帝萧衍之学术与文才更为突出，所以他虽仍重吏事，但在他面前，寒人多半任奔走之劳，参与内省政事谋议的均范云、徐勉、周捨、朱异一类兼长吏事的士大夫。君臣在一起有时还讨论经学、礼学、文学、佛学等,甚至吟诗作文,仅长于吏事的寒人很难与他气味相投。《南史》卷六二《朱异传》:异本小官,梁武帝召见,"使说《孝经》《周易》义,甚悦之。谓左右曰:朱异实异"。随后朱异便逐步飞黄腾达。这种情况,宋、齐幸臣无一其例。《隋书》卷二六《百官志上》:天监九年梁武帝下诏将过去由寒人充任的尚书五都令史,"革用士流",委派的五个人并登门地二品,"才地兼美"。这虽然不涉及参与机密问题,也从一个方面反映了梁武帝对仅长于吏事之寒人的态度。

北魏孝文帝定姓族的标准

关于五胡十六国时期"典定士族"和"定士族旧籍"问题,前面已经简略分析。

对于后燕慕容宝所定士族,北魏孝文帝改革前大概是承认的。《魏书》卷四八《高允传》:允上书建议于郡国立学,"学生取郡中清望……先尽高门,次及中第","显祖(献文帝)从之"。北魏建国至显祖时从未清定士族,所云"高门""中第",自依五胡十六国以来,特别是慕容宝之制。

随着汉化的推行,北魏孝文帝定姓族,一方面对鲜卑贵族固然不得不以当代三世官爵为标准;另一方面对汉人重定士族高下,则似乎是以魏晋官爵为主要标准,至少定第一流高门是如此。

《资治通鉴》卷一四〇齐明帝建武三年:

> 魏主雅重门族,以范阳卢敏、清河崔宗伯、荥阳郑羲、太原王琼四姓,衣冠所推,咸纳其女以充后宫。陇西李冲以才识见任,当朝贵重,所结姻媾,莫非清望,帝亦以其女为夫人。诏黄门郎、司徒左长史宋弁定诸州士族,多所升降。……其穆、陆、贺、刘、楼、于、嵇、尉(代人)八姓,自太祖以降,勋著当世,位尽王公,灼然可知者,且下司州、吏部,勿充猥官,一同四姓。

看来宋弁定诸州士族,最高等级无疑就是这"四姓"。然而值得注意的是:这"四姓"入魏后到孝文改革前的官爵全都不很高。①

范阳卢氏:卢玄,宁朔将军(四品上,此据孝文帝所颁第一职令,下同)。子卢度世,平东将军(从二品上)、青州刺史。孙卢渊,仪曹尚书(二品中)。渊弟敏,议郎(当即中书议郎,五品中)。

清河崔氏:崔玄伯、崔浩一支入魏虽官至八公、三公,十分显赫,但因国史案已遭族灭。其余早入魏各支无一达此高位,如崔逞在北一支到孝文帝初,且灭绝。此外崔亮、崔光都是晚入魏的"平齐民",上代仕南朝,到定姓族时二人官位均不算很高(亮,中书侍郎,四品上;光,散骑常侍,二品下),更无三世官爵可言。至于崔宗伯,是崔逞留在南朝第二子崔諲的后代,入魏颇晚,似未入仕。子崔休,至定姓族时才位尚书郎(从五品中)。

荥阳郑氏:郑羲曾祖仕后燕;祖,史无传;父,不仕。本人于定姓族时已卒,位中书令(二品中)。当时子郑懿不过位司徒左长史(四品上)。

太原王氏:王琼祖慧龙,晚入魏,最高位龙骧将军(三品上)、荥阳太守。琼父宝兴,袭军号为龙骧将军。琼本人定姓族时为前军将军(从三品上)、并州大中正。

以上无一人达官品一品。如果就封爵言,这"四姓"最高不过为"侯",无一达"公"者(郑羲乃"假南阳公",不得世袭,与正式爵位不同)。孝文帝改革前封爵甚滥,②爵位并不足贵,故孝文第一职令亦不载其品级。

这"四姓"如从当代官爵言,都不如赵郡李氏和陇西李氏。

赵郡李氏:李顺,都督四州诸军事(二品上)、太常(从一品下),爵高平公。从父弟李孝伯,位尚书(二品中),爵宣城公。顺子敷,中书监(从一品中)。敷侄宪,定姓族时位建威将军(四品中)、赵郡内史。③

陇西李氏:李宝本西凉宗室,归顺北魏后位镇南将军(从一品下)、并州刺史,爵敦煌公。长子承,位龙骧将军(三品上)、荥阳太守。承弟冲,

---

① 以下官爵,除另注明者外,均见《魏书》《北史》各本传。
② 参《文献通考》卷二七三《封建考十四》按语。
③ 此据《李宪墓志铭》,见《汉魏南北朝墓志集释》第六册,科学出版社,1956年。

定姓族时位镇南将军(从一品下),爵陇西公。

这"四姓"当代官爵甚至也不如门阀比两李氏还低的士族。如勃海刁氏,刁雍人魏位征南将军(从一品中)、特进(一品下),爵东安公。顿丘李氏,李峻因系外戚,先后封公、封王,位太宰(一品上)。弟诞,封陈留公,官镇西大将军(从一品上)。诞弟巘,封彭城公。定姓族时,诞子崇已位安东将军(二品下),巘子平,已位太子中庶子(三品中)。

可是孝文帝定姓族时"四姓"的门阀却最高。重视与汉族高门联姻的孝文帝,如上所引《资治通鉴》记载,对"四姓",是因他们为"衣冠所推"即门阀高而"咸纳其女";对陇西李冲则首先因他"以才识见任",方"亦以其女为夫人"。至于对赵郡李氏之女,则根本没有放在眼里。后来孝文帝为六个弟弟聘高门之女,同样不及赵郡李氏。当然,这并不意味赵郡李氏门阀很低。前引《资治通鉴》下文又说:"时赵郡诸李,人物尤多,各盛家风,故世之言高华者,以五姓为首"。可见赵郡李氏比陇西李氏虽略低,但仍属"高华",共同构成"五姓"中之一姓。

那么究竟根据什么标准定门阀高下的呢?

主要当依据魏晋官爵。

范阳卢氏:卢毓,曹魏三公;卢钦,西晋尚书仆射。

清河崔氏:崔林,曹魏三公;崔随,西晋尚书仆射。

荥阳郑氏:郑浑,曹魏列卿(将作大匠);郑袤,西晋三公(未就)。

太原王氏:王昶,曹魏三公;王浑,西晋三公。

而陇西李氏、赵郡李氏魏晋间却无确凿的、值得称道的官爵可言。①

"四姓"与二李门阀高低主要决定于魏晋官爵之有无,是十分清楚的。

当然,如果上代魏晋无闻,但五胡十六国时官爵显赫,后者在一定范围内也是孝文帝定姓族的重要依据。如陇西李宝、李冲,本西凉皇室,社

---

① 陇西李氏西晋当为寒门,见唐长孺《论北魏孝文帝定姓族》,载《魏晋南北朝史论拾遗》。赵郡李氏,多称东汉名士李膺之后,即便此说可靠,因其后人魏晋间默默无闻,不是"势族",对北魏定姓族也不起多少作用。

会声望自然极高。赵郡李顺，祖李颐，高阳太守，武安公；①父李系，后燕散骑侍郎（官品五品）；从父李飏，史书虽未载其官爵，但既称"有声赵、魏间"，以至魏道武帝平中原，闻其已死，甚悼惜，竟赠将军、太守之位，自亦五胡十六国名族；飏子李灵能与范阳卢玄等一起被魏太武帝征至京师，由平民直接拜中书博士（即原国子博士，从五品上），当亦依据十六国旧籍。所以，我们估计陇西、赵郡二李定为高门，当决定于十六国旧籍，上升为第一流"高华"，则依靠入魏后显赫之官爵。而和二李情况不同，如前述顿丘李峻等，虽入魏后官爵之显赫少有伦比，但因上代魏晋、五胡十六国俱无闻（仅知李峻父位刘宋清浊不分的济阴太守），估计当出身役门、寒人，所以定姓族时门阀远比不上"四姓""二李"，虽然也是高门。

再举一例。

《北史》卷二六《宋隐传》：隐出身广平宋氏，曾祖、祖、父"世仕慕容氏，位并通显"。由隐从弟宣、从子愔起，子弟先后仕魏，官位最高不过员外散骑常侍（从三品上）。愔孙宋弁，孝文帝用为黄门郎（三品中），兼司徒左长史，"时大选内外群官，并定四海士族，弁专参铨量之任，事多称旨"。弁也"自许膏腴"。可是有一次孝文帝"以郭祚晋魏名门"，谓弁曰："卿固当推郭祚之门。"弁不肯。帝曰："卿自汉魏以来，既无高官，又无俊秀，何得不推？"按郭祚出身太原郭氏，②乃汉大司农郭全、曹魏车骑将军（二品）郭淮弟郭亮之后。淮侄奕，西晋尚书，"有重名，当世朝臣皆出其下"。五胡十六国时郭氏似未出仕。入魏，郭祚祖逸最高位徐州刺史；祚父洪之，坐崔浩姻亲诛。祚定姓族时位散骑常侍（二品下）。以上材料表明广平宋氏入魏并非显宦，与太原郭氏大略相同，可是因为按旧籍宋氏于十六国时"位并通显"，是高门，故宋弁得负责定姓族之事，孝文帝临终还以宋弁为六名辅政大臣之一。而郭氏尽管五胡十六国默默无闻，但因是"晋魏名门"，所以孝文帝要宋弁推郭祚门阀在前。这与孝文帝推崇"四姓"之精神完全一致。

---

① 《新唐书》卷七二上《宰相世系表》。
② 以下参《魏书》本传、《三国志》卷二六《魏书·郭淮传》及注、《晋书》卷四五《郭奕传》。

考虑十六国旧籍，特别是重视魏晋官爵、门阀之风，早已在北魏社会流行。《魏书》卷三五《崔浩传》：崔浩与崔颐、崔模虽同出清河崔氏，但"浩恃其家世魏晋公卿，常侮模、颐"。《魏书》卷三八《王慧龙传》：慧龙自称出身魏晋太原王氏，王氏世齇鼻（酒糟鼻），"慧龙鼻大"。司徒崔浩曰"真贵种矣"，推崇其高贵血统，并妻之以女，"数向诸公称其美"。随着汉化发展，类似崔浩思想在社会上进一步扩散，到孝文帝定姓族时，把魏晋官爵放在主要地位，便毫不奇怪了。

关于重视魏晋官爵之风，还表现于许多人往往假托两汉魏晋显宦之后代。《魏书》卷七九《成淹传》："自言晋侍中粲之六世孙。"同卷《张熠传》："自云……汉侍中（张）衡是其十世祖。"同书卷八五《温子昇传》："自云……晋大将军峤之后也。"类似情况还可见刘道斌、孙惠蔚、陈奇、窦瑗、王显、赵黑、抱嶷各传。甚至前述"四姓"之一的王慧龙，也是"自云"出身太原王氏，只因崔浩赞许，方才得到王朝承认。这种风气既推动了定姓族对魏晋官爵之重视，也是定姓族重视魏晋官爵之制在社会上之反映。

由上也可以证明，唐代柳芳关于北魏孝文帝重定郡姓高下，系以北魏三世官爵为主要标准之说，并不完全符合当时实际。

四 门阀制度的衰落

南北朝后期是门阀制度的衰落时期。

随着社会经济、文化的发展，自南北朝后期起，门阀制度走向衰落。最主要的标志便是：士族在官吏选拔与任用上所享有的特权逐渐削弱，寒人或庶人比重在各级政权之品官中进一步增加。其结果首先是官吏铨选上的士庶界限难以坚持，长期存在的清浊之分逐渐淡化以至消失。随后，门品失去了意义，至隋，九品中正制亦被废除。最后，在唐代，由原来士族演变而成的郡望、氏族，特别是一些旧有的高门，社会地位虽高，选官特权和免役特权则已丧失，剩下的婚姻上的高自标置，与人际关系上对非旧有高门、士族的歧视，因为已失去经济和政治基础，成为无本之木,延续至唐末,终于在社会上基本消失。门阀制度也就完全退出历史舞台。

下面对以上观点略加申述。

南朝后期

在南朝后期,如前所述,梁武帝在位期间信用一批原来的低级士族进入秘书咨询机构,以至宰相机构。梁武帝的主要着眼点在于这批低级士族儒学修养、文化素质和统治经验已经或正在超过原来的高级士族,必须越来越多地依靠他们巩固统治。因此,他虽然没有像宋、齐君主那样信用寒人掌机要,但其政策精神从一开始可以说就在鼓励寒微士人和寒人提高儒学修养、文化素质,并把达到标准的吸收入各级政权。试看下例。

《隋书》卷二六《百官志上》:天监四年,梁武帝置五经博士各一人,开馆招生,"旧国子学生,限以贵贱,帝欲招来后进,五馆生皆引寒门俊才,不限人数"。《梁书》卷二《武帝纪中》天监八年诏:凡五馆生,"其有能通一经,始末无倦者,策实之后,选可量加叙录。虽复牛监羊肆,寒品后门,并随才试吏,勿有遗隔"。

这里有两层意思。

第一,五馆生皆引"寒门俊才",主要当指招纳寒微士人子弟。按西晋国子学生只收官品五品以上子弟。至南齐,已经下降到官品六、七品的子弟。据《南齐书》卷九《礼志上》,齐高帝时规定入国子学的资格,自"王公已下",最低包括太子舍人、领军与护军诸府的司马和咨议参军等官(均七品)子弟。如今梁武帝将这一"限以贵贱"的条件再降低,则"寒门俊才"自一般当属门地不登二品,即门地三品以下的寒微士人子弟。不过从"牛监羊肆,寒品后门"句推测,似乎寒人子弟也可入学。按"寒品后门",自指寒微士人子弟,[①]与"寒门俊才"含义相近。而"牛监羊肆"则

---

① 《梁书》卷一《武帝纪上》齐代"甲族以二十登仕,后门以过立试吏"。"后门"虽比不上甲族,但毕竟三十岁起便可出仕,与庶人服徭役不同。又"寒品",也是在中正官那里有"品","寒"当指门地三品以下,而庶人、寒人、役门是没有中正之"品"的。

不同。它与"寒品后门"并举,疑是当时熟语。《周礼·夏官小子》"掌祭祀羞羊肆、羊肴、肉豆"。对此"羊肆",前郑、后郑训诂有异,我们可以不管,总之与陈奉羊牲进行祭祀有关。梁武帝之"羊肆"当指掌管这类事物之官史。又《唐六典》卷一七、《通典》卷二五《职官七》均记魏晋以下太仆属官有掌管马牛羊畜牧之事者,叫"牧师令""牧监"。疑"牛监"与之类似。这一类"牛监""羊肆",南朝多用寒人。如掌陈奉牛羊等牺牲之事的廪牺令,齐梁用三品勋位,见《唐六典》卷一四。又如掌管皇帝车、马,地位应略高于"牛监""羊肆"的乘黄令,梁亦用三品勋位,见《唐六典》卷一七。由此可见,说"牛监羊肆"指一些由寒人充任的官吏(这里包括指他们的子弟),是很有可能的。

第二,重视并提倡儒术。这与梁武帝本人的儒学修养、文化素质有关,也是时代使然。[①]《梁书》卷二《武帝纪中》天监四年诏"今九流常选,年未三十,不通一经,不得解褐。若有才同甘(罗)、颜(渊),勿限年次"。此诏指的虽是由士人铨选的流内官,一般不涉及寒人,但强调官吏必须通经,将通经与"才"等同看待的精神,同样适用寒人。所以前引关于五馆生之诏也称:能通一经,便可由吏部量加叙录;并且不论出身寒人或寒微士人,全都"随才试吏"。后句的"才",与前句的通经,也是一致的。我们知道,在这以前,从东晋以来庶人、寒人只能靠吏干、武功谋取仕进。由于中正无品,察举无望,[②]通经读史对他们是无用的。因而少数寒人虽升高位,与士族比,不但制度上官分清浊,更重要的是,气质也有很大不同。而梁武帝的开五馆,却为寒人仕进开辟了一条新途径,鼓励和推动他们钻研经学,提高文化素质,从而客观上为后来从气质上泯灭士族与寒人界限,为门阀制度的瓦解创造了条件。

在梁武帝新政策的影响下,私人讲学传经之风也逐渐发展。据《南

---

① 东晋以后,玄风独振,其末流是一些士族、高门放松儒家经典即古代统治经验之学习,使封建政务遭到不小损失。有鉴于此,南朝刘宋、萧齐先后兴国子学,尽管时置时废,但崇尚经学之影响却在扩大。梁武帝正是顺应潮流,在此基础上进一步重视儒术的。

② 门阀制度鼎盛时期,被察举者一般得是士族,寒人是没有资格的。见唐长孺《南北朝后期科举制度的萌芽》,载《魏晋南北朝史论丛续编》,生活·读书·新知三联书店,1959年。

史》卷七一《儒林传》，梁陈两代计有伏挺、孙详等十余人，均为普及文化做出了贡献。寒人凭经学、史学、文章入仕为流内官者逐渐增多。《南史》卷七一《儒林·沈峻传》："家世农夫，至峻好学。……遂博通五经，尤长三礼。"由兼国子助教（流内二班）升兼五经博士（流内六班）为其一例。① 这样，梁、陈之时寒人既继续凭借吏干、武功仕进，甚至升为高官显贵，与高门平起平坐，陈霸先以寒人夺取帝位，更开了南朝从未有过的先例（宋、齐、梁开国诸帝均出身低级士族）；同时，又开始通过经史学术跻身九流，逐渐向士族转化。② 此外，还有一个新情况也必须看到。这就是由于自东晋以来官分清浊，清官声望越来越高，因而逐渐形成易代之际往往用清官，而不能再像东晋、刘宋那样用浊官奖励寒人的吏干和武功。如齐末梁初，就有不少"吏姓寒人"选为清官，甚至得到了黄门郎、散骑侍郎这样长期为高门垄断的极清之职，见《梁书》卷四九《文学·钟嵘传》。梁末陈初，也是"员外常侍，路上比肩；咨议参军，市中无数"，两者也都是清美之官，见《陈书》卷二六《徐陵传》。

所有这一切，不以人们意志为转移，必然导致士庶界限走向模糊。《陈书》卷三〇《章华传》："家世农夫"，"素无伐阅"，可是至章华因为"好学"，竟冲破了士庶天隔的界限，"与士君子游处，颇览经史，善属文"，仕为流内官。《陈书》卷三五《周迪传》、卷一三《周敷传》：周迪"少居山谷，有膂力，能挽强弩，以弋猎为事"，自是寒人。可是因为"勇冠众军"，梁末动乱竟被"郡中豪族"推为领袖。当时同郡周敷也是豪族，"迪素无簿阅，恐失众心，倚敷族望，③深求交结。敷未能自固，事迪甚恭"。此事一方面反映门阀制度仍有一定影响，另一面从诸豪族推迪为主，周敷事迪甚恭，而迪原来官位并不高，也可看出，寒人只要有才干，凌驾士族或与士族平起平坐的可能性，比东晋、宋、齐已进一步增加（假如周迪原已官居方面，

---

① 又参《南史》卷七一《儒林·孔子祛传》、卷七二《文学·吴均传、周兴嗣传》。

② 在梁、陈，通过经史学术而取得流内官之寒人，疑继续充任一两代，即可转化为士族，如"家世农夫"的沈峻，因通经致位流内官后，子沈文阿习父业亦位五经博士，遂成士族。时有王元规者，自恃士族，不愿与"郡土豪"联姻，认为不能"辄昏非类（寒人）"，可是却"少从吴兴沈文阿受业（指私馆）"，是沈文阿已是士族之证，参《南史》卷七一《儒林传》。

③ 《资治通鉴》卷一六六作"族望高显"。

权势甚重,而被豪族、士族推为主,情况就不足为奇)。

《隋书》卷二六《百官志上》称"陈依梁制……其官唯论清浊,从浊官得微清,则胜于转"。① 其实这是南朝共有的现象。由于不少寒人通过各种管道涌入士族行列,许多低级士族转化为高级士族,门地二品的队伍也不断扩大,因而官分清浊以保障高门甲族优越地位之制,其实际作用已大大减小了。

除了寒人地位的变化外,梁、陈高级士族的状况也发生极大变化。

东晋与南朝前期,高级士族子弟不管才干如何,都可凭门阀直接起家,所以往往不参与需要考试的察举与国学,特别是第一流高门。以琅邪王氏为例,东晋与南朝前期,没有一名子弟入国学;举秀才者亦为声望稍逊各支。宋、齐最显赫的王弘、王昙首两支,除王融因祖王僧达犯罪而死,父道琰因而流放,本人方应秀才之举外,其他无不直接起家。而至南朝后期,仍以琅邪王氏为例,其起家于梁、陈,《梁书》《陈书》《南史》有传者共十六人,即琮、训、琳、铨、锡、金、规、褒、承、冲、通、劢、质、固、场、瑜。其中国子生八人(琮、训、锡、金、承、通、劢、质),举秀才四人(规、褒、琳、固),直接起家三人(铨、冲、场),起家不明者一人(瑜)。举秀才者中,王规、王褒正是齐代最显赫之宰相王俭之嫡孙和嫡曾孙,相继袭爵南昌县侯,且为外戚(王规妹为梁皇后)。另两人王琳、王固虽非王弘、王昙首两支,但琳父王份已仕梁位尚书左仆射而上升为新的显赫一支,王琳又尚梁公主,历清官,有子九人,诸史书有传者七人:或直接起家,即王铨;或为国子生,即锡、金、通、劢、质;或举秀才,即固。

为什么会发生这么大的变化呢?

其直接原因,除上述梁武帝重视经术,甚至下诏强调"九流常选(其中自然包括高门子弟),不通一经者不得出仕",以及规定学校学生策试得第,出仕可不受年龄限制,②促使或吸引高门适应这一形势外,还与统

---

① 《通典》卷一四《选举二》"转"作"迁"。
② 《隋书》卷二六《百官志上》:"陈依梁制,年未满三十者,不得入仕。唯经学生策试得第……得仕。"《梁书》卷四一《王承传》、《陈书》卷二一《萧乾传》,均于梁代以国子生策试得第,十五岁即出仕,不受年龄限制。

治集团对文学（包括学术）的态度有关。

由于齐、梁之际很长一段时间南北没有发生大规模战争，社会秩序比较稳定，文学得到进一步发展，并博得君主、贵族、官僚的欣赏与重视。《梁书》卷三三《刘孝绰传》：孝绰出身刘宋时方兴起的高门彭城刘勔一支，因善文，得梁武帝欣赏，除极清之官秘书丞。梁武帝曰："第一官当用第一人。"《梁书》卷四九《文学·庾於陵传》：於陵出身颍川庾氏，时为一般高门，"博学有才思"。"旧事，东宫官属通为清选，洗马掌文翰，尤其清者。近世用人，皆取甲族有才望，时於陵与周舍（一般高门）并擢充职，高祖曰：'官以人而清，岂限于甲族。'时论以为美。"《梁书》卷三〇《徐摛传》：摛出身一般高门东海徐氏，任太子宫官，为文创立"宫体"，"高祖闻之怒，召摛加让，及见，应对明敏，辞义可观，高祖意释。因问五经大义，次问历代史及百家杂说，末论释教。摛商较纵横，应答如响，高祖甚加叹异……宠遇日隆。领军朱异不说……曰：'徐叟出入两宫，渐来逼我（指将取代其权位）。'"这些表明，文学已发展成为飞黄腾达的一个途径。而要向当政者，特别是君主，炫耀自己的文学才能，作为一个尚未出仕的青年来说，正常、稳妥的管道便是"举秀才"，因为秀才需应策试，从现存《文选》卷三六所载齐、梁三组策秀才文看，没有文学才能，是无法对策夺标的。也正因此故，在齐、梁，已经出仕者，往往还愿意举秀才，以博得当政者赏识。如《梁书》卷三三《张率传》：率出身吴郡张氏，齐末已起家人们欣羡的清官著作佐郎，不久又举秀才。再如《梁书》卷三〇《顾协传》：协出身吴郡顾氏，梁初已起家扬州议曹从事史，兼太学博士，又举秀才，"尚书令沈约览其策而叹曰：江左以来，未有此作"。所有这些变化，便不能不给琅邪王氏极大影响。

此外，必须看到，还有一个因素，大概也促成了高级士族的上述变化。这就是梁武帝一代范云、周舍、徐勉、朱异诸人飞黄腾达的示范作用。如前所考，范云、徐勉、朱异出身低级士族，周舍也不过是一般高门，可是他们竟先后位宰相或握实权约数十年。其原因，晓习吏事虽是一个方面,但更重要的是他们全都博通经史,文才出众。① 陈代姚察把徐勉、朱异致位卿相仅归因于"明经术",固然不全面,不过如果说是因为他们具有一种结合经术、其他各种学术、文才以及吏事在一起,适合当时统治需要的文化素质,或许不会有大误。前引徐摛既懂五经大义、历代史,又懂百家杂说、释教,也长于吏事,②因而"宠遇日隆",便是梁武帝重视这种人才的一证。这样一些典型的存在,不以任何人意志为转移,必然把过去往往满足于"清言""玄谈"的高门,包括第一流高门,引向对经术、文章、学术,甚至吏事方面的重视。《梁书》卷三七《何敬容传》:敬容出身著名高门庐江何氏,在徐勉的推荐下,继任宰相,"聪明识治,勤于簿领,诘朝理事,日昃不休"。这招到讥讽。据说"自晋宋以来,宰相皆文义自逸,敬容独勤庶务,为世所嗤鄙"。不过另一方面此事也说明,在时代潮流包括徐勉等人示范作用的推动和影响下,像庐江何氏这样的高门也去精心钻研过去所最鄙视的吏事,则琅邪王氏入国子学,应秀才之举,转向高尚得多的经术、文学,自然顺理成章,毫不奇怪。

当然,由于积习使然,上述变化多半还打有门阀制度的烙印。如入国学者,皆门地二品士族,寒门俊才只能入五馆;高门皆轻视孝廉,仅应秀才之举;同样是明经对策,国子生与五馆生的出仕,便有清浊、高低之别等。可是对高级士族纯凭门阀直接起家出仕的特权,毕竟是极大的冲击。

这样,一方面门地二品士族的数量不断增加,而仕进特权却逐步减少,迫使高门不得不提高自己的文化素质,扩大知识领域,注意锻炼统治本领,不少人需入国学,应察举,开始凭个人学识,通过考试出仕。另一方面,寒人子弟于吏事、武功之外,渐趋经学文史之途,气质发生变化,不少人还通过考试出仕,甚至跻身士族。

南朝后期的这些特点,使得东晋以来士庶之间,特别是高门与寒人

① 当时"文学"一词,兼指文章与学术。所以《梁书》卷四九《文学传·序》称:"今缀到沆等文兼学者……为'文学传'云。"《徐摛传》称梁武帝用人要求"文、学俱长,兼有行者"。均为文、学并举。

② 徐摛后为新安太守,有治绩,是亦长于吏事之证。见《梁书》本传。

之间,在铨选制度上"实自天隔"的差距明显缩小。这正是门阀制度衰落的最重要标志。

北朝后期

北朝后期门阀制度的衰落,比南朝后期来得厉害,这是北朝后期门阀制度的特点决定的。

这些特点主要有四:

第一,这一门阀制度,是魏孝文帝借鉴东晋和南朝前期长期采用的门阀制度,在北方五胡十六国和北朝前期不很完备的门阀制度基础上,用诏令形式在全国范围推行的。根据以往各王朝之经验教训,这一制度除有巩固北魏统治的作用外,同时还蕴藏着严重的弊端。所以门阀制度刚刚推行,大臣李冲、李彪、韩显宗等即予以批评、谏诤,其用语之精炼、准确,论据说服力之强,可以说在东晋南朝从未见过。正因如此,魏孝文帝在坚持推行门阀制度的同时,也不得不松口说:"(寒人)必有高明卓然、出类拔萃者,朕亦不拘此制","若有其人,可起家为三公","苟有才能,何必拘族也"。[①] 不管孝文帝的主观意图如何,在门阀制度刚刚推行,阻力还不小之时,便开了一个可以"不拘此制"的口子,又是出自孝文帝之口,这实际上已埋下了后来这一制度坚持不好和比较早地走向衰落的种子。孝文帝死后,宣武帝即位,大量重用寒人,甚至以"出自夷土,时望轻之"的高肇为宰相、三公,原因当然是多方面的,但孝文帝所开口子,恐怕也是他的重要依据。宣武帝、孝明帝以后,政治混乱,战争频仍,寒人兴起更多,这个口子自然越开越大。

第二,这一门阀制度适用的对象,不但有汉族,而且有鲜卑族。其中汉族高门从未拥有东晋高门那种与皇权平起平坐的权力;也不像南朝高门,虽已丧失了左右皇权的优越地位,毕竟仍是皇权政治除皇族以外的另一主要依靠对象和统治基础。在北朝,皇权政治的主要依靠对象和统

---

① 见《资治通鉴》卷一四〇齐明帝建武三年。又《魏书》卷六二《李彪传》。

治基础是包括皇族在内的全体鲜卑贵族。由于他们进入封建社会时间不久，没有门阀传统，门第观念不强，虽经孝文帝大力宣导，一般说真正重视的仍是当朝的官位和权势，而不是"冢中枯骨"。《魏书》卷九三《恩倖·茹皓传》：皓本县吏，得宣武帝宠幸，权势显赫，"为弟聘安丰王延明妹，延明耻非旧流，不许"。太傅、北海王详"劝强之云：欲觅官职，如何不与茹皓婚姻也"，"延明乃从焉"。《魏书》卷九三《恩倖·侯刚传》："本出寒微"，以善烹饪，孝明帝时位居侍中，"进爵为公"。"刚宠任既隆，江阳王继、尚书长孙稚皆以女妻其子。司空、任城王澄以其起由膳宰，颇窃侮之……然公坐对集，敬遇不亏。"皇族和第一流鲜卑贵族尚且如此，社会风气可知。《周书》卷七《宣帝纪》宣政元年（578）八月九条诏制，其中用人部分，除才学要求外，只说"伪齐七品已上，已敕收用，八品以下，爰及流外，若欲入仕，皆听预选，降二等授官"。一个字未及门第。这和南朝梁武帝即位之初下诏搜括"邦国旧族"入朝作官，显然不同。《文馆词林》卷六九一载隋初文帝敕举荐山东三十四州（原齐地）人才，说："如有仕齐七品已上官，及州郡县乡望，（仕至）县功曹已上，不问在任下代，材干优长，堪时事者，仰精选举之。纵未经仕官，材望灼然，虽乡望不高，人材卓异，悉在举限。"虽然提到了门望，但着重强调的是"材干"，而且官位仍先于门望。

我们知道，南朝寒人虽位居三公，仍对高门企羡、敬重，而高门往往不因寒人握有权势，据有高位，而改变对之轻视的态度，①这在北朝便几乎看不到。与此相关联的一个问题是：东晋南朝需要继续两三代维持住一定的官位，方可更换门庭，由寒人升士族，或由次门升高门；而在北朝后期，尽管魏孝文帝典定姓族时，有三世官位的要求，可实际上寒人只要一代取得高官要职，一般就被视为盛门，即便汉族第一流高门也不拒绝与之联姻。如陇西李氏曾与佞幸、寒人，然位至录尚书事的穆提婆家联

---

① 前者参见《南齐书》卷二六《王敬则传》《陈显达传》。后者参《南史》卷二三《王球传》、卷三二《张敷传》。甚至寒士位居显贵，仍被高门"恃枯骨见轻"，见《南史》卷六二《朱异传》。

姻;范阳卢氏曾嫁女与出身西域商胡、位至录尚书事的和士开弟和士休;清河崔㥄也嫁孙女与出身寒人,但官爵达二、三品的陈元康之子。①《北齐书》卷四〇《白建传》:建因善吏事,由小吏升至侍中、中书令(俱正三品),"诸子幼稚,俱为州郡主簿,新君(指州郡长官)选补,必先召辟,男婚女嫁,皆得胜流"。按州郡主簿在北朝是士族、高门充任之官;②婚嫁中的"胜流"虽不见得是一流高门,门阀较高总可以肯定。这表明,即便出身低微,只要有了官位权势,子弟便可像高门一样地"婚宦"。《魏书》卷六二《李彪传》:"家世寒微",后任高官,为子李志向吏部尚书郭祚"求官","祚仍以旧第处之。彪以位经常伯(散骑常侍),又兼尚书,谓祚应以贵游拔之,深用忿怨……时论以此讥祚"。后任城王澄用李志为列曹行参军,"时称美之"。由此可见,其一,早在魏孝文帝改革之初,就存在按"旧第"(原来出身)或"贵游"(当前官位)铨选的不同制度。从"时论以此讥祚"句,知后者占有优势。北齐白建的子弟像高门一样"婚宦",沿袭的正是按"贵游"待遇之制。其二,任城王澄用李志为高门起家官列曹行参军,③即是当时"以贵游拔之"制度占优势之一证,也再次表明鲜卑贵族重视的是当朝官位、权势。

北朝后期这一门阀制度,可以说大体相当于曹魏、西晋初步形成的门阀制度与东晋以后确立了的门阀制度的混合体。一方面从北魏孝文帝以后,评定了按血缘关系区别的汉族士族和鲜卑姓族;另一面依鲜卑习气,真正重视的仍是当前官位、权势——略相当于西晋刘毅所说的"势族"。如前所述,西晋"势族"一般说是东晋以后高级士族的前身,逐渐发

① 分见《北齐书》卷二九《李玙传》、卷四〇《冯子琮传》、卷二三《崔㥄传》。

② 参《魏书》卷四七《卢玄传附卢道侃传》、《魏书》卷三六《李顺传附李显进传》、《北齐书》卷八九《崔暹传》、《隋书》卷四七《韦世康传》。又《魏书》卷八五《文苑·袁跃传附袁聿修传》:聿修出身陈郡袁氏,父翻,位者官尚书,加抚军将军(从二品),乃朝廷显贵。聿修"九岁,州辟主簿",与此处白建诸子"幼稚"而为州郡主簿,正相呼应。

③ 据《魏书》卷三六《李顺传附李晔传》、卷三九《李宝传附李德显传、李暧传》、卷四七《卢玄传附卢义悰传》、卷五六《郑羲传附郑士渊传》,诸人作为第一流高门,起家官均公府行参军,与李志起家官任城王澄(始藩王)的列曹行参军,俱为官品从七品上,地位、声望相等,见《魏书》卷一一三《官氏志》。

展成为后者。而北朝后期是许多出身低微的"势族",与按血缘关系区分的士族、姓族并存。前者实际上起着瓦解门阀制度的作用。因为这些"势族",不论胡汉,多半靠吏干、武功起家,儒学传统和文化素质一般很差;特别是魏孝明帝以后又处在不断动乱之中,"势族"更迭频繁,很难发展成新的稳定的士族。相反,他们的存在却排挤、压制了旧有的高门,尤其是汉族高门的仕进。南朝高门"平流进取,坐至公卿",北朝很少见到,原因就在于此。如自魏宣武帝即位(500)至北周灭亡(581),八十年中,位宰相(录尚书事、尚书令、仆射)者,汉族第一流高门(卢、王、郑、两崔、两赵),只有清河崔亮于北魏时任尚书仆射一年,博陵崔暹与崔昂于北齐时分别任尚书仆射两年和三个月。① 而且这三人仕进、升迁靠的都是个人才干,并不是门阀特权。这和南朝后期王、谢两族至少形式上仍多为宰相,也很不同。

由于在"宦"上门阀与官位难以一致。所以在"婚"上也就无法不做某些通融。《魏书》卷五六《郑羲传》:"自灵太后预政,淫风稍行,及元叉擅权,公为奸秽。自此素族名家,遂多乱杂,法官不加纠治,婚宦无贬于世,有识咸以叹息矣。"

总之,北朝后期不断更迭的"贵游",往往凌驾于稳定的"旧第"之上,从而导致在"婚宦"上,与魏孝文帝改革时的指导思想和制度,存在相当距离。这既是门阀制度没有得到南朝那样高度发展之证明,也是门阀制度建立后,迅速走向衰落的征兆。

当然,必须说明,以上是就朝廷官吏和地方长官而言,他们多由鲜卑族和较早投靠北魏的一部分汉族后代充任。至于州郡佐吏情况则有所不同。由于从五胡十六国以来,各国统治者便依靠汉族士族控制地方,北魏王朝建立后对他们依然极力拉拢,② 所以北朝后期如就州郡长官辟除的佐吏(如州主簿、郡功曹等)而言,门阀影响还是很大的。试看诸第

①　见万斯同《魏将相大臣年表》《北齐将相大臣年表》《周公卿年表》,《二十五史补编》第四册。当然,汉族第一流高门任宰相、高官者少,还有其他原因,如皇族的排挤等,这里不论。
②　如献文帝时于郡国立学,"先尽高门,次及中第",见《魏书》卷四八《高允传》;孝文帝时,州郡举秀才、孝廉,"但检其门望",见《魏书》卷六〇《韩麒麟传附子显宗传》。

一流汉族高门位望稍差的各支,和二流以下汉族高门,应州郡辟除者颇多,以及现有北朝后期州郡佐吏的材料,多为士族子弟,便可知道。①《周书》卷二三《苏绰传》:"自昔以来,州郡大史,但取门资,多不择贤良。"反映的就是这一状况。不过因为它们在整个统治机构和制度中,不占重要地位,所以并不影响前述论断。

第三,北朝后期在政权中占主导地位的鲜卑贵族,在重视官位、权势的同时,还十分重视军功、吏干。东晋南朝重文轻武,重学识轻吏事之风,在北朝一直缺乏社会基础,无法广泛流行。

《魏书》卷八八《良吏·明亮传》:亮出身平原郡一般士族,由员外常侍(五品上)越过从四品,升勇武将军(四品上),不愿。进曰:常侍是"第三清",而勇武"其号至浊","且文武又殊,请更改授"。魏宣武帝答曰:"今依劳行赏,不论清浊。……九流之内,人咸君子,虽文武号殊,佐治一也。卿何得独欲乖众,妄相清浊。"不许。明亮又说,南方未平,君主应不惜官爵,鼓励效死。宣武帝笑曰:卿欲为朕平南方,"非勇武莫可",今辞"勇武",是"自相矛盾"。终未改授。

此事一方面说明,自孝文帝重定士族后,重文轻武、计较官位清浊之风,已在一部分汉人士族中传播,明亮就是一例;另一面通过宣武帝的回答,又可清楚看到,在鲜卑习气的支配下,加上平定南方之需要,君主的指导思想实际上仍非常重视军功。"文武号殊,佐治一也"的话,便是强证。影响所及,官分清浊之制实际上也有两种:

一种以官品九品上下为界线。九品以上都算清官。如《魏书》卷四一《源怀传》便将包括"守宰"(郡守、县令)在内九品以上官统称清流,而与"勋品以下"官对举。"勋品"亦作"流外勋品",见《隋书》卷二七《百官志中》。"勋品以下"大概就是《魏书》卷五九《刘昶传》载魏孝文帝所提到的与"士人"之官对举的"小人之官"。《北史》卷一八《元顺传》:顺为吏部尚书。宰相元雍欲用三公曹令史朱晖为廷尉平,元顺反对曰:"高

---

① 参严耕望《魏晋南北朝地方行政制度》下编第四章"州府僚佐",(台北)"中研院"历史语言研究所专刊,1990 年。又《新唐书》卷一九九《柳冲传》:北朝"州主簿、郡功曹,非四姓(高门)不在选"。

祖……创定九流,官方清浊……而朱晖小人,身为省吏(时令史一般均流外官),何合为廷尉清官?"此证"小人"按制度只合为流外官。《魏书》卷一九中《任城王澄传》称"门下录事"为"三清九流之官"。按门下录事,官品从八品上,位次与尚书都令史相侔,见《魏书》卷一一三《官氏志》。这更是九品以上官,不论官品高下,职掌烦杂与否,均清流官之证。上引宣武帝语"九流之内,人咸君子……卿何得独欲乖众,妄相清浊",批评明亮"妄相清浊",实乃强词夺理。因孝文定制,官品九品以上确分清浊,这就是我们看到的官制上另一种清浊,而为明亮所援引,故绝非妄分。再如《魏书》卷八四《儒林传序》魏孝明帝将立国学,"诏以三品已上及五品清官之子以充生选"。也证五品以下官当有清浊之分。不过宣武帝语的确反映了大量鲜卑贵族的看法,并不同意重文轻武的制度,强调"九流之内,人咸君子",无所谓清浊。如果定要分清浊,也是按官位,以九品上下为界线。

以上两种清浊。如就孝文帝定制言,由于模仿南朝,官分清浊本主要当指后者,即官品九品以上所分清浊。在南朝这样规定的原因是:充任九品以上官者,不但有高门,有次门,而且有官品虽入流,而门第尚未改变的寒人,要借官分清浊来区别士庶,以至区别士族中门阀之高下。而在北朝后期,由于社会特点(鲜卑族重当前官位、权势,寒人一成"贵游",就可凌驾于非"贵游"的旧族之上等),这一制度遭到抵制,真正流行的主要是前者,即以官品九品上下为界线所分清浊。后者在制度上虽存在,也在一定程度上实行,但远不能与南朝相比。

关于重文轻武和九品以上官分清浊之制遭到抵制,试举一例:

《资治通鉴》卷一四九天监十八年载:北魏孝明帝时,旧族清河张彝之第二子仲瑀上封事,"求铨削选格,排抑武人,不使豫清品",招致鲜卑羽林、虎贲近千人,冲至张家诟骂、捶辱,彝及长子均死。对此,当权的胡太后不敢深究,相反,作了妥协,"因令武官得依资入选"。据上下文义,所谓"依资入选",即根据军功入清官之选。

这条材料表明:其一,在此之前,孝文帝所行门阀制度,并未认真排抑武人,武人仍预清品,所以张仲瑀才会上封事,并引起极大震动。其二,孝文帝其所以没有认真排抑武人,宣武帝其所以宣扬"文武号殊,佐治一也",主要原因就在于鲜卑武人实力强大。如果说在北镇地区还可勉强推行新制的话,①在内地,尤其是京师,便不可能不有所顾忌,而不敢完全照搬南朝模式。张彝父子想进一步推行新制,落此可悲下场,是毫不奇怪的。其三,据《资治通鉴》,张彝死后不久,因"依资入选"的人太多,吏部尚书崔亮被迫实行停年格。旧制"依资入选"虽不排抑武人,但还得考虑待选者的"贤愚",而按新格,则专凭"年劳"用人。因而一个寒人、武人只要因军功进入九流,以后便可熬年头,按部就班升迁,进入清官、高官行列。② 当时战争较多,因军功甚至"窃冒军功"取得官位者甚多。③ 这些,便给寒人大量转为士族开了方便之门。

由于君主、鲜卑贵族全都重视军功,社会风气也就不能不相应受到极大的影响:

《魏书》卷八二《李琰之传》:琰之出身陇西李氏,从父李冲乃孝文帝时宰相。琰之"经史百家无所不览","虽以儒素自业,而每语人言,吾家世将种,自云犹有关西风气"。《北史》卷三〇《卢同传附卢勇传》:勇出身范阳卢氏,叔父卢同曰:"白头(卢勇从兄景裕)必以文通,季礼(卢勇字)当以武达。兴吾门者,二子也。"《隋书》卷七四《酷吏·崔弘度传》:弘度出身博陵崔氏,"祖楷,魏司空"。弘度专习武事,曾自四五丈高楼上"欻然掷下,至地无损伤"。仕周,屡以"战勋"升迁。《隋书》卷五一《长孙晟传》:"时周室尚武,贵游子弟咸以相矜。"

可见,不但社会尚武,甚至第一流汉族高门也不轻视"武达",不讳"将种",和南朝有很大的不同。这种风气,也是适合寒人仕进、升迁,淡化士庶界限的。

除了军功,吏干在北朝也一直受重视。魏孝文帝改革时本来似乎想引导人们把吏干与儒术、文才、学识结合起来。所重用或重视的人,汉族

---

① 参《北齐书》卷二三《魏兰根传》。但最后仍爆发六镇起义。

② 参《魏书》卷七七《辛雄传》。又《北齐书》卷二三《魏兰根传》提到,与北镇府户身份日益卑贱不同,其在内地的"本宗旧类,各各荣显",当即指这一类人。

③ 参《魏书》卷七六《卢同传》。

中多属这一类型。如王肃、宋弁、郭祚、李彪、崔光、邢峦、崔休、甄琛等均是。其中如李彪,"家寒微",只因"学博坟籍……兼优吏职",便被孝文帝不断提拔,升任清官散骑常侍(从三品),兼度支尚书(三品),以至"等望清华"。① 这种做法,和随后南朝梁武帝信用范云、徐勉、周舍、朱异等,指导思想颇为相近。

但是,因为北朝社会鲜卑贵族政治上占优势,他们虽然受汉风熏陶,子弟渐趋文史经术之途,毕竟一时和汉族相比,还存在很大差距。② 所以孝文帝把吏干与儒术、文才、学识结合起来的官吏选拔标准,后来实际上很少贯彻和实行。当权者真正重视的,除了军功,就是吏干。《魏书》卷七七《羊深传》:深魏末上疏称,孝文、宣武重视儒术,"自兹以降,世极道消……进必吏能,升非学艺。是使刀笔小用,计日而期荣;专经大才,甘心于陋巷"。同书卷八五《文苑·邢昕传》:"自孝昌之后,天下多务,世人竞以吏工取达,文学大衰。"两文都把铨选重视吏干,忽略儒术、文学,归诸魏孝明帝以后。这不符合事实。其实,这种风气宣武帝之时就很厉害。"本无学识,动违礼度"的高肇,只因有吏干,"世咸谓之为能",便被拔为宰相(尚书仆射、令),前后任职达十年之久。③ 另一任职较久的宰相(尚书左仆射)源怀,也毫无学术。④ 宣武帝十分信任的(对这种信任,梁武帝也为之叹服),处在与南朝斗争最前线的扬州刺史、都督李崇,其长处除了"深有将略",便是"断狱精审"。⑤ 至于不少毫无儒术、文学的恩幸,受重用,升高官,"参机要","关与政事",几乎也多在宣武帝之时。⑥ 这正是推动"进必吏能,升非学艺"风气的强大因素。总之,前述魏孝文帝在官吏选拔标准方面的努力,总的来看,收效并不大。其根本原因,与其说是宣武帝没有很好继续、坚持,倒不如说这是当时北魏社会特点决定的。因为从魏初以来,选官标准中儒术、文才、学识便处

---

① 《北史》卷四〇《李彪传》。
② 参《魏书》卷八一《山伟传》。
③ 参《魏书》卷八三《外戚·高肇传》。
④ 参《魏书》卷四一《源怀传》。
⑤ 参《魏书》卷六六《李崇传》。
⑥ 参《魏书》卷九三《恩倖传》。

于很次要地位。孝文帝进一步汉化,大力宣导,如果随后得到一个长期稳定的环境,鲜卑贵族在这些方面逐渐赶上汉族,或许孝文帝的目标可以实现。① 无奈北朝后期动荡、战乱多,稳定、和平少,于是孝文帝的努力成果渐被搁置一边,基本上恢复了魏初以来除了军功,主要重视吏干的传统,"进必吏能,升非学艺",便是很自然的。所以不是羊深所说,似乎魏孝明帝以后改变了孝文、宣武的用人标准,而是魏孝文帝时一度有所改变的、魏初以来的用人标准,宣武、孝明以后又逐渐恢复了。北齐、北周情况略同,如北齐寒人赵彦琛"始从文吏,终致台辅",②其间还当过多年宰相,为其著例。另一寒人唐邕"以干济见知"。北齐文宣帝曾"亲执邕手,引至太后前,坐于丞相斛律金之上(时邕位仅给事中),启太后云'唐邕强干,一人当千'"。或切责侍臣云:"观卿等举措,不中与唐邕作奴。"③这与南朝齐武帝夸奖善吏事之寒人刘系宗语气十分类似。④ 可是刘系宗最高官位仅宁朔将军、宣城太守,均非清官;而唐邕最后却当上了宰相(尚书右仆射、令、录尚书事)。这清楚地表明了吏干在南北朝不同的地位。

重吏干,就像重军功一样,也是有利于寒人仕进、升迁,从而淡化士庶界限的。

关于寒人因军功、吏干而转化为士族,最突出的事例莫过于北朝后期寒人大量充任州郡中正。如恒州有王峻,齐州有赵彦琛,并州有唐邕,云州有张遵业,夏州有赫连子悦,冀州有高岳,⑤雍州有王仲兴,燕州有寇猛,肆州有茹皓,荆州有赵邕,⑥济州有张轨,华州有冀俊,西安州有宇文盛。⑦ 甚至于卑贱之宦官,也可充任州大中正,如平季、杨范、成轨、封津

---

① 《北齐书》卷三六《邢邵传》:"自孝明之后,文雅大盛,邵……每一文初出,京师为之纸贵。"这符合孝文帝改革后正常发展规律。可是六镇起义后,此风即衰,即《魏书》卷八五《文苑·邢昕传》所称"孝昌之后,天下多务……文学大衰"。

② 《北史》卷五五传论。

③ 《北齐书》《北史》本传。

④ 参《南史》卷七七《恩倖·刘系宗传》。

⑤ 见《北齐书》各本传。

⑥ 见《魏书》卷七六《卢同传》。

⑦ 见《周书》各本传。

均是,见《魏书》卷九四《阉官传》。其中如平季不但是幽州大中正,而且摄燕、安、平、营四州中正。

如所周知,州郡中正必须以士族,特别是高门充任。孝文帝时曾"高拟其人,妙尽兹选。皆须名位重于乡国,才德允于具瞻,然后可以品裁州郡,综核人物",可是从宣武帝起,制度便已破坏,到孝明帝时,如清河王怿所批评,中正已是"所置多非其人"。无疑是指许多寒人混进去了。这和前述北魏社会重官位、权势,重军功、吏干,孝文帝一度强调门阀、儒术、文学,宣武帝以后逐渐又基本恢复旧状,也是一致的。针对这种现象,清河王怿上表请重中正之选,可是积习已久,虽然"诏依表施行,而终不能用"。①

州郡中正尚且士庶不分,其他官吏可知。《隋书》卷五六《卢恺传》称"自周氏以降,选无清浊"。这是大势所趋,毫不奇怪。

第四,北朝后期,由于门阀制度不够发展,通过考试用人、取士,范围也比南朝要宽。其主要原因有二:其一,鲜卑贵族尚武,而骑射之类的高低,最好的办法便是通过比赛、考试决定。对此,鲜卑贵族十分习惯,②将它推行于用人、取士上,是很自然的。其二,北朝后期,由于种种原因,包括军功、吏干,应该得官者多,而且越来越多,可是官位有限。③崔亮所立停年格,只能解决一部分人,即已经出仕,数年后期满停官,等待另行任命时,官位少,待任者多的矛盾;至于大量尚未取得出仕资格者争取出仕,以及已经取得出仕资格,任命时争取美官、要官等一系列问题,则无法解决。于是,在上述鲜卑贵族习惯比赛、考试风气的影响下,加上汉魏以来察举本行考试之法的作用,这一制度逐渐向多样化演变,便成为不可避免之趋势。

首先是学校和察举中的射策、对策制继续推行,由于种种原因,已由士族垄断逐渐转为容纳寒人。通过此途,寒人仕进的越来越多。

其次,有时有的官职可由白衣不经学校或察举,直接通过考试取得。

---

① 见《通典》卷一六《选举四》。
② 参《魏书》卷一五《元祯传》、一六《元浑传》;《北齐书》卷四一《元景安传》。
③ 《魏书》卷六六《崔亮传》称,早在孝明帝时即是"令十人共一官,犹无官可授"。

如《魏书》卷八五《文苑·温子升传》:孝明帝时,御史中尉元匡,"博召辞人,以充御史。同时射策者八百余人,子升与卢仲宣、孙搴等二十四人为高第。……遂补御史"。按温子升时为广阳王渊家"贱客",本"在马坊教诸奴子书",自无官职。据《北齐书》卷二四《孙搴传》:搴第一任官是御史中官位最低的检校御史,当即此次与温子升同时射策所得,则射策前亦为白衣。《北史》卷三〇《卢仲宣传》虽不言其考御史事,亦未言释褐何官,但据其称仲宣兄弟入仕前"俱以文章显",这与元匡"博召辞人"之说正相吻合,似亦可推定射策前原为白衣。这种由白衣直接射策取得某种官职之制,无疑是北朝后期铨选上一个重要发展,对寒人仕进也是有利的。温子升"家世寒素",只能在王府充"贱客","教诸奴子书",却通过此制一跃当上御史,进入清流官行列,便是明证。

再次,某些美官、要官可由已有官职的人考试取得。《魏书》卷八一《宇文忠之传》:"忠之好荣利,自为中书郎六七年矣,遇尚书省选右丞,预选者皆射策,忠之入试焉。既获丞职,大为忻满,志气嚣然。"[①]这一制度同样对寒人有利。因为它虽不能使无官职的寒人仕进,却可使已经仕进的寒人,由于种种原因宦途受阻时,借此取得较好官职。《北史》卷八三《文苑·樊逊传》:北齐天保八年,"减东西二省官,更定选,员不过三百,参者二三千人。杨愔言于众曰:'后生清俊,莫过卢思道;文章成就,莫过樊孝谦(即樊逊);几案断割,莫过崔成之'。遂以思道长兼员外郎,三人并员外将军"。从杨愔评语推测,似乎既有笔试,又有口试。"文章成就,莫过樊孝谦",自指笔试;[②]"后生清俊,莫过卢思道",似为口试观察"身、言"的结果。据《北齐书》卷三四《杨愔传》:"典选二十余年……取士多以言貌,时致谤言。"杨愔把卢思道用为员外将军(从八品),长兼员外郎(从七品),高出另外两个人,正和他用人"多以言貌"之说相吻合。至于"几案断割,莫过崔成之",恐亦为口试。后来唐代吏部试中"身、言、书、判"四条标准,这时已有了三条(除"书")的萌芽。不过唐代的"判"比较

---

① 阎步克博士学位论文《察举制之变迁》第五部第四章对当时考试任官之制,有详细考证。今为阎步克《察举制度变迁史稿》一书第十三章。

② 《北齐书》卷四五《文苑·樊逊传》此事正记为"所司策问,逊为当时第一"。

重视文采，是笔试，而此处称"几案断割"，似侧重吏干，口试的可能性大。杨愔所下评语，又叫对士人"题目"。《北齐书》卷三八《辛术传》：术位吏部尚书，"天保末，文宣(帝)尝令术选百员官，参选者二三千人，术题目士子，人无谤讟"。此处虽未提到考试，但其经过与前一次十分相像，相隔时间也很近，参选者与入选者之比例更加悬殊，所作"题目"，恐怕也是通过了考试的。辛术用人，史称重视"才器"，"管库(指寒人)必擢，门阀不遗"，则天保末这次"题目"，自亦守此精神，其中包括拔擢一些有才干的小官(类似"管库")，所以才会"人无谤讟"。在这一方面，前面提到的樊逊，更为好例。他出身寒人，"门族寒陋"，但因为"学富才高"，曾多次被州举为秀才，证明当时察举确已容纳寒人。可是大概由于其他环节还存在着门第歧视，所以尽管对策高第，取得出仕资格，仍然长期得不到吏部铨叙实官，只能凭此资格辗转官府中承担一些临时杂务。幸亏有了东西二省官的更选，使他摆脱了困境，被用为流内官——员外将军。官位虽不高，但这种考试制度，同样有利于寒人仕进，却是可以肯定的。

最后，历来察举均需先经州、郡长官推荐，而至北朝后期却出现了自愿报考的萌芽，见《北齐书》卷四四《儒林·马敬德传》。这对有才学的寒人的仕进，无疑十分有利。

总之，北朝后期考试制的发展与多样化，是内在原因促成的。因为主要是凭个人才学竞争，便于武功、吏干之外，又为寒人开辟了一条仕进、升迁之路。士庶界限之淡化，门阀制之早衰，都和这一特点分不开。

随着北方社会经济的发展，北朝后期私人开学馆，教授生徒之风，远盛于南朝。"横(黉)经受业之侣，遍于乡邑；负笈从宦之徒，不远千里。"[1]其中如经师张吾贵"每一讲唱，门徒千数"；大儒徐遵明"每精庐暂辟，杖策不远千里，束脩受业，编录将逾万人"。[2] 这些盛况，南朝私学是看不到的，这为一些寒人学习儒术，在考试中夺标、出仕，准备了条件。

---

① 《北史》卷八一《儒林传序》。
② 参《魏书》卷八四《儒林·刘献之传、徐遵明传》。

以上是北朝后期门阀制度的四个特点。正是这些特点的存在，决定了北朝后期门阀制度的不振，或者说早衰。

五 门阀制度出现和持续存在的原因

为什么在三国两晋南北朝这段历史时期会出现门阀制度，并前后存续了数百年？

中国古代的门阀制度，整个看来，最主要特征在于按门第高下选拔与任用官吏。在相当长的时期内，主要当属于政治制度的范畴。根据这一理解，再进一步探讨其出现和持续存在的原因和规律。

（一）大土地所有制、封建大家族与宗族以及儒学三者相结合之统一体，其形成与发展，是门阀制度出现和持续存在的前提。

如所周知，自从春秋战国时期农村公社逐渐瓦解，奴隶制宗族、氏族大量没落以后，到西汉初为止，社会上涌现出来的是无数个体小农以及伴随土地兼并相继形成的一些中小地主。至于大土地所有者，虽然有，数量还很少，且因多与六国贵族、官僚、豪杰身份相结合，往往与封建王朝发生矛盾、冲突，在秦及西汉前期不断受到压制、打击，①不能稳定地延续下去。另一面，封建王朝的主要支柱是功臣、贵族、官僚。为了换取他们的全力支援，除了经济方面的优遇，西汉王朝在政治方面也赋予其不少特权，如其子弟可以"父兄任"出仕，公卿以"武力功臣"为之，形成"以列侯为丞相"的惯例等。② 可是由于历史条件和文化素质的限制，这些功臣、贵族、官僚家族在政治上同样不能稳定地延续下去。子孙或者骄奢淫逸，"多陷法禁"，丢掉官爵；或者统治才干很差，在职"备员而已"。③

所以，从汉武帝开始，为了巩固统治，被迫适应上述社会条件，在全

---

① 不算秦朝，仅仅高祖至宣帝一百多年中强制迁徙豪强即达七次；景、武之际用酷吏打击豪强，更为厉害。参田余庆《秦汉魏晋封建依附关系发展的历程》，载《中国史研究》1983 年第 3 期。

② 分见《汉书》卷八八《儒林传》序、卷五八《公孙弘传》。

③ 分见《汉书》卷一六《高惠高后文功臣表序》、《史记》卷九六《张丞相传附申屠嘉传》。

国范围内,主要按德、才标准,从"布衣",包括富裕农民和中小地主出身的士人中,选拔人才,实行经由"乡举里选"的察举制度。从此,整个两汉,公卿大臣,郡国守相,基本由此出身。在这段历史时期里,不是某些显赫家族,天生贵胄把持朝政,而是力图把大权交给有德、才的贤士掌管,用沈约的话,这种局面便叫做"以智役愚"。

可是后来逐渐出现了新的社会、经济、文化条件,导致了这一局面的破坏。

第一,随着土地兼并的进行,封建大土地所有制不以人们意志为转移地发展起来。这些大土地兼并者,有在野的"强宗豪右",也有原为一般"布衣",依察举制仕进,又飞黄腾达而成的朝廷显贵。封建王朝曾十分注意限制大土地所有制的发展,甚至还任用酷吏,给一些不法豪强地主以严重打击。可是由于封建经济规律的作用,一部分豪强地主消灭了,更多的大土地所有者继续涌现。他们的总体力量不但未被削弱,反而日益增大。在其压力下(如东汉初"度田"事件中"郡国大姓"等的叛乱),封建王朝被迫改变过去的态度与政策,向大土地所有者一步步妥协退让,经济上听任其自由发展,政治上渐予拉拢。

第二,随着大土地所有制的发展,封建大家族、宗族也同步发展起来。一些大地主家族将大量土地出租给丧失土地的农民耕种,收取地租。这些农民,除外来的"宾客"外,更多的是本地的"宗族"成员。经济上的剥削,在当时条件下必然导致人身奴役和控制,形成封建依附关系。很自然,大土地所有者逐渐演变成乡里、宗族的领袖。在其影响、控制下,乡里特别是宗族的凝聚力大大加强了。依靠这一力量,大地主家族平时可以左右地方治安,战乱时又可以聚集成千上万户宗族、宾客拥众自保,甚至组成一支有战斗力的武装。就每一个大地主家族、宗族言,和封建王朝相比,其力量自然是不足道的。但当这种力量在全社会中比重日益增加之后,就总体言,就构成上述足以迫使封建王朝不敢再轻易限制、打击,不得不对其改变态度与政策的强大力量了。

为了防止大土地所有制分散,实力削弱,无法长期有效地影响、控制宗族与乡里,再加上儒家思想的反作用(见下),封建大家族渐次发展起来,改变了秦以来诸子成年即与父母别籍异财,另立小家庭的制度,①从此一直延续两千年。

第三,除了社会、经济方面的原因外,促成封建王朝改变对豪强势力或豪强大族(即大土地所有制与封建大家族、宗族之结合体)的态度与政策,还有文化方面的原因,这就是儒学的广泛传播。

如所周知,汉代儒学宣扬的主要内容,一方面,对于整个社会来说,便是倡导孝道,"亲亲",力图通过大家族成员间的亲爱、和睦与感化力量,通过维护父家长的权威和影响,来稳定各个家族、宗族、地区的秩序,进而要求人们由父及君,"忧国如家",实现"忠孝之道",以巩固整个封建王朝的统治。②《汉书》卷八《宣帝纪》诏曰:"导民以孝,则天下顺。"当即这一指导思想的高度概括。由于儒家积累下了大量经典著作,经过汉代学者糅合法家、道家、阴阳五行家等思想进行注释,其所包含的内容,不但体现上述政治、社会观点和原则,而且凝结成为当时说来是丰富的理家、治国的具体经验。这些著作和内容,成为汉代提高文化素质,培养合格统治人才,特别是高级统治人才的最好教材。其他任何一种学派,都无法与之比拟。

这种儒学正好适合西汉中、后期发展起来的封建大家族的需要。对于这些大家族的父家长来说,以儒学教育后代,既可加强家族成员之间的凝聚力,又可以使子弟提高文化素质,应州郡辟除和察举出仕,保证家族、宗族在本地以至全国的声望长期延续不衰。由于此故,早在西汉便出现"遗子黄金满籝,不如一经"的谚语。③ 东汉以后,封建大家族世代奉习儒学的越来越多,甚至原来的律学世家,也转而"兼通经书"。④ 这样,在豪强势力中便逐渐形成了一些由大土地所有制、封建大家族与宗族以及儒学三者相结合的统一体。随着这些统一体中辟除、察举出仕人数的增加,特别是其中一部分还升为朝廷显贵,形成政治上的累世公卿,社会

---

① 参拙作《略论晋律之儒家化》,载《中国史研究》1985 年第 2 期。
② "忧国如家",见《汉书》卷八四《翟方进传》;"忠孝之道",见《汉书》卷七六《张敞传》。
③ 见《汉书》卷七三《韦贤传》。
④ 《后汉书》卷四六《郭躬传》《陈宠传》。

上的世家大族,它们与封建王朝的利害关系日益接近,自然也就越来越靠近和支持封建王朝。这和西汉初年往往与六国贵族、官僚、豪杰身份相结合的强宗豪右,常与王朝冲突、对抗的政治态度,迥然不同。

另一方面,自西汉初年起,吸取秦朝因严刑峻罚而覆灭的教训,儒家还宣扬德化思想,特别是强调统治集团内部应注意团结、和睦的思想。封建王朝逐渐认识了这一思想对巩固统治的极端重要性,并以之指导行动。当豪强势力施加压力之时(如"度田"中之叛乱),封建王朝其所以往往妥协退让,固然有着力量对比方面的原因,同时恐怕德化思想也在起着指导作用。① 而当豪强势力积极出仕,主动靠近、支持之时,封建王朝对它们自然更加注意拉拢、团结,除了经济上的照顾外,便是将它们大量吸收进入各级政权,转化为官吏甚至朝廷显贵,使它们与王朝的利益紧紧地连在一起。

就这样,作为西汉初年异己力量的豪强势力,逐渐变成了封建王朝的社会、阶级基础与统治支柱。二者由矛盾、对立、斗争,终于走向了统一、结合、相互依存。自此直至明清,双方形式尽管有着发展,这一基本关系,却始终没有根本的变化。而在二者的结合过程中,儒学的传播,从文化方面,从思想意识上层建筑方面,是起了重大促进作用的。

以上论述了汉代在新的社会、经济、文化条件下,大土地所有制、封建大家族与宗族以及儒学三结合统一体的形成与发展。后来"以智役愚"局面逐渐遭到破坏,正和这种三结合统一体的存在分不开。

道理并不复杂。当三结合统一体发展,特别是其中累世公卿的世家大族力量壮大,甚至"势倾天下"②之后,为了争取他们的全力支持,封建王朝对这些家族子弟的出仕、升迁,往往不能很好地坚持长期以来实行的德、才标准。③ 察举、铨选上不时发生凭借权势,走后门,"竞相荐谒"

---

① 《后汉书》卷一《光武帝纪》提出以"柔道"治天下,即其证。

② 《三国志》卷六《袁绍传》。

③ 东汉一代,特别是桓、灵、献帝三期,三公《后汉书》有传者,大多数出身公卿二千石官吏家族。参永田英正《从后汉三公看起家与出身》,载《东洋史研究》第 24 卷第 3 号。

等现象,①封建王朝由于自身危机重重,为了求得统治集团内部的团结与相安无事,对之也只得采默许、放任态度。这样,日积月累,人才的选拔、任用,自然发生对普通"布衣"不利,而对豪强势力、世家大族有利的变化。后者实际上得到某些法外照顾,仕宦不绝的可能性增加了。"四世三公""四世五公"相继出现。"以智役愚"局面开始破坏。"选士而论族姓、阀阅"之风,就是在这种背景下发展起来的。很明显,这一系列连锁反应,追根溯源,全都关系到前述力量对比的变化,关系到三结合统一体的出现与发展。

不过,直到东汉末年为止,如本文第一部分所论,用人考虑"族姓"只是一种社会风气,远未形成国家认可的制度。一些朝廷显贵家族之所以能仕宦不绝,累世公卿,固然与越来越多的法外照顾分不开,但就大多数情况言,主要依靠的仍是儒学传统、文化素质、统治本领,亦即封建德、才。另一方面,一些普通"布衣",只要有德、才,进入各级政权仍有不少机会。

这也就是说,东汉末年虽然出现了"选士论族姓"这一门阀制度的萌芽,但是离门阀制度的形成还存在相当一段距离。三结合统一体,特别是累世公卿的世家大族的存在,已经导致了门阀制度的萌芽,并就其不可抗拒的总趋势言,必将继续导致门阀制度的形成。事实也证明,魏晋以后门阀制度其所以形成,离开豪强势力的强大,特别是当时的三结合统一体的制约,是不可想象的。而且门阀制度下的高级士族,正是由东汉兴起或魏晋兴起的累世公卿、世家大族所转化。不过在东汉末年,这一制度毕竟尚处在雏形之中。如果没有东汉末年的战乱,如果统一王朝继续存在下去,门阀制度由雏形到形成的过程将会是很缓慢的。作为一个庞大的统一王朝,有着大量个体小农散居,提供兵役、徭役、赋税,使它能保持相对强大的力量;同时又有着相当数量有德、才,出身普通"布衣"的士人,不断被选入各级政权,作为新鲜血液,为朝廷出谋划策或掌管行政事务。因而对当时的豪强势力、世家大族,虽然已在经济上给予照顾,

---

① 参《后汉书》卷五六《种暠传》、卷三〇下《郎𫖮传》。

在用人上有所偏向，但是绝不会很快把它们视为主要社会、阶级基础，将照顾、偏向发展为赋予特权，从法令上固定下来，建立门阀制度的。

只有东汉末年以后，出现了新局面，产生了新问题，方才加速了门阀制度的形成过程。

（二）战乱，统一帝国瓦解与分裂，新王朝力求三结合统一体特别是世家大族大力支持，是门阀制度加速形成的决定因素。

东汉末年爆发黄巾农民大起义。军阀混战的结果导致社会大动乱和统一帝国解体。随后形成三国鼎立。几十年后，经过短暂统一，各类矛盾又汇为永嘉之乱，再开南北长期对峙的局面。

在这个过程中，出现了两个显著变化及其连锁反应，迫使封建王朝为了巩固统治，不得不加速推行门阀制度。

第一，在东汉灭亡以后几百年中所建立起来之鼎立、对峙的各王朝，不仅声望远逊于统治达四百年之久的汉王朝，而且统治地盘缩小，统治基础与实力也无法与之相比。东汉桓帝时王朝编户人口达五千六百多万；而进入三国，编户最多的曹魏才四百四十多万，西晋统一时也只有一千六百多万；南北一分裂，各自的人口又复减少。[1] 劳动力控制大大减少，意味着实力极大削弱；再加上鼎立对峙，战争频仍，消耗至巨，因而各王朝统治的稳固程度，也无法与东汉相比。

可是另一方面，在这个过程中，前述三结合统一体，特别是世家大族的实力，一般却比过去加强。原因是：在战争不断，兵役、徭役沉重等条件下，个体小农很难维持生产，不得不大量投附这些势力，充当佃客、部曲，以求庇护。十六国末南燕尚书韩𧨳曾上疏曰："百姓因秦晋之弊，迭相荫冒，或百室合户，或千丁共籍，依托城社，不惧熏烧，公避课役，擅为奸宄。"[2] 此证豪强势力，特别是一些高官显贵家族隐占大量劳动力，自魏晋以来很普遍。他们的力量本已不可忽视，得到大量投附佃客、部曲之后，便进一步扩大，对基础、实力削弱的新王朝来说，地位和重要性显著

---

[1] 参梁方仲《中国历代户口、田地、田赋统计》，上海人民出版社，1980 年。

[2] 《晋书》卷一二七《慕容德载记》。

提高,后者对前者的依靠程度,也远超过东汉。

以统治区比较狭小,豪强大族数目不多,容易看出上述规律的孙吴政权为例,其对"僮仆成军……田池布千里"的江南豪强大族,[①]尤其是对实力最强的吴郡顾、陆、朱、张四姓的依靠和优遇,是惊人的。顾雍为丞相,一干就是十九年;雍母由吴郡至建业,孙权作为君主"临贺之,亲拜其母于庭",此均秦汉以来所未见。朱治任孙吴最富足的吴郡太守,前后竟达二十二年,死而后已,可以说实际上让他操纵了经济命脉。而且"治每进见,(孙)权常亲迎,执版交拜"。陆逊为荆州牧,镇守长江上游军事要地,孙权许其独自与蜀国办交涉,"并刻(孙)权印,以置逊所";逊后升丞相,领荆州牧如故,萃内外大权于一身。[②] 值得注意的是,对充任高官显贵的豪强大族代表人物,制度上还有特殊优待。首先是免除他们田客的赋役,即"复客"制度。其次是高级将领死后,子弟可以袭爵为官,继续统率其军队,即世袭领兵制度。[③] 这两项特殊优待,作为王朝认可的制度,亦为秦汉以来所未见。以上这些全反映了新形势下,基础、实力较弱之朝廷,对相对强大之豪强势力、世家大族之特殊让步与笼络。如果西晋不统一,听任孙吴独立发展,不受干扰,迟早孙吴式的门阀制度是会确立的。

通过孙吴之例,我们也就容易理解为什么西晋要规定"二品系资",东晋要允许"凡厥衣冠,莫非二品",要建立和发展门阀制度,其实全是为了笼络高官显贵家族,以此换得他们对自己不很稳固统治的全力支持。

第二,东汉灭亡,特别是永嘉乱后,文化学术中心由汉代京师的太学以及各地的郡国学,逐渐转移于三结合统一体,"太学博士之传授,变为家人父子之世业"。[④] 情况是这样的:连绵战乱,官府书籍大量焚毁、损失,再加上玄学清谈的巨大影响,无论南北,公私学校全都沦废,或形同

---

① 《抱朴子·吴失》。"僮仆",实际上多指佃客,见唐长孺《孙吴建国及汉末江南的宗部与山越》,载《魏晋南北朝史论丛》。

② 以上三人分见《三国志》本传及裴注。

③ 这两项制度参唐长孺《孙吴建国及汉末江南的宗部与山越》,载《魏晋南北朝史论丛》。

④ 陈寅恪:《隋唐制度渊源略论稿·礼仪》,上海古籍出版社,1982年。

虚设。由此产生的一个连锁反应便是：在很长一段时期内,庶人、寒人甚至某些低级士族,要想找到书籍和经师,提高文化素质,学习统治经验都十分困难。同时,编户减少,战争不断对兵役、徭役等的需要又极大增加(一部分编户且被强迫充当军户、吏家等),庶人、寒人也很难再有条件读书、出仕。这样,他们就无法像汉代普通"布衣"那样进入士人行列,更谈不上跻身庙堂,为君主筹谋划策了。前述东晋南北朝之庶人、寒人只能靠吏干、武功出身,根本原因就在于此。

在此条件下,一般说只有三结合统一体、世家大族保存和传习文化学术。一则,从汉代至魏晋南北朝,世家大族一般都重视儒学,注意搜集、保存经籍史书,有一部分还发展成儒学世家、"儒宗"。及至学校沦废,庶人、寒人又无法读书,文化学术、古代统治经验,只在这些家族中保存和传习下去,便是很自然的。再则,在战乱或赋役沉重的条件下,也只有世家大族得以保存书籍,传习文化学术。因为他们往往拥有坞壁等防御工事,一般可以拥众自保,使书籍、文化免遭摧残。而等战乱过去,他们又往往是新朝官吏和权贵,家族享有免役等特权,从而不影响将文化学术和古代统治经验稳定地传习下去。这就迫使各新王朝不得不主要从这些三结合统一体、世家大族中选拔统治人才,特别是高级统治人才。

必须指出,各王朝之所以要从三结合统一体、世家大族中选拔、补充统治人才,除文化素质、统治本领外,还有一个重要考虑,这就是认为在儒学的熏陶下,这些家族子弟一般具有较高的封建道德品质,而这正是封建统治人才必备的条件。《魏书》卷六〇《韩麒麟传附子显宗传》:魏孝文帝实行门阀制度,李冲反对说:"陛下今日何为专崇门品,不有拔才之诏?"孝文帝回答:"苟有殊人之伎,不患不知。然君子之门,假使无当世之用者,要自德行纯笃,朕是以用之。"本文第三部分已说,南朝宋、齐诸寒人出身之佞幸,虽有吏干,但由于缺乏儒学修养,掌权后贪污纳贿,胡作非为,结果反而导致了王朝或君主的覆败。魏孝文帝模仿南朝推行门阀制度,在这次对话中重视"德行纯笃",把它作为其所以要从"君子之门"选拔人才的一个理由,恐怕同时也是有鉴于佞幸给王朝带来危害之教训而提出的。

总之,在汉代三结合统一体形成与发展,"选士论族姓"之风开始流行的基础上,魏晋以后各王朝其所以要加速建立,并持续实行门阀制度,一是因为连绵战乱,鼎立对峙局面改变了王朝与诸二结合统一体的力量对比,迫使王朝不得不进一步依靠他们,特别是铨选上赋予其更大特权,以求其全力支持自己不很稳固的统治。二是因为当时一般也只有这些三结合统一体,尤其是累世公卿的世家大族中拥有统治人才和高级统治人才,不在铨选上赋予更大特权,新王朝便不能将他们尽快地、大量地吸收入各级政权,以巩固统治。一句话,必须从这些统一体中选拔人才,一般也只可能从这些统一体中选拔人才。于是便形成了沈约所说的"以贵役贱"的局面。

(三)九品中正制对门阀制度的形成,在形式方面的影响。

上面论述的是门阀制度实行的前提,以及加速形成的原因,但究竟采用什么形式来赋予这些三结合统一体以特权,从中选拔统治人才呢?历史上有世官世禄制,有父兄任制,而魏晋南北朝却主要采用了和以前制度有所不同的、独特的门阀制度。它是九品中正制在一定条件下逐渐推移促成的。

如所周知,曹魏实行九品中正制,由朝廷官兼任各级中正,将人才依古制分为九等,原来意图只是为了便于铨选,并将用人权掌握于朝廷手中,防止、抵制当时世家大族的"浮华"结党之风。这可能与曹魏"三祖"受先秦法家思想影响较大有关。随着社会经济恢复,三结合统一体特别是其中世家大族日益强大,而封建王朝力量却相对削弱,出于种种具体动机,封建王朝不得不对前者加意拉拢、依靠之后,九品中正制便逐渐变质了。如西晋司马氏为篡代曹魏和巩固新王朝统治,对诸世家大族态度十分迁就。《晋书》卷九〇《良吏·胡威传》:威为尚书,"尝谏时政之宽,帝曰:'尚书郎以下,吾无所假借。'威曰:'臣之所陈,岂在丞郎令史,正谓如臣等辈,始可以肃化明法耳。'"皇帝毫不讳言自己只准备对官品六品(尚书郎)以下官吏犯法给予惩罚,六品以上就要"假借",这在中国历史上是第一次见到。他不但这么说,也是这么做的。《资治通鉴》卷七九泰始三年(267)载:司隶李憙劾大臣、宗室山涛、司马睦、武陔以及县令刘友侵占官稻田。对这种直接损害王朝经济利益的行为,晋武帝只处死了官位最低的县令刘友(官品六品),对山涛等(官品三品以上)则下诏"皆勿有所问"。怪不得司马光就此事评说:这是"避贵施贱","可谓政乎"。既然皇帝都对高官显贵如此迁就,则各级中正在评定他们及其子弟的人品时怎么可能公正呢?很自然,结果便是刘毅所说的,"随世兴衰,不顾才实,衰则削下,兴则扶上","上品无寒门,下品无势族","职名中正,实为奸府"。九品中正制并不公正了。

前面已经涉及,九品中正制的特点有二:其一,九品之"品",作为人品,不是社会道德观念,而是中正官评定,经司徒府批准,即封建王朝承认、备案的,具有权威性。其二,这样定下来的人品,不仅是一种荣誉,更重要的是,它还与吏部铨选,与官职紧密联系在一起。人品上品则官品起点高,且升迁快,容易爬上高位;反之,则往往沉滞于卑官贱职。

由于具有这两个特点,所以九品中正制在逐渐变质后,特别是稍后再与西晋王朝公开优待高官显贵的"二品系资"相结合,便导致以下结果:

第一,发展成一种恶性循环:家族中有人官居高品,子弟便容易获得人品上品,取得较快升迁官品高品之资格;等这批子弟达到官品高品后,下一批子弟又容易获得人品上品。反之,官居下品者,子弟往往得到人品卑品,便形成向官品下品之循环。这便是过渡性的、按官位高低区分的门阀制度。

第二,东晋建立后,"势族"和王朝比,相对说,力量更强大,因而评人品上品、升官品高品的可能性也就更大。于是又引起以下连锁反应:本来,九品中正制下一个士人被评为上品或下品,是个人德、才问题,与家族血缘无关。"二品系资"后,与家族发生了关系,也只涉及"资"即官位,仍与血缘不相干。可是等到"凡厥衣冠,莫非二品"以后,由于是由中正官与司徒府代表封建王朝确定的,具有权威性,相应地这些"势族"子弟又往往最后达到官品高品,成为高官显贵,这样,时间久了,其人品、官品之取得,就不仅被看成个人德、才,而首先被视为出于整个家族血统高贵了。相反，"寒门"子弟屡被评为人品下品，充任下级官吏，时间久了，便被视为整个家族血统卑贱的结果。经过以上演变，终于人品转为门品，个人德、才转为家族血统。一般说，过去是官品决定人品，此后是门品决定官品。这就是按血缘关系区分的门阀制度。至于庶人、寒人，因为本无人品，其中极少数人的官品是靠士族轻视的吏干、武功取得，失官后仍需服徭役，血统之卑贱自然又在低级士族之下，因而也就被压在门阀社会的更下一层，"士庶天隔"便是它的真实写照。

十分清楚，无论以上哪一阶段门阀制度的形成，最初全都始于中正评定人品。中正评定和吏部铨选依据人品、门品，构成门阀制度不可或缺的部分与特点。可以说，门阀制度在形式方面是渊源于九品中正制的。

必须指出，无论以上哪一阶段门阀制度，均与世官世禄制、父兄任制有所不同。后者由贵族地位或官位直接决定子弟出仕，而前者形式上需经过一个中间阶段，即考虑人品或门品。按规定，人品主要标准为德、才，考虑它便意味"势族"子弟仍需德、才，方能取得出仕优势。这显然带有很大欺骗性。至于门品，虽按血缘关系区分，但它从人品发展而成，所以也意味着与德、才标准紧密相关。门品二品，即意味其家族由血缘决定的门风，在德、才上具有优势，因而理应出仕起点高，并迅速升至大位。任昉赞琅邪王氏"六世名德，海内冠冕"；琅邪王筠自称家族"七叶之中，名德重光，爵位相继"；①前引魏孝文帝以为"君子之门""德行纯笃"，全都把门阀血缘与"名德（名指著名，名德即重德、大德）""德行"连在一起。这和世官世禄、父兄任相比，具有较大欺骗性。

总之，魏晋南北朝的门阀制度，在形式方面，离开九品中正制便不可想象。

以上即为什么在魏晋南北朝出现并持续存在门阀制度的三个原因。

等到南北朝后期，社会经济、文化发展，大土地所有制、封建大家族与宗族以及儒学三结合统一体在实力和文化素质、统治经验上，不再占

---

① 分见《文选》卷四六《王文宪集序》、《南史》卷二二《王筠传》。

有压倒优势;相反,由于种种原因,包括农民起义之打击,高级士族日益没落,而庶人、寒人地主则在新形势下经济实力加强,文化素质提高,特别在北朝,军功、吏干出身的官吏从来就占据重要地位,往往便是朝廷显贵。在这诸种因素结合下,"以贵役贱"的局面已无法维持下去,至隋唐,封建王朝为了更广泛地选拔人才,求取各种社会力量支持,以巩固统治,便把九品中正制废除,使门阀制度与政治制度脱离关系,变成了纯粹的社会制度。

素族、庶族解[*]

　　《南齐书》卷二《高帝纪下》，遗诏曰："吾本布衣素族，念不到此。"赵翼据此说："齐高既称素族，则非高门可知也。"①似乎以齐高为低级士族。然就赵翼全文看，"素族"与"世族"对举，指的是"寒人"。对此，周一良先生很早以前就用丰富史料作了驳正，②明确指出南北朝素族一语并非指寒人，"皆与宗室相对而言"，"凡非帝室而是清流者，皆可曰素族"。这个驳正，至今不可移易。但"素族"为何作此解，周先生未及细谈，本文想就这一小问题作点补充。

　　日本学者冈崎文夫也是很早就否定赵翼之素族即寒人说的，③但他解素族为高门之谦称，却不能令人赞同。因为这种解释除刘宋少数场合外，宋末、萧齐以后绝大多情况下说不通。突出的如《南齐书》卷二二《豫章王嶷传》：沈约答乐蔼书曰，"谢安石，素族之台辅"。沈约在南齐叙述东晋人的出身，与谦称当然不相干。另一日本学者宫川尚志主"素"为"素旧"之素，素族指旧族。④ 这一解释同样不大恰当。因为素字固然可与故旧互训，也确有认素族为旧族之例，⑤但多数情况下素族与宗室对

---

　　* 原载《北京大学学报(哲学社会科学版)》1984 年第 3 期。

　　① 《廿二史札记》卷十二"江左世族无功臣"条。

　　② 周一良：《魏晋南北朝史论集》，中华书局，1963 年，第 76 页。

　　③ 冈崎文夫：《南朝贵族制的一个侧面》，载《高濑博士还历纪念"支那"学论丛》，弘文堂，1928 年，第 175 页。

　　④ 宫川尚志：《魏晋南朝的寒门寒人》，载《东亚人文学报》第三卷第二号，第 184 页注 32。

　　⑤ 《南史》卷二三《王琨传》："使王华访素门，嫁其二女。华为琨娶大女，以小女适颍川庾敬度。亦是旧族。"前之"素门"即后之"旧族。"

举,范围较窄,而旧族要广泛得多。如《南齐书》卷三三《王僧虔传》:僧虔为会稽太守,"听民何系先等一百十家为旧门。……坐免官",全郡旧门(族)之数无疑远在一百十家之上。素族决不可能有这么多。此处之旧门(族),大致相当于泛称之"士族",既包括高门,也指低级士族,与具有特殊含义的素族是不同的。

为了论证此问题,让我先引一段有关文章。[1] 该文在涉及南北朝庶族(寒人)受士族压抑,即便侥幸升迁高位仍遭歧视这一现象时举了一例:"《宋书》记蔡兴宗居高位,握重权,而王义恭[2]诋其'起自庶族'。兴宗亦言'吾庶门平进,[3]与主上甚疏,未容有患。'"此处有两个疑问:第一,济阳考城蔡氏是东晋南朝高门,蔡兴宗高祖蔡谟为东晋司徒;父蔡廓起家著作佐郎,宋吏部尚书;兴宗本人先为吏部郎,后为吏部尚书。[4] 众所周知,东晋南朝之司徒位居极品,而起家著作佐郎,升吏部郎和吏部尚书,又是高门的特权,既然如此,为什么会被义恭诋为庶族(寒人)呢? 第二,东晋南朝的高门"平流进取,坐至公卿",[5]"平流进取"亦即"平进"之意。[6] 如果蔡兴宗是寒人,则官至吏部尚书等职应是不次拔擢,何以自称"平进"呢?

要回答这两个疑问,必须对蔡兴宗传之"庶族"一词作正确理解。原来此处之"庶族"并非与士族对举之"庶族(即与寒门意近之庶族)",而是与宗室对举之庶族,指的是异姓大臣或高门。请看原文:蔡兴宗被出为吴郡太守,固辞;改任新安王子鸾抚军司马、南东海太守,又不拜,而苦求远调益州。于是江夏王义恭大怒,上表曰:"伏寻扬州刺史子尚,吴兴太守休若,并国之茂戚,鲁、卫攸在,犹牧守东山,竭诚抚莅;而辞择适情,起自庶族,逮佐北藩,尤无欣荷。"此处文有脱误。"而辞择适情"两句,李

<hr>

① 王元化:《刘勰身世及士庶区别问题》,载《中华文史论丛》1979 年第 1 期,第 192 页。
② 当作江夏王义恭或刘义恭。
③ 按《宋书》《南史》本传和《资治通鉴》卷一三〇泰始元年条俱作"素门平进"。
④ 参《元和姓纂》卷八及《宋书》卷五七《蔡廓传》《蔡兴宗传》。
⑤ 《南齐书》卷二三"史臣曰"。
⑥ "平进",见《晋书》卷七三《庾亮传》、《梁书》卷七《后妃·太宗王皇后传附父骞传》。

慈铭以为"当作'而兴宗起自庶族,辞择适情',两句互倒,又脱兴宗二字耳",①甚是。子尚即孝武帝子豫章王子尚,休若即文帝子巴陵王休若。吴兴郡属扬州,扬州与荆州分称陕东、陕西;②所以"牧守东山"大概是指子尚、休若官于扬州。③ 新安王子鸾当时为抚军将军,都督南徐州诸军事,治京口。④ 京口在建康北,东晋以来素称北府。所谓"逮佐北藩",当指改任子鸾抚军司马一事。所以义恭这段话的大意是:宗室子尚、休若尚且竭诚镇抚扬州地区,并未请求出官边地,而非宗室即"庶族"蔡兴宗却不服从调动,苦求益州,拒绝当吴郡太守及抚军司马。很清楚,义恭所谓庶族,指的是异姓大臣或高门,并无贬义。这种用法,南朝颇为流行。如《南齐书》卷二二《豫章王嶷传》:嶷薨,竟陵王子良上书建议赠宠说,"且庶族近代桓温、庾亮之类,亦降殊命"。桓温、庾亮均东晋名臣,出身第一流高门,"庶族"在这里显然也不是指寒人。庶族有的作"庶姓",含义完全相同。《宋书》卷八五《王景文传》:明帝用景文为扬州刺史,不就,宋明帝手诏譬之曰:"庶姓作扬州,徐干木(羡之)、王休元(弘)、殷铁(景仁)并处之不辞。卿清令才望,何愧休元……卿若有辞,更不知谁应处之。"刘宋一代扬州刺史多用宗室,王景文之前五十年中前后为之者共十三人,非宗室仅此三人。⑤ 其中王弘出身琅邪王氏,殷景仁出身陈郡殷氏,徐羡之出身东海徐氏,都是士族;而王景文本人也出自琅邪王氏,是第一流高门。此处之"庶姓"更无丝毫贬义。《南齐书》卷二三《褚渊传》:卒,"先是庶姓三公辒车未有定格。王俭议官品第一,皆加幢络,自

① 《宋书》卷五七《蔡兴宗传》中华书局标点本校勘记〔一二〕引《宋书札记》。

② 《南齐书》卷一五《州郡志下》;李慈铭《越缦堂读书记》,中华书局,1963 年,第234 页。

③ "牧"指子尚为州刺史,"守"指休若为郡太守。"东山"疑本作"东陕"。16 世纪闭口韵消失(见王力:《汉语音韵》,中华书局,1980 年,第四章"韵书"下"中原音韵"条),山(《广韵》山韵)、陕(《广韵》琰韵)二字除声调一平一上外,已无大区别,或有人不明"东陕"之义,误改为"东山"。

④ 以上参《宋书》卷八〇《豫章王子尚传》《始平王子鸾传》,卷七二《巴陵王休若传》,又《宋书》卷三五《州郡志一》"南徐州刺史"条。

⑤ 据万斯同《宋将相大臣年表》。

渊始也"。褚渊出身河南阳翟褚氏，为著名高门。这里"庶姓三公"是与"宗室三公"对举的，和寒人也毫无干系。到梁、陈两代，据《隋书》卷二六《百官志上》，宗室诸王与庶姓大臣对举之例，更不胜枚举。北朝情况同。①

　　庶族、庶姓的这种涵义还可以上溯至两晋。《晋书》卷三六《张华传》：贾后杀汝南王亮和卫瓘后，"以华庶族，儒雅有筹略，进无逼上之嫌，退为众望所依，欲倚以朝纲，访以政事"。这"庶族"两字，联系到张华"少孤贫，自牧羊"，常被视为他非士族出身的有力证据。当然，张华究竟出身为何，以及"少孤贫，自牧羊"应怎样理解，可以讨论，但此处之"庶族"决非指与寒人意近之庶族，却可以肯定。因为否则就无法解释"进无逼上之嫌"这句话。要是重用寒人无逼上之嫌，那就等于说重用士族、豪族有逼上之嫌了。然而在西晋，"宗室殷盛"，②从武帝以来，士族、豪族迭受重用，③一直没有发生"逼上"问题，何以到贾后时，诸王已进一步掌握方面重权，④竟会发生危机了呢？这是讲不通的。所以《张华传》之"庶族"正确解释应是指异姓大臣。《通鉴》卷八二元康元年条引此，庶族作"庶姓"。胡注："据杜预《左传》注，庶姓，非同姓。"所谓"杜预注"，指的是《左传》隐公十一年事，原注是："庶姓，非周之同姓。"胡注是正确的。当时惠帝是白痴，异姓大臣掌实权的不多，远不足与宗室抗衡，只有宗室诸王才有逼上之嫌，如再让他们主持朝政，惠帝的皇位就更岌岌可危了。这就是为何贾后要重用张华的历史背景。张华是以异姓大臣的身份比宗室诸王保险，又因"儒雅有筹略"，胜其他异姓一筹，因而被贾后看中的，而决不是由于出身低微。庶族、庶姓这种用法在东晋也

---

① 《魏书》卷一〇八之三《礼志三》：拓跋丕奏迁神主于太庙，说："神部尚书王谌，既是庶姓，不宜参豫。"又尚振明《孟县出土北魏司马悦墓志》（载《文物》，1981年第12期）："先是庶姓犹王，封琅邪王"，是与后来仅宗室封王对比而言的。《魏书》卷三三《贾彝传附子秀传》：丞相乙浑，"妻庶姓而求公主之号"。秀对曰："公主之称，王姬之号，尊宠之极，非庶族所宜。"前之庶姓即后之庶族，与公主对举。

② 《晋书》卷五九《汝南王亮传》。

③ 参万斯同《晋将相大臣年表》。

④ 见《晋书》卷三《武帝纪》太康十年、太熙元年对诸王的任命。

屡见不鲜。①

总之，两晋南北朝史料所见庶族、庶姓，和这一时期经常出现的士"庶"之"庶"，即庶人、寒人、小人，完全不是一回事。如果这样来理解《蔡兴宗传》，前面的两个疑问也就迎刃而解了。首先，所谓蔡兴宗"起自庶族"，原来只不过说他并非宗室，这与济阳考城蔡氏的门第很高，就不矛盾了。其次，出身高门而迁吏部郎、吏部尚书等职，是南朝惯例，没什么特殊，所以蔡兴宗要自称"平进"了。

齐高帝自称的"素族"，其涵义正与此"庶族""庶姓"相同。"素族"当如此解释之例在南朝宋末、萧齐以后极多，如：

《南齐书》卷二二《豫章文献王嶷附子子操传》："王侯出身官无定，准素姓三公长子一人为员外郎。""素姓三公"与"王侯"对举，而与上引《褚渊传》云"庶姓三公"为同一概念。

《南齐书》卷四二《王晏传》：王俭卒，礼官欲谥为"文献"，王晏反对说：此谥"……宋以来不加素族"。而《通鉴》卷一三六永明七年条载此语"素族"作"异姓"。"异姓""异族"即"庶姓""庶族"，说见下。

《宋书》卷七九《桂阳王休范传》："及太宗晏驾，主幼时艰，素族当权，近习秉政。"后休范起兵叛乱，致书当权大臣袁粲等，借曹魏为司马氏篡夺事影射说："魏革汉典……遂使诸王绝朝聘之礼，是以根疏叶枯，政移异族。今宗室衰微，自昔未有……"后之"异族"即前之"素族"。

《陈书》卷一七《袁敬传附兄子枢传》：枢议曰，"汉氏初兴，列侯尚主，自斯以后，降嫔素族。……《齐职仪》曰：凡尚公主必拜驸马都尉。魏晋以来，因为瞻准。盖以王姬之重，庶姓之轻，若不加其等级，宁可合卺而酳？""素族"与"庶姓"在同一文中交错使用，其义则一。②

由此可见，在这些地方，素族与素姓，庶族与庶姓，异族与异姓三者涵义相同。也就是说，素族、素姓主要当依庶族、庶姓解为非宗室大臣。

---

① 东晋江逌《扇赋》："育庶族于云梦，散宗俦于具区。"（《艺文类聚》卷六九）《晋书》卷七三《庾亮传》、《通典》六七"皇后敬父母"条引何充与庾翼书，均以"庶姓""异姓"为非宗室大臣。

② 袁枢把列侯归于素族之外，是一种回溯历史时的特殊用法，素族指无封爵之异姓大臣，实际上南朝无此区分。

这里还有两个问题需要明确。

第一，为什么南朝以前一直使用庶族、庶姓或异族、异姓这些词作非宗室大臣解，其根据何在？原来这来源于儒家经典。《周礼·秋官·司仪》："诏王仪，南乡见诸侯，土揖庶姓，时揖异姓，天揖同姓。"①郑注："庶姓，无亲者也。……异姓，昏姻也。"孙诒让《正义》："《尔雅·释诂》云：'庶，众也。'庶姓犹言众姓，谓异姓之无亲者也，对下'时揖异姓'为异姓之有亲者也。"可见，庶姓、异姓都指非同姓诸侯，只不过与王室一无婚姻关系，一有婚姻关系而已。所以有时也很难严格区分。如《仪礼·觐礼篇》：诸侯朝觐，"同姓西面北上，异姓东面北上"，"同姓大国则曰伯父，其异姓则曰伯舅。同姓小邦则曰叔父，其异姓小邦则曰叔舅"。都没有提庶姓，已包括于异姓之中。故《诗经·小雅·伐木篇》孔疏："异姓，王舅之亲；庶姓，与王无亲者。天子于诸侯非同姓皆曰舅，不由有亲无亲，则舅文又以兼庶姓矣。"由于此故，有时庶姓与异姓也就混用。如《左传》隐公十一年："滕侯、薛侯来朝争长。薛侯曰：'我先封。'滕侯曰：'我周之卜正也。薛，庶姓也，我不可以后之。'（隐）公使羽父请于薛侯曰：'……周之宗盟，异姓为后，寡人若朝于薛，不敢与诸任齿。'"前称庶姓，后称异姓，说明至少春秋之时已混用了。而西周之"姓"，慢慢又发展成许多"族"（氏族）。《左传》隐公八年："天子建德，因生以赐姓，胙之土而命之氏。诸侯以字为氏，因以为族。"姓与氏，或姓与族，后来又"合而为一"，②所以到魏晋南北朝庶姓、异姓也可称"庶族""异族"，而同指非宗室大臣。

第二，既然过去一直使用经典有征之庶姓、庶族等词，为什么这一段时期又会出现在许多场合和它们涵义完全相同的新词"素姓""素族"呢？我想大概有两个原因：

首先，和这一时期"素"字被广泛使用于褒词中紧密不可分。素字早在儒家经典中作质朴无文解，就具褒义。《礼记·郊特牲》曰："乘素

① 《周礼·司仪》孙诒让《正义》引江永曰："古人之揖，如今人之拱手而推之，高则为天揖，平则为时揖，低则为土揖也。"

② 《通志·氏族略序》。

车，贵其质也。"又曰："酒醴之美，玄酒（即水）明水之尚，贵五味之本也。……大羹不和，贵其质也。大圭不琢，美其质也。……（祭天时）素车之乘，尊其朴也。"郑注把此段经文概括为"尚质贵本"四个字。这个精神直到魏晋南北朝依然未变。如何晏之《景福殿赋》："绝流遁之繁礼，反民情于太素。"不管何晏本人品德如何，至少说明当时正统观念把"太素"看得重于"繁礼"。《南齐书》卷九《礼志上》："至敬无文，以素为贵"，也是此意。另一面，魏晋以后玄学流行，从老庄思想的角度，也强调朴素。《老子》第十九章："见素抱朴，少私寡欲。"《庄子·天道篇》："夫虚静恬淡，寂漠无为者，万物之本也。……以此处上，帝王天子之德也。以此处下，玄圣素王之道也。"郭象注："此皆无为之至也。有其道为天下所归而无其爵者，所谓素王自贵也。"①同书又说："无为也而尊，朴素而天下莫能与之争美。"成玄英疏："夫淳朴素质、无为虚静者，实万物之根本也，故所尊贵，孰能与之争美。"这些地方之"素王""朴素"之内涵，和儒家经典虽然不同，但"素"字乃美义则无差别。正是在这种学术思想影响下，"素"字作为朴素、清白之义大量构成褒词，南朝尤为突出。如儒素、风素、坟素、贞素、真素、退素、闲素、雅素、廉素、纯素、德素等。②甚至即便在南北朝个别的、有些贬义的"寒素"一词，原义也是好的。③正因如此，大约从西晋开始，对大臣常用"素"字褒赞。如"素质"、④"素

---

① 素王，还见于《史记》卷三《殷本纪》、贾谊《过秦论》、《汉书》卷五六《董仲舒传》、《淮南子·主术训》等。《殷本纪》索隐："素王者，太素上皇，其道质素，故称素王。"此当其正解。孔颖达疏《广雅·释诂》，疏《春秋序》曰："素，空也，言无位而空王之也"，其义应是后出的。（与孔、司马二人先后无关。）《庄子》虽言上下之别，然玄圣与素王并列，玄圣即素王，玄、素皆美词，而非"空"义。

② 儒素，见《晋书·谢鲲传》。风素以下依次见《南史》卷二六《袁湛传附袁昂传》、卷二七《孔靖传附孔奂传》、卷二九《蔡廓传附蔡撙传》、卷二七《孔琳之传附孔觊传》、卷三六《沈演之传附沈颜传》、卷二九《蔡廓传》、卷三九《刘勔传》、卷三六《羊玄保传》、卷二六《袁湛传附袁敬传》、卷三三《郑鲜之传》。

③ 《南史》卷一一《袁湛传附袁昂传》：对颜师伯，"以寒素陵之"，有贬义。然据《晋书·李重传》："开寒素以明尚德之举"，含褒义。

④ 《初学记》卷一一晋孙绰之《贺司空循像赞》："素质玉洁。"

望"，①甚至与君主相对，称"素者"。② 南朝更突出。《南史》卷二六《袁湛传附袁昂传》：昂出身陈郡袁氏，梁武帝敕曰："袁昂道素之门，世有忠节。"卷二三《王惠传附从弟球传》：球出身琅邪王氏，历宋吏部尚书、仆射等要职，常称病不朝直，江夏王义恭欲纠弹。何尚之说："球有素尚，加又多疾，公应以淡退求之，未可以文案责也。"义恭对宋文帝说："王球诚有素誉，颇以物外自许。端任（指仆射）要切，或非所长。"文帝回答："诚知如此，要是时望所归。昔周伯仁（东晋周𫖮）终日饮酒而居此任，盖所以崇素德也。"王球"遂见优容"。这里"素尚""素誉""素德"迭用，而与"淡退""颇以物外自许""终日饮酒"联系在一起，实含有质朴、恬淡、自然无为，不计名利等褒义，而融儒家、道家观念为一。加之王球出身第一流高门，官位又极高，因而也就被称为"素族"。③ 大概就是由于上述因果、沿革关系，从刘宋末年开始便出现了新词"素族""素姓"，而与长期以来作非宗室大臣原解的"庶族""庶姓"混用了。

其次，素族、素姓与庶族、庶姓等混用，可能还和声韵相近有关。据《通志·七音略》（《韵镜》同），"庶（恕）"属审母三等，"素（诉）"属心母一等。魏晋南北朝时期有的可以相通。《文选》卷二八陆机《门有车马客行》："亲友多零落，旧齿皆凋丧。……慷慨惟平生，俯仰独悲伤。""凋丧"一词魏晋时期多作"凋伤"。④ 伤，审母三等；丧，心母一等。陆诗因末句有"伤"字，故将前"凋伤"改"凋丧"，此二母可通之证。如果把声韵放宽一些，则正齿音审母字与心母字相通例就更多。如素与数（审二）、⑤

---

① 《初学记》卷一一晋熊远称太尉荀组："朝之素望。"
② 《宋书》卷一八《礼志五》：晋武帝诏曰，"羊车虽无制，犹非素者所服"。
③ 王俭语，见《南史》卷一一《后妃上·武穆裴皇后传》、《南齐书》卷一〇《礼志下》。
④ 《三国志》卷一《魏书·武帝纪》建安二十三年注引《魏书》："天降疫疠，民有凋伤。"《文帝纪》黄初七年注引《魏书》"疫疠大起，时人凋伤"。
⑤ 《文选》卷四二阮元瑜《为曹公作书与孙权》："常思除弃小事，更申前好……以明雅素中诚之效。"《三国志》卷一二《魏书·崔琰传》：琰书谏曹丕，丕报曰："昨奉嘉命，惠示雅数。"雅素即雅数，指内心真情。素、数互通。

数与算（心一）、①死（心四）与尸（审三）②等。另外，今天普通话中 xi 音
字的一部分来源于古代心母（如须、洗、先、消），也可作为侧证。另一面
从韵部看，据《广韵》，庶、素同为去声，庶在九御，素在十一暮，同在遇摄。
王力先生将御韵拟音为 ĭo，暮韵拟音为 u。③ o、u 同属圆唇后元音，i、u 同
属高元音，也十分接近。正因如此，南朝宋、齐两代鱼（语御）、虞（麌
遇）、模（姥暮）三韵，诗人在诗赋中是通用的，④也就是说，庶、素押韵。
这样，庶、素声母接近，韵部同用，再考虑到前面所讲"素"字一般构成褒
词这一因素，逐渐用"素族""素姓"代替庶族、庶姓，或相互混用，⑤也就
是可以理解的了。当然，这样说并不意味在南北朝庶、素已转为同音字，
而只是说在一定条件下，素族、庶族这两个特定词，可以相互通用。

必须指出，庶族、庶姓本来仅用来指非宗室大臣，并不论门第。但东
晋以后由于门阀制度高度发展，非宗室大臣绝大多数出身高门，⑥久而久
之，庶族、庶姓特别是含有褒义的素族、素姓也就被用来同时指高级士
族，几乎等于高门的同义语。如《南史》卷二二《王昙首传附曾孙骞传》：
出身琅邪王氏，南齐时"尝从容谓诸子曰：'吾家本素族，自可依流平进，
不须苟求也。'"《魏书》卷五六《郑义传》："及元叉擅权，公为奸秽，自此
素族名家，遂多乱杂。法官不加纠治，婚宦无贬于世，有识咸以叹息
矣。"⑦这些地方的"素族"，用"高门"或"甲族"代替，意思完全不变。

---

① 《史记》卷四八《陈涉世家》："楚兵数千人为聚者，不可胜数。"《后汉书》卷一六《邓禹
传附子训传》："前后没溺死者，不可胜算。"《三国志》卷三九《蜀书·董允传附陈祗传》："多技
艺，挟数术，费祎甚异之。"卷四二《李譔传》："博好技艺，算术。"均数、算互通。《仪礼·乡饮酒
礼》："无算爵。"郑注："算，数也。"无算即无数。

② 《吕氏春秋·期贤》："扶伤舆死。"高注："死与尸同。"《汉书》卷七〇《陈汤传》："至康
居，求谷吉等死。"颜注："死，尸也。"

③ 据王力先生拟音，审三为 xi·心母为 s，见《汉语史稿（上册）》第二章第十节，中华书局，
1983 年。由须、洗等字来源古心母，可推测古审三与心母同样有可能相通。

④ 王力《南北朝诗人用韵考》，载氏著《龙虫并雕斋文集》第一册，中华书局，1980 年，第
1—68 页。

⑤ 如前引《南齐书》卷二二《豫章文献王嶷传附子子操传》"素姓三公"，卷二三《褚渊传》
作"庶姓三公"为其著例。

⑥ 叶适《习学记言序目》卷三〇："东晋权归王谢庾桓四族。"

⑦ 又如《梁书》卷四九《文学上·钟嵘传》："素族士人。"卷五二《止足·陶季直传》："边
职上佐，素士罕为之者。"

《南史》卷三〇《何尚之传附何点传》：点出身庐江何氏，"不以门户自矜。……家本素族，亲姻多贵仕"。而《梁书》本传"家本素族"作"家本甲族"，此二者为同义语之证。《史通·书志篇》："隋有天下，文轨大同，江外、山东，人物殷凑。其间高门素族，非复一家……"可见直到唐代这种用法依然存在。

最后，让我们回过头再来看齐高帝遗诏。由于"布衣"二字也有歧义，这里也需附带解释一下。《南齐书》卷二七《刘怀珍传》：宋末，齐高帝为中书舍人，怀珍为直阁，交情甚厚。后齐高帝辅政，曰："我布衣时，怀珍便推怀投款，况在今日，宁当有异？"又《南齐书》卷二五《张敬儿传》：宋末，齐高帝录尚书事，沈攸之致书称彼此"大明（宋孝武年号）之中，谬奉圣主，忝同侍卫，情存契阔，义著断金"。齐高帝在复信中则称这一段交情为"布衣之交"。考《南齐书》卷一《高帝纪上》及《宋书》卷七四《沈攸之传》，大明、景和之世，沈攸之官员外散骑侍郎、太子旅贲中郎、直阁；齐高帝官员外散骑侍郎、直阁、中书舍人。合观之，就可看出齐高帝习惯所称之"布衣"指的是下级官吏，而与辅政及官录尚书事对举。[①]

素族及布衣之义既明，遗诏全句的意思便是："本来我只是一个普通官吏，飞黄腾达后也不过是异姓大臣，并非皇族宗室，原无为帝之意。"

这里要说明的是：说"布衣"无为帝之念很好理解，为什么素族高门也可以成为"念不到此"的根据呢？原来刘宋一代，特别到后期，人们包括皇帝自己的心目中，具有争夺帝位资格的主要是皇族宗室。所以为了维护自己或子孙之帝位，皇帝猜忌、防范、屠杀的主要对象也是皇族宗室。如宋孝武帝共二十八子，夭殇十，前废帝杀二，明帝即位杀六，只剩下松滋侯子房等十人。司徒休仁又言于明帝曰：留下宗室，"将来非社稷计，宜并为之所"。[②] 于是松滋侯子房等全部被赐死，"世祖二十八子于此尽矣"。据赵翼统计，"宋武九子，四十余孙，六七十曾孙，死于非命者

---

① 这仅是"布衣"涵义之一，他如指平民等，此外不备述。
② 《宋书》卷八〇《永嘉王子仁传》。《资治通鉴》卷一三一泰始二年条作"宜早为之所"，更明确。

十之七八,且无一有后于世者"。又说:"皆诸帝自为屠戮,非假手于他族也。"①在宋代争夺和维护帝位的激烈斗争中,素族不能说丝毫不遭猜忌,但绝非主要目标。前引蔡兴宗于宋前废帝凶暴之时说:"吾素门平进,与主上甚疏,未容有患。"意即我不是宗室,按部就班地升迁,没什么碍眼之处,是不会被怀疑有野心、有可能当皇帝,而遭杀害的。同样,在宋明帝末年大肆屠杀宗室之时,齐高帝为南兖州刺史,征还京都,部下劝勿就征,怕遭杀害。齐高帝说:"诸卿暗于见事。主上自诛诸弟,为太子稚弱,作万岁后计,何关他族?"②两条材料都说明皇帝对"素族"猜忌不大,③正反映宋代宗室强盛,"素族"对皇位不抱希望。齐高帝的"念不到此",便是这一情况之反映。然而正因受猜忌小,素族中有雄才大略的却可以因缘时会,在宗室被大量屠杀,力量削弱的条件下,夺取帝位。《南齐书》卷三五《长沙王晃传》:齐高帝临终还"诫世祖曰:'宋氏若不骨肉相图,他族岂得乘其衰弊,汝深戒之。'"把这话和遗诏"念不到此"后面两句"因藉时来,遂隆大业"联系起来看,素族乃指非宗室的"他族"大臣,就更清楚了。④

---

① 赵翼《廿二史札记》卷一一"宋子孙屠戮之惨"条。

② 《南齐书》卷一《高帝纪上》。

③ 有时猜忌均有特殊原因。如宋明帝诸子幼小,临死前,诸弟已几乎杀光,只有桂阳王休范"人才本劣,不见疑"。这时才对王皇后之兄(琅琊王氏)景文猜忌,怕自己死后,"皇后临朝,则景文自然成宰……岁暮不为纯臣",因而赐死。但这种情况并不多见。参《宋书》卷八五《王景文传》。

④ 交稿后读到唐长孺先生对"素族"之考释(见《魏晋南北朝史论拾遗》"读史释词"条,中华书局,1983 年),发现某些看法和唐文有相同之处,但考虑到基本观点、论述范围、角度并不一致,似还有存在价值,故一仍其旧,附识于此。

都督中外诸军事及其性质、作用[*]

从曹魏开始正式建立的都督制度,对魏晋南北朝政治、军事影响极大,其中"都督中外诸军事"又有它的特殊性。然因史料语焉不详,长期以来甚至"中外"的范围都没有定论。最近读史,对这一制度略有体会,兹连同关于其性质、作用的我见,一并写出,以就教于方家。

——

都督中外诸军事这一制度,最早、最有权威的记载,见于《宋书》卷三九《百官志上》。它说:魏文帝黄初三年(222)"上军大将军曹真都督中外诸军事,假黄钺,则总统外内诸军矣。……高贵公正元二年(255)晋文帝(司马昭)都督中外诸军,寻加大都督。……晋江左以来,都督中外尤重,唯王导居之,宋氏人臣则无也"。

这里一共提到了三个都督中外,^①依上下文意,其"中外"一般理解为中央和地方。就是说,都督中外乃是总管中央和地方上一切军队的官衔。

这一看法,如果单就晋文帝而言,似乎可以成立:

《三国志》卷二八《魏书·诸葛诞传》:诞举兵反,"大将军司马文王督中外诸军二十六万众,临淮讨之。大将军屯丘头。使基(指镇南将军、

---

* 原载《纪念陈寅恪先生诞辰百年学术论文集》,北京大学出版社,1989年。
① 为省篇幅,往下都督中外诸军事,一般省称都督中外。

都督扬、豫诸军事王基)及安东将军陈骞等四面合围……又使监军石苞、兖州刺史州泰等,①简锐卒为游军,备外寇"。

同书卷二七《魏书·王基传》:"大将军司马文王进屯丘头,分部围守,各有所统。基督城东城南二十六军。"②

依这些文字,司马昭所统二十六万"中外诸军",是可理解为既包括京师带来的中央军,也包括王基、陈骞、石苞、州泰、胡质等原在地方上的军队,涵义似乎还清楚。然而如果一联系有关司马师的材料,又让人糊涂了:

同书卷二八《魏书·毌丘俭传》:俭举兵反,"大将军(司马师)统中外军讨之。别使诸葛诞督豫州诸军从安风津拟寿春,征东将军胡遵督青、徐诸军出于谯、宋之间,绝其归路。大将军屯汝阳,使监军王基督前锋诸军据南顿以待之"。

《晋书》卷二《景帝纪》:"帝统中军步骑十余万以征之,倍道兼行,召三方兵,大会于陈、许之郊。"

前者的"中外军"即后者的"中军",③而和"三方兵"对举,《三国志》卷二八《魏书·毌丘俭传》还用了"别使"二字明加区别。依这些文字,"中外军"仅指京师中央军,并不包括原在地方上的军队,和前引对司马昭的叙述显然不同。

我们知道,毌丘俭之举兵与诸葛诞之举兵虽为两次事件,但相隔仅两年(俭,255 年;诞,257 年),都督中外的制度未闻有任何变化,而陈寿的用语却如此不谨严,使我们单凭这些材料无法判断真相,因此便不得不跳出这个圈子,并换一个角度来探讨。

先来研究一下早于司马昭的曹真。

我们有充分理由认为:如果曹真都督中外确是总管中央和地方上一切军队,则其资历、地位、威望一般说也应略胜其他统军大将一筹。事实是不是这样的呢? 否。

---

① 《资治通鉴》卷七七甘露二年:州泰下还有徐州刺史胡质。
② 此事还可参见《晋书》卷三三《石苞传》、卷三五《陈骞传》、卷二《文帝纪》。
③ 二者混用之例又见《晋书》卷四八《段灼传》。

首先，曹真升都督中外之时，曹仁还没有死。据《三国志》卷九《魏书·曹仁传》，他是曹操从弟，比曹真高一辈；屡立战功，遵守法令，颇有威望，官位也高过曹真。曹真升都督中外之前原任都督雍、凉州诸军事，军号为镇西将军，二品；而曹仁已是都督荆、扬、益州诸军事，军号为大将军，一品。① 当时曹真并无大功，曹仁亦无大过，为什么要让官位本高的曹仁在军事上听命于晚一辈的曹真呢？

其次，除曹仁外，地位、威望略高于曹真的还有曹休。据《三国志》卷九《魏书·曹休传》，他与曹真同辈，黄初三年前已是都督扬州诸军事，军号征东将军；征东与镇西虽同为二品，但征东班次在前，升曹真都督曹休，也同样不好理解。②

更重要的是：说曹真都督中外包括地方上军队，还有一个明显矛盾。即在曹真升都督中外后几个月，魏文帝发兵讨伐孙权，在这次战争中，曹真不但没能都督中央和地方上一切军队，而且也不是主力，只不过被派去和征南大将军夏侯尚一起，攻打长江上游的南郡，相当于一支起牵制作用的偏师。而曹休却担任主攻，率二十余军指向吴都建业。不仅如此，曹真与夏侯尚也只是平行关系，谁也无权都督谁。③ 如果肯定都督中外总管中央和地方上一切军队，这些现象便难以解释。

最后，黄初三年前后，正是魏文帝厉行君主专制的巅峰时期。一方面政治上"三公无事，又希与朝政"；④另一方面军事上数次南征或南巡，都亲自出马，大权独揽，直接部署指挥。在这种情况下，怎么会忽然要设立一个总管中央和地方上一切军队的都督中外呢？这也是很难说通的。

基于以上原因，可以推定，曹真之都督中外，决不可能拥有总管中央和地方上一切军队的权力，应该只有权都督京师中央军。

---

① 官品见《通典》卷三六《职官十八》。

② 《金石萃编》卷二三《上尊号碑》上，曹真名次排在曹休前，不知何故。但据《三国志》卷三《魏书·明帝纪》，即位之初迁曹休为大司马，位在大将军曹真前，可见即使"上尊号碑"无误，也大体可断定两人不相上下，因而也没必要在军事上让曹真支配曹休。

③ 参《三国志》卷九《魏书·曹休传》《魏书·曹真传》《魏书·夏侯尚传》，又《三国志》卷四七《吴书·吴主传》黄武元年（222）。

④ 《三国志》卷二四《魏书·高柔传》。

再来考察一下晚于司马昭的王导。

据《晋书》卷六五《王导传》，王导任都督中外有两次，而无论哪次，都同样不可能总管中央和地方上一切军队。

一次在东晋元帝建武元年（317），①王导迁骠骑将军（二品）、都督中外、领中书监、录尚书事、扬州刺史。之所以说他总管不了地方上军队，证据有二：

首先，当时王导从兄王敦拜大将军（一品，位在骠骑上），都督江、扬等六州诸军事。尽管二人关系亲密，晋元帝也决不会让资历、官位居前，特别是重兵在握的王敦受王导都督。

其次，任命发表后，王导"以敦统六州，固辞中外都督"。此话可以两解。一是都督中外确总管一切军队，王导认为让自己都督王敦，很不合适，所以推辞；另一解是对王敦并无都督关系，但因二人俱琅邪王氏，且为从兄弟，敦已统六州，自己不能再都督中外，以免招来猜忌。我认为，后一解正确。有一强证。即王敦在王导得到上述任命前后给晋元帝上一疏，针对刘隗等人欲加强皇权，削弱琅邪王氏的倾向，发泄牢骚，并假惺惺地说，今让王导担任许多要职，"并统六军（指都督中外）"，容易招致"讥谤"，建议免去他都督中外等职。这段话透露出都督中外所统率的是"六军"。所谓六军，来源于《周礼·夏官叙官》，指王室或中央的军队，在晋代便是领军、护军、左卫、右卫、骁骑、游击等六个将军统率的军队。② 它们常与地方上军队对举：

《晋书》卷六七《温峤传》：都督荆、江等六州诸军事王敦，"举兵内向，六军败绩"。这是与荆州等州军队对举。

同书卷七一《高崧传》：都督荆、司等八州诸军事桓温率军北伐，军次武昌、威胁京师。高崧建议朝廷下令桓温退兵，"如其不尔，便六军整驾，逆顺于兹判矣"。这又是与荆州等州军队对举。

同书卷七〇《卞壶传》：苏峻（历阳内史）、祖约（豫州刺史）称兵攻入

---

① 以下事见《晋书》卷六《元帝纪》、卷六五《王导传》、卷九八《王敦传》。

② 见《宋书》卷四〇《百官志下》。有时"六军"还泛指包括"四军""五校"等在内的全部京师军队。

京师，"放火烧宫寺，六军败绩"。这是与豫州等军队对举。

由此可见，仅从王敦疏中"六军"用语，也可看出都督中外并不能总管地方上军队。

何况还有一个侧证：

据《晋书》卷九八《王敦传》，他的前述疏文送到建康后，王导"封以还敦，敦复遣奏之"。王导时为录尚书事，所以可以将疏文扣留下来不上奏，还给王敦，实际就是要他休上这类发牢骚的文书。很显然，这是因为内容不涉及两人利害关系，如果王敦是因不满王导都督中外可总管荆州军队，侵犯了他的权力，而奏请免除王导这一头衔，则王导能毫不避嫌，把文书扣留下来，并且还坦然地退给王敦吗？可以肯定，是不可能的。

王导拜都督中外另一次在晋成帝咸康四年（338）。① 这次他也没有可能总管一切军队。因为有一有力反证，这就是庾亮时任都督江、荆等六州诸军事。据《晋书》卷六五《王导传》、卷七三《庾亮传》，二人不和，庾亮"虽居外镇，而执朝廷之权，既据上流，拥强兵，趣向者多归之"。传说他要"举兵内向"，废黜王导。为此王导"内不能平，常遇西风尘起，举扇自蔽，徐曰：元规（庾亮字）尘污人"。两人关系如此紧张，晋成帝怎么会让王导去都督包括庾亮在内的一切军队？而且即使成帝任命，以做事"愦愦"自诩，善于息事宁人的王导，眼看要加剧矛盾，又岂能毫不推辞呢？②

此外，东晋初"中外诸军"不包括地方上的军队还有以下证明：

《晋书》卷七○《应詹传》：詹上书将地方上的都督、州郡长官与"三台九府，中外诸军"对举，中外诸军明显是指京师中央军。

同书卷九○《邓攸传》：王敦举兵内向攻入建康后，要护军将军将"中外兵数每月言之于敦"。这"中外兵数"也就是京师中央军的兵数。如果

---

① 据《晋书》卷六五《王导传》，王导咸康元年（335）还曾被任命都督中外，可是卷七《成帝纪》及《资治通鉴》卷九五成帝咸康元年这次任命均作"都督征讨诸军事"。当时后赵石虎临江，建康震惧，而有此任命，似作"征讨"是，兹从之。

② 参《世说新语·政事》"丞相末年略不复省事"条。

是指全国一切军队,一来地方上每月上报兵数,在当时条件下恐无此可能;二来也无此必要。因为王敦控制建康后,未得到士族高门支持,一时不敢篡位,只得回武昌遥控,他最怕的是京师招募军队,所以要每月了解情况,至于地方上,凡重要的州,他均已安排了兄弟子侄为都督、刺史,①是没有必要采取这种措施的。

同书卷六七《温峤传》:峤上书建议"诸外州郡将兵者及都督府非临敌之军,且田且守。……今四军五校有兵者,及护军所统外军,可分遣二军出,并屯要处。缘江上下,皆有良田,开荒须一年之后即易"。四军五校,乃六军以外的京师中央军,见《宋书》卷四○《百官志下》,现在加上护军将军所统"外军",与"外州郡将兵者及都督府"对举。这条材料虽不能直接表明前者即"中外军"的一部分,但至少可证"外军"与外州郡、都督兵不是一回事,因而都督中外不应包括地方上军队。②

综上所述,《宋书》卷四○《百官志下》提到的三个都督中外,既然早于司马昭的曹真和晚于司马昭的王导,在他们的时代都不存在总管中央和地方上一切军队的制度,而史料又未记载司马昭之时有什么重大变化,则据此便可推定他的都督中外,也不应包括地方上的军队。

以此论点为依据,回过头来再考察前引《三国志》诸材料,便应认定,卷二八《魏书·毌丘俭传》将"中外军"与"三方兵"对举的记载比较准确;而同卷《诸葛诞传》的文字很不严谨,实际上该传的二十六万中外诸军也应理解为京师中央军,而与王基等地方上的都督、州郡兵相区别。

关于这一问题,还可补充一些证据如下:

1.《晋书》卷二《文帝纪》:诸葛诞起兵后,司马昭上表请魏帝亲征,说"今诸军可五十万,以众击寡,蔑不克矣"。如果《三国志》卷二八《魏书·诸葛诞传》载司马昭所统中外诸军二十六万是全部出讨军队,则与此五十万之数不合。若将二十六万理解为中央军,再加上王基、陈骞、石

---

① 见《资治通鉴》卷九二元帝永昌元年、明帝太宁元年。
② 再如《晋书》卷二一《礼志下》"成帝咸和(326—334)中,诏内外诸军戏兵于南郊之场",亦"外军"非地方上军队之强证。

苞、州泰、胡质等地方上军队,则大体符合五十万之数。①

2. 据《三国志》卷二八《魏书·诸葛诞传》,诞起兵时"敛淮南及淮北郡县屯田口十余万官兵,扬州新附胜兵者四五万人",一共近二十万人,全部集中于寿春,"闭城自守",如司马昭总共只出动二十六万人,扣去石苞、州泰、胡质等打援的游军,和留驻丘头保卫魏帝的军队,是无法把诸葛诞围死的。若是五十万人,才能"以众击寡",大体敷用。

3. 据《三国志》卷二七《魏书·王基传》:当时司马昭对自己统率的军队可以直接下命令指挥,如"文王敕军吏入镇南(指镇南将军王基)部界,一不得有所遣"等,然而至少形式上却不能直接指挥地方上的军队,而要通过魏帝的"诏"。这些军队有所请示也得通过给魏帝上疏来体现。如王基以为在"深沟高垒"包围寿春后,军队便不可再移动,以免对方钻空子突围,"上疏曰"云云,"书奏,报听"。《资治通鉴》卷七七高贵乡公甘露二年(257)此句下胡注:"报基听行其策,时帝在军,故诸军节度皆禀诏指,而裁其可否者实司马昭也。"②这也表明,至少制度上王基等地方上的军队,并不归都督中外司马昭指挥。

总之,《宋书·百官志》所载都督中外,不能把它的权力夸大,其实它只能总管京师的一切中央军,而并不涉及地方。

二

都督中外在制度上既不管地方上军队,则"中外"二字何所指?

---

① 陈骞、石苞、州泰、胡质等人的军队数字,史均不载。王基史虽称他督城东、城南二十六军,可是不能肯定全部是他原来都督的军队,因为也有可能司马昭临时拨一部分军队给他指挥,所以无法计算。不过据《三国志》卷二八《魏书·毌丘俭传》《诸葛诞传》,他二人作为扬州都督,全统有五六万至十多万人,则王基作为扬、豫二州都督不会相差很远,假定统七八万人;石苞是监青州诸军次之,陈骞作为将军,州泰、胡质作为州刺史又次之,加在一起,说一共有二十多万人,似乎是可能的。

② 如魏帝不在军,司马昭虽可指挥地方上的军队,大概靠的是"承诏",而不是都督中外的身份。证据是:在这之前司马师征毌丘俭,魏帝虽未在军,但他指挥王基仍通过"诏",即"承诏";王基也把这种指示叫"君令",见《三国志》卷二七《魏书·王基传》。"承诏"一语,见《三国志》卷二八《魏书·王凌传》。

《资治通鉴》卷七六高贵乡公正元二年（255），司马师"率中外诸军"讨毌丘俭句下胡注："中，谓中军；外，谓城（指洛阳城）外诸营兵。"此说为后来一些学者接受，并用以解释整个曹魏、西晋的都督中外之"中外"。[①]

然而此说实可疑。

首先，洛阳城外军队是司马懿父子于公元249年高平陵政变后，为了扩大自己在京师的势力而逐渐发展起来的，曹魏初年洛阳城外并没有驻扎什么重军，直到高平陵政变时城外军队也弱得很。《三国志》卷九《魏书·曹爽传》及注：司马懿发动政变最主要措施便是乘曹爽兄弟暂时离开洛阳城之机，控制城内一切军队，"将兵屯洛水浮桥"，防止曹爽等攻城。司马懿老谋深算，当时皇帝在曹爽手中，仍有极大号召力，如果城外驻有重兵，他是决不会仅仅控制城内军队便贸然发动政变的。事实也是如此。曹爽被拒于城外后，只能发屯田兵数千人自卫。屯田兵和城内兵特别宿卫禁军比，战斗力弱，所以曹爽才会"迫窘不知所为"。固然，桓范曾劝曹爽调发城外中领军别营和洛阳典农所属其他屯田兵，但既称"别营"，便非主力；而且从曹爽"默然不从"，后来又决心向司马懿投降推测，这些军队的力量肯定比原来的屯田兵强不了多少。[②] 既然曹魏初年二三十年中洛阳城外一直未设重兵，则黄初三年创立"都督中外诸军事"之时，其"外"指城外诸军的可能性便很小了。

其次，这一时期与"中外"涵义完全相同，使用较广泛的"内外"一词（以及相应的动词"入""出"），就地域说，主要有五种用法：

1. 国内外：

如《三国志》卷一六《魏书·杜恕传》"今者外有伺隙之寇，内有贫旷之民"。同书卷一五《魏书·司马朗传》"外备四夷，内威不轨"。同书卷一四《魏书·蒋济传》"外勤征役，内务宫室"。

2. 京师与州郡：

《三国志》卷二《魏书·文帝纪》黄初六年（225）注引诏"今内有公卿

---

① 如越智重明《领军将军与护军将军》一文即持此见解，载《东洋学报》第44卷第1号，1961年。

② 以上事又见《资治通鉴》卷七五邵陵厉公嘉平元年。

以镇京师，外设牧伯以监四方"。同书卷一四《刘放传》注"曹休外内之望"。同书卷一四《魏书·蒋济传》"往者大臣秉事，外内扇动"。

3. 洛阳城内外：

《三国志》卷九《魏书·曹爽传》注"爽兄弟先是数俱出（城）游。桓范谓曰：'总万机，典禁兵，不宜并出，若有闭城门，谁复内入者？'"同书卷二五《魏书·辛毗传》注"司马宣王将诛爽，因爽出，闭城门"，辛敞曰："天子在（城）外，太傅闭城门，人云将不利国家……"①

4. 宫城内外：

《三国志》卷一四《魏书·程晓传》"今外有公卿将校总统诸署，内有侍中尚书综理万机"。同书卷二八《魏书·钟会传》：会迁司隶校尉，监察宫城外京师地区，称"外司"。它与监察宫城内违法行为的御史中丞，合称"内外有司"。②《晋书》卷四七《傅咸传》"宫内禁防，外司（指司隶校尉）不得而行，故专施中丞。……内外众官谓之百僚……中丞、司隶俱纠皇太子以下，则共对司内外矣，不为中丞专司内百僚，司隶专司外百僚。自有中丞、司隶以来，更互奏内外众官……"

5. 禁中内外：

禁中即皇帝居处、理事和其他某些咨询、秘书、生活侍奉机构（在曹魏如侍中机构、中书省、秘阁等）所在地。它与同在宫城之中，然在禁中以外的尚书台、御史台等，也有内外之别。如《三国志》卷一三《魏书·王肃传》注引《魏略·薛夏传》：夏为秘书丞，明帝太和（227—232）中"尝以公事移兰台。兰台自以台也，而秘书署耳，谓夏为不得移也，推使当有坐者。夏报之曰：'兰台为外台，秘书为内阁，台、阁，一也，何不相移之有？'兰台屈，无以折"。按兰台即御史台，自汉以来设于宫城之中，③此称"外

---

① 《三国志》卷二一《魏书·傅嘏传》注引《傅子》"河南尹内掌帝都，外统京畿"，勉强可属此类，是极特殊情况。

② 《晋书》卷三三《石崇传》。

③ 参拙文《关于汉代御史中丞的"出外"、"留中"问题》，载《中国历史大辞典通讯》1983年第 4 期。

台"，并非已移于宫城之外，而是和设于禁中的秘阁对比而言。① 又《三国志》卷一四《魏书·刘晔传》注引《傅子》：魏明帝将伐蜀，"朝臣内外皆曰不可。晔入与帝议，因曰可伐，出与朝臣言，因曰不可伐"。刘晔是侍中，可以出入禁中明帝居处、理事之地，所以"入"即指入禁中与明帝单独商议，"出与朝臣言"，当指在朝堂中与群臣集议，其实都在宫城中。

以上共有五种"内外"。其中京师与州郡、宫城内外、禁中内外属一类，往往同时与官制联系。内官可以指侍中、中书等禁中所设机构之官，或在宫城中理事之官，也可以指整个京师之官；外官可以指在禁中以外理事之官，②或宫城以外的外朝官，也可指地方官。国内外、洛阳城内外为另一类，一般说是纯粹地域差别，和官制没有瓜葛。直到曹魏末、西晋初方才出现"统城外诸军"的官吏。既然如此，曹魏初年之都督中外，以城内外划分界限的可能性就更小。

那么，"都督中外"之"中外"究竟何所指呢？

我以为指宫城内外的可能性最大。

第一，早在汉代，保卫京师的中央军即以宫城内外划分界限。③ 南军保卫宫城，由卫尉统率。《汉书》卷一九上《百官公卿表》卫尉下师古注引《汉旧仪》："卫尉寺在宫内"；胡广云"主宫阙之门内"。北军则保卫宫城外京师地区，由中尉（执金吾）统率。④《北堂书钞》卷五四引韦昭《辨释名》曰："执金吾本中尉，掌徼循宫外，司执奸邪。"《续汉书》志二七《百官志四》执金吾下刘注引胡广曰："卫尉巡行宫中，则金吾徼于外，相为表里，以擒奸讨猾。"全都宫内（中）、宫外对举。

---

① 《太平御览》卷二三三《职官三一》引魏王肃《论秘书表》，称秘书"职近日月"，即接近皇帝之意。《资治通鉴》卷一三〇明帝泰始元年（465）胡注："秘书省……在禁中。"《梁书》卷一一《吕僧珍传》称其"直秘书省"，"性甚恭慎，当直中，盛暑不敢解衣"。

② 稍后例如《南史》卷六二《朱异传》："自徐勉、周舍卒后，外朝则何敬容，内省则朱异。"时何敬容为尚书令，在宫城内、禁中外的朝堂理事，故称"外朝"；朱异为侍中兼中书舍人，门下省、中书省俱在禁中，故称"内省"。《资治通鉴》卷一五八武帝大同五年（539）胡注不准确。

③ 参《文献通考》卷一五〇《兵考二》。

④ 中尉之"中"，应是"中都官"之"中"，而非宫中之中。中尉以保卫中都即京师而得名。《汉书》卷一九上《百官公卿表》司隶校尉下师古注："中都官，京师诸官府也。"

第二,西晋京师军队主要也是以宫城内外划分界限。

《晋书》卷五九《赵王伦传》:伦篡晋惠帝位,齐王冏等举兵反对,投附伦的义阳王威劝伦的心腹、中书监孙秀,"至尚书省与八坐议征战之备,秀从之。……内外诸军悉欲劫杀秀,威惧,自崇礼闼走还下舍"。我们知道,西晋时尚书省尚设于宫城之中,崇礼闼乃尚书省门,①所以从上下文意看,这里的"内外诸军",指的只能是宫内外军队,他们打算乘孙秀至尚书省议事之机,将他杀死,而义阳王威一看形势不妙,便偷偷溜走了。②

《晋书》卷四〇《杨骏传》:骏为辅政大臣,居宫城外。贾后在宫中调兵讨伐骏,骏"闻(宫城)内有变,召众官议之"。主簿朱振建议"宜烧云龙门以示威,索造事者首,开万春门,引东宫及外营兵,公自拥翼皇太子,入宫取奸人"。骏不从。"寻而殿中兵出,围骏府。"这里的云龙门、万春门均宫城门,云龙门是南门,万春门是东门。③ 所以"外营兵"之"外",应是和宫内相对而言,指调宫城外军队来消灭宫内变乱。又太子所居东宫,在宫城外东方。和东宫对比,宫城有时也叫"西宫"。④ 打开宫城东边的万春门,引进东宫军队,方位完全吻合。在西晋,东宫军队数量不小。同书卷三六《张华传》,刘卞说:"东宫俊乂如林,四率(指保卫东宫的太子左、右、前、后率)精兵万人。"而从上面引文看,它们也应属宫外军队的一支。另外,同书卷三一《武悼杨皇后传》:杨后乃杨骏女,惠帝立,尊为皇太后,贾后发动政变讨骏,时"内外隔塞,后(太后)题帛为书,射之城外,曰救太傅(指杨骏)者有赏"。这个"城外",有的学者将它理解为洛阳都城之外,以证明都督中外之"外"是城外军队。可是在兵荒马乱,

---

① 周一良:《魏晋南北朝史札记》,中华书局,1985年,第160页。

② 尚书下舍也在宫城内,是尚书入宫值宿、下班后休憩之地,离禁中较远。

③ 《资治通鉴》卷八二惠帝元康元年胡注。

④ 《太平御览》卷一四八:晋武帝命荀勖往东宫观太子,"还,盛称太子德更进茂,不同西宫之时也",即不同幼年居宫城中之时。《晋书》卷四五《和峤传》:"太子朝西宫,峤从入",即从入宫城。同书卷五三《愍怀太子传》:太子年稍长,"出就东宫",即出宫城。同书卷五九《赵王伦传》:伦欲篡位,使人"诈为宣帝神语,命伦早入西宫",即早入宫城为帝;同卷《齐王冏传》:"大筑第馆……使大匠营制,与西宫等",即与宫城建筑规格相等。

宫内外隔绝的情况下，①杨太后如何能够越过宫城，将帛书射出洛阳都城呢？相反，如果将"城外"解为宫城之外，不但杨太后完全可以办到，而且也和朱振的引东宫及外营兵之主张相吻合。即杨太后看到宫城内军队已为贾后操纵，即将出讨，便把希望寄于宫城外军队，而不惜冒险射出帛书。

《晋书》卷五九《楚王玮传》：玮拜北军中候，与汝南王亮、卫瓘不和，贾后使惠帝为手诏授玮，称"王宜宣诏，令淮南、长沙、成都王屯宫诸门，废二公（指亮、瓘）"。玮"遂勒本军，复矫诏召三十六军，手令告诸军曰：……吾今受诏都督中外诸军，诸在直卫者皆严加警备，其在外营，便相率领，径诣行府（当指楚王玮临时指挥所），助顺讨逆……"同书卷三六《张华传》：楚王玮杀亮、瓘，"内外兵扰，朝廷大恐，计无所出"。张华建议"今可遣驺虞幡使外军解严。上从之，玮兵果败"。从这两条材料可以看出：

1. 《张华传》"内外兵扰"之"内外"，和上引杨太后看到"内外隔塞"之"内外"，无疑是一个意思，指宫城内外。当时楚王玮在宫外调动大量军队，攻杀汝南王亮、卫瓘等，宫内外人心惶惶是不奇怪的。正因如此，张华建议"使外军解严"之"外军"，也不可能单指城外军队，而应泛指宫城外军队（《楚王玮传》此事作"遣殿中将军持驺虞幡使外军解严"，"中""外"相对，更清楚）。

2. 《楚王玮传》之"遂勒本军"，《资治通鉴》卷八二惠帝元康元年（291）胡注："本军，玮所掌北军也。"②按上下文意，此"北军"这时当在宫城外。另外，楚王玮矫诏召三十六军，将"直卫者"与"外营"对举。这外营也应和上述《杨骏传》之"外营兵"一样，指的是这时宫城外军队。楚

---

① 《晋书》卷三一《杨皇后传》之"内外隔塞"，即贾后发动政变时之"中外戒严"造成，见同书卷四〇《杨骏传》，其"内外""中外"均指宫内外。

② 此北军，可能仅指北军中候营，也可能兼括五校各营。因上引惠帝手诏，命玮"令"淮南等三王屯宫门，而三王除淮南王不详这时居何官外，长沙王是步兵校尉、成都王是越骑校尉，均属北军。据《续汉书》志二七《百官志四》北军中候"掌监五营"。这大概就是为什么惠帝手诏要让楚王玮下令给三王的原因。

王玮命令的意思是:凡三十六军已在宫城中直卫者,要继续警备;其他未直卫留在宫城外的,均需到"行府"集合,一起去讨伐汝南王亮等。有没有可能这里的"外营"指城外军队呢?可能性不大。因为这次政变是贾后于夜间派人授手诏给楚王玮,卅始发动,至天明而结束,[①]哪里有工夫远到洛阳城外去调兵?而且攻打汝南王亮、卫瓘府也没必要那么兴师动众。何况洛阳都城门天黑即关闭,[②]半夜出城调兵,大量军队进进出出,史料上岂能无一字反映?所以我认为楚王玮矫诏自封都督中外,只不过怕"本军"力量不够,要让宫城内外主要是宫城外一切军队,都听他指挥,来讨伐汝南王亮等,以期必胜而已,并不涉及城外军队。

3. 说《楚王玮传》之"外营"不可能是城外诸军,还因为自西晋代魏后都督中外的权力似乎有所缩小。在这之前,司马师、昭担任此职时虽然"中外"界限已是宫城(见后),但提到"外军"应该也包括城外诸军,因为它也属广义的宫城外范围,何况司马氏不断增加洛阳城外诸军的目的,就在于把它掌握于手中,[③]以增加控制曹魏政局的力量。但到晋武帝即位后,由于整个形势发生根本变化,就把城外诸军从都督中外的外军中分了出来。《晋书》卷三《武帝纪》:武帝即位前,"初置四护军,以统城外诸军"。这是一次改革。[④]但这次改革可能并未涉及上面的统率关系。晋武帝即位后,又进一步改革。一方面虽按旧制加叔祖父司马孚"都督中外诸军事",另一方面又任命另一心腹、曾出卖高贵乡公投靠司马氏的王沈为骠骑将军,"统城外诸军事"。王沈死后,又以另一心腹太尉荀颢"都督城外牙门诸军事"。从这些任命中似乎可以这样推定,自此以后都督中外就不包括城外诸军,只总管洛阳城内宫城内外的军队了。因为城外诸军既已分别由四护军统率,其上又有了王沈或荀颢都督,就不可能

---

① 参《资治通鉴》卷八二惠帝元康元年。
② 此制东汉已然。如《后汉书》卷二九《郅恽传》:恽为洛阳上东门候,汉光武出猎,"车驾夜还,恽拒关不开",此夜间城门关闭之证。
③ 城外诸军由司马氏心腹贾充统率即其证,见《晋书》卷四〇《贾充传》。
④ "四护军",钱仪吉《补晋兵志》疑为"中护军"之误,何兹全先生已驳之,见何兹全《读史集》(上海人民出版社,1982年,第257页)。魏末城外诸军一直由中护军贾充统率,现在分由四护军统率,是在为下一步改革作准备。

再来一个都督中外在上面叠床架屋。同时，司马孚官太宰，荀颢官太尉，王沈拜骠骑将军（死赠司空，反映资历甚深），地位虽略有高低之别，但俱极尊贵，恐怕不可能在任命司马孚之后，又让王沈、荀颢去受他统辖。如果上述分析不错，则楚王玮的都督中外就更谈不上与城外诸军有什么关系了。

以上一些零碎考证表明，基本沿魏制的西晋，其都督中外的界限，主要也在宫城内外，尽管已有某些变化。

第三，再看介于汉、晋之间的曹魏，虽然找不到明显以宫城内外作为界限，划分"中外"军队的材料，但京师军中保卫宫城的军队具有特殊地位，极受重视，则是可以肯定的。《三国志》卷一八《魏书·许褚传》：褚尽忠曹氏，魏文帝即位，"迁武卫将军，都督中军宿卫禁兵"。"中"在这里应该就是宫中之"中"。《晋书》卷一《宣帝纪》：齐王芳时与曹爽不和，曹爽"毁中垒、中坚营，以兵属其弟中领军羲"。后来这被指控为"破坏诸营，尽据禁兵……有无君之心"。① 而司马懿在发动高平陵政变前六年，就安排大儿子司马师任中护军，也掌管一部分宿卫禁兵；②发动政变时一面让司马师"将兵屯司马门（宫城门）"，"镇静内外"，③即控制宫城内外，另一面又派人乘曹爽兄弟不在之机，摄领中领军等营。这又表明，双方都在争夺宿卫禁兵；谁控制了它，谁就可以控制大局。正因此故，在废掉齐王芳，平定毌丘俭反抗之后，为了进一步稳固统治，司马昭便委任死党贾充为中护军，而不设中领军，主要的宿卫禁兵全归他统率。这就是为什么魏帝曹髦不甘心当傀儡，愤而讨伐司马昭，刚出宫城之云龙门，便被贾充率军轻易杀害，而洛阳无人响应的根本原因。④ 而到晋武帝代魏前夕，又以亲信羊祜为中领军，"悉统宿卫，入直殿中，执兵之要，事兼内外"。武帝即位，羊祜以功进号中军将军，加散骑常侍，"祜以大事既定，

① 《三国志》卷九《魏书·曹爽传》。
② 中领军、中护军俱掌禁兵，见《读史集》，第263页，司马师于正始四年（243）任中护军，见万斯同《魏将相大臣表》。
③ 《晋书》卷一《宣帝纪》、卷二《景帝纪》。
④ 参《晋书》卷四〇《贾充传》、《三国志》卷四《魏书·高贵乡公纪》及注。

辞不复入"。① 这里的"内外",和上引司马师"镇静内外"之"内外"同,指的是宫城内外。所谓大事,便是晋武帝禅代。"入",即入宫城任职。这条材料再次表明让亲信统率宿卫禁兵,控制宫城内外,对稳定洛阳政局,保证顺利禅代的无比重要性。

曹魏情况既然如此,再联系汉、晋制度,应该推定,曹魏"都督中外"之"中外"界限,同样不可能不在宫城内外。

由此可见,说魏晋之"都督中外",其"中外"界限是洛阳城内外,根据是不足的,我主界限在宫城内外,似最近事实。即"中"指保卫宫城的禁兵,"外"指保卫宫城以外,整个洛阳都城的中央军。魏末晋初,城外诸军扩展,只是"外"军的扩展,至于"中外"界限仍在宫城内外这个标准,则并未改变。②

三

现在来探讨一下"都督中外"在魏晋时期所起的历史作用。

《三国志》卷一四《魏书·刘放传》注引《孙资别传》:"(明)帝诏资曰:吾年稍长,又历观书传,中皆叹息,无所不念。图万年后计,莫过使亲人广据职势,兵任又(尤)重。今射声校尉缺,久欲得亲人,谁可用者?"孙资在对答中提到魏文帝也重视此事:"始召曹真还时,亲诏臣以重虑。及至晏驾,陛下即阼,犹有曹休外内之望,赖遭日月,御勒不倾,使各守分职,纤介不间。以此推之,亲臣贵戚,虽当据势握兵,宜使轻重素定。若诸侯典兵,力均衡平,宠齐爱等,则不相为服……今五营所领见兵,常不过数百,选授校尉,如其辈类,为有畴匹。至于重大之任,能有所维纲者,宜以圣恩简择,如(陈)平、(周)勃、金(日磾)、霍(光)、刘章等一二人,渐

---

① 参《晋书》卷三四《羊祜传》、《北堂书钞》卷六四"领军将军"条引王隐《晋书》。

② 孙吴无都督中外,参洪饴孙《三国职官表》。《三国志》卷四〇《蜀书·李严传》任"中都护","统内外军事",当亦是以宫城为内外界限。同书卷四四《姜维传》以卫将军"加督中外军事",其"中外军",因无其他材料,无法肯定何所指。

殊其威重,使相镇固,于事为善。"对此,"帝曰:然",并命孙资推荐这样的大臣。

以上这段对话,明帝本强调要用"亲人",而孙资则极力向异姓大臣上面引导,是否别有背景,或许在替司马懿暗中张目,已不得而知。尽管如此,从中仍可看出以下问题:

第一,曹魏文、明二帝"图万年后计",十分重视"兵任",力图把它交给同姓亲人掌握。[1]

第二,他们经常考虑的兵任,除地方、边境外,极重要的方面便是京师宫城内外的保卫,甚至连五校之一的射声校尉,[2]这种当时不过统率几百人的宿卫军官人选,也要亲自酌定。

第三,更重要的是,通过孙资之口,还反映和概括了文帝关于兵任的安排和指导思想,这些指导思想有的曾向孙资交待(即所谓"亲诏臣以重虑"),有的是孙资从他的安排和实践中自行理解的(即所谓"以此推之"云云),而又都得到了明帝的承认。这些指导思想便是:仅安排亲人为武官,若武官地位不相上下,"不相为服",仍是不行的。必须要"能有所维纲者",即能统率京师一切军队的长官,并在找到合适人选后,"宜使轻重素定",即早确定其统率诸军的地位,培养其威望,然后遇到变故,方能指挥若定,有效地捍卫皇室。正是在这种思想指导下,文帝于黄初三年将曹真从外地召回,[3]让他充任"维纲"京师诸军的都督中外。其后,文帝多次出巡、讨伐,曹真除特别需要也从征外,一般均坐镇洛阳。[4] 文帝临死,又命他为首席顾命大臣,受遗诏,辅嗣主,这就从另一角度证明了对

---

[1] 历来批评曹魏王朝对骨肉、宗室刻薄,有些笼统。其实刻薄只限于对曹操直系子孙,至于旁支如曹仁、曹休、曹真等则不在此列。

[2] 五校乃京师中央军,亦典宿卫,见《读史集》,第 254 页。

[3] 据《三国志》卷九《魏书·曹真传》,孙资所说文帝召曹真回都时间,只有黄初三年任都督中外这一次最合适。另外,曹真残碑:"将和同生,使少长有序",杨树达先生以为此证明曹真在文帝、曹植斗争中站在文帝一边(《积微居小学金石论丛》,中华书局,1983 年,第 306 页),极是。这当是以曹真为首任都督中外之原因。

[4] 据《三国志》,只有黄初三年底大举伐吴,曹真也出征南郡,文帝其他外出活动,曹真均不与,当坐镇洛阳。

都督中外之重视。

第四,明帝即位不久,为了对付诸葛亮的北伐,不得不把曹真调到西方,①代替"性无武略,而好治生"的关中都督夏侯楙,②改任关右都督,从而使都督中外这个位子空了出来。可是这并不意味明帝不重视它,很可能是一时找不到合适人选。当时曹休、曹真处于抵御孙吴、蜀汉的最前线,"虽云异姓,其犹骨肉"的夏侯尚已死,③其他够条件担任都督中外的"亲人"还有谁呢?上引他与孙资的对话,虽然时间稍晚,也多少反映明帝又想"使亲人广据职势",掌握"兵任",而又不知用谁的彷徨心情。从《三国志》卷三《魏书·明帝纪》、卷一四《魏书·刘放传》、卷二〇《魏书·燕王宇传》及裴注来看,大概明帝晚年经过再三斟酌,本决心以燕王宇为主要辅政大臣,总统一切,包括都督中外诸军,这有以下蛛丝马迹可寻:

1. 自魏文帝即位以来,大司马、大将军这两个最高武职,一直以曹姓子弟(曹仁、曹休、曹真)充任。明帝太和四年(230)破格提拔司马懿为大将军,然至青龙三年(235)又突然将他降为太尉,大概就是为了空出来,准备必要时任命"亲人"的。

2. 景初二年(238)十二月明帝病危,立即拜燕王宇为大将军,"属以后事",并"使与领军将军夏侯献、武卫将军曹爽(曹真之子)、屯骑校尉曹肇(曹休之子)、骁骑将军秦朗等对辅政"。这五人,曹氏子弟占了三个,夏侯氏与曹氏关系特别亲近,④秦朗又是明帝特别喜爱的"佞幸",⑤所以在明帝心目中这无异于一个亲人顾命班子。从他病一重即毫不犹豫地作此安排,事前连刘放、孙资这样的亲信都未征求过意见看,他是深

---

① 也可能是明帝与曹真发生矛盾而有意调出的。这从《三国志》卷一四《魏书·蒋济传》上书称"往者大臣秉事,外内扇动,陛下卓然自览万机",似可作此推定。但曹真死,明帝诏夸他"内不恃亲戚之宠"(见《三国志》卷九《魏书·曹真传》)云云,又与上述推定矛盾。姑以存疑。

② 《三国志》卷九《魏书·夏侯惇传》注引《魏略》。

③ 《三国志》卷九《魏书·夏侯尚传》注引《魏书》。

④ 《三国志》卷九《魏书·诸夏侯曹传》传末评曰:"夏侯、曹氏世为婚姻",全是"亲旧肺腑"。

⑤ 《三国志》卷三《魏书·明帝纪》青龙元年注引《魏略·佞幸》。

思熟虑，早已决定了的。正因如此，当刘放在他病危之际装糊涂说："陛下气微，若有不讳，将以天下付谁？"他惊诧地回答："卿不闻用燕王耶？"①另一面，经燕王宇划策，明帝又下诏命司马懿迅速回关中，不必来洛阳（懿本镇关中，当时征公孙渊去辽东）。合观之，又可看出司马懿并不在明帝原来考虑的辅政大臣名单中。如果再联系所定辅政大臣五人都是武官，明帝"使亲人广据职势"，特别掌握"兵任"的指导思想，便体现得十分清楚。在这五个武官中，燕王宇无疑本应以大将军身份"都督中外诸军事"。其所以没有正式任命，或许因为这一军权就像录尚书事这一行政权力一样，不言而喻属于主要辅政大臣，可以留给新皇帝去降恩。后来辅政大臣改委曹爽、司马懿，他们的"都督中外诸军事"也是在齐王芳即位后得到的，②便是证明。

第五，由于明帝病危之时，刘放、孙资说了燕王宇等人坏话，明帝神智已昏聩，③临时改变了决定，但仍可看出他平日要用亲人掌兵任的思想在起作用。表现为：深知明帝的刘放、孙资虽唆使他撤换了燕王宇，然却不敢单独推荐异姓大臣司马懿，而不得不把掌握禁兵、才干较差的曹爽举为首席辅政大臣，作为掩护。④ 就是说，他们不敢把曹氏子弟全都搞掉和放在次要地位，以防信任亲人的明帝起疑，弄巧成拙，尽管病危的明帝这时或许已失去了这一辨别能力。而在这之后，齐王芳一即位立即下诏以曹爽、司马懿都督中外，正好证明非常时期都督中外在捍卫皇室上的极端重要性，辅政大臣必须拥有这一头衔，这同样体现了文帝创立此制

① 《三国志》卷三《魏书·明帝纪》景初二年注引《汉晋春秋》。
② 《曹爽传》作明帝临终任命，然《明帝纪》不载。此从《晋书》卷一《宣帝纪》。如果司马懿之都督中外是明帝临终所拜，西晋官方原始材料决不会搞错。故《资治通鉴》卷七四明帝景初三年亦从此说。
③ 明帝神智昏聩，已失去主见，受刘放等任意摆弄，见《三国志》卷三《魏书·明帝纪》注引《汉晋春秋》，以及同书卷一四《魏书·刘放传》。
④ 从两人催促明帝以手诏急忙召回司马懿，便可看出他们真正属意的是司马懿，如果真心拥护曹爽或主要拥护曹爽，便决不会提此建议，至少不必这么急于召回司马懿。见《三国志》卷三《魏书·明帝纪》景初二年注。

的指导思想。当然,都督中外安排两人,很可能不符合文、明二帝本意,①但它是当时种种矛盾的调和产物。主要即司马懿是惯于征战的老将,而且刚刚消灭辽东公孙渊,威望甚高;而曹爽不但辈分低、资历浅,而且一直当京官,从来没有打过仗;再加上当时两人关系尚算和睦,②很可能开始曹爽还想依靠司马懿以巩固自己的地位,③于是两个都督中外便出现了。如果两人始终和睦相处,或即便反目,曹爽好自为之,由于他是宗室,辅政地位又在司马懿之前,有不少优越条件,是仍然可以安定魏室,不负明帝所托的。可悲的是,随着时间推移,他日益忘乎所以,骄奢无度,失去人心,终于被司马懿打翻,不但本人三族诛灭,而且在某种意义上也可以说断送了曹魏天下!而曹爽失败的关键之一正在他没有理解文帝创建都督中外制度的意图,没有牢牢掌握它的权力。固然,他也不是毫未注意,如前所引,"破坏诸营,尽据禁兵",便多少反映了这一意图。问题在于,上面两句话乃司马懿对他的指控,有极大夸张成分,事实上他并未真正"尽据禁兵";更重要的是,即使在这一方面,司马懿也比他高明得多:

1. 前面已说,司马懿很早就将司马师安插为中护军。既然曹爽都督中外可以将弟弟曹羲安插为中领军,则司马懿也是都督中外,要用儿子司马师为中护军,曹爽便无法拒绝。于是司马师除主要牢牢掌握一部分禁兵外,还"阴养死士三千,散在人间"。到高平陵政变那天,便以此控制了宫城内外包括皇太后(司马昭"帅众卫二宫",作用同)。④ 这是司马懿得以打着"皇太后令"招牌,与曹爽手中皇帝抗衡,为所欲为的前提。

2. 司马懿发动政变后,如前所述,乘曹爽兄弟不在之机,派人摄领中领军等营,加上自己所统,几乎控制了全部中外诸军。这是曹爽不敢接

---

① 创立都督中外,本为集中兵权,防止"不相为服",故文帝只用曹真一人。明帝原用燕王宇为主要辅政大臣,估计心目中也是以他一人为都督中外。用两人,和上引《孙资别传》矛盾。

② 《三国志》卷九《魏书·曹爽传》卢弼集解引王懋竑语,他认为二人反目始于正始五年。

③ 明帝本用燕王宇,曹爽取代带偶然性,威望、资历均不够,故需司马懿支持。《三国志》卷九《魏书·曹爽传》开始"不敢专行",根本原因当在此。

④ 《晋书》卷二《景帝纪》《文帝纪》。

受桓范关于奉齐王芳幸许昌，征四方兵，进行对抗的根本原因。而司马懿之所以能做到这一点，固然和假借皇太后令有关，但更重要的恐怕还在于他本是辅政大臣，都督中外，所以从调兵遣将，"部勒兵马，先据武库"，完成对宫城内外控制，并委派人篡取曹爽兄弟原统率的禁兵，一直到率军出屯洛水浮桥，准备抗击城外曹爽的反扑，很少遇到阻力。据《三国志》卷九《魏书·曹爽传》，司马懿在给齐王芳奏文中说："臣辄敕主者及黄门令：'罢爽、羲、训吏兵，以侯就第，不得逗留，以稽车驾；敢有稽留，便以军法从事。'臣辄力疾将兵屯洛水浮桥，伺察非常。"这里他强调亲自"将兵"，要对稽留车驾者，"以军法从事"；而且屡言"辄"，《资治通鉴》卷七五邵陵厉公嘉平元年（249）胡注："辄，专也。懿虽挟太后以临爽，而其奏自言辄者至再，以天子在爽所也。"这些全都表明他是以辅政大臣、都督中外的身份上奏和发动这次政变的。如果没有这个身份，政变肯定不会这么顺利。《三国志》卷四《魏书·齐王芳纪》：芳即位后不久，诏将司马懿由太尉升太傅，但"持节统兵、都督（中外）诸军事如故"。卢弼集解：既然都督中外如故，"兵权在握，一旦有事，屯兵洛水浮桥，即可为所欲为，爽岂懿之敌乎！"这是抓到了高平陵政变其所以能发动、取胜的实质的。当然，司马懿利用都督中外消灭曹氏势力，是和魏文帝创制意图背道而驰的，但就牢牢控制中外诸军从而控制了京师政局这一点说，他确实了解了魏文帝创制之精髓！

以上五点，无论从文、明二帝的指导思想看，或者从后来的实践证明，都督中外都是控制京师政局极其重要的军事长官。由于曹魏王朝高度中央集权，控制中央和京师，基本上等于控制了地方，因而我们有理由这样估计，都督中外对于稳定全国局势，也起着十分重要的作用。正因如此，魏文帝多次出巡、征讨，有时在外时间甚至超过一年，而京师政局非常稳定，原因就是有都督中外曹真在坐镇。也正因如此，司马懿之后，司马师、昭无不把持都督中外这一职务，并相应地不断扩展京师军队。王凌、毌丘俭、诸葛诞等淮南地区三次举兵反抗司马氏，其所以迅速失败，都督中外这一制度的存在，司马氏通过它控制魏帝和京师局势，挟强大的中央集权威势和京师军队进行镇压，是一个不可忽视的原因。也正因如此,到西晋时尽管都督中外权力已经削弱(见上),外戚杨骏辅政,为稳定政局,仍要自封自司马孚以后长期未任命的都督中外,并"多树亲党,皆领禁兵"。① 楚王玮发动政变消灭汝南王亮,矫诏召三十六军,也要自称"受诏都督中外诸军";赵王伦篡位前,为控制京师,也要矫诏自封都督中外。这一制度对魏晋政局影响非同小可,于兹可见。

四

然而大体上也就从西晋开始,都督中外又逐渐产生向虚衔、荣誉头衔转化之趋势。原因就在于:在专制主义中央集权制度下,在京师设一个总管宫城内外全部军队的长官,事实证明,对皇权来说,潜在的危险性是很大的。当然,如果人选特别忠实可靠,皇帝年龄大、威望高,能驾驭他,都督中外对巩固皇室确实极管用,这就是为什么魏文帝创立这个制度的原因所在。可是在钩心斗角、争权夺利的封建统治集团中,这样的人很难找;特别是当老皇帝故去,新皇帝即位是个小孩子的时候,要使他仍一如既往,忠贞不渝,就更加难上加难。从曹魏的全部历史看,五名都督中外,除曹真外,他如曹爽,司马懿、师、昭,没有一个是"纯臣",没有一个不是利用这一职位作威作福,玩天子于股掌的。而且曹真也因为碰到的是"政自己出"的文、明二帝,②若皇帝是个小孩子,由他辅政,他会怎么变化,也难预料。魏文、明二帝大权独揽,令行禁止,根本想不到看来十分忠诚的"亲人"、大臣掌握大权后,一旦条件改变,便会换成完全不同的另一副面孔。也就是说,他们只看到都督中外之利,而没看到弊,所以坚持这个制度。晋武帝则不同,他不但亲眼看见在一定条件下都督中外对皇室的威胁,而且不是别人,正是他的祖父、伯父、父亲两代凭借这一职位,耍尽两面派手法,给西晋代魏打下了基础。现在他当皇帝了,怎么能毫不顾虑别人当了都督中外会故伎重演,请君入瓮,来对付自己的子

---

① 《晋书》卷四〇《杨骏传》。
② 《三国志》卷三《魏书·明帝纪》景初三年注引孙盛曰。

孙呢？当然，如果他的儿子十分能干，能控制大局，晋武帝恐怕也不见得不会积极推行这一制度，作为保卫京师、宫城的主要支柱。然而事实是他的太子司马衷是白痴，皇孙司马遹年龄又小（武帝死时他才十三岁），不具备巧妙驾驭人才的条件。大概就和这种考虑有关，晋武帝在位二十六年中，只在泰始元年（265）任命司马孚为都督中外，八年后孚死，即不再设。而司马孚就任时已八十五岁，如前所考，城外诸军又不归他统辖，都督中外的作用和曹魏相比，显然削弱了。晋惠帝以后，从杨骏开始，凡都督中外，不是自封，便是矫诏而得，不能代表正常情况下以西晋皇帝为首的统治阶级意志。贾后懂得这里面的利害关系，所以设计杀掉杨骏之后，她虽不得不暂时以汝南王亮和卫瓘辅政，却没有都督中外之任命，而由她借白痴惠帝之名，暗中操纵中外诸军，最后通过掌部分宿卫禁兵的北军中候楚王玮杀掉亮、瓘，再以矫诏罪杀掉玮，从而把中央军权、政权全夺到自己手中。

大约从赵王伦篡位失败开始，都督中外性质进一步发生变化。原因是京师中外诸军在赵王伦诸将统率下与齐王冏、成都王颖等地方上之都督军队交战中，受到较大损失，京师洛阳已由齐王冏的军队进驻，[①]中外诸军退居次要地位。因而便发生了这种事情：控制洛阳的齐王冏并不都督中外诸军，反而由几百里外镇守邺城（今河北临漳西南）的成都王颖都督中外诸军。这是为什么呢？原来这是一笔政治交易：由齐王冏为大司马，在京师执政；成都王颖则任大将军，都督中外。大将军固然班位次于大司马，然而贴之以曹魏以来权力极重因而声望也极高的都督中外，成都王颖也就觉得差可相抵了。而从齐王冏说，京师和皇帝主要归自己军队控制，让对方远在邺城都督中外，其权力实际上无从行使，造成不了什么威胁，相反，却能换来地位崇高的大司马和对自己在京师执政的承认，又何乐而不为！而这样一来，便开了历史上都督中外基本上等于虚衔、荣誉衔的先例。在这之后，洛阳战乱频仍，中外军渐次荡尽。所以河间

---

① 《晋书》卷五九《齐王冏传》：冏打败赵王伦，"率众入洛……甲士数十万……震于京师"。纵有夸张，至少说明当时其力量超过中外诸军。

王颙大将张方可以逼惠帝从洛阳西幸长安,京师禁兵无力阻拦;东海王越也可以尽罢怀帝身旁的宿卫官兵,而以自己东海王国的官兵数百人代之。① 及洛阳陷没,愍帝逃至长安即位,除了靠原关中一带的地方上军队支撑局面外,已无所谓中外诸军。可是建兴三年(315),忽然又以远在江南建康的琅邪王"为丞相、大都督,督中外诸军",②这个都督中外,和丞相一样,起的只是笼络作用,其虚衔、荣誉衔的性质更加明显。

东晋建立,京师建康的中外诸军力量一直很弱,③所以都督中外虽然仍可总管一部分军队,但其实际意义远不如作为虚衔、荣誉衔所起的政治作用来得大。按东晋一代都督中外共五人,可以说其情况无一例外:

王导:第一次任命在建武元年。如前所述,王敦并不把它视为重用,仍然上书抱怨王导"顷见疏外",④建议免去他都督中外等职,以免徒招"讥谤"。可见都督中外不但谈不上总管地方上的军队,而且在京师实权也不大,主要意义当在荣誉,其任命只不过是晋元帝对王导实际疏外、削权之后,表面装出的一种重用姿态而已。第二次任命在咸康四年。如前所述,时庾亮作为江、荆等六州都督,出镇武昌,遥执朝廷之政,据说还要"举兵内向",而王导无可如何,竟作了让出宰相位子的准备。这又证明他这次加都督中外,虽不见得有上次任命那样复杂的背景,恐怕也不过是晋成帝对他所表示的宠遇,实际权力同样是不大的。

王敦:任江、荆等州都督,举兵反,永昌元年(322)打进京师建康,自封丞相、都督中外等职。他当都督中外,虽然每月要护军将军上报中外兵数(见前),似乎不完全是挂名,可是从他仅注意安排兄弟子侄为重要地区都督、州刺史,以培植势力,控制京师,对中外诸军将领则听凭朝廷选用,未加干预来看,他并未真把中外诸军放在眼里。自封都督中外,主要意图仍在提高声望。

桓温:本为荆州等八州都督,力量超过京师,朝廷惮之。兴宁元年

---

① 《晋书》卷五九《河间王颙传》、卷五九《东海王越传》。
② 《资治通鉴》卷八九愍帝建兴三年。
③ 参《读史集》,第292—293页。
④ 《晋书》卷九八《王敦传》。

（363）朝廷加温大司马、都督中外，主要目的在以荣誉头衔加以羁縻，并不真愿意他入京供职，同时也知道他决不肯放松对根据地荆州等的控制而入京。桓温也明白这一意图，八年中未曾到过建康，①仅担了一个空名。

司马道子：为晋孝武帝同母弟，太元十年（385）加都督中外，也是一种宠遇，就实力说，同样很有限。所以后来地方上的都督、刺史（如王恭等）举兵内向，他或不敢抵抗，只能屈辱谢罪；或靠收买对方部将取得暂时胜利。最后想出发东土诸郡免奴为客者充兵役的办法，又激起孙恩起义。他长期都督中外之意义，主要不在于控制兵力，是比较清楚的。

更能说明问题的，是东晋最后一个都督中外刘裕的史事。

晋安帝时，刘裕为镇军将军，都督扬、徐等九州诸军事，因平桓玄功，进他为车骑将军、都督中外诸军事，可是他竟坚决辞掉。原因何在？就因为都督中外只是虚衔，并无多少实权，而他当时所最迫切需要的正是实权。正因如此，当安帝改加他都督荆、司等七州（加上原九州共十六州）诸军事，他就毫不推辞，欣然接受。因为他深知当时地方上军队有实力，都督得越多，实权越大。不仅如此，有实权的官他还抢着当。如扬州刺史王谧死后，朝议本准备用他后来的政敌谢混，他的心腹刘穆之劝谏说："扬州根本所系，不可假人……今若复以他授，便应受制于人，一失权柄，无由可得。"②刘裕依计，硬把扬州刺史夺到手中。这个官掌管京师建康周围一州的财政、民政，也有一些军队。在建康没有驻扎其他重军的条件下，控制了扬州，差不多也就基本上等于控制了朝廷。所以对这个位子，刘裕毫不客气。由此可以推定，上次他辞掉都督中外，很可能是因为它荣誉虽高，却无实权，过早取得，树大招风，容易给政敌以口实，有害无益。

---

① 这种微妙关系，可再举一事为证：桓温都督中外后不久，又加录尚书事，"召温入参朝政"。温上疏辞，"诏不许，复征温"。及温遵旨至赭圻（今安徽铜陵市东北，离建康已不远），"诏又使尚书车灌止之，温遂城赭圻，固让内录……"这说的虽是录尚书事，实际与加都督中外指导思想同，即只给他荣誉，而怕他入京。见《晋书》卷九八《桓温传》。

② 《宋书》卷四二《刘穆之传》。

也正因此故,当刘裕统一了南燕,镇压了卢循、徐道覆起义,消灭了政敌刘毅、司马休之,在统治集团中地位进一步稳固之后,为了借以提高声望,给篡晋造舆论,便于义熙十二年(416)自加"中外大都督"(即"都督中外诸军事",①都督上再加"大",表示地位更高一等)。当年司马睿曾在加"丞相、大都督、督中外诸军"(见前)之后数年即位为晋元帝,刘裕大概有鉴于此,也在加中外大都督后两年又自为"相国",又两年而篡晋,从而把都督中外变得和"非复人臣之位"的相国一样,②成为篡位的阶梯,这正是它虚衔、荣誉衔的性质,在一定条件下发展的必然结果。

东晋一代都督中外的上述演变,至南朝而到达顶峰。

南朝齐、梁、陈三代开国皇帝,在篡位前无不以刘裕为榜样,经历自加都督中外这一过程。同时同一王朝中同姓贵族篡代,也全都照此办理。③ 相反,南朝四代在正常情况下却没有一个贵族、大臣加此头衔,④这是都督中外作为篡位阶梯,成了惯例,存在忌讳的必然结果。虽然南朝京师建康宫城内外和东晋不同,驻扎着若干支强大的军队,但全都分别统于皇帝手中。这就是说,在正常制度下,从曹魏开始创立的、起着保卫宫城、京师,稳定政局作用的都督中外,已被勾掉了;而到了篡位前夕出现的都督中外,已经完全成了虚衔、荣誉衔。这些篡位者并不是要靠都督中外来控制政局,而是在早已控制了政局,万事俱备之后,加都督中外等以提高声望,缩短与皇帝宝座的差距。这也是一种作用,但却是与原来完全不同的另一种作用。侯景打入建康,自封"宇宙大将军,都督六合(天地东南西北)诸军事",⑤便是以荒谬的程度将都督中外这一性质和作用异常清楚地呈现了。

---

① 《晋书》卷六四《会稽王道子传》:道子加"都督中外诸军事",后辞职,称"乞解中外都督"。是二者即一官之证。

② 《宋书》卷三九《百官志上》。

③ 《南齐书》卷六《明帝纪》、《陈书》卷五《宣帝纪》。

④ 除了篡位需要,只有齐末和帝在江陵建西台,起兵讨伐东昏侯时,以萧颖胄为都督中外(此据《梁书》卷一一《庾域传》,《南齐书》卷三八《萧颖胄传》但作"都督行留诸军事"),是个例外。可是这也处于非常情况之下,而且实权也握在萧颖胄手中,等于自封,如他不随即病死,历史如何发展,也不可知。

⑤ 《梁书》卷五六《侯景传》。

五

在北方,从五胡十六国到北朝,因为模仿汉制的结果,都督中外的性质和作用,同样经历了握有实权和向虚衔、荣誉衔的转化过程。

以汤球《十六国春秋辑补》一书中所见都督中外(包括监中外、督中外)为主,漏载者二人,以万斯同、缪荃孙的《十六国将相大臣年表》《百官表》补之,共得38人:

前赵4:刘粲、刘骥、刘曜、刘岳。

后赵7:石弘、石邃、石斌、张豺、张离("监")、石遵、石闵。

前秦8:苻雄、苻法、王猛、苻睿、苻晖、苻融、王永、苻纂。

后燕5:慕容德、慕容熙、慕容农、冯跋、慕容永(自加,称藩于后燕)。

后秦1:姚绍。

南燕2:慕容钟、慕容镇。

前凉4:张祚("督")、张瓘、宋混、张天锡。

后凉3:吕光、吕弘、吕超。

西秦2:乞伏炽磐、乞伏慕末。

北凉1:沮渠茂虔。

南凉1:秃发傉檀。

第一类属于君权强大时的正常情况,由君主主动任命,都督中外手中握有实权。如刘聪即帝位,任命子刘粲;石勒行皇帝事,任命子石弘;苻健即天王位,任命弟苻雄;苻坚灭前燕,任命功臣王猛;[①]秃发利鹿孤称王,任命弟秃发傉檀等。其中如王猛,又是尚书令,"军国内外,万机之务,事无巨细,莫不归之"。秃发傉檀,又是录尚书事,利鹿孤"垂拱而已,军中大事,皆以委之"。[②] 这些都督中外,大体起的是巩固皇权的作用,和当年魏文帝创制的精神吻合。

---

① 少数族君主主动任命汉人为都督中外,十六国只此一例外。当因王猛在强大的氐族贵族势力中,除了忠于苻坚,别无他路。

② 以上分别见《十六国春秋辑补》卷三十八《前秦录》、卷九〇《南凉录》。

第二类属于君权不张,但都督中外尚是实职的情况。如石遵夺取后赵君位时依靠石闵(即冉闵)兵力而成功,不得已以他为都督中外,录尚书事,"辅政"。"闵既为都督,总内外兵权,乃怀抚殿中将士……树己之恩",终于杀掉石遵,经过激烈内部斗争,夺得君位。再如前凉王张玄靖立,年幼,宗室张瓘自为都督中外,为将军宋混所败。玄靖乃以混为都督中外,"辅政"。宋混兄弟因此"擅权","玄靖虚坐而已"。后宋混等被杀,玄靖叔父张天锡在内部斗争中胜利,乃以天锡为都督中外,"辅政"。天锡"专掌朝政",害玄靖自立。[①] 这些都督中外,虽起了和第一类情况相反的、控制或篡夺君权的作用,类似当年的司马氏,但他们都是在地位尚未十分巩固之时,争取以都督中外身份辅政,进一步夺取大权,这就证明这一头衔仍是实职,基本上还不是虚衔。

和以上两类情况不同,第三类情况是都督中外逐渐向虚衔、荣誉衔转化。这早在前赵已经出现。当时前赵建都平阳(今山西临汾西南),刘聪死,刘粲立,司徒靳准掌权,因镇守长安之刘曜功高兵强,乃遥拜相国、都督中外。由于不来平阳主事,两个头衔都只意味荣誉,并无实际意义。再如淝水战后,前秦分裂,都督玉门以西诸军事吕光,听说符坚被害,为之致哀,自称秦"中外大都督,督陇右、河西诸军事"。[②] 这里中外大都督便是一种荣誉,想以此提高自己的声望,实际都督的只是陇右、河西诸军事。

都督中外明显地变成虚衔、荣誉衔,是在北魏。它和北魏的特殊社会、历史条件,和汉化分不开。

如所周知,北魏拓跋鲜卑在诸入塞少数族中本来最落后,因为脱离氏族社会不久,旧的鲜卑贵族势力一直很强大。[③] 道武帝即位,渐行汉化,为了巩固新的君主专制制度,也因为接受了五胡十六国篡夺频仍的经验教训,对贵族大臣猜忌逐渐加深:

《魏书》卷三三《公孙表传》:表仕魏为博士,"初,太祖以慕容垂诸子

① 以上分别见《十六国春秋辑补》卷一九《后赵录》、卷七二《前凉录》。
② 《十六国春秋辑补》卷六七《后凉录》。
③ 唐长孺:《拓跋国家的建立及其封建化》,载《魏晋南北朝史论丛》,生活·读书·新知三联书店,1955 年。

分据权要,权柄推(《资治通鉴》卷一一一安帝隆安四年[400]作"下")移,遂至亡灭;且国俗敦朴,嗜欲寡少,不可启其机心,而导其巧利,深非之。表承指上韩非书二十卷,太祖称善"。这里反映道武帝,一是反对权柄下移,二是推行君主专制。他赞许韩非书,恐怕主要就因为它宣扬君主"独断",不允许与臣下"共权以为治"。①

《魏书》卷二八《和跋传》:跋"世领部落",后迁"外朝大人",立功累累。但因"好修虚誉,眩曜于时",被怀疑收揽人心,有篡位之意,被道武帝所杀。

同书卷二八《庾业延传》:业延本"外朝大人",升至司空。有人告发他"衣服鲜丽,行止风采,拟仪人君",也被道武帝所杀。

同书卷二《太祖纪》:道武帝在天兴三年(400)连下诏,要求贵族大臣、地方长官"绝奸雄之僭肆,思多福于止足",指出即便位居台辅,也"在人主之所任耳,用之则重,舍之则轻",即要求这些人知道这样一个道理,即"量己者,令终而义全;昧利者,身陷而名灭"。这些诏书和前述言论、行径完全一致。

在这种思想指导下,都督中外之制北魏虽然采用,但从一开始就没有让它名实相符:

《魏书》卷二《太祖纪》:皇始二年(397)在包围后燕都城中山过程中,道武帝以从征的贵族元仪"为骠骑大将军、都督中外诸军事、兖豫雍荆徐扬六州牧、左丞相、封卫王"。这是北魏第一个都督中外,然而却是一个空名。首先,元仪这一封拜,共五个头衔,前后四个均空名,②则介于其间的都督中外自难例外,何况这时北魏尚未见中外诸军之制。其次,平中山后,天兴元年(398)道武帝北还,"虑还后山东有变,乃置行台于中山,诏左丞相、守尚书令、卫王仪镇中山"。这里已不提都督中外,当已免去;即使形式上暂时未免去,是史书失载,可是任行台尚书令,与都督中外保卫京师、宫城之职掌,也是不能相容的,除非后者是虚衔。最后,从

---

① 《韩非子·外储说右下》。

② 骠骑本军号,卫王乃封爵,自不用说。兖豫等六州当时都不在道武帝手中,亦无实际意义。至于左丞相,时在战争中,元仪不断被派出率一部分军队攻城略地,当然也谈不上"辅政"。

这以后直到高宗兴安元年(452),凡五十四年都不见都督中外之设。分析其原因,很可能是道武帝于皇始(396—397)年间征后燕过程中,"初拓中原,留心慰纳,诸士大夫诣军门者,无少长,皆引入赐见,存问周悉"。①一时受了他们建议的关于魏晋以及汉化了的十六国官制的影响,设了都督中外,随即发觉在制度上、历史上它权力太重,不适合北魏当时急需加强君主专制,削弱贵族、臣属权力的形势,于是不声不响将它罢去,继位者沿之,一直中断了半个多世纪。

那么兴安元年以后设立的都督中外是否有实权呢?同样也没有,至少尚未形成制度。

首先,据《魏书》卷一一三《官氏志》所载太和(477—499)年间两个"职令",其"都督中外诸军事",官位虽甚高(第一令位正一品下,第二令位从一品),却是虚衔、荣誉衔。因为在这两个职令上,它前面是仪同三司、开国县公,后面是特进,诸开府,无一不是这类官爵,则介于其间的都督中外,性质自当相同。当然,两个职令均定于太和年间,时间稍晚,可是联系道武帝后长期不设此官,从兴安元年起设立了,数目也很少,且未见一例可以证明已形成都督中外拥有实权的制度(见下),则据此推定太和职令这种规定乃长期习惯之制度化,是有理由的。

其次,据万斯同北魏及东魏将相大臣年表,自兴安元年至东魏亡,前后仅有都督中外九人,即宗爱、拓跋寿乐、拓跋云、冯诞、元干、尔朱荣、高欢、高澄、高洋。万表漏载二人,即孝文帝时之元勰,及前废帝时之尔朱兆。②

这十一人可分两种情况:

一种是尔朱荣、尔朱兆、高欢、高澄、高洋五人。当时京师洛阳、邺已无重兵,③他们都主要依靠自己的地方军队遥控京师和皇帝。如尔朱荣

---

① 《魏书》卷二《太祖纪》。
② 《魏书》卷二一下《彭城王勰传》、卷七五《尔朱兆传》。
③ 北魏孝庄帝杀尔朱荣,因无重兵,洛阳随即为尔朱兆自晋阳南下的军队攻破,见《魏书》卷一○《孝庄帝纪》。其后魏孝武帝不甘心当傀儡,与高欢对立,高欢大军自晋阳南下,孝武帝便只得由洛阳逃入关中,见同书卷一一《出帝平阳王纪》。《资治通鉴》卷一六二武帝太清三年(549):东魏宰相高澄死于京师邺城,弟高洋执政,"勋贵以重兵皆在并州,劝洋早如晋阳"。又卷一六八天嘉元年胡注:"高欢建大丞相府于晋阳,文宣(高洋)席之以移魏鼎,宿将劲兵咸在焉。"

靠的是以契胡族为主的并、肆诸州军队；高欢靠的主要是六镇起义后屡经演变，最后驻扎在并州一带的鲜卑军队。两人掌权虽时间相隔数年，但都常住根据地晋阳（今山西太原），而对京师、朝廷实行"遥制"。① 所以其都督中外的头衔，和南朝诸篡位前权臣几乎一样，是自封，以提高声望，作为篡位阶梯。这就是说，其性质与太和职令规定一致，是虚衔、荣誉衔。

另一种情况是其他六人：②

宗爱：乃宦官，兴安元年暗弑太武帝，矫皇后令，杀贵族大臣，立吴王余。吴王余以爱为大司马、大将军、太师、都督中外等。在这之前，长期不设都督中外，动乱之际忽然设立，除提高声望外，或许宗爱还想行此汉制，借以控制京师全部军队，所以称他"兼总戎禁"，可是八个月后吴王余、宗爱全被杀，此制并未固定下来。

拓跋寿乐：兴安元年在吴王余、宗爱死后，因对文成帝"有援立功"，被拜都督中外。可是一个月后便因与另一拥立有功大臣"争权"，并赐死。自此又是十四年不设此官。

拓跋云与元干：献文帝天安元年（466），任城王云"拜都督中外诸军事、中都坐大官，听理民讼，甚收时誉"。这里值得注意的是，只提元云为中都坐大官所起折狱作用，③而不及都督中外。又《资治通鉴》卷一三二明帝泰始六年（470）：及北魏皇兴四年时，蠕蠕犯塞，献文帝亲征，以京兆王子推等督诸军出西道，任城王云等督诸军出东道，汝阴王天赐等督诸军为前锋，陇西王源贺等督诸军为后继。元云竟被派出征讨，至于都督中外诸军，保卫京师、宫城的任务，另有殿中尚书吕罗汉与尚书右仆射元目振组成尚书留台承担，与他无干。④ 再看元干。太和二十一年（497）孝

---

① 《魏书》卷七四《尔朱荣传》。

② 以下凡未专门出注者，均见《魏书》本传。

③ 三都大官掌折狱，见严耀中《北魏三都大官考》，载《中华文史论丛》1983 年第 1 期。

④ 《魏书》卷五一《吕罗汉传》：献文帝出讨蠕蠕，吕罗汉"与右仆射南平公元目振都督中外军事"。此处"都督"当是总管之意，并非官拜都督中外。因二人原官与都督中外相差二至三阶（吕罗汉镇西将军，依太和第一职令，位从一品下，上有从一品中、上，离第一品下之都督中外，差三阶；元目振尚书右仆射，从一品中，也差两阶），不可能无功一下超迁；而且同时任命两个都督中外，北魏也无此先例。当因二人"掌留台事"（《资治通鉴》卷一三二明帝泰始六年［470］），因而分别总管中外诸军，保卫京师。

文帝南讨,诏以司州牧、赵郡王干"都督中外诸军事"。可是据《魏书》卷六二《李彪传》,"车驾南伐,彪(时为御史中尉)兼度支尚书,与仆射李冲、任城王澄等参理留台事",而不及官位比他们高的都督中外元干。又元干在这期间有不法行为,李彪屏人告戒他:"殿下,比有风闻,即欲起弹,恐损圣明委托之旨,若改往修来,彪当不言,脱不悛改,夕闻旦发。"李彪口气也不像在向一个总管留守诸军事务的长官讲话。将相隔二十多年的元云与元干事联系起来,可以推定,他们的都督中外很可能只是荣宠。元云平日实际只掌中都坐大官折狱事,中外诸军事务分别总于皇帝;有了战争,中外诸军另有留台尚书兼管,自己则被派出征讨。至于元干之所以拜都督中外,大概是因为孝文帝感到自己连年征讨在外,主要负责留台的李冲、李彪虽然忠诚,毕竟是汉人;对任城王澄又有些顾虑,[①]元干德才虽差,但毕竟是亲弟,给他一个很高的荣誉衔,多少过问一些留守事务,是可以起到牵制作用的。

冯诞:乃外戚,"无学术,徒整饰容仪,宽雅恭谨而已"。一生无任何政绩可言,亦无军事才干,只因是文明太后之侄,又与孝文帝私人感情特别好,故多历实际政务很少或完全是虚衔的美官、显官,其都督中外当属此类。

元勰:乃孝文帝亲弟,以侍中、司徒身分随驾南伐,途中孝文帝病重,"诏勰使持节、都督中外诸军事,总摄六师"。孤立地看,此处都督中外似乎是一个有实权,总管全部南征军的最高统帅,但联系太和职令和上述北魏故事分析,应该说,还是将它视为虚衔、荣誉衔比较妥当。不然便不好解释为什么一年多以前罢免的赵郡王干,同是都督中外,不但未随军,而且在留守大臣中实权也不大。我推测情况大概是这样的:孝文帝病重,想让元勰"总摄六师",但名义上他是司徒,是文官,要有个武官头衔方能名正言顺。而按太和第二次职令,可能为了防微杜渐,一、二品官中已无实职武官,因而只能给虚衔。照说,元勰既是司徒,要给便得给一品

---

① 《资治通鉴》卷一四二东昏侯永元元年胡注称:元澄极有才干,"孝文外虽容之,内实惮之"。

官中班次在三公前的大司马、大将军才合适;可是当时孝文帝次弟,即元勰之二兄元禧已是太尉,按制度班次在大司马、大将军之后,弟先于兄,也不妥。所以只得以元勰为官位低于司徒,然是武官头衔的都督中外(司徒正一品,都督中外从一品)。也正因这都督中外是为了名义上临时统军方便而设,等打退梁军后,元勰仍以司徒身份出现,都督中外便不提了。

此外,还有一个情况应予考虑,即北魏自宣武帝以后,除末年尔朱荣等五人相继权重自封外,凡皇权强大或能自主之时,都督中外均无生拜,只有死赠。[1] 或许这是南朝都督中外频频成为篡位阶梯,忌讳日益加深,带给北朝的影响。

以上表明,无论从太和职令规定,或者从十一个都督中外的材料,以及正常情况下不再生拜的特点分析,都不能排斥兴安元年以后至魏末都督中外的虚衔、荣誉衔的性质与作用。

北齐、北周基本沿袭这个制度。

在北齐,除废帝末常山王演控制全部军政大权,自封都督中外作为篡位阶梯外,整个一代,因皇权强大或能自主,同样都不设都督中外。值得注意的是,有个极重要武官叫京畿大都督,设立于魏末,[2]具体掌管京师邺城一切军队,约相当于魏晋以来实职的都督中外。所以高欢在东魏自封都督中外等职,居晋阳遥控,另外先后以从弟清河王岳、长子澄为京畿大都督等,在邺城具体把持朝政和军队。这大概是吸取了在这之前因未具体派人控制京师洛阳,魏孝武帝不甘心当傀儡,奋起反抗,西入关中的教训,而采取的措施。故《资治通鉴》卷一六八文帝天嘉元年(560)胡注:"高欢迁魏主于邺而身居晋阳,以其子为京畿大都督,防遏内外……"其后高欢死,高澄继其位,自封都督中外等,便以弟高洋为京畿大都督;齐废帝末,常山王演控制朝政,篡位前自封都督中外等,便以弟长广王湛为

---

[1] 死赠见《魏书》卷一九中《任城王澄传》、卷八三下《外戚胡国珍传》。又南朝二例,见《南齐书》卷二二《豫章文献王嶷传》、卷四〇《竟陵文宣王子良传》。

[2] 《魏书》卷一一三《官氏志》。又参周一良《领民酋长与六州都督》,载《魏晋南北朝史论集》,中华书局,1963年。

京畿大都督,[1]指导思想全同。这种京畿大都督的设立和存在,便是都督中外进一步脱离实职,变成虚衔、荣誉衔的反映。

在北周,也有自己的特点。大约从西魏大统元年(535)到北周建德元年(572)为止,皇权一直不振。实际上执掌大权,并自封都督中外等职的宇文泰,以及后来的宇文护,开始和尔朱荣、高欢等人手段相同,将直属自己的大量军队,与少量中央禁军区别开来[2],主要依靠前者稳固整个统治,而中央禁军只是用来控制西魏皇帝的。[3] 可是自大统八年(542)起,经过改制,逐渐创立了具有特色的府兵制度,前者被吸收到了府兵当中。于是宇文泰(后来是宇文护)便改变成主要通过紧紧控制住府兵,来稳固统治,操纵朝政。如所周知,府兵的性质是中央军、禁军。[4] 所以这时的特点,就组织系统而言,是原来直属宇文泰的大量军队与中央禁军被合而为一。[5] 同时相应地领导机构也发生变化。《周书》卷二《文帝纪》:魏废帝二年(553),"诏太祖去丞相、大行台。为都督中外诸军事"。[6] 在这之前,宇文泰主要通过"大行台"来统率驻扎和征讨在外的、

---

① 以上诸京畿大都督,分别见《北齐书》卷一三《清河王岳传》、卷三《文襄帝纪》、卷四《文宣帝纪》、卷七《武成帝纪》。

② 参唐长孺《魏周府兵制度辨疑》,载《魏晋南北朝史论丛》。

③ 《周书》卷一○《宇文导传》:大统三年(537),"太祖东征,导入宿卫,拜领军将军、大都督"。及高欢打来,"太祖自弘农引军入关,导督左右禁旅会于沙苑"。又《资治通鉴》卷一五七武帝大同三年(537)记当时宇文泰引兵入关后,因关中兵少,曾"征诸州兵"。合观之,便知宇文导之"入宿卫",是因宇文泰离开京师而入宫城宿卫,旨在加强对魏文帝控制。后因宇文泰处紧急,方不得已应征,率长安禁旅东会宇文泰于沙丘。

④ 谷霁光:《魏周府兵制度辨疑》,载《府兵制度考释》,上海人民出版社,1962年,第22—66页。

⑤ 谷霁光:《魏周府兵制度辨疑》。谷霁光先生则主张中央军以府兵为主体,此外另有禁军,均属都督中外。参《府兵制度考释》,第73页。

⑥ 大统元年宇文泰已拜都督中外,此处不当再拜都督中外。谷霁光先生以为"为"乃衍字(《府兵制度考释》第71页注[2]),意即这时连都督中外也一起免去。可是与此后多处出现都督中外属官的记载矛盾(如《周书》卷二九《达奚寔传》"魏废帝二年,除中外府司马"等)。《北史》卷九《周本纪上》中华书局标点本校勘记注[21]以为原来三个头衔,今指免去丞相、大行台,止留都督中外。可是表示保留还要再宣布"为都督中外诸军事",此例亦罕见。疑"为……事"下脱一"府"字,或当理解为有一"府"字。即宇文泰自大统元年起一直为都督中外,但无衙门,只是荣宠;现在罢去丞相、大行台后,新设中外府代替大行台机构来处理具体事务,故用"为"字。《周书》卷三三《王悦传》"改行台为中外府",亦一侧证。

直属自己的军队①；在这之后，可能因为作为中央军、禁军的府兵制已经健全，再用北魏以来指挥地方上军队的"大行台"来统率府兵，名义上显然不妥，于是从这年起，取消了大行台，改由都督中外来总管，并设立了办事机构，叫"中外府"（即"都督中外诸军事府"之简称）。《周书》卷三三《王悦传》记载：悦本为宇文泰大行台尚书，魏废帝二年，"属改行台为中外府，尚书员废，以仪同领兵还乡里"。这样便使都督中外在声望极高的同时，又拥有了实权。史载中外府配备属官颇多，如长史、司马、参军等，分别掌管中外诸军各项事务。② 在宇文泰行周礼，建六官之后，此制依然保留，与之并行。公元 556 年宇文泰死，宇文护执政，估计有一段时期由于统治集团内部存在矛盾，对他不服气，③而未设都督中外，但中外府继续存在，④实际上当由宇文护以"辅政""大冢宰"的身份掌管。到保定元年（561）宇文护翦除异己成功，正式拜都督中外，名实便又相符合。

　　表面看来，西魏、北周的都督中外又拥有实权，似乎和长期以来都督中外的发展趋势相矛盾，其实前者并非正常情况，而是在西魏、北周条件下，皇权不振，权臣宇文泰、宇文护长期把持朝政的产物。不同的只是：过去之权臣，如东魏之高欢，他在自封大丞相、都督中外、大行台等职提高声望的同时，以大行台（开始是大丞相府）以及京畿大都督为实权机构，总管军队，借以把持朝政，所以都督中外完全是虚衔、荣誉衔。而宇文泰则是由于特殊条件，实行了府兵制，在自加诸荣誉头衔的同时，改为以"中外府"为这种实权机构，因而似乎和都督中外总的发展趋势矛盾。从本质上说，它们都不符合君主专制制度的需要，都不能看作一般发展规律，都不是正常官制。正因如此，北周武帝于建德元年（572）杀掉权臣

①　《周书》卷一一《晋荡公护传》："自太祖为丞相，立左右十二军，总属相府。"按永熙三年（534）宇文泰已拜丞相，大统元年又拜大行台。疑开始以相府掌管直属军队，后因长期与北齐打仗在外，便以大行台出面。二者是一套班子，两种称呼。

②　王仲荦：《北周六典》卷八，中华书局，1979 年，第 519—524 页。

③　《资治通鉴》卷一六六敬帝太平元年：宇文护"名位素卑，虽为（宇文）泰所属，而群公各图执政，莫肯服从"。

④　这一时期任中外府官吏者颇多，是其证。参《周书》卷三八《李昶传》、卷一一《叱罗协传》、卷四二《萧撝附萧济传》等。

宇文护之后,便立即"罢中外府",①将中外诸军的最高都督权,夺到自己手中,和一般情况下的南朝皇帝相同。而在北周宣帝死,静帝即位年幼,权臣外戚杨坚夺取北周江山,都督中外(当时叫"都督内外诸军事")再一次充当篡位阶梯之后,在君主专制制度恢复正常状态的隋代,便被废除了,并且就制度言从此永远退出了历史舞台。

综合以上北朝材料,是否可以这样分析:如果说五胡十六国都督中外已开始向虚衔、荣誉衔转化,但往往还是实职武官的话,那么从北魏以后,虽然不是没有机会继续保留实职的性质(如道武帝之时),终因特殊社会历史条件,鲜卑贵族长期形成的潜在势力极大,如再设立实职的都督中外,新兴的皇权感到威胁太重,加上在南朝它已成为篡位阶梯的影响,而没有成为事实。也就是说,作为一种君主专制制度下的官制,都督中外在北朝完成了向虚衔、荣誉衔的转化,而明白地固定在太和职令上。

最后,把都督中外诸军事的性质和作用概括如下:

在曹魏一代,都督中外是实职武官。如果不计统治集团内部斗争即司马氏利用它给篡位作准备这一因素,它的确起了巩固京师地区统治秩序,进而稳定全国政局的作用。

大体从西晋开始,它的性质逐渐向虚衔、荣誉衔转化。八王之乱后,特别在东晋,京师中外诸军力量削弱这一客观因素又加速了这一过程。五胡十六国模仿汉制,都督中外在经历了实职武官,保卫京师,稳定整个政局阶段之后,也呈现同样趋势。南北朝彻底完成了这一转化:都督中外变为虚衔、荣誉衔,起的主要也是这类性质官吏所起的作用。

大概由于作为虚衔、荣誉衔,"都督中外诸军事"这一名称又太实,明明白白意味总管中外宿卫诸军,和虚衔、荣誉衔的性质不协调,所以至隋唐,尽管文武散官制度进一步发展,而都督中外却被废除,并且再也没有恢复。②

---

① 《周书》卷五《武帝纪》。
② 隋唐文武散官之名称都是笼统的,如开府仪同三司、特进,或骠骑将军、辅国将军等,看不出应掌管哪一部门具体事务,过于实在的名称"都督中外诸军事"自然无法存在于其间。参《通典》卷三四《职官十六》。不过这是就制度言,至于一时委任,不为永制者,后代仍偶尔出现。如《资治通鉴》卷二七〇后梁均王贞明五年,吴国"以徐温为大丞相,都督中外诸军事",即一例。

略论晋律的"宽简"和"周备"[*]

晋律(泰始律)颁布于泰始四年(268),是我国古代一部颇为重要的法典。它既反映了魏晋时期政治经济特点,成为巩固西晋地主阶级统治的工具,对太康年间的经济繁荣起了一定作用;又前承汉律,后启唐律,影响于后代法律颇大,在我国法制发展史上占有其不可忽视的地位。遗憾的是:晋律早已散佚,比较重要的资料《晋书》卷三〇《刑法志》又语焉而不详。为了有助于晋律之研究,本文试图就它的"宽简"和"周备"这两方面的问题作一些考证和分析,并初步接触其阶级本质和指导思想。抛砖引玉,千虑一得,敬希读者指正。

一

毫无疑问,作为地主阶级意志之反映,晋律如同其他任何封建法典一样,实质是统治与镇压广大农民的工具。但是由于时代不同,政治形势、经济条件不同,晋律又有它自己的特点,其一就是内容比过去的封建法典"宽简"。宽指刑罚有所减轻,对刑重而言;简指法律条文省并削减,对禁网繁密而言。为了了解这一特点,需要先回顾一下汉魏两代之法律。

---

* 原载《北京大学学报(哲学社会科学版)》1983 年第 2 期。

东汉时期法律已十分混乱。除了律、令，还有傍章、科令。[①] 而且"一章之中或事过数十，事类虽同，(刑罚)轻重乖异"；内容也很庞杂，"盗律有贼伤之例，贼律有盗章之文，兴律有上狱之法，厩律有逮捕之事，若此之比，错糅无常"。此外，还有学者对法律的解释叫章句，也具有法律效力，其中"凡断罪所当由用者"，共 26272 条，773 万余字，"言数益繁，览者益难"。这种混乱状况造成的后果是："律文烦广，事比众多，离本依末……轻、枉者相继。"[②]这对封建王朝并不利。所以到曹魏之时便大加整理，取消了烦杂的傍章、科令，将其条文吸收于律、令之中；[③]同时根据新的情况和统治需要，将律、令内容按性质归类，该分的分，该合的合，必要时另立新篇章。如原来贼律中掺入欺谩、诈伪等条文，囚律中又杂有诈伪生死之内容，"令丙"中又含有诈自复免的规定，[④]于是将这些合为新的诈律(一作诈伪律)。经过这样整理，最后除了令之外，共制定魏新律十八篇，"于正律(沿汉九章律)九篇为增，于傍章、科令为省矣"。[⑤]

然而，曹魏改革重点仅在整理、归类，旨在解决内容之重复与混乱，至于条文数目、惩罚轻重，似乎变动有限，和汉代律、令没有明显出入。[⑥]所以到司马昭掌大权时，仍然"患前代律令本注烦杂……虽经改革，而科网本密"，[⑦]不符合统治需要；再加上这时司马氏羽翼已丰，即将代魏，正需要收买人心；此外魏晋之际，"土广人稀"，[⑧]地主阶级和农民阶级的矛盾相对缓和，客观条件十分有利，因此，为了清除"烦杂"内容，弥补魏新律改革之不足，以进一步巩固地主阶级统治；也为了通过减轻刑罚，收买

---

① 傍章，沈家本以为即叔孙通所撰之"礼仪"。"傍，广也，衍也。律所不及者广之、衍之"，所以叫傍章，见《汉律摭遗》一，载《历代刑法考》，中华书局，1985 年，第 1377 页。"科令"当即"科"，是一种单行法规，参见同上书，第 1388 页。

② 《晋书》卷三〇《刑法志》。

③ 参程树德《九朝律考·魏律序》按语，商务印书馆，1935 年。

④ 复，指因故(如有爵位、孝悌力田等)免除徭役。免，指男丁至五十六岁取消徭役。参《九朝律考·汉律考三》。

⑤ 以上均见《晋书》卷三〇《刑法志》。

⑥ 《九朝律考·魏律序》按语："魏则删繁就简，悉纳入正律之中。……其余与汉律实无大出入。"

⑦ 《晋书》卷三〇《刑法志》。

⑧ 《晋书》卷四七《傅咸传》。

人心,给代魏作准备,一部具有"宽简"特点的晋泰始律便被制定出来了。

关于这一特点,史不乏书:

《晋书》卷四〇《贾充传》:"诏曰:汉氏以来,法令严峻。……先帝(司马昭)愍元元之命陷于密网,亲发德音,厘正名实。……今法律既成……刑宽禁简,足以克当先旨。"这是晋武帝的评价。

《世说新语·政事篇》注引傅畅《晋诸公赞》:贾充"与散骑常侍裴楷共定科令,蠲除密网,以为晋律"。这是西晋末年人的评价。

《隋书》卷二五《刑法志》:晋律"实曰轻平,称为简易"。《晋书》卷三〇《刑法志》:晋律"条纲虽没,称为简惠",在汉魏律基础上,"蠲其苛秽,存其清约,事从中典,归于益时"。所谓中典,当指《周礼·大司寇》的一个原则:"刑平国用中典",即主张除特殊情况下当用"轻典""重典"外,一般治国均应用"不轻不重"之"中典"。[①] 比起严峻的汉魏律来,"中典"就是宽大了。以上是唐初人的评价。

这一"宽简"特点体现于什么地方呢?由于晋律早已散佚,这里只能根据《晋书》卷三〇《刑法志》极其简略的记载,结合一些片断材料作些分析和考证。

第一,法律条文的大量省减。早在东汉和帝时,廷尉陈宠即曾上疏指出法律条文繁多,死刑 610,耐罪 1698,赎罪 2631,一共达 4939 条。他建议减至 3000 条,删除多余条文,但未被皇帝采纳,[②]至汉末魏初,封建王朝又曾考虑"辩章旧典,删革刑书",终因"述作体大,历年无成"。[③] 由此可以推断,旧的法律自陈宠之后虽然不能说毫无增减,但大体上当仍维持在东汉的四五千条上,不会有显著变动。而到晋代却大不同了。据《晋书》卷三〇《刑法志》,由于大刀阔斧地进行了删革,晋律虽然篇章比魏新律还多两篇,共二十篇,但条文只有 620 条,27657 字,加上四十篇

---

① 参《周礼·秋官·大司寇》郑玄注,贾公彦《周礼注疏》卷三四,中华书局影印阮元《十三经注疏本》,1980 年,第 870 页;《尚书·立政》"以列用中罚"句伪孔传,孔颖达《尚书正义》卷一七,中华书局影印阮元《十三经注疏本》,1980 年,第 233 页。

② 《后汉书》卷四六《陈宠传》。

③ 《晋书》卷四〇《贾充传》。

令,一共才 2926 条,126300 字,比汉魏律令大约省减了两千条。^① 与此同时,大约对法律的文句也作了修改,比旧律简明通俗,即所谓"文约而例直"。^②

这样大力省减条文的目的,我们缺乏明了的史书记载,但可以结合其他材料约略推得。

《后汉书》卷二七《杜林传》:东汉初为稳定社会秩序,有人建议多增加法律条文,杜林反对说:"法防繁多,则苟免之行兴。……古之明王,深识远虑,动居其厚,不务多辟。周之五刑,不过三千。大汉初兴……蠲除苛政,更立疏网,海内欢欣,人怀宽德。及至其后,渐以滋章,吹毛索疵,诋欺无限。果桃菜茹之馈,集以成臧;小事无妨于义,以为大戮。故国无廉士,家无完行。至于法不能禁,令不能止,上下相遁,为敝弥深。"史载:"帝从之。"

杜林的理由比较系统,主要有三点:

首先是"果桃菜茹之馈,集以成臧",意即法律规定太苛刻,把不少官吏轻易定为贪污犯了,弄得"国无廉士"。这是为统治集团中一部分人鸣不平。

其次是"小事无妨于义,以为大戮",就是说一些对封建统治构成不了什么危害的行为,也遭到严厉惩罚,以至"家无完行"。这是害怕打击面太宽会激起反抗。

再次是"上下相遁,为敝弥深"。对这两句话,章怀注:"遁,犹回避也。前书曰:上下相匿,以避文法焉。"他引的"前书"指《汉书》卷九〇《酷吏传》,又来源于《史记》卷一二二《酷吏列传》。据传文及徐广注,原意是指由于汉武帝对镇压所谓盗贼不力的官吏惩罚严厉,所以官吏不分

---

① 《魏书》卷一一一《刑罚志》也说:"后汉二百年间律章无大增减。"曹魏小有变动,至晋武帝方"并合(为)二千九百余条"。又晋律 620 条,《唐六典》卷六注则称 1530 条。沈家本《历代刑法考》中《律令考三》说"未详其故"。程树德《九朝律考》中《晋律篇目》按,以为六典注"疑误"。是也。《通典》卷一六三也称晋律为六百三十条(三当为二之误)。《通典》卷一六四称:南朝"齐武帝令删定郎王植之集注张(斐)杜(预)旧律合为一书,凡千五百三十条"。或《唐六典》注将此集注条文数与晋律文相混。

② 杜预语,见《晋书》卷三四本传。

大小，"诈为虚文，言无盗贼"。章怀把它引来注释杜林的话，虽然不能说毫无干系，但我认为并不很确切。我怀疑杜林的话可能和《盐铁论·刑德篇》中"文学"对秦法之批评一脉相承。文学说："昔秦法繁于秋荼，而网密于凝脂，然而上下相遁，奸伪萌生。"意思是大小官吏借条文繁密之机，各取所需，营私舞弊，回避了真正应该适用的条文。类似情况，汉代依然存在。如《汉书》卷二三《刑法志》说，汉武帝时由于"禁网寖密"，"奸吏因缘为市，所欲活则傅生议，所欲陷则予死比"；汉景帝时下诏规定案子已判决，如有疑，要重审，"其后狱吏复避微文，遂其愚心"。对此弊病，汉宣帝时郑昌上疏主张解决办法只有"删定律令"，"律令一定，愚民知所避，奸吏无所弄矣"。我以为杜林反对增加条文的第三个目的正和郑昌一样，防止"上下相遁"，也就是要使"奸吏无所弄"。

杜林还以西汉初年的实践为证，认为删除烦杂多文可以博得"海内欢欣，人怀宽德"，有利于整个封建统治之巩固。

杜林的这些见解，西晋初年制定晋律诸人是否也具有呢？我认为大体也具有，其证有二：

一是杜林主张"不务多辟"，他理想的法律条文之数，就是周代的三千条。此数出于儒家经典《尚书·吕刑》。杜林之后陈宠建议压缩律令至三千条，也举《吕刑》为据。[①] 而制定晋律诸人不仅奉行《周礼》"中典"原则，而且把律令恰好也压缩至2926条，与三千条大体相同。这绝非偶然，正是三者一脉相承，同受儒家思想支配之结果。

另一证明是杜林的这些见解，西晋初年儒者也都有所表露。如当过御史中丞和司隶校尉的傅玄就认为刑罚过滥，"戮及善民"，会招致"下民怨而思叛"，使"万乘之主死于人手"；相反，如崇尚"宽简"，"简则不苟，宽则众归之"，统治就会像汉代一样"历年四百"。[②] 特别值得注意的是参与制定晋律之杜预的看法。《晋书》卷三四《杜预传》：预为晋律、令作注解，并上奏说："法者……文约而例直，听省而禁简。例直易见，禁简难

---

① 见《后汉书》卷四六《陈宠传》。
② 见严可均《全晋文》卷四七《傅子·法刑》、《通志》。

犯。易见则人知所避,难犯则几于刑厝。"《艺文类聚》卷五四引同文多出以下几句话:"法出一门,然后人知恒禁,吏无淫巧,政明于上,民安于下。"归纳杜预之意,就是要法律条文省减("禁简"),文字简明通俗("文约而例直"),法律形式单一,防止混乱("法出一门")。① 其意图有三:首先要使广大百姓一看就明白,实质就是要让法律起到威吓作用,即所谓"人知恒禁","人知所避",意即看明白后才会害怕而不敢触犯。而条文烦杂,文字艰深,不会有此效果。其次,要防止不区分行为是否危害封建统治一味严惩,"禁简"就是要从条文中把"小事"全都省掉,使一般人不易犯法("禁简难犯"),从而可以把镇压锋芒指向少数真正危害封建统治的人,这就叫"几于刑厝"。再次要使司法官吏不能营私舞弊,上下其手(吏无淫巧)。由此可见,杜预的见解和杜林在一些方面很相似。

根据以上稍稍迂回的分析,我们似乎可以这样推定:西晋统治者大力省减条文绝非出于任何慈悲之心,而是借以缓和阶级矛盾,缓和统治集团内部的不满,为了使晋律更加有效地起着巩固封建统治的作用。从杜林到杜预的这些言论,正是这一长时期内形成的统治经验的反映。

第二,在上述法律条文的省减中,据《晋书》卷三〇《刑法志》记载,主要是"减枭斩族诛从坐之条,除谋反适养母出女嫁皆不复还坐父母弃市,省禁固相告之条,去捕亡、亡没为官奴婢之制"(中华书局标点本)。

首先,减少重罚条文,即"减枭、斩、族诛、从坐之条"。枭即枭首,斩即斩首,②族诛指一人犯罪同族之人牵连诛死,从坐指一人犯罪有关的人牵连受罚,直至处死。这些都是用以镇压所谓谋反大逆等重罪之残酷刑罚,这时大概将其中涉及贵族官吏犯罪的某些条文,以及杜林所说"无妨于义"的"小事"省掉了。不过,史缺有间,除下面将探讨的个别内容外,已无法知道究竟省减了些什么条文。

其次,对妇女的宽大,即"除谋反适养母出女嫁,皆不复还坐父母弃市"。此句当有脱误(理由见后),原文似当为"除谋反适养母出、女嫁,

---

① 即不要傍章、科令之意。

② 此据沈家本说,见《历代刑法考》中《刑制总考二》。程树德主晋律之斩仍为古代腰斩,见《九朝律考》中《晋律考·晋刑名》按语。

还坐子、父母弃市之制"。即如儿子谋反,早已被父亲迫令离婚的适母(嫡母,父之正妻)、养母(似指生母即亲母),①不得和未离婚的母亲一样从坐弃市。如父亲谋反,已出嫁的女儿不得和未出嫁的女儿一样从坐弃市。后一改革,议始于曹魏。史称司马师掌权,大臣毌丘俭谋反,孙女毌丘芝已嫁。当从坐死。程咸上书议曰:按律,"父母有罪,追刑已出(嫁)之女;夫党见诛,又有随姓之戮"。这样,"男不得罪于他族,而女独婴戮于二门",很不合理。因而他建议"在室之女,从父母之诛;既醮之妇,从夫家之罚"。据说被司马师采纳了,"有诏改定律令"。但或许因具体案子虽已从宽,而律令之删减在曹魏"历年无成"(见上引),所以《晋书》卷三〇《刑法志》还把它作为晋代法律特色予以列举。至于对"适养母出"从坐弃市一事何时何人提出疑难,史无明文,但魏晋之际族诛、从坐之案涉及妇女常发生纠纷(见下),估计此事也当发生在这一时期。由于《晋律》体现对妇女从轻之精神,所以到晋惠帝时又进而改为连未嫁之女也不从坐弃市了。②

通过妇女从坐与否这一变化过程,回过头我们也就比较容易理解上引妇女从坐一句的文字脱误了。因为该句如在"除谋反"三字下句读,本句虽通,联系当时历史背景及上下文则不可解。1.据现有史料,魏晋之际涉及妇女从坐最多的是"谋反"(即"谋反大逆")罪,③如减妇女从坐之刑而排除谋反罪,这种改革就没有意义了。2.如上所述,曹魏时司马师为了收买人心,已将谋反罪从坐之妇女弃市刑免除,并准备改定律令,在阶级力量对比没有发生变化的条件下,不应到司马昭、司马炎定晋律时又倒退了回去。3.《晋书》卷六〇《解结传》:结与张华同时被诛,张华夷三族,解结被判无疑也当是谋反之类的罪名。史称"女适裴氏,明日当嫁而祸起,裴氏欲认活之,女曰:家既若此,吾何活为!亦坐死"。所谓"欲认活

---

① 后代养母一般指妇女抚养同宗子形成的关系,比较疏远,故《通典》卷八九引唐人语"嫡、继、慈、养,皆非所生"。但此处如指后代之养母,超越了生母、继母、慈母而与嫡母并列,很不合理,当以指生母即亲母为是。

② 见《晋书》卷六〇《解结传》。不过原文之"女不从坐",大概指不从坐处死,不可能免刑。《宋书》卷六〇《范泰传》:刘宋沿用晋律,谢晦谋反,妇女没于尚方。可证。

③ 参《九朝律考·魏律考》。

之"，当指按已嫁之女对待，而结女则坚持以在室女身份坐死。由此可证，晋律中免除已嫁女从坐并没有排除谋反罪。4.从《晋书》卷三〇《刑法志》上下文和句型看，均为"减……之条"，"省……之条"，"去……之制"，而且第一字均为动词而不是介词，不应此句独异。根据以上四点，我认为尽管至今尚无善本可校，重要史料如《通典》卷一六三《刑一》均同《晋书》卷三〇《刑法志》，还是可以大胆怀疑此句有脱误的。

再次，"省禁固相告之条"。这一改革因可资研究的史料太少，所以沈家本说"其事则未详"。[①] 但我想通过一些考证或许还是可以求得其仿佛的。禁固即禁锢，固、锢古通。[②] 本为不许出仕的一种惩罚，涉及范围比较宽。[③] 但从东汉后期起，历曹魏一代，似乎禁锢主要用来打击贵族官吏关于朋党一类的犯罪。《后汉书》卷六一《黄琬传》：陈蕃与琬共掌选举，"显用志士"，为人告发，交给御史中丞王畅、侍御史刁韪处理。二人"素重蕃、琬，不举其事"，于是一起被定为朋党罪，畅、蕃降官免官，琬、韪俱禁锢。对于这种朋党，到不久爆发的党锢事件中，更是通过大规模地用"禁锢终身""免官禁锢，爰及五属"[④]来进行打击。曹魏防范朋党也很严。曹操就曾下令反对"阿党比周"，反对"以白为黑，欺天罔君"[⑤]。魏文、明二帝在严密防范诸王"交通京师""私通宾客"的同时，[⑥]也不放松对"阿党"之打击。特别是魏明帝，史称他深恶"浮华"。所谓浮华，当时就是指的结为朋党，互相吹捧。[⑦]《三国志》卷二八《魏书·诸葛诞传》注引《世语》："是时，当世俊士散骑常侍夏侯玄、尚书诸葛诞、邓飏之徒，

① 《历代刑法考》中《汉律摭遗》卷一一。
② 《宋书》卷六《孝武帝纪》大明七年七月诏："名山大川，往往占固。"《晋书》卷六九《刁逵传》："固吝山泽。"而《梁书》卷一《武帝纪上》则有"锢山护泽"。《抱朴子·自序》又有"占锢市肆"。均固、锢相通之证。详参《辞通》卷十七"禁锢"。
③ 如贾人、赘婿等"禁锢不得为吏"等，见《汉书》卷七二《贡禹传》。详参《历代刑法考》中《汉律摭遗》卷一一。
④ 《后汉书》卷六七《党锢列传》。
⑤ 《三国志》卷一《魏书·武帝纪》建安十年九月令。
⑥ 《三国志》卷二〇《魏书·中山恭王衮传》注引《魏书·赵王干传》。
⑦ 《三国志》卷一四《魏书·董昭传》，明帝"深疾浮伪，欲以破散邪党"。又说这些浮伪之人"合党连群，互相褒叹"。

共相题表，以玄、畴四人为四聪，诞、备八人为八达，中书监刘放子熙……（等）为三豫，凡十五人。（明）帝以构长浮华，皆免官废锢。"这种浮华之风，和《后汉书》卷六七《党锢列传》所列"党人"以"三君""八俊""八顾"等相互标榜，至少形式上完全一致，可证夏侯玄等因浮华免官废锢，其要害确在朋党罪上。

在"禁锢"被广泛使用并主要以之打击贵族官吏朋党罪的背景下，加上从党锢事件起，作为追查犯罪手段之一的鼓励告发一再得到推广，①因而完全有可能在东汉末年或曹魏某一时期颁布了禁固相告的法令，统以"禁固"即当时广泛适用的惩罚之名来概括、称呼其所打击的各种朋党、浮华罪，②并鼓励"相告"。《三国志》卷九《魏书·曹爽传》注引《魏略》称：李胜因浮华罪被捕，"以其所连引者多，故得原，禁锢数岁"。禁锢有轻重之差，重者或及终身。③李胜之所以从轻发落，就得力于"所连引者多"。或许这就是禁固相告法令存在之一证。如果这些考证不错，则这一法令防范、打击对象均为统治集团中人，正因如此，晋武帝一即位就下诏称："除旧嫌，解禁锢，亡官失爵者悉复之。"过了几天又下诏："除魏氏宗室禁锢。"第二年又下令："除汉宗室禁锢。"④与此同时也就在编纂晋律中"省禁固相告之条"。很明显，这些措施都是互相关联，一脉相承的。

最后，"去捕亡、亡没为官奴婢之制"。此句文亦有讹误。我怀疑原文当作："去逋亡士（妻子）没为官奴婢之制。"理由是：1.在律文上，捕字作追捕意与"亡"字连用，始见于北魏律，⑤魏晋律中不见；相反，逋、亡二字连用之例，魏晋时期却不少。《说文·辵部》："逋，亡也。"《三国志》卷

---

① 《后汉书》卷六四《史弼传》："时语书下举钩党，郡国所奏相连及者，多至数百。"又：允许谋反大逆相告，见《三国志》卷二《魏书·文帝纪》黄初五年令，允许诽谤妖言相告，见《三国志》卷二四《魏书·高柔传》。

② 这种用法，西汉已行。《汉书·食货志》："赎禁锢免臧罪。"禁锢与臧罪并举。《汉书》卷六《武帝纪》元朔六年诏："诸禁锢及有过者，……得免、减罪。"禁锢与有过并举。可证禁锢已成若干犯罪之概括称呼。

③ 参《历代刑法考》中《刑法分考》卷一七"禁锢"，及《汉律摭遗》卷一一"禁锢"各条。

④ 以上均见《晋书》卷三《武帝纪》。

⑤ 《唐律疏议·捕亡律》疏议。晋虽有捕亡令（见《唐六典》卷六注），其名或许曹魏已有，但因是"令"，无惩罚规定，与此处所述之制不合，故不足为据。

二二《魏书·卢毓传》："时天下草创,多遄逃,故重士亡法,罪及妻子。"依《说文》,逃、亡二字互训,①遄逃也就是遄亡。《晋书》卷三七《高阳王睦传》："冀州刺史杜友奏睦招诱遄亡,不宜君国。"遄亡二字已入奏章,可证确为当时熟语。2.捕、遄二字音近形似。籀文遄字从捕声,作遘,见《说文》。偏旁一脱落即成捕字,故二字极易相混。《梁书》卷二《武帝纪》天监十一年诏："自今遄谪之家……"《隋书》卷二五《刑法志》同诏"遄谪"作"捕谪",即其证。3.遄亡者有种种不同身份与情况,法律决不可能将他们一概没为官奴婢。例如魏晋之时徒刑罪人逃亡,捕获后也只不过增加刑期,②则一般平民为躲避赋役逃亡,其刑应该更轻。所以上述没为官奴婢之制只有军士最适合。因为在三国鼎峙之时,为保证军队的稳定,防止军士逃亡他国,惩罚严厉,是普遍的现象。而原文第二个亡字,与"士"字形近致误,也很有可能。不过"士"不当没为官奴婢。《三国志》卷二四《魏书·高柔传》：军士窦礼被认为逃亡后,"没其妻盈及男女为官奴婢"。同传及《三国志》卷二二《魏书·卢毓传》所载另外两个军士逃亡事,涉及的问题也都是如何惩罚其妻子。由于全国不统一,军士逃亡后很难捕获,所以曹魏相应之措施,除了将军士与他的家庭分在两地居住,以其家庭作为抵押外,③在军士逃亡后,把镇压的锋芒指向其妻子是毫不足怪的。相反,应该说这正是其立法精神之所在。然而正因为如此,我们也就更有理由怀疑今本《晋书》卷三〇《刑法志》漏脱了妻子一类字样,因为在全国分裂条件下,无论是就曹魏立法旨在打击逃亡也好,或者就晋律改革想要减轻对逃亡的打击也好,离开了对妻子的处理,都是没有什么意义的。当然,这只是一种推测,有待于今后出现善本来校补。

以上就是西晋省减法律条文中比较突出的几个方面。这样做的政治目的有两个：

一个就是为了收买人心,特别是拉拢统治集团中人支持司马氏。前

---

① 《说文》辵部、亡部。

② 《晋书》卷三〇《刑法志》刘颂疏。

③ 参周一良《魏晋兵制上的一个问题》,载《魏晋南北朝史论集》,中华书局,1963 年。

述免除毌丘芝从坐一事即其证。由于曹魏之时已开始按门阀通婚，毌丘芝的丈夫是颍川太守刘子元，母亲是东汉以来名门大族颍川荀氏之女，母亲之族兄荀颛、族父荀虞"并景帝（司马师）姻通"，颛又是司马氏心腹，[1]因而先是颛、虞为毌丘芝母亲求情（芝母作为毌丘俭之媳，亦当从坐死），得到批准；接着毌丘芝母亲又请求没为官婢，以赎女儿毌丘芝之命；司马氏的另一心腹何曾也替毌丘芝鸣冤，[2]再加上从坐之女均未构成对司马氏统治的任何危害，在此情况下，司马氏怎么会愚蠢到继续坚持杀毌丘芝，开罪许多心腹与大族，而不是顺水推舟，博一宽大之名呢？类似例子还可举出王凌之妹来。王凌出身名门太原王氏，为曹魏大臣，以谋反诛。妹为雍凉都督郭淮妻，凌诛，妹当从坐，朝廷派人逮捕，郭淮竟用武力拦截了下来，事后给司马懿信说："若无其母，是无五子；无五子，亦无淮也"，表示愿意领罪。"书至，宣王（懿）亦宥之。"[3]此事比毌丘芝案要早，当时还没有提出已嫁之女从坐合理与否的问题，为什么对这种依仗武力，公开对抗法律的行为司马懿竟给予宽恕呢？原来郭淮不但本人是名将，握有重兵，守卫边防；而且出身名门，弟郭配的两个女婿，一个是出自河东望族的裴秀，一个是"世为著姓"、名刺史贾逵的儿子贾充，[4]这两个人又都是司马氏之心腹。这样一种复杂的门第、婚姻关系，不能不成为司马氏基于政治需要，宽宥郭淮及其妻子的决定因素。同时后来当毌丘芝从坐与否引起议论时，这一先例恐怕还对"有诏改定律令"起了促进作用。

省"禁固相告"之条也有这种目的。如前所述，晋律这一改革是和晋武帝即位后接连颁布解除贵族官吏的禁锢诏令互相关联的，全为了讨好统治集团中人，求得他们的支持。很显然，这和不杀毌丘芝、王凌妹的精神没有多少差异。需要补充的是：之所以到晋武帝即位后才废除"禁固

---

① 《晋书》卷三三《何曾传》、《晋书》卷三九《荀颛传》。
② 《晋书》卷三三《何曾传》、《晋书》卷三〇《刑法志》、《三国志》卷一二《魏书·何夔传》注引干宝《晋纪》。
③ 《三国志》卷二六《魏书·郭淮传》注引《世语》。
④ 《晋书》卷三五《裴秀传》、《晋书》卷四〇《贾充传》、《三国志》卷一五《魏书·贾逵传》注引《魏略》。

相告"之条,决非偶然。自司马懿发动高平陵政变消灭曹爽后,又先后平定王凌、毌丘俭、诸葛诞等拥魏势力之叛乱,形成"朝廷、四方皆为之致死"的一边倒之势,①以至司马昭杀掉皇帝高贵乡公也未在全国引起波动。在这种情况下,司马氏相信自己能控制局势,认定曹魏复辟已没有可能,当时又不存在大规模的朋党需要鼓励告发,②所以才敢于采取这些措施了。就是说,西晋初年废除这一类法令,不但有必要性,而且有可能性,这是统治阶级内部力量对比发生变化的结果。

西晋省减前述几方面法律条文的另一目的则是认为这样有利于防止、减少犯罪。如军士逃亡,妻子为什么不再没为官奴婢呢?《三国志》卷二四《魏书·高柔传》,柔曾谏止对逃亡军士之家属采用死刑,他说:"士卒亡国,诚在可疾,然窃闻其中时有悔者。愚谓乃宜贷其妻子,一可使贼中(指吴、蜀等)不信,二可使诱其还心。"如果一概处死,"恐自今在军之士,见(亲属)一人亡逃,诛将及己,亦且相随而走……此重刑非所以止亡,乃所以益走耳"。这些话把封建王朝有时废除某些重刑的意图暴露得再清楚不过了。一句话,完全着眼于他们自己的统治利益。在这方面还可补充一点的是:汉末三国人口大减,据说曹魏全部户口只相当于汉代一大郡,见《三国志·魏书》蒋济、杜恕、陈群各传。当时许多大臣都建议减死刑,复肉刑,使犯人"犹任生育",以利人口增殖,见《三国志·魏书》钟繇、陈群传,则高柔之建议恐怕也包含有这一因素。当然,高柔之谏远在制定晋律之前,而且说的是家属不处死刑,但我想晋律制定之时吴尚未平,仍存在士兵逃亡问题,③高柔强调重刑只会促使更大量人逃亡,而轻刑却可吸引亡士归来之见解,应当同样是贾充等人的一个指导思想。此外,就此事说,还有一个新的情况也要考虑在内。《晋书》卷二六《食货志》载咸宁元年(275)晋武帝为了表示"以战士为念"下诏"以邺

---

① 《三国志》卷四《魏书·高贵乡公纪》甘露五年注引《汉晋春秋》。
② 晋武帝在位二十六年虽有朋党(参《晋书》卷四五《任恺传》),而无朋党、浮华之狱,即其证。
③ 《晋书》卷九二《文苑·赵至传》,出身士家,居洛阳而逃亡辽西即一例。

奚官奴婢著新城,①代田兵种稻,奴婢各五十人为屯"。这表明西晋奚官令所属奴婢数量甚多,供皇宫生活驱使包括从事官手工业已用不了,需要他们去支援军士屯田,既然为此,有何必要继续将逃亡军士家属没为官奴婢,而不是减轻刑罚让他们照旧屯田呢?当然,此诏下于275年,在晋律颁布之后七八年,但如果在废除逃亡军士家属没为官奴婢之制后,官奴婢队伍仍这么庞大,则晋律制定时或许人数更多,因而也就更有必要废除这种不合时的刑法条文了。

综上所述,在历史上备受赞赏的晋律之"宽简",具体分析起来,其实质不过是为了从各方面稳固司马氏江山,加强地主阶级统治而已。

二

晋律的另一特点是比过去的法典"周备"。

我国的法律从夏代开始建立国家时算起,到晋代已有两千多年的历史,即使从现知比较系统的法经、秦律、汉律算起,也存在了好几百年。在这漫长的时间里,无数劳动人民遭到镇压与迫害,统治阶级内部的斗争也十分激烈。大量的经验便这样被总结出来,最后凝固于不断改革的法典之中。熊远赞美晋代法律说:"经贤智,厉夷险,随时斟酌,最为周备。"②《晋书》卷三〇《刑法志》也说:晋武帝"接三统之微,酌千年之范,乃命有司,大明刑宪"。三统当来自汉代的三统说,指夏商周;"酌千年之范",大概是从西周末年算起,证明晋律确是一部总结过去统治得失的法典。章太炎先生是极力推崇晋律的,他说"商法既亡,刑名则当从晋";甚至认为晋律超过现代西方资产阶级法律,"贤于拜金之国远矣"。③ 这话

---

① "奚"是晋代一种官奴名称,管理奚奴机构叫奚官,有令主之,见《晋书》卷二四《职官志》。奚官奴婢即奚官令所掌官奴婢。《周礼·秋官·叙官》《周礼·春官·守祧》《周礼·天官·叙官》《周礼·天官·酒人》郑玄注均主奚为女奴,以《晋书》此诏证之,至少晋代兼指男奴。此事还可参《晋书》卷七五《范坚传》。

② 《晋书》卷三〇《刑法志》。

③ 章太炎《太炎文录初编》卷一《五朝法律索隐》,上海书店,1992年。

虽有些过分,但晋律比过去法典完备,应是无疑的。

晋律超过以往法典之处首先就在于律、令界限分明了。即"令"仅正面规定各项规章制度,违令有罪如何惩罚则属律的范围,律成了专门的刑法典。而在晋律之前二者是混淆不清的。《汉书》卷六〇《杜周传》:"周曰:三尺(法)安出哉?前主所是著为律,后主所是疏为令。"《汉书》卷八《宣帝纪》地节四年注引文颖曰:"天子诏所增损,不在律者为令。"可见在汉代,律、令只有颁布时间先后之别,以及基本法规与补充法规之别,至于二者的范围同样很广泛,并不限于刑法。章太炎在《汉律考》中指出:"汉律九章……西京之时刑律而外遂无制度法式之书邪?案《史记·汲郑列传》集解引如淳曰:'律,太守、都尉、诸侯内史,史各一人,卒史书佐各十人,是汉律有官制也。'《汉书·高帝纪》如淳注:'律,四马高足为置传,四马中足为驰传,四马下足为乘传,一马二马为轺传,急者乘一乘传。'是汉律有驿传法式也。……由是言之,汉律非专刑书,盖与《周官》礼经相邻。……亦以见汉律之所包络,国典官令,无所不具,非独刑法而已也。"①1975 年出土的云梦秦简,证明秦律之包络与汉律同。如长达六十支简的《效律》,既记载关于核验官府物资财产之各项规章制度,同时又对违反之人规定赀甲、赀盾、免官等惩罚。再如《传食律》,名为"律",内容却只有关于驿传对过往官吏按其不同地位供给不同量米、酱、菜羹、盐、刍稿的具体章程。正由于秦汉律、令没有明确界限,有时也就混用,如金布令又称金布律等,沈家本、程树德均指出过,此处不再赘述。② 然而从晋律开始,律、令却有了明确界限。其证有三:1.《太平御览》卷六三八引杜预律序:"律以正罪名,令以存事制。"这是历史上最早的一条明确区分律、令的定义。③ 杜预,西晋大臣,参与制定并独立注解晋律,他下的定义无疑应是西晋律、令状况的概括。后来《唐六典》卷六

① 见章太炎《检论》卷三,载《章太炎全集》第三册,上海人民出版社,1984 年。

② 见沈家本《历代刑法考》中《汉律摭遗·自序》、程树德《九朝律考》中《汉律考·律名考》。

③ 《管子·七臣七主篇》:"律者所以定分止争,令者所以令人知事",其区分与杜预以下律、令不同。

的定义"律以正刑定罪,令以设范立制",就是在杜预律序基础上提出的。

2.从《魏律》序略,还看不出曹魏律、令区分比汉代有何变化,而《晋书》卷三〇《刑法志》却明确记载,制定晋律之精神,除省减大量旧的律令条文,制定永久性的律外,"其余未宜除者,若军事、农田、酤酒,未得皆从人心(予以删除),权设其法,太平当除,故不入律,悉以为令。施行制度,以此设教,违令有罪则入律"。这段话一方面反映晋律被看作基本法规,不能随便更动,而晋令可以是"权设"的,形势变化后就能删除。就这一点说,和汉代律、令差别还不大。但另一方面,"违令有罪则入律"却反映晋令已和汉令不同,晋令仅只正面规定制度,而无"违令有罪"如何惩罚之内容了。如何惩罚专属于律,这是晋代之特色。3.前引《汉书》卷八《宣帝纪》文颖对汉代律令之注释,并无后代律令区别之痕迹。此外如淳、孟康等也未涉及这一问题。文颖、如淳、孟康均魏人,[1]据《魏律》序略,当时汉代律令尚存,如果魏代律令之区别已发生变化,与汉代不同了,为什么他们无一人加以说明呢? 特别文颖,据《汉书》卷八《宣帝纪》注所引,既然他专门注释汉代律、令之区别,为何不将魏代新的变化附上一笔呢? 这恐怕只能有一个解释,就是曹魏之时尚未发生这种变化。

晋律比以往法典完备之处还可以通过篇目的变化看到。如所周知,汉九章之篇目是:盗、贼、囚、捕、杂、具、户、兴、厩。[2] 魏新律增为十八篇:刑名(原具律)、盗、贼、囚、捕、杂、户、兴、劫掠、诈伪、毁亡、告劾、系讯、断狱、请赇、惊事、偿赃、免坐。[3] 晋律又进一步增损为二十篇。即增法例、卫宫、水火、关市、违制、诸侯六篇,减劫掠、惊事、偿赃、免坐四篇。[4] 晋律之增损十分重要。如新增之卫宫、关市两篇,专门维护宫殿、关塞、城、市之安全,主要适应君主专制制度进一步发展之需要,而为唐律卫禁律所

---

① 参颜师古《前汉书叙例》。

② 《晋书》卷三〇《刑法志》。

③ 此据沈家本说,见《历代刑法考》中《律目考》。《唐六典》卷六注略有出入。

④ 沈家本《历代刑法考》中《律目考》主"晋律就汉九章增定,与魏律不同"。而《唐律疏议·名例律一》疏则主晋律据汉魏律增损。此从唐律疏。

沿用。^① 又如晋律新增"违制"一篇，专门反对官吏不按规章制度行事，反映封建王朝力图以此提高统治效率。它与另一篇请赇，后来发展成唐律之职制律。^② 如果我们拿晋律和号称古代"集众律之大成"的唐律相比较，^③就可发现唐律篇目除斗讼律外，晋律都基本齐全了。唐律之名例即晋律之刑名、法例。卫禁即卫宫、关市，职制即违制、请赇。户婚即户律。厩库即厩律、毁亡。^④ 擅兴即兴律。贼盗即盗律、贼律。杂律即杂律、水火。捕亡即捕律。断狱即断狱、系讯。^⑤ 诈伪二律同。至于斗讼，虽然《唐律疏议》称其名起于北魏，"从秦汉至晋未有此篇"，然而我们认为讼的部分应基本即晋律之"告劾"。如唐斗讼律中有密告谋反及大逆、官司承告需立即掩捕、挝登闻鼓等条，当即魏晋告劾律中之告反、逮受、登闻道辞发展成的。^⑥ 而斗的部分原来当在贼律中。^⑦ 这就是说，晋律虽无斗讼之名，而斗讼之内容早已分别概括于贼律、告劾律中了。晋律二十篇中只有诸侯一篇未为唐代继承，那是因为分封诸侯制已废除，相应的法律必然不复能保留的缘故。总之，可以这样说：中国封建刑法典的体系发展到晋律已基本齐备，后来只有如何概括、精练的问题了。

---

① 《唐律疏议·卫禁律》疏议曰："卫禁律者，秦汉及魏未有此篇，晋太宰贾充等……创制此篇。"

② 《唐律疏议·职制律》疏议曰："职制律者，起自于晋，名为违制律。"又《唐律疏议·职制律》中有"请求"各条。当即晋请赇篇发展而成（虽然求与赇有些区别，见沈家本《历代刑法考》中《汉律摭遗》二"受财枉法门"按语）。

③ 薛允升：《唐明律合编·例言》，法律出版社，1999年。

④ 《晋书》卷三〇《刑法志》称，晋所沿用魏毁亡律有毁伤、亡失县官财物的内容。梁代增仓库律（见《隋书》卷二五《刑法志》），可能是由毁亡律中分出的。北齐改晋毁亡为毁损律，隋又并毁损、仓库、厩牧为厩库，而为唐律所沿袭（隋采梁律，参《北史》卷七七《裴政传》）。

⑤ 据《晋书》卷三〇《刑法志》，汉囚律至晋分为告劾、系讯、断狱三律。告劾为唐入斗讼律（见下），而系讯、断狱则入唐断狱律（系讯内容参《历代刑法考》中《汉律摭遗》六）。

⑥ 《历代刑法考》中《汉律摭遗》卷一三按语："登闻者，有变事及急闻则登（进）之；道辞者，听其辞以集奏之也。"逮受则指官府遇到案子"受而逮治之"。均与唐律各条大体相合。所以《历代刑法考》中《律目考》第1351页说：北齐律改告劾为斗讼，而唐律此篇正沿自北齐。

⑦ 《历代刑法考》中《汉律摭遗》五"贼斗杀人"条按语："贼，害也。唐律有害心者名故杀。汉之贼杀当即唐之故杀。"《汉书》卷八三《薛宣传》引律："斗以刃伤人，完为城旦；其贼，加罪一等。"又提到"贼伤人"。魏新律中有"贼斗伤人"之目，证明斗、伤、贼在律中常连用。特别是《晋书》卷三〇《刑法志》在叙述法律混乱时说："盗律有贼伤之例，贼律有盗章之文。"更足以说明斗殴伤害原在贼律之中。所以《历代刑法考》中《律目考》第1351页也说："斗事疑从贼律分出。"

晋律之完备还在于形成了一套前所未有的法律制度。这些制度体现了对犯罪和违法行为注意区别对待的精神。晋武帝时明法掾张斐曾上注律表，对这一精神作了扼要的阐述。[1] 他通过注释晋律二十个不同用语(故、失、谩、诈等)，阐述了各类不同性质、情节的犯罪和违法行为；又通过分辨不同情况，指出晋律精神就在于对这些行为"慎其变，审其理"，最后给以应得的惩罚。这里我们首先介绍一下涉及面极广的一组用语，即故、过失、失之区别。

张斐注释说："其知而犯之谓之故"，"不意误犯谓之过失"，"意以为然谓之失"。

对于故意与过失之区别，从《尚书·康诰》以来一直为统治者所重视。但何谓故意，何谓过失，在张斐以前一直未见有简明的、一致公认的定义。[2] 所以沈家本重视张斐的定义说："故字之义，自当以此为定论。"[3]但他却认为张斐对过失之注释不当。在他看来，误与过失有分别。《周礼·秋官·司刺》掌三宥之法。"壹宥曰不识，再宥曰过失，三宥曰遗忘。"郑玄注："识，审也。不审，若今仇雠当报甲，见乙，诚以为甲而杀之者。过失，若举刃欲斫伐(草木)，而轶中人者。"沈家本说："康成以不审为误"，与过失"义各不同"。因而认为张斐之"不意误犯谓之过失"，是把误与过失混为一谈了，特别是张斐又说："斗而杀伤傍人又似误"，沈家本批评说"斗而杀伤傍人正是误，而以'似误'设为疑词，可见其误与过失不知分别"。[4] 其实，张斐并未混淆，而是沈家本自己错了。原来在晋律及张斐注律表中，沈家本所谓的误(即郑玄之不审)，用的是另一个字"失"；而沈家本强调的过失，在汉晋法律中则与误字含义相同。《广

---

① 杜预也曾注律，据说与张斐注差别极大，见《南齐书》卷四八《孔稚珪传》，但杜预只留下一份极简单奏书，见《晋书》卷三四《杜预传》。所以我们只得据张斐注来探讨晋律精神。

② 如为汉律作章句最有名的是郑玄，然而他在《周礼》注中对过失之注释，时而说："过，无本意也"，见《地官·调人》；时而说："过失，若举刃欲斫伐，而轶中人"，见《秋官·司刺》。但有时又说："过失，亦由邪恶酗酱(酗酒)、好讼，若抽拔兵器，误以行伤害人丽于罪者"，见《地官·司救》。反映注释不很明确、准确。郑玄如此，他人可知。

③ 《历代刑法考》中《寄簃文存》卷二《论故杀》。

④ 同上书《寄簃文存》卷三《误与过失分别说》。

雅·释诂三》:"过,误也。"《后汉书》卷四六《郭躬传》:孙章宣诏,错把轻刑说成重刑,被劾矫诏,当腰斩;郭躬反对,仅主罚金,说:"法令有故、误,误者其文则轻。"《太平御览》卷六四〇引《晋书》:陈满射鸟,箭误中人,虽未伤人,被判弃市,何承天持异议说:"今(陈)满意在射鸟,非有心于中人,按律,过误伤人三岁刑,况不伤乎?"两处之误、过误都指过失,证明在汉晋律中误与过失二语同义。另一面,为什么郑玄的不审(即沈家本错以为的误),会在晋律中改称"失"呢? 我想这可能和王肃的思想有关。王肃是晋文帝司马昭的岳父,武帝的外祖父,乃曹魏大儒。他一贯反对郑玄学说。[1] 晋文帝在下令制定晋律的同时,曾指出过去解释法律只取郑玄一家章句是"偏党","未可承用",[2]当系受王肃影响。很可能因此之故,贾充等人就不敢使用郑玄创造的不审两字,然《周礼·司刺》之不识两字又不明确,于是另提出一"失"字来代替,以与误(即过失)相区别。[3] 按失字之义,汉魏六朝均有训诂。《说文·手部》:"纵也";《广雅·释诂二》:"逸也";《玉篇·手部》:"纵逸也。"由纵逸又引申出过错之义。《国语·周语上》引《尚书·盘庚》文韦昭注:"逸,过也。"而逸、佚、轶、失古字并通。[4] 由此可见,贾充等人用失字代替郑玄的不审,是持之有据的。总之,在晋律中误即过失,另用一失字表达沈家本所谓误之内容。试看张斐之"意以为然谓之失",其"意以为然"不正是郑玄《司刺》注错把乙当作仇人甲杀掉的"不审"吗?张斐之"斗而杀伤傍人又似误",不也正是将"失"(斗而杀伤傍人不是过失,而属"失"一类,说见下引唐律)与"误"(即过失)加以区别,说明二者只是相似不可混淆吗? 明白了晋律中失字此义,张斐注律表中另一些话也就好懂了。如"若不承用诏书,无故、失之刑,当从赎;谋反之同伍,实不知情,当从刑,此故、失之变也",其意不过是说过失(既非"故",又非"失"),或类似过

① 参《三国志》卷一三《魏书·王肃传》;皮锡瑞:《经学历史》第五章,中华书局,1959年。
② 《晋书》卷三〇《刑法志》。
③ 清俞正燮甚至说:"晋用武帝外祖之言,尽废郑义。"见《癸巳类稿》卷十二《唐律疏议跋》。
④ 参郝懿行《尔雅疏议·释言》、王念孙《广雅疏证·释诂》。

失,应减罚而已。

在这个问题上沈家本之所在会错怪张斐,是因为他错把后来唐律中"误"之含义套在晋律上了。《唐律疏议·斗讼律三》:"诸斗殴而误杀傍人者,以斗杀伤论,至死者减一等。"疏议曰:"……假如甲共乙斗,甲用刀杖欲击乙,误中于丙,或死或伤者,以斗杀伤论。不从过失者,以其原有害心……"很明白,唐律此条之误字,是"原有害心",当属晋律"意以为然"的"失"一类,而与晋律之"误",即"不意误犯"的过失,并非一义。沈家本在引用时因未注意晋、唐二律这一用语之变化,把不同含义之"误"混而为一,才会武断张斐对误与过失"不知分别"。由晋律至唐律"误"字法律上含义这种变化,我想可能是因为贾充等人撇开郑玄的不审而另提出的"失"字,与"过失"这一用语容易混淆不清,在实践上不利于封建统治,所以后来不知什么时候就用晋律中过失的同义字"误"取代了"失",从而到唐律中过失与误之含义就一分为二了。

除了故、过失、失之外,[①]晋律注意区别对待犯罪和违法行为之处还很多。如张斐虽说"不意误犯谓之过失",但又指出"向人室庐道径射,不得为过"。这种区别后为《唐律疏议·杂律》所继承,并规定凡因此杀人者,"减斗杀伤一等"治罪,而与过失杀伤人"以赎论"(见《斗讼律三》)不同。原因是虽无本意杀伤人,但向人们居住行走之处射,事前应该考虑到很可能杀伤人的后果,所以与完全无法考虑到后果之过失不同。又如张斐说:"两讼相趣谓之斗,两和相害谓之戏","戏似斗"。将斗殴杀伤人与戏杀伤人加以区别,下了定义。其精神亦为唐律所沿用。如《唐律疏议·斗讼律三》:"诸戏杀伤人者,减斗杀伤二等。"律注:"谓以力共戏至死和同者。"疏议:至死和同即至死"不相瞋恨"。显然,这是张斐"两和相害"定义之发展。但张斐又说:"斗之加兵刃水火中,不得为戏。"这是从反面来注释晋律之戏字。《唐律疏议·斗讼律三》疏议更明确说:戏而用兵刃或推人入水火中,本应知其很可能产生严重后果,"自须共相警

---

① 当然,故、过失、失三者中,将"失"单独区分对维护封建统治意义并不大,后代封建法典也没有全部沿用。参沈家本《寄簃文存》卷二《论故杀》。

戒"，现在毫不顾忌，"因此共戏，遂致杀伤，虽即和同，原情不合"，所以刑罚要比戏杀伤来得重。

诸如此类对不同性质、情节犯罪的区别对待，通过张斐注律表，可以推定晋律规定得一定十分详尽。其目的是想通过"慎其变，审其理"，避免惩罚不分青红皂白地一律从重或从轻，一方面防止错误地打击了统治阶级内部忠于司马氏的人，另一方面则为了要把镇压锋芒指向真正危害封建统治秩序之行为。

晋律的具体法律制度比旧律完备之处颇多，如刑罚、时例、加减例、累犯加重、数罪并罚等。其中加减例、累犯加重和数罪并罚更为明显。

张斐注律表有以下一段话：

> 不以加至死，并死不复加。不可累者，故有并数；不可并数，乃累其加；以加论者，但得其加；与加同者，连得其本。不在次者，不以通论。

这十二句话，文字过于精炼，其他地方又没有注释，今天很不好理解。但如果联系西晋以及唐代某些制度来推断，我想或许主要指的加减例、累犯加重和数罪并罚。

"不以加至死，并死不复加"

为了弄清楚它的意思，让我们先来引一段西晋廷尉刘颂的话：徒刑犯人逃亡，"得辄加刑，日益一岁，此为终身之徒也。……今宜取死刑之限轻，及三犯逃亡淫盗，悉以肉刑代之"。[①] 刘颂的话反映了当时已行加刑制度：徒刑犯人逃亡抓到后要加刑。同时三犯"淫、盗"，也要加刑。这些加刑加到什么程度呢？原则之一，就是这里研究的"不以加至死"。就是说，只要本罪（如淫、盗）不该处死，只是由于某些原因（如逃亡、三犯等）而加刑，则无论如何加，也不允许加成死刑。刘颂只讲加至"终身之徒"，或主"以肉刑代之"，也是证明。《唐律疏议·名例律六》："加

---

① 《晋书》卷三〇《刑法志》。

者，……不得加至于死。"恐怕就是沿自晋律。至于"并死不复加"，说的是另一种情况。《广韵·清韵》："并，合也。"用在法律上就是将一人判决前所犯数罪合并在一起按某种原则论处。这种原则在汉律、唐律中一般是"以重者论之"，不许"累轻以加重"。[①] 但对某些罪（如盗窃财物、丢失官府兵器、出征时私放若干兵士回家等）却规定要按数量"累并"论罪。[②] 我以为张斐此处说的正是这一类情况。就是说，如果累并论罪到达一定数量已达死刑，则其余之罪虽多也不作为依据加刑了。例如私有衣甲二领，又私有弩四张，如果晋律规定同于唐律：私有弩五张即绞，则此处只要累并衣甲一领入弩四张中就构成死刑，私有另一领衣甲之罪就不再过问了。[③] 这就是"并死不复加"。

"不可累者，故有并数"

有人以为此处之累字指"累犯"。[④] 恐怕不对。因为张斐注律表中累作、累答之"累"，均非此义。而且直到后来唐律中也只叫"三犯"，尚无今日"累犯"之目，此处不应独异。我以为此处之"累"，指积累。《说文·厽部》："厽（累），增也。"段注："增才，益也。凡增益谓之积厽。"积累在此处是什么意思？上面已讲，如犯数罪有些事要累并论决。累并论决有两种情况：一种是犯数罪性质、情节等相同，如同为所谓强盗，就可将数处所得财物简单地合并在一起论决。这在唐律中一般叫"累"。[⑤] 另一情况是性质、情节等数罪并不同，如上举私有甲、弩之罪，由于甲重弩轻，就不能简单相加。《唐律疏议·擅兴律》疏议也说："畜甲畜弩，各立罪名，既非一事，不合并满"，而需要按另外的原则论决。这在唐律中

①　《公羊传》庄公十年何休注引汉律、《尚书大传》郑玄注（《太平御览》卷六三五引）、《唐律疏议·名例律六》。
②　《唐律疏议·名例律六》。
③　当然甲、弩不是简单合并论处的，参《唐律疏议·擅兴律》"诸私有禁兵器者"条疏议。又据《名例六》"诸称加者"条律注"加绞者，不加至斩"。所以晋律之"并死不复加"也可能指"累并"至死刑中最轻的一等为止，不再加重。
④　朱方：《中国法制史》第二章第八节，上海法政学社，1931年。
⑤　见《唐律疏议·名例律六》：罪法相等，"以赃致罪，频犯者并累科"。

一般叫"并"。① 我认为"不可累者,故有并数",很可能就反映这两种不同情况,意即如犯涉及财物、器物的数罪,性质情节等不同,就不可简单"累"在一起,而应按"并数"论决。《说文·攴部》:"数,计也。"《宋书》卷三《武帝纪》:下诏称同罪三犯方能加重判刑,而"主者顷多并数众事,合而为三,甚违立制之旨"。可证"并数"是一个熟语。但张斐此处之"并数",就像唐律之"并"一样,当具有特殊涵义,指法律上某种数罪并罚原则。这种原则唐律是重赃并满轻赃等,②晋律不知是否相同?

"不可并数,乃累其加"

以上引刘颂所奏情况例之,当指犯罪判决后又犯逃亡罪,或执行完毕后又三犯同类性质之罪(如所谓淫、盗等),这与并数,即判决前所犯数罪合在一起论处不是一回事,而属于加重惩罚之范围,也就是要"乃累其加",即将本刑再累积上加重之刑。刘颂所谓日益一岁、加作一岁,就是此制之体现。

"以加论者,但得其加;与加同者,连得其本"

这四句疑是上句"乃累其加"的具体说明。再以刘颂所奏情况为例:一种情况如正在服徒刑之犯人本有刑期(假定四年),现在逃亡抓回,原来刑期不用说必须继续服满,而且还要增加刑期(假定一年)。这就是"以加论"。因为原来刑期不动,仅仅增加一年刑期,二者毋需连算,所以叫"但得其加"。另一种情况如三犯。假定初犯、再犯窃盗各判徒刑两年,这是本刑,已刑满释放,今三犯窃盗,当加重惩罚,如果加刑为一年,连同原来应判的本刑两年,共判徒刑三年,这在晋律上叫"与加同",张斐把它注释为"连得其本"。

"不在次者,不以通论"

这两句话,含义很泛。当为不属这一次揭发的问题,不能合并论处

---

① 《唐律疏议·名例律六》:"罪法不等者则以重法并满轻法。"
② 《唐律疏议·名例律六》。

之意。但具体何所指？却不好捉摸。《唐律疏议·名例律六》律注："累，谓止累见发之赃。"疏议："假有官人枉法，受甲乙丙丁四人财物，各有八匹之赃。甲乙二人先发……依律（不该处死）科流除名已讫。其丙丁二人赃物于后重发，即累见发之赃。……后发者与前既等，理从勿论。不得累并前赃……断作死罪之类。"这似乎就是一种"不再通论"。即本来贪污财物应累并论罪，依律已该处死刑，但因分两次揭发和判决，先发甲乙二人共十六匹赃已判决，不属这一次揭发范围之内，所以就"不再通论"即不再累并在一起判死刑了。当然，晋律不见得指的就是这一种情况，范围肯定还要宽，但大体精神以唐律此规定作线索去理解，或许不会相差很远。

通过这十二句话，除了了解晋律的加减例、累犯加重和数罪并罚等制度之外，还可以看到用语也十分精炼、概括。"以加论""与加同"各三个字，就把不同的制度表述了。

总之，和汉魏律比，律令界限分明，篇目体系进一步完备，各项制度进一步周密，晋律这一方面特点影响于后代封建法典甚大。杨鸿烈说：泰始律的制定"为中古时代法典大备的开始"，[1]确有一定道理。

以上两个特点——"宽简"和"周备"，同时集于晋律之中，表面看来似乎有点矛盾，实际上正好符合古代法典发展变化之规律。即随着社会经济之发展、文明程度之提高以及统治经验之积累，一方面残酷而野蛮并遭到人们反对的刑罚逐渐减少和废除，[2]（尽管不是直线的，而是曲折的，有时还倒退），烦琐、混乱因而极便官吏舞弊的律条也次第整理或删削，这是一个历史的进步，应予肯定。但另一方面，法律是统治阶级意志的反映，宽简并不是出于善心和慈悲，所以就在宽简的同时，界限更加明

---

① 杨鸿烈：《中国法律发达史》上册，商务印书馆，1930年，第217页。
② 《晋书》卷三〇《刑法志》：晋元帝欲恢复肉刑，王敦以为"百姓习俗日久，忽复肉刑，必骇远近。且逆寇未殄，不宜有惨酷之声以闻天下"，于是作罢。类似"骇耳之声"，"惨酷之声"的提法，常见于魏晋反对肉刑之议中，说明统治者十分害怕酷刑会遭到人们的反对。这一顾虑同样可适用于其他酷刑为什么逐渐废除上。

确的法律形式,概括力更强的法律规范和更准确的用语,以及和犯罪危害性大小更相适应的刑罚和各项制度,一句话,更加"周备"的法典也就被制定出来了。总之,"宽简"和"周备"是一致的,都体现了统治阶级意志,都为了达到同一目的:进一步巩固统治。晋律的这一演变正是我国古代法典演变过程中的一个重要阶段。

略论晋律之"儒家化"[*]

晋律(泰始律)在我国法制发展史上占有不可忽视的地位。关于它的"宽简"和"周备",笔者已有文章论述，①本文只想就它的"儒家化"，亦即进一步吸收和体现了儒家思想，略抒己见。

一

如所周知，秦律是以法家思想为指导而制定的。及至西汉，虽然大臣中儒者逐渐进用，思想领域中儒家思想日益受到重视，但在实际政治中法家思想影响仍十分巨大。汉武帝十分欣赏的儒者董仲舒、公孙弘、倪宽并非醇儒，三人皆"通于世务，明习文法，以经术润饰吏事"。② 汉宣帝更明说道："汉家自有制度，本以霸王道杂之，奈何纯任德教，用周政乎！"③而在立法、司法中这一问题更为突出。萧何之九章律乃"攈摭秦法"而成，这是东汉大儒班固都不讳言的。④ 汉文帝时号称"有刑错之风"，但就制度言，"唯除省肉刑相坐之法，它皆率由，无革旧章"。⑤ 九章律以外的傍章、越宫、朝律情况相仿。参与制度的只有叔孙通是个儒生，

---

* 原载《中国史研究》1985 年第 2 期。

① 见《北京大学学报》1983 年 2 期。

② 《汉书》卷八九《循吏传·序》。参同书卷五八《公孙弘传》。

③ 《汉书》卷九《元帝纪》。

④ 《汉书》卷二三《刑法志》。

⑤ 《后汉书》卷三四《梁统传》。

而且还是个"知时变"即善于见风转舵的儒生。① 另外两个人张汤、赵禹都出身"小吏""刀笔吏","共定诸律令,务在深文",②被司马迁写入《史记》卷一二二《酷吏列传》,所继承的乃法家传统是无疑的。他们的用人当然也不会例外。"时张汤为廷尉,廷尉府尽用文史法律之吏,而兒(倪)宽以儒生在其间,见谓不习事,不署曹,除为从史",也说明司法官吏中儒生极少。③ 所以汉宣帝时路温舒上书还在说:"秦有十失,其一尚存,治狱之吏也。"④儒生和文吏(即法吏)形成两个不同的集团。汉哀帝时何武为大司空,"疾朋党,问文吏必于儒者,问儒者必于文吏,以相参检"。⑤可证两集团壁垒极森严。直到东汉初王充还在慨叹"论者多谓儒生不及彼文吏",儒生遭受压抑,"文吏喧于朝堂"。⑥ 汉明帝时袁安为河南尹,见帝,"具奏对无所遗失。上以为能也,问安本自何为官? 对曰:臣本诸生。上曰:以尹故吏也,何意诸生邪!"⑦证明甚至在皇帝心目中能干的都是文吏。

然而,大概也就从西汉后期、东汉初年开始,由于君主大力崇儒,如明帝亲至太学讲经,章帝"大会诸儒于白虎观,……亲临称制",⑧立法与司法中儒家思想之渗透也日益加剧。第一,世代律家渐习经学。东汉最著名的郭、陈两家,⑨郭躬讨论案子已引《诗经》《论语》为据;传至郭禧更是"明习家业,兼好儒学"。⑩ 陈氏比郭氏更突出。陈宠"虽传法律,而兼通经学","及为理官(廷尉),数议疑狱,常亲自为奏,每附经典,务从宽恕"。宠子忠,依据儒家思想,上疏坚持大臣应服三年丧制;为三公尚书,

---

① 《史记》卷九九《叔孙通传》。
② 《汉书》卷五九《张汤传》、卷九〇《赵禹传》、卷八三《薛宣传》。
③ 《汉书》卷五八《兒宽传》。
④ 《汉书》卷二三《刑法志》、卷五一《路温舒传》。
⑤ 《汉书》卷八六《何武传》。
⑥ 《论衡·衡程材》。
⑦ 《后汉纪》卷一〇永平十四年。
⑧ 《汉书》卷七九上《儒林传序》。
⑨ 《南齐书》卷二八《崔祖思传》,参吕思勉《吕思勉读史札记》乙帙"秦汉法律之学",上海古籍出版社,1982年。
⑩ 《后汉书》卷四六《郭躬传》。

"广引(《周礼》)八议求生之端"来处理疑案。① 又如钟皓,"为郡著姓,世善刑律",但又精通《诗经》。② 第二,儒家兼通律令。最著名的就是东汉末马融、郑玄等十余家大儒为汉代律令作了"章句",具有法律效力。曹魏时甚至一度下诏"但用郑氏章句,不得杂用余家"。③ 儒家对法律影响之大,于兹可见。第三,儒家思想进一步渗入法律。这从西汉已经开始。如汉武帝本"重首匿之科",凡为首藏匿罪人虽系亲属也不减罪,体现了法家思想;而汉宣帝则下诏改为"自今子首匿父母,妻匿夫,孙匿大父母,皆勿坐"。又如汉初平民有父母丧仍得服徭役,汉宣帝把它改为"自今诸有大父母、父母丧者勿繇事,使得收敛送终,尽其子道"。④ 这些是儒家"亲亲得相容隐"思想和丧服制度在立法中的体现。

至东汉,又进了一步。

首先,大臣要不要服三年丧?按《仪礼·丧服篇》,父母死,当行三年丧。然而作为大臣,奔丧守制三年又会妨碍处理统治事务,所以汉文帝临死,"深虑大政之废",⑤自行创造了三十六日之丧制。原涉及全国吏民为君主所服之丧,影响所及,也包括了官吏对父母之丧制,"自是之后,天下遵令,无复三年之礼"。⑥ 然而到东汉安帝元初三年竟下诏"初听大臣二千石刺史行三年丧"。虽然其后至桓帝延熹二年间此制屡行屡废,⑦反映儒家思想渗入法律并非一帆风顺,如与封建王朝眼前利益发生矛盾,影响了现实统治事务,法家务实的思想便又会冒出来起阻碍作用。但因三年丧为儒家基本主张之一,在屡行屡废的同时,影响也在扩大,为

① 《后汉书》卷四六《陈宠传》、卷四八《应劭传》。
② 《三国志》卷一三《魏书·钟繇传》注引《先贤行状》。
③ 《晋书》卷三〇《刑法志》。
④ 《汉书》卷八《宣帝纪》。据《后汉书》卷四六《陈忠传》,为大父母服丧时间应为三个月。
⑤ 《通典》卷八〇晋武帝条"议曰"。
⑥ 以上参《汉书》卷四《文帝纪》、卷八四《翟方进传》,《文献通考》卷一二一《王礼考十六》按语,《宋书》卷一五《礼志二》。
⑦ 以上参《宋书》卷一五《礼志二》,《后汉书》卷三九《刘恺传》、卷四六《陈忠传》、卷六七《左雄传》、卷五《安帝纪》、卷七《桓帝纪》,又参《陔余丛考》卷一六"汉时大臣不服父母丧"条,杨树达《汉代婚丧礼俗考》第二章第十五节,商务印书馆,1933年。

西晋吸收入法律作了历史的和舆论的准备。

其次,父母为人所杀或侮辱,私自复仇,是否要偿命?按儒家主张,"父之仇弗共戴天"①,"君弑……不复仇,非子也"。② 然而如果允许私自复仇,又会冤冤相报,"开相杀之路",双方子弟仇杀无有已时,社会秩序混乱,对整个封建统治不利,即所谓"一人不死(私复仇杀人者不被处死),天人受敝"。③ 所以西汉仍按"杀人者死"处理。但随着儒家思想之广泛传布,甚至东汉儒学经典《白虎通》重点也在宣扬"子得为父复仇"。④ 特别由于"好儒术"之汉章帝有一次对私复仇杀人者"贳其死刑而降宥之",自后成为惯例,叫轻侮法,由此产生的判例竟达四五百,⑤进一步把复仇之风推向高潮,见《后汉书·申屠蟠传》。⑥ 其后虽由尚书张敏之建议,汉和帝废轻侮法,恢复"杀人者死"之旧制,但实际司法中因轻侮、复仇而杀人者,往往得到同情,甚至减刑。如果双方不报官,地方官也就听之任之,不予干涉。⑦

再次,对贵族官吏犯罪要不要照顾?依据法家"法不阿贵"之精神,秦代贵族官吏基本不享有这种特权;⑧而到汉代,由儒家"刑不上大夫"思想却发展成"先请"制度。但西汉先请之范围限于吏六百石以上,东汉建武三年进一步扩大为"吏不满六百石,下至墨绶长相,有罪先请"。⑨所谓先请,便是有罪不能像一般人那样依法处理,需要请示皇帝定夺,⑩

---

① 《礼记·曲礼上》。

② 《公羊传》隐公十一年。

③ 《后汉书》卷四四《张敏传》。

④ 《白虎通》卷二上。内容也提到父母以义见杀,子不得复仇,但一带而过,重点强调了复仇。

⑤ 《后汉书》卷四四《张敏传》。

⑥ 又见《后汉书》卷二八上《桓谭传》、卷二九《郅恽传》、卷四一《钟离意传》、卷四四《张禹传》、卷四四《张敏传》、卷六四《吴祐传》、卷六七《党锢·魏朗传》、卷七六《循吏·许荆传》、卷八四《列女·庞淯母传》、卷八三《逸民·周党传》。

⑦ 《太平御览》卷五九八引王褒《僮约》注。

⑧ 在秦代只有军爵可以折抵罪名,见出土秦律军爵律;马非百:《秦集史·封爵表序》,中华书局,1982年。

⑨ 参《汉书》卷八《宣帝纪》、《后汉书》卷一上《武帝纪》。

⑩ 参《续汉书》志二六《百官志三》"宗正卿"条。

相当于后来的八议。所以《周礼·小司寇》"议亲之辟""议贵之辟"条郑注引郑司农云:"若今时宗室有罪先请是也","若今时吏墨绶有罪先请是也"。先请、八议的结果一般是减刑。如乐成王刘苌"骄淫不法,愆过累积",汉安帝下诏称,"朕览八辟之议,不忍致之于理"。最后以贬爵了事。① 而桥玄为齐相径直处罚临淄令,"竟以不先请免官",更反映先请是一种特权。② 需说明的是,先请在两汉时已规定于法律之中,而八议是东汉随着古文经《周礼》之传播方才作为一种儒家思想流行于社会,它已有很大影响,但尚未吸收入律,形成制度。

以上两汉特别东汉立法、司法中儒家思想之逐步渗透,便是晋律"儒家化"之前奏,并为之提供了不少经验。

二

陈寅恪先生说:"古代礼律关系密切,而司马氏以东汉末年之儒学大族创建晋室,统制中国,其所制定之刑律尤为儒家化,既为南朝历代所因袭,北魏改律,复采用之,辗转嬗蜕,经由齐、隋,以至于唐,实为华夏刑律不祧之正统。"③这段话把晋律在古代法律儒家化中所占之重要地位说得十分明白。我认为这个评价并不过分。所谓儒家化,主要指制定晋律遵循和吸收的是儒家经典中"礼"的精神和规范。而礼,从战国秦汉以后被儒家视为治国两大手段"礼""刑"中的主要手段,也可以说是战国以后儒家思想之核心。"治之经,礼与刑","礼之于正国也,犹衡之于轻重也,绳墨之于曲直也,规矩之于方圆也"。④ 但并非取消刑,只不过把它放在次要地位。违反了礼,必要时就得用刑。《大戴礼》说:"礼度,德法

---

① 《后汉书》卷五〇《孝明八王列传》。
② 《蔡中郎集》卷一。又不先请甚至有下狱死的,参《后汉书》卷八九《南匈奴列传》、卷八《灵帝纪》光和二年处死张修一事。
③ 陈寅恪:《隋唐制度渊源略论稿》第四《刑律》,生活·读书·新知三联书店,1957年。
④ 分见《荀子·成相》《礼记·经解》。

也。……刑法者，所以威不行德法者也。"①东汉王充也强调："出于礼，入于刑；礼之所去，刑之所取。"②正因如此，法律便应与礼制一致，尽可能地遵循和吸收礼的精神和某些规范，保护礼的推行，这便是儒家化与否的基本标志。晋律正是在汉律一定程度儒家化基础上，以上述思想为指导制定出来的。下面着重考察晋律这一方面之突出内容。在这之前先声明三点：(1)由于儒家和法家所强调的行为规范有些是共同的，如维护君主专制，严厉打击所谓盗贼等，甚至可以说这方面内容后代法律基本源于法经、秦律，并非儒家特色，所以此处从略。(2)由于魏晋一脉相承，③有些变化始于魏，而沿用、完备或大力推行则在晋；有些问题则因晋代缺乏直接材料，所以有时不得不将魏晋法律结合在一起分析，但着眼点则在论述晋律。(3)名为论泰始律，由于材料所限，有时不得不逸出这个范围，涉及"令"以及泰始以后的单行法令。好在广义地说，前人已有把这些都算作晋律的(如程树德之《晋律考》)，这里姑沿用其体例。

第一，司法中礼、律并举，同具法律效力。汉代曾流行《春秋》决狱。董仲舒且撰有《春秋决狱》一书。这种风气一方面固然反映儒家思想在司法中影响逐渐扩大，即儒家经典内容可作判案依据；但另一面又只不过表明儒家思想渗入法律领域尚处于初级阶段：于律令之外另行引用儒家经典断案。表面看来，经典极受推崇，很有权威，实际经验证明，对于封建统治裨益不大，甚至有损。因为儒家经典(如《春秋》)所载之礼制和解决矛盾的办法有它自己的社会条件，后代情况变了，简单地引用断案，容易各取所需，弊病迭出。如汉哀帝时薛况指使门客杨明斫伤博士申咸，群臣同据"《春秋》之义"，御史中丞、丞相等主张定大不敬罪，弃市；而廷尉、将军等主张"与凡民争斗无异"，只应判四年徒刑。二者相差

---

① 德法，据上下文意，当指体现德化精神之行为规范，其"法"字并非指法律，见《大戴礼·盛德》。

② 《论衡·谢短》。又参《后汉书》卷四六《陈宠传》。

③ 沈家本说："晋律就汉九章增定，故与魏律同。"见其《律目考》，载《历代刑法考》，中华书局，1985年，第1350页。恐非。观《晋律》二十篇，与《魏律》篇目、内容相同者十四，其沿袭之迹十分明显。

悬殊,哀帝无奈,采取折中办法了案。① 又如冯奉世出使西域,自作主张进击莎车,胜。丞相等主封以爵土,因"《春秋》之义,大夫出疆,有可以安国家,则颛之可也";而少府等则以为奉世"擅矫制违命","《春秋》之义亡遂事(出使大夫不许擅自生事)",反对封侯。② 当然,这种引用经书各取所需之弊端,在引用律令时,如果条文积累多了,前后出现矛盾,也是会发生的。但律令可以修改、整理,而经书却无法变动。所以用经书断案并不是好办法。好办法是什么呢? 就是根据现实统治需要,将经书中某些精神以至某些规范吸收入律,仍按法律断案。这一经验,西汉刚刚懂得,越往后越自觉,一直发展到唐律"一准乎礼",③意即完美地体现了儒家精神,成为典范。在这一变化过程中,晋律是一重要阶段,甚至可以说,晋律在这一方面就是唐律之雏形,为唐律奠定了基础。礼、律并举就是一个突出标志。④ 在西晋,"凡断正臧否,宜先稽之礼、律"。⑤ 这种提法为汉代所未见,正是礼、律逐渐结合,礼的精神和规范已大量吸收入法律之反映,而和汉代礼、律往往区为二途,按儒家经典决狱与按法律断案截然分开是不同的。如晋武帝诏免华廙官,不许袭父爵。有人持异议说:廙为世子,"诸侯犯法,八议平处者,褒功重爵也。嫡统非犯终身弃罪,废之为重,依律应听袭封",此事即《周礼》"八议"已吸收入律之证。所谓"依律应听袭封",也可作"依礼、律应听袭封"。所以晋武帝下诏批驳此议便说这是"诡易礼、律,不顾宪度"。⑥ 又如《礼记·王制》:"(父母)九十者,其家不从政。"晋令同样规定:"年九十,乃听(诸子免官)悉归。"如果父母年九十而诸子恋官不归,就是犯令,也就是触犯礼、律。⑦这也是礼已入律,二者为一之证。

---

① 《汉书》卷五九《张汤传》、卷九〇《赵禹传》、卷八三《薛宣传》。
② 以上参《汉书》卷七九《冯奉世传》、《春秋公羊传》桓公八年。
③ 《四库全书总目提要》卷八二"政书类二"。
④ 礼、律并举,程树德据《文选》潘茂元《册魏公九锡文》,以为始于汉末魏初,是。但广泛适用是在晋。
⑤ 《晋书》卷五〇《庾纯传》。
⑥ 《晋书》卷四四《华廙传》。
⑦ 《晋书》卷五〇《庾纯传》。

为什么西晋判案要礼、律并举？我想大概有两个原因。主要是想以此表明西晋王朝十分重视礼，礼已放到与法律并重的地位，特别是表明礼的精神和规范已大量入律，违者要受法律制裁，而不仅是道德谴责。其次，如遇某些违礼行为尚未入律，也可能借此表示礼、律并重，不排斥单独按礼断案的合法性。晋代熊远上疏反对判案"不循法律"倾向时说："凡为驳议者，若违律令节度，当合经传及前比故事，不得任情以破成法。"①熊远所谓"律令"，是指已有大量礼渗入之"律令"；熊远所谓"当合经传"，应是指驳议该遵循经传中某些尚未吸收入律令之规范及处理办法。这些规范及办法因未入律令，所以居于和判例、故事相等之次要地位，但仍是"成法"。这种把未入律令之礼也算成法之制度，因为有如前所述之弊端，并不为所有司法官所首肯。如著名的刘颂就只强调"律法断罪，皆当以法律令正文，若无正文，依附名例断之。其正文名例所不及，皆勿论"，②一个字也未提"经传"。这当然并不意味刘颂否认礼之崇高地位，他否认的只是未吸收入律令之礼也具有法律效力而已。刘颂和熊远的不同，正反映法制史上西晋是一过渡时期。礼应入律，这一条经验定下来了，但未入律之礼有没有法律约束力，则还在摸索之中。后来历史证明，刘颂之主张比较符合封建统治利益，因而越往后，离开法律单独按经义决狱之事就越少了。

由此可见，礼、律并举，乃西晋特点。前乎此的汉代，礼尚未大量入律，除《春秋》决狱外，礼的地位在实际司法中还无法与律令相比，③所以不可能礼、律并举。后乎此的唐代，封建统治者认为礼已比较完备地与法律相结合，提到律，就意味礼在其中，用长孙无忌等进律疏表的话就是，唐律"网罗训诰，研核丘坟。……实三典之概括，信百代之准绳"，因

---

① 《晋书》卷三〇《刑法志》。

② 《晋书》卷三〇《刑法志》。

③ 《论衡·程才》指出当时存在"徒尊法家，不高《春秋》"，把法令视为"汉家之经"，置五经之上的风气。又说"董仲舒表《春秋》之义，稽合于律，无乖异者"。可见《春秋》决狱之所以得到王朝肯定，是以不违犯法律为前提的。

而也就毋需礼、律并举。① 这就是为何西晋以及稍后一个时期判案要礼、律并举的基本原因。

第二,官吏得终三年丧,居丧违礼受法律制裁。前面提到汉安帝曾许官吏行三年丧,桓帝废。三国时天下多事,更不允许官吏奔丧废职。② 然而从西晋一开始,武帝就十分强调守礼。如武帝自己在父亲司马昭死后虽依旧制"既葬除丧(服)",但又下诏说"吾本诸生家,传礼来久,何心一旦(为帝)便易此情于所天",于是"遂以疏(食)素(冠)终三年"。后来这被视为"心丧",杜预还为之提供了经典根据。③ 与此同时,晋武帝又下诏:"诸将吏遭三年丧者,遣宁终丧,百姓复其徭役。"④"诸将吏"三字,《宋书》卷一五《礼志二》作"诸将吏二千石以下",更准确。依此诏,二千石(四、五品)以下将吏已允许终三年丧。⑤ 同时汉宣帝允许平民遭父母丧免徭役之制,大约汉末曹魏已不行,现在又恢复了。这些都比曹魏更儒家化。至于二千石以上大臣,因为终丧影响统治事务较大,咸宁以前并未实行。⑥ 然司马氏标榜的是"以孝治天下",⑦不许大臣终丧与此精神显然抵触,所以后来就无法坚持下去。咸宁年间大臣郑默"遭母丧,旧制,既葬还职。默自陈恳至,久而见许。遂改法定令,听大臣终丧,自默始也"。⑧ 以上表明,汉魏以来封建王朝在是否允许官吏终三年丧上,长

---

① 当然,律中吸收的礼终究是一部分,其没有来得及吸收而又有利于封建统治的规范,按《唐律·杂律》规定,可由司法官按"不应得为"条灵活处理,如《唐律·职制律》疏议,居期丧作乐,"律虽无文,不合无罪,从不应为之坐,期丧从重杖八十"。这是唐律"儒家化"比晋律高明之处。

② 《三国志》卷四七《吴书·吴主传》嘉禾六年:废职奔丧处死。《三国志》卷二三《常林传》注引《魏略·清介·吉茂传》:"是时科禁长吏(因奔丧等)擅去官。"又参《宋书》卷一五《礼志二》。

③ 以上参《晋书》卷二〇《礼志中》。

④ 《晋书》卷三《武帝纪》泰始元年十二月,又参三年三月条。

⑤ 据《通典》卷三七,晋已行九品官位制。二千石相当四、五品,见《隋书》卷二六《百官志上》载梁武帝官品注。

⑥ 《晋书》卷二〇《礼志中》泰始十年杜预等奏,大臣终丧"亦夺其制"。

⑦ 《晋书》卷三三《何曾传》。

⑧ 《晋书》卷四四《郑默传》。其实在这之前已有终丧的,见《晋书》卷三九《荀颛传》,不过未正式形诸法令。在这之后,根据统治者需要,依然可以夺情,如陈准、傅咸、温峤,见《晋书》卷二〇《礼志中》。

期摇摆不定,直到西晋,终于不得不先退让到允许二千石以下终丧,接着又"听大臣终丧",使法律体现了《礼记·中庸》篇"父母之丧,无贵贱一也"这一原则。① 这是儒家夺取了又一法律阵地之明证。根据"出礼入刑"精神,违反此礼所应受之惩罚和处分,肯定也先后规定了下来。晋太子洗马郤诜母亡,因贫不能归葬,便在京都住所堂北壁外下棺,叫假葬,"朝夕拜哭"。三年后除服为官,因假葬不算葬礼,不该除服,为此被劾,幸亏吏部尚书山涛保护,只"降品一等"。② 司徒王浑因太子家令虞濬等八人居兄弟丧(一年期丧)嫁女娶妇,虽然所行的是一种非正式的拜时礼,仍奏弹他们"亏违典(礼)宪(律),宜加贬黜,以肃王法"。③ 这些制度后均为唐律沿用。如《职制律》规定闻祖父母、父母丧,匿不举哀,流两千里;丧制未终,释服从吉,徒三年。均归入十恶不孝罪中。居期丧而嫁娶,也得杖一百,见《户婚律》。比起晋律,惩罚进一步加重。

第三,关于处理私复仇案件之折中办法。前讲东汉和帝废轻侮法,但在实际生活中私复仇之风仍颇盛行。曹魏初年,因为三国交争,社会秩序本不甚稳定,不能允许私复仇来加剧混乱,所以魏文帝下诏:"今海内初定,敢有私复仇者皆族之。"④显然这反映了曹操以来所受先秦法家思想之影响。但由于曹魏王朝整个说来是逐步崇儒的,⑤这一和儒家经典精神冲突得很厉害的诏令,无法长期坚持。到魏明帝定魏律时便改为:"贼斗杀人,以劾而亡,许依古义,听子弟得追杀之。会赦及过误相杀,不得报仇。"⑥即既允许私复仇杀人,又要以不违背整个统治阶级利益

---

① 只有君主例外,"天子……不与士庶同礼"(杜预语),这是君主凌驾一切之反映,参《晋书》卷二〇《礼志中》。

② 《通典》卷一四、卷一〇三。据说人们都知郤诜"孝笃""至孝",但因违反礼、律,仍得受罚。

③ 《通典》卷六〇。同卷还有王籍居期丧娶妻、颜含居期丧嫁女,俱被劾"公违典宪"。这类事例还可见《晋书》卷六九《刘隗传》、卷六〇《张辅传》。拜时礼,见《通典》卷五九。

④ 《三国志》卷二《魏书·文帝纪》。在他之前曹操已下令"不得私复仇",见《三国志》卷一《魏书·武帝纪》。

⑤ 参《三国志》卷二《魏书·文帝纪》、卷三《魏书·明帝纪》。如吹捧孔子,立太学,定五经课试之法等。

⑥ 《晋书》卷三〇《刑法志》。

为原则。首先对方必须是贼斗杀人,即依法本应处死的人,①而不是过失杀人。其次,对方必须是"以劫而亡",即犯罪揭发后逃亡之人。如果揭发后没有逃亡,就应归官府处理;或犯罪未揭发而逃亡,也应向官府揭发,肯定对方确系犯罪,方许私复仇。再次,对方在逃亡中如遇大赦,也不许再复仇。因为大赦是封建王朝为缓和种种矛盾主要是阶级矛盾而采取的一种措施,关乎整个统治利益,不应由私人来破坏。由此可见,魏律之修改,是一折中方案:依儒书古义不得不从"私复仇者皆族之"的立场后退一大步,不再笼统反对一切私复仇;但又以整个统治秩序的稳定为重,用王朝的法律去限制它。② 晋律无疑沿用了这一精神。晋司马承东晋初反对王敦,敦命王廙杀承。承子无忌为复仇,后在一次宴会上欲手刃王廙子王耆之(时廙已死),被劾"欲专杀人"。晋成帝下诏承认"寻事原情,今王(无忌封谯王)何责",但又说由于"公私宪制亦已有断,王当以体国为大,岂可寻绎由来,以乱朝宪。主者其申明法令,自今以往,有犯必诛",决定让无忌以金赎罪结案。③ 因为王敦谋反而王廙依附王敦杀人,依法本属犯罪(可比附贼斗杀人),所以成帝认为向对方儿子复仇"何责",当然也就意味向本人复仇更合法。但由于种种复杂原因,王廙早蒙晋元帝宽恕(相当于大赦),④就不许再私复仇"以乱朝宪"。这和前述魏律精神正好一致。所谓"申明法令"云云,无疑只是重申继承魏律之晋律而已。又如刁协忠于晋元帝,反对王敦,敦攻入建康,协为人所杀。王敦事平,协子彝"斩仇人党,以首祭父墓,诣廷尉请罪,朝廷特宥之,由是知名"。⑤ 杀刁协的一伙是有罪的,刁彝复仇有其鼓励忠君的一面,不能和一般私复仇同等看待;然而不经官府,擅自杀人毕竟触犯法律,无法

---

① 参沈家本《历代刑法考》中《汉律摭遗》五"贼斗杀人"条。
② 东汉荀悦《申鉴·时事篇》主对私复仇要"有纵有禁,有生有杀,制之以义,断之以法",证明这是当时流行的法律思想。
③ 《晋书》卷三七《宗室·谯烈王无忌传》。
④ 晋元帝与王廙是亲戚,故廙得到宽恕,见《晋书》卷七六《王廙传》。
⑤ 《晋书》卷六九《刁协传》。

提倡,故"特宥之",意即一般是应抵命,至少也得判刑。① 这和处理谯王无忌的办法可说完全相同。但晋律又有发展魏律之处。南朝民黄初妻赵,打死儿媳王,遇赦,为避孙子(儿媳之子)复仇,议"依法徙赵二千里外",并引"旧令云:杀人父母,(遇赦),徙之二千里外"。② 时在刘宋元嘉初年。因"江左相承用晋世张、杜律",③所谓"依法""旧令",当指西晋律令。据此可见,晋律不但沿用魏律,而且进一步吸收《周礼·地官·调人》"凡和难,父之仇,辟诸海外"之精神,把"海外"具体化为二千里外。意即双方仍不能和平相处,杀人者需移徙远方,以一定程度上贯彻"父之仇弗共戴天"的儒家原则。此外,晋律还允许被杀者之期、功亲复仇,规定会赦也需避他们于千里外。④ 这些则为魏律所不见,而为晋律儒家化的又一方面之证明。后来唐律处理这类问题,精神大体一致。如"诸祖父母、父母为人所殴击,子孙即殴击之,非折伤者勿论,折伤者减凡斗折伤三等"(《斗讼律》)。这与汉代轻侮法有相似之处,从轻发落就表示体现儒家鼓励孝道之精神,但从轻是有限度的,如果把对方打死,则仍"依常律"(同上),以防止统治秩序遭到破坏过重。对私复仇杀人者,唐律无专门规定,亦即原则上当按一般杀人罪论决。⑤ 然而实际司法中,据《唐书》载,由唐初至穆宗二百年间,作为特例上报皇帝者共八件,判决结果,死与减死各四。大体占上风的见解是,要看被杀之父母是否有罪。如有罪,私复仇者就是"仇天子之法",当处死;如无辜被杀,私复仇即可原谅免死,但也并非毫无惩罚,仍得流放,因为最好的复仇办法是"先言于官"。⑥ 总之,又要推崇孝道,又要让私复仇服从于"天子之法"。这是唐代精神,也是魏晋以来法律传统。

---

① 又《晋书》卷九八《桓温传》,私复仇杀人,"时人称焉",未言如何处理。《太平御览》卷四八一引王隐《晋书》同。但因情况与刁彝类似,恐也是以"特宥之"结案的。

② 《宋书》卷五一《刘义庆传》、《宋书》卷五五《傅隆传》。

③ 《南齐书》卷四八《孔稚珪传》。

④ 《宋书》卷五五《傅隆传》。

⑤ 《新唐书》卷一九五《孝友·张琇传》,私复仇杀人,唐玄宗曰:"赦之则亏律";卷一九五《王君操传》,私复仇杀人,州官曰:"杀人偿命,律有明文。"均其证。

⑥ 《新唐书》卷一九五《孝友·张琇传》。

第四，强调继母名分同亲母。儒家经典《仪礼·丧服》规定"继母如母"。按传统训诂，这表明二者仍有分别。分别在于"继母之配父与因（亲）母同，故孝子不敢殊也"，但如继母与父亲的夫妻关系发生变化（如离婚），就不再存在继母关系。① 由于对经典这种理解，再加上继母与前妻之子容易产生隔阂，大概汉魏之时出现过许多纠纷。如"河北鄙于侧出，不预人流，是以必须重娶，至于三四，母年有少于子者。……身没之后，辞讼盈公门，谤辱彰道路，子诬母为妾，弟黜兄为佣"。② 颜之推说的虽是北朝风尚，但此风由来已渐，这种矛盾汉魏西晋早已很尖锐。东汉太尉庞参"夫人疾前妻子，投于井而杀之"；陈文矩妻"前妻四子……以母非所生，憎毁日积"；杜畿"少孤，继母苦之"；晋阎缵上疏称："臣家门无祐，三世假亲，具尝辛苦。"假亲即指继母（见下），三世俱重娶，而且"具尝辛苦"，反映风尚与南北朝时无大差异。③ 由于这种纠纷对封建家庭之巩固、社会秩序之稳定都不利，所以制定魏律时提出一条原则："正杀继母与亲母同，防继假之隙也。"假即假子，此处指前妻之子。④ 防继假之隙，就是防止继母与前妻之子的矛盾，以及随之产生的前妻之子与继母之子的矛盾。晋律继承了这一原则，这从下例可以推得。东晋初淮南郡中正王式继母先嫁人原有假子，后嫁式父。父临死，继母求离婚，父同意，有遗命。但式父死后继母仍依礼服丧，期满后方回前假子家，死后与前夫合葬。王式因父临死已答应离婚，所以继母死后只服丧一年，未像对亲母一样服丧三年，因而遭劾。理由是：王式父临死虽答应离婚，并未正式办手续，而且继母在式父死后仍以妻的身份服丧，"不为无义之妇"，所以王式不为继母服三年丧是"亏损世教"。结果，不但王式免官，"付乡

---

① 参《仪礼·丧服》传、胡培翚《仪礼正义》卷二一。汉魏大儒郑玄、王肃都主继母为父所出无服，见《通典》卷九四。

② 《颜氏家训·后娶》。事例参见《魏书》卷二四《崔道固传》、卷四七《卢度世传》。

③ 以上四事分别见《后汉书》卷五一《庞参传》、《后汉书》卷八四《列女·陈文矩妻传》、《三国志》卷一六《魏书·杜畿传》、《晋书》卷四八《阎缵传》。

④ 引文见《晋书》卷三〇《刑法志》。假子见王先谦《汉书补注》卷七六《王尊传》补注引沈钦韩曰"前妻之子也"。《列女传》卷一《魏芒慈母》，为人后妻，称前妻子为假子。同样，继母也可叫假母，《汉书》卷四四《衡山王传》假母，师古曰"继母也"。"假继"连用例甚多，见《晋书》卷七〇《卞壸传》、《抱朴子·嘉遁》《颜氏家训·后娶》。

邑清议,废弃终身",而且连他的上级司徒荀组等三人也因失察被劾。①
当然,此事与杀继母性质不同。但可以肯定,王式与继母关系是不和的,
所以继母宁愿回前夫假子家,也不愿留下;而王式不服三年丧,大概也是
出于对继母不满。因而现在这样处理,同样是为了"防继假之隙";而且
如果说在继母身份出现这种特殊变化下,因丧制违礼尚要受此惩罚,则
在一般继假关系中,继承"杀继母与亲母同"这一魏律原则,是可以推定
的。西晋阎缵父死,"继母不慈,缵恭事弥谨。……(母)诬缵盗父时金
宝,讼于有司,遂被清议十余年,缵无怨色,孝谨不怠"。② 此事同样反映
晋律注意通过惩罚假子之不孝来维护继母地位,而阎缵的行为正是"防
继假之隙"的最理想的一种境界,而为稳定封建家族和社会秩序所必须。
另一面,晋律对继母行为也有限制。东晋安帝时郭逸妻以大竹杖打死前
妻之子,"妻因弃市,如常刑"。③ 这是从另一角度防止封建家庭关系的
破坏。不过,大概因为这对尊长毫无照顾,后来进一步儒家化的唐律并
未沿用(唐代继母故杀前妻之子仅徒三年,见《斗讼律》)。

　　第五,父在,子不得分家异财;父老,子必须弃官回家供养。儒家经
典曰"父母存……不有私财",④"父母在……不敢私其财也"。⑤ 这是保
持大家族不分裂的重要措施。然秦代依法家思想,为发挥小家庭的主动
性、积极性,增加垦荒面积和粮食产量,实行的是强制性分家异财的制
度。⑥ 两汉随着土地兼并和封建大家族的发展,以及儒家思想之传播,从
西汉末开始,累世同居之风兴起。如樊重"三世共财"、蔡邕"三世不分
财"等。⑦ 值得注意的是,曹魏定律,"除异子之科,使父子无异财也"。
这个"异子之科"不见于他书,沈家本、程树德以为是汉法,但对内容均未

---

① 《晋书》卷七〇《卞壶传》、《通典》卷九四。
② 《晋书》卷四八《阎缵传》。
③ 《太平御览》卷五一一引《三十国春秋》。
④ 《礼记·曲礼上》。
⑤ 《礼记·坊记》。
⑥ 参《史记》卷六八《商君列传》。《汉书》卷四八《贾谊传》:"秦人家富子壮则出分,家贫
子壮则出赘。"也反映这一制度。
⑦ 见《后汉书》卷三二《樊宏传》、《后汉书》卷六〇下《蔡邕传》,又参《陔余丛考》卷三九
"累世同居"条。

作考释。① 我以为"异子之科"或许和上述秦制类似，大概是指儿子长大，该分家独立成户而不分家者，给予科罚。由于东汉一代重视孝道，"察孝廉，父别居"被视为极大讽刺，和"异子之科"正相矛盾，所以这一法令很可能颁布于东汉灭亡前夕。当时具有先秦法家精神的曹操在中国历史上第一次推行户调制，为保证足够税收，防止隐匿劳动力，模仿秦制，对不分家者科罚，是很有可能的。史称曹操部下何夔于行户调制后为长广郡太守，"是时太祖始制新科下州郡"。② 我怀疑此新科中包括"异子之科"。因为不久曹操打败袁绍，平定冀州后大力反对和防止的就是豪强以种种借口，包括以大家族名义"藏匿罪人，为逋逃主"。③ 则在行户调制的同时颁布"异子之科"，堵塞漏洞，是顺理成章，不难理解的。后来隋高祖下令整理户口，"大功以下兼令析籍，各为户头，以防容隐"，④虽非父子之间，但析户防容隐之精神完全一致。然而这种法令虽适合于汉末动乱之时，却与儒家观念对立。特别是魏晋时期高门大族进一步发展，需要巩固，而"异子之科"起着分离作用。大概就因为这个缘故，定魏律时把它废除了。这再一次反映儒家思想在法律领域里虽是曲折地，却是不断地为自己开辟着道路。在魏律基础上改定的晋律，也继承了这一内容。西晋庾纯为河南尹，被劾"父老不归供养"，犯不孝罪。何曾等不同意，说：按礼、律，"八十者，一子不从政；九十者，其家不从政。新令亦如之。按纯父年八十一，兄弟六人，三人在家不废侍养。纯不求供养。其于礼、律未有违也"。⑤ 此事说明：(1)庾纯位河南尹，兄弟六人，长兄峻位侍中，⑥官位都不低，然因有老父在，就没有分家，且有三人在家供养。这正是晋代继承魏律，将《礼记》中《曲礼》《坊记》之原则吸收入律之证。类似情况还可举颜含。含父老兄病，"含乃绝弃人事，躬亲

---

① 引文见《晋书》卷三〇《刑法志》。参沈家本《历代刑法考》中《汉律摭遗》一、程树德《九朝律考》中《汉律考·律名考》"科条"按语。

② 《三国志》卷一二《魏书·何夔传》。

③ 《三国志》卷一《魏书·武帝纪》建安九年注引《魏书》。

④ 《隋书》卷二四《食货志》。

⑤ 《晋书》卷五〇《庾纯传》、《通典》卷六八。

⑥ 见《晋书》本传。

侍养,足不出户者十有三年。……二亲既终,两兄继没,次嫂樊氏因疾失明,含课励家人,尽心奉养"。① 这是父母死后仍坚持不分家的范例。不过,从承用晋律的南朝刘宋"父母在兄弟异计""父子殊产"等情况增多看来,②晋律原来这方面的惩罚可能比较轻微,慢慢有无法阻拦父母在别籍异财之趋势,所以唐律总结经验,把它归入"十恶"不孝罪中,判徒刑三年(《名例律》《户婚律》),用加重惩罚来巩固封建大家族制度。(2)父年八十,一个儿子(父年九十,所有儿子)必须辞官回家供养。如果届时恋官不提出申请,就是触犯礼、律,就是不孝。把这事和允许官吏终丧一事联系起来,就可看出,为了强调守制或养亲,西晋王朝不惜让一部分统治事务受到损失,充分反映对儒家孝道之重视。后来唐把"供养有阙"归入"十恶"不孝罪中,无疑也是晋律的进一步发展。

第六,禁止以妾为妻。早在奴隶社会就十分强调严格妻妾之界限,以至春秋时期著名的葵丘之盟中也约定"无以妾为妻"。鲁国官吏衅夏说:"若以妾为夫人,则固无其礼也。"③但儒家经典的这种规定,在两汉并未受重视:"汉兴……妇制莫厘。高祖帷薄不修,孝文衽席无辨(李贤注:孝文幸慎夫人,每与皇后同坐,是无辨也)。"④景帝、武帝以下,以妾为妻之例极多,如武帝卫皇后本"平阳主讴者",入宫,由宫人升后等,参见《汉书》卷九七《外戚传》。东汉光武帝创"贵人"名号,视为"媵妾"。诸帝相沿,多以贵人为后,甚至以地位更低贱的"采女"为后。⑤ 值得注意的是,对此风气两汉儒臣从未视为非礼而进谏。社会上一般也不甚轻贱妾媵。汉成帝许后之姐本龙额侯夫人,寡居,竟嫁淳于长为"小妻"(妾);窦融以军功封建武男,家中"出入贵戚",然"女弟为大司空王邑小

---

① 《晋书》卷八八《孝友·颜含传》。
② 《宋书》卷八二《周朗传》。
③ 分见《孟子·告子下》、《左传》哀公二十四年。又《春秋》僖公八年"禘于大庙,用致夫人"。《公羊传》以为此"讥以妾为妻也"。《穀梁传》:"言夫人而以氏姓,非夫人也,立妾之辞也,非正也。"精神同。
④ 《后汉书》卷一〇上《皇后纪序》。
⑤ 《后汉书》卷一〇下《皇后纪·桓帝邓皇后》。

妻"。① 这些都证明当时儒家思想还未来得及进入这一领域。② 从三国开始便有了变化。大儒郑玄在东汉末已强调除特殊情况，"妾子立（为君主）者，得尊其母（为太后），礼未之有也"。③ 曹魏起自阉宦养子之家，更不知此礼。曹操妾卞氏、曹丕贵嫔郭氏、明帝贵嫔毛氏，先后立为皇后，对此，明帝继位前之王妃河内大族虞氏斥为"曹氏自好立贱，未有能以义举者也"。中郎栈潜在引葵丘之盟、岬夏之语后谏曰："今后宫嬖宠，常亚乘舆。若因爱登（为皇）后，使贱人暴贵，臣恐后世下陵上替，开张非度，乱自上起也。"④当时妻妾位错乱之风颇为盛行。孙权"废适立庶，以妾为妻"；钟会母本妾，父钟繇宠之"为之出其夫人"；夏侯尚"有爱妾嬖幸，宠夺适室"。⑤ 这样，必然要影响到嫡子、庶子之争夺爵位、财产之继承权。这对封建家族之稳定与巩固十分不利。所以重视礼制之晋武帝泰始十年下诏："嫡庶之别，所以辨上下，明贵贱。而近世以来，多皆内宠，登妃后之职，乱尊卑之序。自今以后皆不得登用妾媵以为嫡正。"⑥这是两汉以来第一次用诏令形式严格妻妾界限，而体现了儒家之礼。两晋王朝认真执行了这一诏令。和两汉曹魏往往以妾媵为皇后相反，两晋皇帝均直接从士族高门聘立皇后，无一例是以妾为妻的。只有晋元帝之郑夫人在元帝死去几十年之后，因儿子是简文帝，"母以子贵"，被孙子孝武帝尊为太后，但在涉及应否配食元帝时竟不得不从徐邈之议，予以否决。理由是：郑太后于元帝生前并未为后，"至于子孙，岂可为祖考立配？其崇尊尽礼，由于臣子，故得称太后……若乃祔葬配食，则义所不可"。⑦ 大概由于贯彻武帝诏令，西晋以后妾媵地位日益低下。晋左仆射胡奋女为贵嫔，奋对皇后父杨骏曰："我女与卿女作婢耳。"司空裴秀年十余岁时，

① 分见《汉书》卷九三《佞幸·淳于长传》、《后汉书》卷二三《窦融传》。
② 《汉书》卷一八《外戚恩泽侯表》，哀帝死，孔乡侯傅晏"坐乱妻妾位免，徙合浦"。两汉仅此一例。疑是王莽为了打击傅太后一支所找的借口，两汉并无其法。
③ 《通典》卷七二。
④ 分见《三国志》卷五《魏书·后妃传》明悼毛皇后、文德郭皇后传。
⑤ 以上三事分别见《三国志》卷四七《吴书·吴主传》太元元年注、卷二八《魏书·钟会传》注、卷九《魏书·夏侯尚传》。
⑥ 《晋书》卷三《武帝纪》。
⑦ 《晋书》卷三二《后妃·简文宣郑太后传》。

"母贱","嫡母宣氏不之礼,尝使进馔于客"。① 唐褚遂良说:"永嘉以来……风俗顿乖,以嫡待庶而若奴,妻遇妾而若婢。"②把这一风尚仅归因永嘉以后,虽然不对,但西晋以后改变了过去妻妾界限不严状况,法律中吸收了儒家之礼,却是事实。前引《颜氏家训》"河北鄙于侧出……必须重娶",固是这一风气之延续;即使同书"江左不讳庶孽,丧室之后多以妾媵终家事",也是不许以妾为妻这一禁令之体现,即妾媵始终不得立为妻,只不过地位稍高于北方而已。至于违反泰始诏令应如何惩罚,史书失载。唐《户婚律》则规定:以妾为妻"徒一年半,各还正之"。由于某些原因,有时虽不惩罚,至少也要受到舆论谴责:唐李齐运"以妾卫氏为正室……人士嗤诮";杜佑妻亡,"升媵妾李氏为正室……时论非之"。③ 不管法律惩罚或舆论谴责,都可溯源于泰始诏令。

第七,贵族官吏犯法得到照顾,享有特权。前面已讲,东汉后期八议作为一种儒家思想已在社会流行,但尚未入律。由于它符合封建统治需要,曹魏正式入律,见《唐六典》卷六注。这一制度同样为晋律继承,被广泛地用来保护贵族官吏。西晋赵王伦犯罪,"有司奏伦爵重属亲不可坐",刘毅驳曰:"王法赏罚,不阿贵贱……伦……当以亲贵议减,不得阙而不论。"晋武帝"以伦亲亲故,下诏赦之"。④ 此事既说明晋律中确有八议,否则持驳议的刘毅决不会同意"以亲贵议减";又说明所谓八议虽不见得能完全免罪,但往往是减罪的。需要指出的是,"议减"此语,周礼、魏律均未见,它更露骨地表明"议"就要"减"这一立法意图,或许是晋代的创造。后来唐《名例律》直接规定八议之人"流罪以下减一等",应当就是晋律的发展。西晋贵族依恃八议横行霸道,欺凌平民,肯定大大超过前代,以至当时反对行八议的傅玄竟说:"若亲贵犯罪,大者必议,小者必赦,是纵封豕于境内,放长蛇于左右也。"⑤由于这并不符合整个封建统

① 以上二事分别见《晋书》卷五七《胡奋传》、卷三五《裴秀传》。
② 《文苑英华》卷六〇七《请千牛不简嫡庶表》。
③ 二事分见《旧唐书》卷一三五《李齐运传》、卷一四七《杜佑传》。
④ 《晋书》卷五九《赵王伦传》。
⑤ 《太平御览》卷六五二引《傅子》。

治利益,后来在实际处理中开始规定限制适用的条件。如东晋羊聃为太守,"疑郡人简良等为贼,杀二百余人,诛及婴孩,所髡锁复百余",依律当死。因为是外戚,被归入八议之列,本应减刑。但因过于残暴凶狠,不杀对整个封建统治不利,所以晋成帝诏曰:"此事古今所无,何八议之有!"仍决定处死。最后虽因于成帝有抚育之恩的太妃极力求情而"原聃生命",[①]但免死是一时特恩,而按经验和惯例,在某些条件下八议的适用显然是可以而且必须被限制的。唐《名例律》规定犯"十恶"罪的人不得适用八议,以及在"十恶"中将"杀一家非死罪三人"等作为"不道"列入,或许参照了晋代这方面的经验。

以上七点仅是晋律中体现儒家思想的主要内容。此外即就《晋书》卷三〇《刑法志》记载,魏晋两代这方面的规定还有:殴兄姊加刑,重惩奸伯叔母之罪,嫁娶一以下聘为正,不理私约等。总之都围绕着一个中心,即从多方面极力维护儒家强调的礼。具体说,一是维护封建家族制度,一是维持封建贵族官吏的特权。其中主要又是第一点,用《晋书》卷三〇《刑法志》的话说就是,"峻礼教之防,准五服以制罪也"。

三

最后,还有两个问题需略加申述。

其一,为什么晋律会儒家化? 固然,这和长期统治经验的积累分不开,但更主要的,归根结底还决定于社会经济制度和阶级关系的某些变化。如所周知,先秦儒家强调的礼、重视的孝道,本是西周至春秋时期奴隶社会土地国有制的实行和奴隶制宗族、氏族大量存在的产物。进入封建社会后,随着土地国有制之瓦解和奴隶制宗族、氏族之没落,代之而起、大量出现的是无数个体小农。和这种经济状况相适应,为增加剥削收入,秦代实行了强制性分家异财的小家庭制度。因而在一个时期内原来儒家提倡的、维护奴隶制宗族、氏族所需要的繁文缛礼,就遭到反对。

---

① 《晋书》卷四九《羊聃传》。

孝道虽仍受重视,1975 年出土的秦简还规定不孝罪处死刑,惩罚极重,然它与儒家思想貌合神离,立法意图并不相同。①

西汉初期,地主阶级政治家、思想家在全面总结秦亡经验教训的同时,对礼和孝道的认识也逐渐变化。② 但是由于秦末暴政和战争造成的经济破坏太严重,劳动力极大减少,大土地所有制的迅速发展没有可能,儒家思想的实行尚未具备足够的阶级基础,因而法家的一套仍然继续发挥着作用。汉武帝实行"首匿相坐之法",③对犯罪亲亲容隐毫不照顾,即其一证。一直到西汉中后期土地兼并猛烈进行,特别是东汉魏晋以后,封建大土地所有制和大家族进一步发展,经济制度和阶级关系的这种变化,方才明显地反映到政治、法律上层建筑方面来,然而这种反映也并非直接的、立即出现的,而是经历了一个过程。

开始,大土地所有主力量还不够强大,由于田宅逾制,武断乡曲,蔑视国法等行为,侵犯了封建王朝利益,汉武帝曾任用酷吏给予不法豪强地主以沉重打击。然而封建经济之规律并不以人们意志为转移。一部分不法豪强地主消灭了,随着土地兼并的进行,更多的豪强地主出现了。汉光武主要就靠南阳豪强地主集团支持而登上帝位。所以当他站在整个地主阶级利益代表立场上,通过度田,想再次给予不法豪强地主以大规模打击时,由于大土地所有制之比重在社会上已进一步增加,远非汉武帝之时可比;而且随即发现南阳豪强地主集团违法行为也颇普遍,不能不有所顾忌。在种种压力下,汉光武妥协了,度田因此虎头蛇尾,不了了之。④ 地主阶级内部力量对比的这一重大变化终于迫使封建王朝不得不把政策进一步放宽。为了换取大土地所有主这一强大社会力量对自

---

① 儒家强调孝道是主张法律对大家族应做出一定限度之让步(如犯法亲亲容隐等),借以提高父家长威望,加强大家族成员间的亲爱、和睦和感化力量,以减少和消弭犯罪分子。秦律不孝处死只是为了要用威吓迫使儿子服从父家长,便于家长率领全家安分守己地从事耕战,交纳赋税。秦律对家庭未做出任何让步。父亲如有违法行为,儿子必须无情告发。法家根本不相信儒家宣传的家庭力量,认为要巩固统治只有靠"峭其法而严其刑"(《韩非子·五蠹》)。

② 如《汉书》卷四八《贾谊传》上治安策,将秦亡归结为坚持商鞅"遗礼义,弃仁恩"的措施,造成风俗败坏,子妇对父母不讲孝道等。

③ 参程树德《九朝律考》中《汉律考·律令杂考上》。

④ 事参《资治通鉴》卷四三建武十五年、十六年。

己的全面支持,对他们某些不法行为(如隐瞒劳动力、土地,少交赋税,欺压平民等),不再强调严厉打击,往往宽容、默认,或给予轻微惩罚;同时通过"乡举里选",征召辟除,使之大量入仕,给他们创造"累世公卿"的机会。当然,政策的放宽是有限度的,一般以违法行为不严重破坏整个封建统治秩序以及大土地所有主之政治、经济力量,不给皇权带来严重威胁为原则。

西晋之时,由于在大土地所有制基础上形成和发展了门阀制度,上述政策的运用更具有对世家大族妥协、迁就的特点。除实行九品中正制,出现"上品无寒门,下品无势族"之局面外,人们所熟悉的西晋占田制竟规定依官品高低占田五十顷至十顷,并在中国历史上第一次在全国范围内允许"各以品之高卑荫其亲属,多者及九族",还可荫佃客、衣食客。① 这正是贵族官吏多是大土地所有主,占田和隐藏劳动力之数目已远远超过这一标准,并且聚族而居已十分普遍的有力证明。也反映西晋对大土地所有主的妥协、笼络已形诸普遍适用的法令,这是过去王朝所望尘莫及的。西晋初年,李憙劾大臣山涛等人侵占官稻田。可是对这种疯狂兼并土地,直接损害王朝经济利益之行为,晋武帝只惩罚了地位最低的县令刘友,对地位高得多的大臣和宗室如山涛、司马睦、武陔,竟下诏"皆勿有所问"。过了几年司马睦又招诱逋亡等达七百余户,这才给了处分,也不过是贬爵而已。② 尚书胡威"尝谏时政之宽。(武)帝曰:'尚书郎以下吾无所假借。'威曰:'臣之所陈岂在丞郎令史,正谓如臣等辈,始可肃化明法耳。'"③皇帝毫不讳言自己只准备对六品(尚书郎六品)以下官吏犯法给予惩罚,六品以上就得"假借",这在中国历史上也是第一次见到。怪不得司马光在评论赦山涛等而杀刘友一事时指出这是"避贵就贱",而且愤愤地说:"可谓政乎!"④他不明白,在大土地所有制进一步

---

① 《晋书》卷二六《食货志》。参唐长孺《西晋户调式的意义》,见《魏晋南北朝史论丛续编》,生活·读书·新知三联书店,1959年。
② 见《晋书》卷四一《李憙传》、卷三七《高阳王睦传》。
③ 《晋书》卷九〇《良吏·胡威传》。
④ 《资治通鉴》卷七九泰始三年按语。

发展,贵族官吏、大土地所有主、世家大族日益结合的历史条件下,只有采取这种政策,方能巩固西晋统治。晋武帝之所以能轻易代魏、平吴,正是以千方百计笼络这一强大社会力量为前提的。

在这种历史背景下出现的晋律儒家化,绝非偶然。一方面,这项措施符合西晋的政治需要。因为现在强调孝道,用法律强制力量推行礼制,所巩固的主要已不是西汉初年广大的个体小农家庭,而是贵族官吏由以出身的世家大族,甚至是几代同居的封建大家族。① 同时儒家八议的广泛适用,所保护的实际上也是这些大家庭的利益。这就完全符合晋武帝上述政策精神,可和其他方面措施配合,使这些大家族更加把西晋王朝看成自己利益的忠实代表,积极予以支持。大家知道,从东汉到西晋一直流行一句话:“求忠臣必于孝子之门。”②什么是孝子之门呢? 主要便指这样一些强调孝道、遵守儒家繁文缛礼的封建大家庭。这些大家庭中出现的孝子其所以会是忠臣,当然有着种种条件,但王朝和大家族利益基本一致(包括法律反映大家族的意志),孝于家者一般必然忠于国,应是极其重要的因素。另一方面,法律儒家化也只有到西晋才有可能。因为在西晋,不但君主司马氏一家“传礼来久”,而且世代习礼的大土地所有主、世家大族更加大量地参加和把持政权,并且直接主持和参加修订法律。③ 只有到这个时候,才能把他们关于法律应儒家化的意志和愿望强烈反映到封建王朝,促使君主进一步认清实行这项措施的重大政治意义,从而决心批准;同时也只有在西晋,社会上封建大家族的比重进一步增加,晋律这部分内容才会在统治实践中不断修改、充实,把儒家礼制中有利于当时统治阶级的规范吸收进来。一句话,没有封建大家族这一阶级基础,晋律之儒家化是不可能的。

总之,春秋战国时期儒家总结奴隶社会宗法制度下依靠宗族、氏族进行统治,强调礼制的某些经验,经过秦汉魏晋几百年的摸索,直到这

---

① 参吕思勉《两晋南北朝史》第十七章第二节“族制”,上海古籍出版社,1983 年。

② 《后汉书》卷二六《韦彪传》、《晋书》卷五〇《庾纯传》。

③ 如主持修晋律的贾充,父逵“世为著姓”,见《三国志》卷一五《魏书·贾逵传》注;参与修订的重要人物如裴楷,河东大族;杜预,京兆大族,《晋书》均有传。

时,即封建大土地所有制和大家族进一步发展之后,方才找到最有利于自己发展的历史环境和阶级基础。晋律之儒家化,便是社会经济制度和阶级关系这一变化的反映。

其二,晋律之儒家化,其指导思想有什么特点?这就是在极端重视巩固封建大家族制度的同时,又十分注意以稳定社会统治秩序,维护整个地主阶级利益为目的,并以后者制约前者。如前所述,先秦儒家着重强调的是用礼维护大家族。秦及西汉初期在法家思想指导下,以君主为本位,法律未对家庭做出任何让步。从汉宣帝开始有所转变。然而从东汉以后,随着儒家思想的猛烈传播,孝道蔚为风气,逐渐又走向另一极端,即尽管儒家思想也强调尊君,封建王朝也从未许诺人们可把家族利益和孝道放在整个封建统治利益之上,可是在实际生活中,由于自然经济的发展和封建大家族的增加,受这一阶层思想要求的影响,孝凌驾忠的倾向日益明显(如强调养亲不出仕、服丧擅去官、私复仇等)。[①]汉末一次群臣集会,出现一个问题:“君、父各有笃疾”,药丸仅一枚,救谁?众人意见纷纭,邴原对曰:“父也。”[②]又一次发生皇后父伏完应不应拜伏后之争。一部分人主张不能拜,因为“子事父,无贵贱”“子尊不加父母”,[③]实质是坚持父权至高无上。这种倾向,一方面固然形成强大压力,促进了法律的儒家化;另一面也使一些有远见的政治家、思想家产生忧虑。前述汉章帝定轻侮法,张敏侃侃陈词,坚持予以废除,即其一证。如何解决这个问题呢?从东汉后期、曹魏开始,一项极其重要的措施便是:逐渐在思想领域中于宣传孝亲的同时,又继续大力倡导忠君;如孝与忠冲突无回施余地,则坚持孝必须服从忠,力图把巩固封建大家族和维护王朝利益结合起来。早在上述汉末伏完拜不拜皇后之争中,大儒郑玄便主张凡正式场合,由完拜后;如后归宁,则由后拜完。即“王庭正君臣之礼,私

---

① 服丧擅去官例,参杨树达《汉代婚丧礼俗考》第二章第十五节。
② 《三国志》卷一一《魏书·邴原传》注。
③ 《通典》卷六七。又参同书同卷东晋穆帝时褚太后应否拜父之争。

亲全父子之亲"。① 前述西晋庾纯,被劾父老不求归养亲,然依法令并无过错,为此许多人为之辩护。其中刘斌说:"人伦之教,以忠孝为主。忠不忘其君,孝故不忘其亲。若孝必专心于色养,则明君不得而臣;忠必不顾其亲,则父母不得而子也。是以为臣者……在朝则从君之命,在家则随父之制。然后君父两济,忠孝各序。"这和郑玄意见一致,虽说是在调和忠孝矛盾,然侧重点则在反对以孝妨碍忠。东晋初王朝召南阳乐谟、颍川庾怡为官,"各称父命不就"。卞壶奏曰:这是"以私废公"。如果都不出仕,"此为王者无人,职不轨物,官不立政。如此则先圣之言废,五教之训塞,君臣之道散,上下之化替矣"。意思就是整个封建统治都得垮台。史称对此奏,"朝议以为然","谟、怡不得已,各居所职"。② 在这种思想指导下,两晋极力表彰典型。嵇绍父嵇康为司马昭所杀,绍依然仕晋,尽忠而死。后人有骂他为仇人卖命,"不孝之罪通于天"③的,然在两晋绍被奉为忠义楷模,一而再、再而三得到王朝褒奖。④ 周处被派去镇压关中少数族起义,兵力单弱。有人劝他可以侍养老母之名,拒绝出征。处说:"忠孝之道安得两全。既辞亲事君,父母复安得而子乎!"竟受命战死。事后被赞为"见危授命",是"忠贤""烈士"。有趣的是,给他的谥号竟是"孝"。⑤ 温峤"少以孝悌称于邦族",后违背母命离家远出支持晋元帝,母亡时又因动乱无法归葬,为此颇遭物议。但晋朝不断给他加官晋爵,陶侃赞他"忠诚著于圣世,勋义感于人神",《晋书》史臣还把他看作"忠臣出乎孝子"之典型。⑥ 对于这一类行为,东晋孙绰更概括说:"见危授命,誓不顾亲,皆名注史笔,事标教首。记注者岂复以不孝为罪? 故谚

---

① 《通典》卷六七。又《通典》卷七二魏文帝制"以后如以旁枝入嗣大位不得加父母尊号",反对"顾其私亲"。也是尊君的一项措施。按,西汉虽有类似言论,如《汉书》卷七六《张敞传》"臣闻忠孝之道,退家则尽心孝亲,进宫则竭力于君"。但据上下文,其意仅在说明出仕前虽应尽孝,出仕后则应"奋不顾身"尽忠,目的在宣扬忠君,而非调和忠孝矛盾,旨趣不同。

② 《晋书》卷七〇《卞壶传》。

③ 王夫之《读通鉴论》卷一一。

④ 《晋书》卷八九《嵇绍传》。

⑤ 《晋书》卷五八《周处传》。

⑥ 《晋书》卷六七《温峤传》。

曰求忠臣必于孝子之门,明其虽小违于此,而大顺于彼矣。"①当然,如出现忠孝一致典型,就更理想。如东晋初卞壶为尚书令,苏峻叛乱,壶苦战而死,"二子……见父没,相随赴贼,同时见害"。峻平,追赠甚重。尚书郎弘讷议曰:"夫事亲莫大于孝,事君莫尚于忠。……壶……父子并命,可谓破家为国,守死勤事。"翟汤曰:"父死于君子死于父,忠孝之道,萃于一门。"②

必须指出,由于封建大家族与封建王朝之间孝与忠、家与国、私与公的关系,既统一又矛盾,贯串整个封建社会,如何正确处理,魏晋时期并没有解决,也不可能彻底解决。重孝轻忠的风气在当时和后代依然不同程度地存在着。③ 不过先秦儒家提倡礼制特别是孝道的思想,经过秦代过于强调家庭服从君权,东汉矫枉过正,又出现往往把孝亲放在忠君之上的趋向后,直到魏晋时期方才进一步转化为忠孝并重,如无回旋余地孝应服从忠的观念。这确是礼、律发展史上一大特点。这样,在封建大家族大量增加的情况下,西晋王朝既继续强调礼制、孝道,反映他们的意见,讨取他们的欢心;又要防止封建大家族利益损害整个地主阶级利益,二者的结合点便被找到了。虽然这种观念先秦儒家也并非阙如,④但只有到了此时,地主阶级方才通过自己的正反面经验开始真正体会、掌握了,并且把它视为一种巩固统治的有力的思想武器加以广泛宣传,毒害广大劳动人民。晋律便是在这一思想影响下,吸收儒家礼的某些精神和规范,以处理孝和忠、家和国、私和公之矛盾的。因而其目的并不是单纯维持封建大家族利益,而是往往要它受整个地主阶级利益的制约,也就是说,首先是为了巩固封建王朝的政治统治。张斐在注律表中吹捧晋律体现儒家思想,"是故尊卑叙,仁义明,九族亲,王道平也"。将家族与"王道平"紧紧联系在一起,正是一语破的,透露了实质的。

---

① 《弘明集》卷三"喻道论"。
② 《晋书》卷七〇《卞壶传》。
③ 《南齐书》卷二三"史臣曰"评高级士族"殉国之感无因,保家之念宜切",即其一证。
④ 《论语·颜渊篇》"君君臣臣,父父子子",《孟子·离娄上》"人亲其亲,长其长,而天下平",均家国并举。《孝经·广扬名章》"君子之事亲孝,故忠可移于君",主忠孝一致。《左传》隐公四年石碏杀子石厚,是"大义灭亲"之例。

外　编

学者与学术

一部别开生面的读史札记
——简评周一良《魏晋南北朝史札记》*

　　近读周一良先生的新著《魏晋南北朝史札记》。该书收采宏富,琳琅满目,颇有如登山阴道上,应接不暇之感。

　　本书的第一个特点就是史料极丰富。正史《三国志》等十二史外,举凡后人的补编、杂史、典章制度史、文集、诗集、类书、道藏、佛经、考古成果,以至保存于日本书籍(如《和名类聚钞》《正仓院图录》等)中之资料,只要有必要,哪怕是很生僻的,全部信手拈来,为我所用。如335页据《正仓院图录》描述"熊皮障泥"之形状。373页引《和名类聚钞》,有力证明"调度"一词指用具。294页据敦煌古藏文,介绍古代可能不仅以敌人头骨为酒器,并且亦有用祖先头骨作酒器的。

　　本书的第二个特点就是大量参考和吸取古今中外学者的研究成果。所引用的笔记、札记,除赫赫有名的《日知录》《廿二史考异》等十余种外,还广泛涉及解放后未出版、人们较少利用或不大注意,而于治史颇有价值的如程大昌的《演繁露》、方以智的《通雅》、姚鼐的《惜抱轩笔记》、卢文弨的《钟山札记》、沈涛的《铜熨斗斋随笔》等不下数十种。近人(包括十余家日本学者)的著作、文章,也征引浩繁。对这些成果,或加采纳,或加补正。如340页引用和肯定蒋礼鸿氏《敦煌变文字义通释》中"所由"乃"吏人的名称"之说,同时《通释》称"所由一名较早见于陈时",《札记》则引《魏书》《梁书》证实此语乃"南北朝时所习用"。365页既肯定

＊　原载《书品》1986 年第 3 期。

日本宫川尚志氏《六朝史研究》一书考订中正制度"颇为详赡确切",又在涉及该书所附历代中正年表时指出讹误多处。338 页表示在为冯承钧氏"详尽精确"之《高昌事辑》一文拾遗补缺,但也指出该文注二十引洛阳出土"前部王故车伯生息妻鄏月光墓铭",夺一"妻"字,将鄏月光由伯生儿媳当成儿子,存在讹误。

本书的第三个特点就是在上述两特点的基础上,本着"实事求是"的精神,提出的见解,所作的考证,许多是精审确当的。

1. 十二史中有许多当时俗语,后来逐渐失传,古今字书、辞书中往往不载,今天一般人读来更是似懂非懂,不能知其确切意思,从而影响了对史料之深入了解。《札记》皆详为考证剖析。如 12 页"设"指饮食,"设主人"犹今言作东道请客。50 页"定见"犹簿籍之类。197 页"作佞"犹今拍马。205 页"经过"犹今访问、交往。237 页"次第"犹今有办法、有把握。373 页"反故"乃指废纸等。又如 14 页一个"家"字,既引王利器氏文章,证"家犹人也";又进一步联系州家、郡家、台家、兵家、军家、诏家、官家、国家,一一剖明其义。其中如官家,还有力驳斥了关于此词源于"五帝官天下,三王家天下"之附会。

2. 对古代一些制度、地理、姓氏、名物、杂伎乐舞等作了考证,为深入研究历史规律扫清或减少障碍。如 166 页主"共射"(合射)当即儒生"揖让升降以行礼"之"博射"(骑马则叫马射),而与真正习武射箭不同。并论证博射、马射的程序、制度,引庾信赋描述其"钟鼓震地,埃尘涨天"的场面。220 页考证了汉魏以来皇帝、贵族射雉之制,引刘敬叔《异苑》等有力驳斥晋室过江"射雉乃废"说,又用具体资料揭露射雉之奢侈浪费,帮助我们从一个方面了解统治集团之腐化,以及为何历代皆有臣子对此进谏之故。307 页详尽考证中山、邺、信都三城在北魏地理上、经济上的重要性。175 页细致地揭出了由汉代至南朝礼法大族婚姻不论行辈的风气。315 页论述了北朝官吏考绩制度,并与唐代作了比较。甚至370 页连门亭长这样的小吏,因为自汉迄晋宋多见,也汇集资料介绍其制度、任务。

3. 对历史上一些重大事件、人物提出自己的观点、见解。如 100 页以对待民族矛盾之态度与措施来评论东晋人物，否定了王敦，肯定了桓温、刘裕。然对刘裕又指出他北伐虽符合当时人民利益与愿望，而作为地主阶级政治家，"个人篡位野心驱使其入关中后匆匆南返，终于违反人民意愿，放弃关中"，使之重为少数族统治。此外，还认为至梁武帝萧衍时南北对立之矛盾性质已经转化，主要已非民族斗争，而属封建政权之间斗争。全都遵循了具体情况、具体分析之原则。317 页则从坚持孝文帝建都洛阳之方针，注意发展经济，扩大疆域，统治远较齐末昏暴之主为稳定的角度，有说服力地肯定了北魏宣武帝元恪之功业，而批判魏收将他比为两汉元、成、安、顺四帝是"拟人不伦"。159 页又透过《宋书》卷五一《临川烈武王道规附刘义庆传》"以世路艰难，不复跨马"字句表面，揭示了刘宋统治集团内部斗争之激烈。342 页则用关于拓跋氏早年婚姻关系杂乱之精审考证，推定北魏崔浩招祸之导火线确在所修国史"备而不典"上，补充了近四十年前作者自己的修国史乃招祸之"近因"说。[①] 而就考证之说服力言，似超过了其他学者以及作者自己当年关于招祸之根本原因的种种推论。

总之，《札记》包罗繁富，不但于治魏晋南北朝史，即便对其他各阶段古代史之研究，也甚有裨益或启发性。甚至如年代相隔比较远的西周铭文，像"令鼎"上之鄉射，"匽侯鼎"上之"鄉王射"[②]，以及《仪礼》中之乡射礼、大射仪，如读了 166 页之"博射"，增加一些后代感性材料，对理解它们恐怕也会有所帮助的。此外，从《札记》中，文学、语言、艺术、舞蹈、音乐、民俗、哲学之研究全都可从不同角度不同程度地吸取营养。

当然，书中也有一些可商榷之处，如 440 页称《宋书》中之"外监""似掌军需"。然《南史》卷十八《赵伦之附伯符传》明言"先是外监不隶领军……至此始统焉"。而领军正是"管天下兵要"的。[③]《南史》卷七七

---

① 周一良：《魏晋南北朝史论集》，中华书局，1962 年，第 118 页。

② 鄉字，郭沫若氏释"合"，见《两周金文辞大系图录考释》第六册，科学出版社，1957 年，第 30 页；杨树达氏释"会"，见《积微居金文说》卷一，科学出版社，1959 年，第 1 页。

③ 见《梁书》卷四二《臧盾传》、卷二四《萧景传》。

《恩幸传·序》更说"外监,领器仗兵役"。《札记》失引,故用"似"字。207 页释"与手""犹言殴打也",但它还有"杀害"之意,①如能补上,则更贴切。又有一类条目,如 175 页婚姻不论行辈,但考证其风气,而未进一步分析、揭示所以如此之原因,令人终有不满足之感。不过,这些疏略,和全书之渊博、精审相比,是居于很次要之地位的。

---

① 见王鸣盛《十七史商榷》卷六一。

评田余庆著《东晋门阀政治》[*]

一部史学著作不但需要有宏观方面的理论概括和创造性见解,而且需要有微观方面的严谨处理与史料的细致考证和巧妙运用。前者欠缺,后者便易流于饾饤、烦琐;后者单薄,前者又会失之空洞、缺乏说服力。田余庆先生的《东晋门阀政治》是宏观与微观两者有机结合的一个典范。

一

作者在自序中说:所谓门阀政治,"是指士族与皇权的共治,是一种在特定条件下出现的皇权政治的变态。它的存在是暂时的;它来自皇权政治,又逐步回归于皇权政治"。"严格意义的门阀政治只存在于江左的东晋时期。"这是本书的核心思想,也是它的主要理论意义所在。

自秦统一六国,建立君主专制制度后,就开始出现皇权政治,从此一直延续了两千多年。在理论上,皇权至高无上。体现在制度上,便是全国任何重大政务,未经皇帝首肯、批准,便不能决定、执行。所以作者指出:"不但宗族力量处在皇权控制之下,而且一切其它力量都处在皇权控制之下,不可能与皇权平行,更不可能超越皇权。"(第 340 页)

在中国历史上,虽然绝大多数情况下皇帝能基本掌握大权,推行皇权政治;但在特定条件下,也会出现其他政治、社会力量平行于皇权,以

* 原载《历史研究》1993 年第 1 期。

至超越皇权的现象。以上两种情况互有联系。由于皇权至高无上的观念深入人心，所以在实际社会中，绝大多数皇帝，包括很大数量的驽钝之才，也可以推行或维持皇权政治。一些政治、社会力量，在特定条件下尽管控制皇权、觊觎皇权，仍然不敢不打着皇帝旗号，"假皇帝之名行事"。他们的权力，来自皇权政治，"只是对皇权的窃取，而不是对皇权的否定"（第340页）。

然而，以上两种情况又有区别。一个是理论上、制度上的皇权或皇权政治，一个是实际中的皇权或皇权政治。不能因为理论上、制度上皇权至高无上，就认为实际社会中也全都如此；也不能因为在特定条件下，皇权受人操纵，就认为皇权政治已被否定。只要社会经济基础不变，皇权政治始终起着支配作用。断定门阀政治是"皇权政治的变态"，它体现了理论上、制度上皇权、皇权政治，与实际社会中皇权、皇权政治的辩证关系。

长期以来，史学界探讨魏晋南北朝史，也往往使用"士族（或贵族）政治"这一概念。对它与皇权政治的关系，有两种理解。一种认为二者角度不同。士族政治是就官吏主要成员的来源及推行主要代表士族阶层利益的政治而言，皇帝是他们的总代理人，彼此利益一致；而皇权政治则是就国家的根本政治制度实行君主专制，一切政治、社会力量都处在皇权控制之下而言。所以二者互不排斥。如果这样理解，与本书主旨没有冲突。另一种理解是，推行士族政治代表士族利益，是与皇权利益对立的，从而限制、否定了皇权政治。如果这样理解，除将窃取皇权作否定皇权，在理论上有扞格之处外，还有一个问题，即士族参与政权，推行有利于自己的政治，究竟到什么程度算是士族政治，否定了皇权政治？如果只要是士族在政权中发挥作用，不论大小，一概看成士族政治，是不是太泛而不严谨呢？

而本书则不同。它认为皇权政治是秦汉以来"中国古代历史的常态"（第270页），其他政治都是变态，是暂时的、过渡的。就士族政治或门阀政治而言，"严格意义的门阀政治只存在于江左的东晋时期"。标准就是这一时期门阀士族势力"平行于皇权或超越于皇权"（第341页）；

"控制皇权,操纵政柄"(第264页)。以此衡量,前于此的三国西晋不是,后于此的南北朝也不是。

二

为了探讨门阀政治,本书对东晋几家大门阀士族的渊源、经济基础、文化面貌,特别是与皇权之间和相互之间的关系,从不同时期的发展演变上作了富于创造性的论述。归纳起来,这些论述主要是就"民族矛盾十分尖锐这样一个外部条件"下(第358页),围绕建立并维持"祭则司马,政在士族的政权模式"(第6页)这一门阀政治特点展开的。

(一)尊奉皇权,控制皇权

士族政治自琅邪王导、王敦与侨姓士族拉拢南方士族,拥立司马睿为帝,出现"王与马,共天下"谚语时基本形成,其后虽经庾与马、桓与马、谢与马共天下而始终不变。

南渡之初,其所以必须尊奉司马睿为帝,除了历史上形成的王与马的特殊关系外,主要因为司马睿具备有利条件。在西晋灭亡之际,武、惠、怀、愍诸帝已无合法继承人,司马睿虽是疏属,毕竟仍是宗室,这是他优越于其他任何士族的地方。在北方胡族的强大压力下,门阀士族只有尊奉司马睿为帝,才有可能在江左建立新王朝,保护自己岌岌可危的政治、经济利益。另一面,其所以必须控制皇权,自然同样出于门阀士族的家庭利益。因为司马睿只是西晋皇室疏属,"在晋室诸王中既无威望,又无实力,更无功劳"(第341页),全靠门阀士族扶持方得登上皇帝宝座。司马睿即帝位,命王导升御床共坐,这在历史上并无先例可援。他作出这种姿态,正是门阀士族控制皇权具备可能性的有力证明。虽然王导力拒,但门阀士族平行或超越皇权的气势已经造成,"王与马,共天下"之谚由此而起。以后又经颍川庾亮的进一步努力,东晋的门阀政治才最后巩固了下来。

尊奉皇权,控制皇权,是不可分的策略。不尊奉皇权,江左没有重心;而不控制皇权任皇权伸长,也就无所谓士族门阀政治。只有二者结合,方可使"祭则司马,政在士族"这一对门阀士族最有利的政权模式得以建立和维持。

(二)门阀士族之间的联合与牵制

门阀士族之间的联合是为了保持皇权与士族的平衡,使"政在士族";牵制则是为了保持士族之间的平衡,使"祭则司马"得以存续。

陈寅恪先生高度赞扬王导功业,着眼点只在南渡之初南北士族的联合,共奉东晋王室,而于后来侨姓士族之间的联合与牵制的重要性则没有涉及。其实,对南方士族加意笼络,只有东晋建国前后最为迫切。但是,自孙吴灭亡起,经过西晋三十多年统治,江东士族的力量毕竟不大。所以等侨姓士族在江东逐步立稳脚跟后,南方士族的分量便日益减轻。侨姓士族之间的联合与牵制,便成为关键的问题。本书用大量篇幅着力论述的,正在这一方面。

王敦第一次起兵,反对晋元帝伸张皇权,涉及的是能否维持皇权与士族的平衡问题,侨姓士族包括王导及部分南方士族全都支持,所以胜利了。这便是联合的作用。王敦第二次起兵,由于矛盾已转化为是否还要维持"祭则司马"的局面,涉及士族之间的平衡问题,因而遭到门阀士族包括王导的一致反对,所以失败了。这便是牵制的作用。"说明司马氏皇权也不容任何一姓士族擅自废弃。"(第343页)其后,晋明帝重用宗室诸王及外戚,希冀复振皇权终成泡影;庾亮居上游荆州思废王导,压倒其他士族,独揽大权亦遭挫败,门阀士族采用的就是上述手段。淝水战后,"皇权有振兴之势"(第263页),其原因除了门阀士族腐朽不堪外,也由于他们不能坚持联合以抵制皇权的伸张。

(三)牢牢掌握军权——士族专兵

这是建立并维持"祭则司马,政在士族"这一政权模式的实力基础,也是"东晋门阀政治特点之一"(第213页)。主要表现为:

第一,牢牢掌握以荆州、江州为中心的长江上游军权。最早专兵的是王敦。后来相继主要为陶侃、温峤、庾亮、庾翼、王允之、庾冰、桓温、桓冲、殷仲堪、桓玄等。除陶侃门第有些特殊外,其余无不为门阀士族。等到桓玄失败,江州、荆州先后落入次等士族刘裕手中,门阀政治也就接近尾声。

第二,牢牢掌握以京口、广陵为中心的长江下游军权。京口重镇的形成为时略晚,最早经营者为郗鉴。他在王导支持下吸引流民,利用流民帅建立京口重镇,控制三吴,箝制上游,拱卫建康。继郗鉴镇京口者,很长时期内也无不为门阀士族。及至东晋末年京口、广陵军权先后为次等士族刘牢之、刘裕所夺;就和失去上游军权一样,门阀政治不久也就画了句号。

值得注意的是,本书反复强调,士族专兵控制上下游,以及与有兵的流民帅又联合又斗争(第 138 页),其目的与作用主要不是对外,而是对内。上游诸州的"楚江恒战,方城对敌",只出现于东晋初年短暂时期,后来便主要转化为"居上制下"的形势(第 115 页)。至于京口重镇从开始经营其职能便"主要不是对外,而是对内,起着防备上游以稳定建康的作用。……即令是在谢玄创建北府兵和淝水之战前后时期,京口也只是兼有外镇作用,其主要职能还不是外镇"(第 96 页)。甚至为世所注视的多次北伐,"动机虽不相同,但都有以北伐影响江左政治形势,增益个人威望和门户权势的目的"(第 132 页)。"专兵"对维护门阀政治的重要性,在这些论述中体现得十分清楚。

以上三个问题互相关联,不可或缺。否则就不能体现"祭则司马,政在士族"这一士族门阀政治的总特点。

三

一部脍炙人口的文学作品,不仅仅要有格调极高的主题思想,还必须通过高超笔触,对无数细节进行细腻描绘,然后各种类型人物方能栩栩如生,作品方能具有强大感染力。史学著作中史料的考证、运用,细节的安排、分析,对全书的作用,一定程度上可以说有些类似。本书在这一方面功力很深,精彩的论述迭出不穷。

例一:第 199 页称,陈郡谢鲲过江后,死葬建康城南"冢墓相亚,不可识别"的石子冈。这条材料,仅讲葬地,看似平常,却使在十分重视择地为茔的东晋社会里陈郡谢氏乃"新出门户"之说,多了一条有力旁证。第226 页引《尚书故实》记谢安死后,"墓碑,树贞石,初无文字,盖重难制述之意"。这条材料,仅讲墓石,一般也不会被人留意,而作者用在此处,巧妙地反映了淝水战后谢安深受皇权压抑的困难处境。第 141 页发现《世说新语·人名谱》等书所列谯国龙亢桓氏,由东汉桓荣至东晋桓彝、桓温世系,十世中独缺第六世名讳,经过旁征博引,推定其人为死于曹爽嘉平之狱,为司马氏所诛的大司农桓范,从而为谯国桓氏尽管源出东汉高层世家大族,在司马氏晋代却不为时人所重,找到合理的解释。上述几条史料运用的特点是由小见大、由微显著。

例二:"王与马,共天下",这是治东晋史所津津乐道的史料。但如进一步深究,为什么是琅邪王氏,而不是别的大士族与晋元帝司马睿"共天下"? 这个问题过去似乎无人留意。而本书却提出并由此展开对有关史料、细节的考证、分析。得出的具体结论:1.晋元帝司马睿原为琅邪王,自其祖父起就与国内望族琅邪王氏交好、联姻,相互利用。这是"王与马,共天下"的历史基础。2.西晋末东海王越与琅邪王衍在洛阳的政治结合,派生出司马睿与王导在徐州的政治结合。这是"王与马,共天下"的前奏。3.在琅邪王氏策划、推动下,经东海王越委派,司马睿南渡长江,进而建立东晋,这才正式形成"王与马,共天下"的格局。通过以上三点,便找到了门阀政治为何会从"王与马,共天下"开始的历史渊源,同时后来东晋历史上某些问题或细节,如"不与刘、石通使",或太原王氏中的王承一支为何显于江左(第 259 页)等,也可不同程度地由此得到解释。

例三:对高平郗鉴生平事绩的探讨,古今史家多不注重。王夫之虽说了一句"东晋大臣可胜大臣之任者,其唯郗公乎"(第 73 页),然无具体分析。本书钩沉索隐,弄清了治晋史者多未留意的一些问题。郗鉴乃流民帅身分,但又"门第条件初备,气质出众,足以出入门阀士族政治之中"(第 49 页)。其第一功是与晋明帝密谋征流民帅入援京师,讨伐王敦;第二功是与庾亮一起,反对和劝阻陶侃由荆州起兵,顺流下建康废王导之谋;第三功是反对庾亮由荆州起兵,顺流下建康废王导之谋;第四功是经营重镇京口。并通过一系列考证,论述了京口在稳定东晋门阀政治中的重要战略地位。由于郗鉴多次促成各种势力由不平衡达到"平衡",本书评价说:"东晋朝廷得以维持,东晋门阀士族政治格局得以延续,郗鉴起过很大的作用"。(第42页)这一结论,由于考证扎实,细节精彩,使得历来若隐若现、面貌模糊不清的郗鉴,光彩夺目,身价增倍。

值得注意的是,作者在微观方面的许多努力,并不是主要目的。以郗鉴为例,作者通过史料考证、细节处理,从动态角度爬罗剔抉出郗鉴一项又一项功绩,主要目的是通过郗鉴这种作用,加上用同样方法探讨出的其他士族类似作用,概括了门阀政治中士族之间又联合又牵制,以维持各种势力平衡的特点,进而体现出"祭则司马,政在士族的政权模式"这一总特点,最后上升到门阀政治乃皇权政治的变态,以及皇权政治乃"中国古代历史的常态"(第270页)的理论高度。

当然,任何优秀著作也不无可商榷之处。

本书第6页陈亮念奴娇词:"六朝何事,只成门户私计",而将"门户私计"的政治限定于东晋,这当然是创见。但是,我们今天来理解"门户私计",恐怕只应从总的趋势、规律上把握,至于具体事件、人物,则未必毫无例外。

试以庾、王江州之争为例。咸和四年(329),庾亮以激发苏峻叛乱等过错,自请出镇芜湖。第114页说他"企图就近控制朝政,以与王导相持"。第119页分析了军事、地理形势后又说,这时"庾亮名为藩镇,实际上却能够掌握朝权。王导则被庾亮困死都下,无法动弹"。合观之,似乎表明庾亮这次自请出镇,"门户私计"极深。可是这里也存在疑点。1.如庾亮动机确实如此,那么他首先不能不考虑当时晋成帝只有8岁,出镇后把他全交给王导,如果王导假成帝之名压制自己,岂不十分被动?其次他还得考虑出镇芜湖究竟有多少军事上、地理上的优势可言?当时下游京口有郗鉴,上游荆州有陶侃,江州有温峤。郗鉴与王导交好,陶侃与自己积怨颇深,温峤虽"钦重"自己,然素"忠诚"顶多守中立,而豫州兵力又不强,王导还有执政朝廷的优势,衡量全局,尽管芜湖密迩建康,要说出兵指向建康,又谈何容易,又如何能将王导"困死"。2.说庾亮居芜湖而"掌握朝权",似乏依据。因《晋书》卷六五《王导传》"亮虽居外镇而执朝廷之权",指的是咸和九年陶侃死去,庾亮取得荆州、江州,镇守武昌以后的事。当时庾亮实力大增,激发苏峻叛乱等过错已被时间冲淡,加上外戚身分,这才略备居上制下,控制朝政,废黜王导的条件。而在咸和四年,庾亮远未具备这一条件,而且刚刚上书表示"求外镇自效",岂能转瞬间即食言,又干预朝政?果如此,便和出入玄儒家风,"风格峻整"的评价相距太远了。

由于上述疑点难以解释,所以似乎也有这种可能,即庾亮从整个一生看,固是"只成门户私计",但具体到咸和四年则有例外。即他的"欲遁逃山海"或"求外镇自效",的确出于内心惭悔以及舆论压力,而与庾、王之争"门户私计"没有多大关系。本书第106—109页称颍川庾氏本儒学士族,由儒入玄是稍晚的事。所以庾亮"具有玄学表现与儒学内涵"的个人素质。如果这个看法不错,则由于种种因素,在个别时期儒家君臣名分思想占据主导地位,将门户之争暂时淡化,似乎也是可能的。至于他欲起兵废王导,那是七八年以后的事。咸和四年出镇时不一定存在这个念头。这说明历史上出现的某些偶然性,不必非要从必然性的角度去考虑。

《东晋门阀政治》,田余庆著,25万字。北京大学出版社1989年出版,1991年再版。

我与中国古代史[*]

我从事中国古代史的教学与研究工作，纯属偶然。

在中学读书时，我数学学得不错，原打算毕业后考理工科。不幸因为家庭发生变故，1946年高中二年级结业后不得不辍学。一年以后再以同等学力报考大学时，没有学过高三数学、物理等课程的我，只得选择了因爱看小说而比较感兴趣的中国文学系。同等学力的录取比例据说是百分之五，我自然对报考名牌大学特别是北京大学，想也不敢想。大学考上了，自己并不满意。1948年春来到北平，由于特殊原因，先是在华北文法学院借读，秋后又转为正式生。1949年北平解放，不久我便走上了工作岗位，到过农村，下过部队。到这时为止，我对中国古代史还是很陌生的，有关知识也极浅薄（仅在大学里学过一点点）。用"一穷二白"去形容，决不过分。然而命运却注定要把我与中国古代史拴在一起，拴一辈子。1954年，由于某种机遇，我被调到北大，先在法律系辅导、讲授中国政治、法律制度史，开始部分涉及中国古代史；后转历史系，从此便专门从事中国古代史的教学、研究工作，直到今天。

四十多年来，原本"一穷二白"，后来一直也没有得到机会脱产学习、进修的我，其所以在中国古代史工作岗位上未遭淘汰，还能基本上完成任务，靠的便是北大学术气氛的熏陶，而主要以通过自学的形式来实现。在这一方面，我有以下几点体会。

---

* 原载《学林春秋》二编下册，朝华出版社，1999年。

厚 积 薄 发

在燕园里很早就流行一个比喻:如果将讲课内容比作一杯水,那么教师本人的学识便应相当于一桶水,方能应付裕如。每当我在辅导、答疑中被同学问得瞠目结舌、背上冒汗之时,便自然而然想起这个比喻。这也就是要求教师厚积薄发。有一次我在图书馆借书,将王鸣盛《蛾术编》之"蛾"念é,一位老馆员委婉地指出我念了别字,当念yǐ,义同蚁。这"一字师"也再次提醒我学海无涯,自己知识太浅薄了,必须尽快地积累,再积累。

在摸索中,我不断积累目录学、文献学知识。这得力于藏书丰富的北大图书馆者綦多。50年代的馆员个个业务娴熟,工作认真负责,知无不答;而且教员可以自由出入书库,十分方便。当我逐渐懂得《书目答问》《四库全书总目提要》等,以及今人有关论著的价值之后,便以之为指导,将其中所载重要的或我感兴趣的书借回阅读,做卡片、索引,或径直在书库中浏览序跋等,广泛增加感性知识。同时也购置一些书,每月总要跑琉璃厂等地一趟,并把它视为极大乐趣。由于有了一些目录学、文献学知识,便懂得哪些书该买,哪些书可暂不买。如《汉书》《后汉书》便买王先谦《补注》《集解》本;学术笔记首先买《廿二史考异》《廿二史劄记》《十七史商榷》;《周礼》买孙诒让《正义》本;《仪礼》买胡培翚《正义》本;《礼记》买孙希旦《集解》本;诸子则主要买世界书局的《诸子集成》本等。这些书都对丰富我的知识起了重要作用。不过,坦白地说,改革开放以前,和许多教师一样,对一些大部头的书籍如二十四史、"四书""五经"等,是没有时间,也没有条件(包括"白专"帽子的威胁)像前辈学者当年那样系统阅读、钻研,打下深厚功底的;[①]就我来说,充其量只不过是通过一般浏览,有个大体印象而已。我的学力只能做到:借助于这个大

---

① 如吕思勉先生曾将二十四史系统读过三遍,见《蒿庐问学记》,生活·读书·新知三联书店,1996年,第3页。

体印象,加上直接间接利用各种各样的工具书(如"引得")、辨伪书、类书,以至内容丰富的学术笔记(如《日知录》《陔余丛考》)、论文等,一般能够尽快了解一部古书的真伪、价值、存亡,到哪里去查找佚文;或比较迅速地搜集到某一问题的有关资料。举一例:70年代初有一位邻居是北京林学院的老师,他认定我教中国古代史便该懂得查找唐宋时期牡丹栽植的历史资料,于是便把一外地来信请教他的这个问题,转托于我。虽然我从未接触,甚至想都没想过这个问题,但还是答应了。因为我立即想到《古今图书集成》中有《草木典》可以利用。后来果然以之为线索找到、整理了一份资料给他,据说回信后对方表示满意。不容置疑,我的答复肯定是肤浅的獭祭之作,因为我毫无研究基础。我举此例,只是想说明,作为一名中国古代史教师,即使基础较差,但如果能掌握一定的目录学、文献学知识,一旦研究一个课题,需要有关资料,大体上便知道通过什么方法,到什么地方去查,这对教学、科研都是颇为有用的(如我上课讲皇权制度,涉及朝会、常朝,首先去翻秦蕙田的《五礼通考》,以之为线索,扩大资料范围,便事半功倍)。虽然在这一方面我还远不能与前辈学者相比,但我坚信必须向这一方向努力。

为了厚积薄发,除了史学知识、基本功外,还需懂得一些与之时有联系,比较专门的知识。如阅读先秦两汉若干文献和有关论文,音韵学便是一个重要拦路虎。很早我便对它感到头疼。后来下决心反复学习王力先生和其他先生的一些通俗著作,学会查阅《韵镜》《七音略》,并懂得了一点基本知识,回过头再读有关历史文献和论文,涉及某些术语,便不感到那么神秘莫测了,有时还可以利用它。有一次写一篇有关门阀制度的论文,为了证明中古"庶族"这个词可能演化为"素族",作为证据之一,便从音韵学上考证出审母三等字"庶",和心母一等字"素",在魏晋南北朝时期有时可以相通,从而加强了论点的说服力。

官制和历史地理知识更为重要。钱大昕曾说:"予尝论史家先通官制,次精舆地,次辨氏族,否则涉笔便误。"他还批评《南史》《北史》作者李延寿"似未通南北朝官制,故诸传删省(按:指删略《宋书》《魏书》等八书为南北史），多未得其要领”。① 关于官制和氏族，因为篇幅关系，兹从略，此处只想谈一下我是如何积累历史地理知识的。如所周知，历史地理变化多端，难度很大。为了对它多少能有所掌握，有所利用，除了阅读当代权威论著（如谭其骧、侯仁之、史念海诸先生的文章）外，我还大体浏览了《尚书·禹贡》（参考胡渭《禹贡锥指》）、《汉书·地理志》（用王先谦补注本）、《水经注》（用杨守敬等《水经注疏》本，参考赵一清《水经注释》，对照杨守敬《水经注图》）三大经典。特别是《水经注疏》，1988 年以前只有北京科学出版社 1957 年的影印本，共三大函，很笨重，从图书馆借阅需定期归还，用起来很不方便。于是我便将疏文某些重要部分，转抄在我的国学基本丛书本《水经注》的相关注文下。因为后者是小 32 开本，每页天地有限，为了多抄些，只得写成蝇头小字，再不够便贴上小纸条。每页看上去小字密密麻麻，纸条错错落落。如今有了段熙仲点校本，已经不用它了，但偶尔翻阅，一方面惊诧自己当年怎么会下这笨工夫；另一面心中也有一种欣慰感：在不断"阶级斗争"的缝隙中，我没有浪费自己的青春。有了一点历史地理知识，在教学、科研中便主动多了。如在一篇文章中我肯定晋武帝的民族政策，于是便不得不探讨当时西北地方绵延十年的鲜卑树机能反晋活动，其性质究竟是什么。很长时期以来，人们都把它看成是少数民族起义，而我主要借助历史地理知识、《水经注》知识，经过反复考证，得出的结论是：树机能的反晋活动是叛乱而不是起义，是非正义的，从而使我的基本论点站住了。很清楚，评价晋武帝民族政策本是政治史论文，但如果没有历史地理知识，说服力便会大打折扣，甚至论点根本无法成立。

此外，我的体会是，文字学、训诂学、考古学、天文历法、科学技术、中外交通、文学艺术、哲学宗教等知识，也都需要不同程度地尽可能多懂一些；或一旦教学、科研中涉及这些问题，出了麻烦，立刻会到有关书中去查找答案。为此，又必须学习、掌握外文，增大信息量。我在 60 年代学的日文，尽管只能勉强看业务书，也在扩大知识面上派上用场。当然，前

---

① 分见《廿二史考异》卷四〇、卷三六。

面强调要学习的各种知识,或许其中有些在中国古代史教学、科研中始终直接用不上,但多少懂得一些却可使我们对直接用上的知识掌握得更扎实,运用起来更有信心。

《庄子·外物》:庄子对惠子说,"夫地非不广且大也",但人所"容足"之处只是一小块,是不是其他地方都"无用"呢?不是。他说:如果把除"容足"以外的土地全都挖去,其深"至于黄泉",则"人(所容足之地)尚有用乎?"惠子答曰无用。庄子说"然则无用之为用也明矣!"用在知识上也可以说是这样。看来,未能直接用上的知识与直接用上的知识往往是互相关联的,就像"容足"之地与其外相毗连土地是一个整体一样。不能因为直接用不上便不去学它,成为目光短浅的实用主义。没有直接用上,从总体上看,应该说,也是用上了。清代袁枚在《随园诗话》卷一中说:"余每作咏古咏物诗,必将此题之书籍,无所不搜。及诗之成也,仍不用一典。常言人有典而不用,犹之有权势而不逞也。"这正是"无用之为用"的好例。袁枚虽然没有直接用上这些"典",但有了这些"典",心中有恃无恐("犹之有权势"当即此意),作起诗来自然便得心应手,运用自如了。

精 细 读 书

庄子说:"吾生也有涯,而知也无涯。"我国古籍浩如烟海,个人精力有限,自然不可能读任何一本书都精细,而应像弹钢琴一样,有重有轻,有疾有徐。有的很快地大致浏览一下序跋目录,记入卡片备查就可以了;有的,特别是和自己专业或科研课题紧密相关的重要书籍或篇章,则必须精读细读,遇到疑点难点,还必须联系上下文,甚至查找有关资料,反复琢磨。这样读书的好处甚多。

有时可以透过字面,扩大、加深对问题的理解:

如《后汉书》的《百官志》,这是研究中国古代政治制度史者必读的一篇。此志写得比较简略,王先谦《集解》本有助于对某些问题的理解,但如果读时不精细,仍会把重要内容忽略过去。如在九卿"少府"属官太医令、太官令、守宫令、上林苑令之后，紧接着列有侍中、中常侍、尚书令和仆射、御史中丞等，最后说："右属少府。本注曰：职属少府者，自太医、上林凡四官；自侍中至御史，皆以文属焉。"

开始我马马虎虎地读，便以为这些官员全归少府统率、指挥。后来读书一深入，便发现其中存在一些矛盾难以解释。如尚书各官至东汉权力日益扩大，以至形成将取代三公为宰相的态势，怎么可能听命于少府呢！再如查刘昭注引蔡质《汉仪》，三公列卿等"行复道中，遇尚书仆射、左右丞郎、御史中丞、侍御史，皆避车，预相回避。卫士传：不得忤台官。（台官）过后乃得去"。按列卿中自然包括少府，如此则长官要回避属官，岂不违背礼制了吗？这些矛盾只有在仔细琢磨"以文属焉"四字，正确理解其含义后方可得到解释。原来"以文属焉"就是"文属少府"，①它与"职属少府"不同。"职属少府"是真正听命于少府；而"文属少府"之"文"，是指法令条文之"文"。② "文属少府"是指仅在条文规定上，亦即形式上（包括朝会班次上）、名义上属少府，实际职务与少府无干。这一制度，西汉很长一个时期似不存在，诸尚书应该和太医令等同样"职属"少府，但后来尚书权力逐渐发生重大变化，其任务已经远远超出少府指挥范围，往往由君主直接过问，而积习难改，尚书品秩一时尚未能提高（如尚书令仅千石之官），不足以撑起独立机构，于是"文属"的办法便出台了。③ 这样，通过仔细琢磨，分清职属、文属，对汉代政治制度这一特色，也就加深了理解。

精读细读有时还可以正确掌握原文精神：

如《史记》卷一二四《游侠列传》有这么一段话："由此观之，'窃钩者诛，窃国者侯，侯之门仁义存'，非虚言也。"

这一段话常被今人引用，作为司马迁否定儒家仁义思想之强证。过去我也同意这一看法。可是后来我反复阅读上下文之后，发现司马迁并

---

① 《通典》卷二一《职官三》。

② 参劳榦《两汉刺史制度考》，载《劳榦学术论文集甲编》，（台北）艺文出版社，1976年。

③ 侍中、中常侍、御史演变情况与尚书不同，但"文属"性质则一。其他官府如光禄勋属官也有"职属""文属"之别。

非此意。因为在这段话之前他明明说："且缓急，人之所时有也。"并举虞舜、伊尹等"有道仁人"有时也难免陷于困境为例，证明如能帮助他们，体现仁义思想，具有极大社会意义。所以说："鄙人有言曰：'何知仁义，已飨其利者，为（谓）有德。'"司马迁是肯定这"鄙人"之言的。因而在"由此观之"那段话之后及全文中，虽不否认游侠某些行为"时扞当世之文网"，但基本精神仍是肯定游侠"救人于厄，赈人不赡"等（隐隐包含可能"救""赈"像虞舜、伊尹这类"有道仁人"之意），合乎仁义之道，并说"侠客之义又曷可少哉！"这样，联系上下文便可断定，司马迁绝无否定仁义思想之意，相反，是在通过这段话肯定游侠，宣扬仁义之行的必要性。然则又如何理解"由此观之"一段话呢？经过进一步琢磨，我发现原来司马迁对仁义的理解很朴素，和后来发展了的儒学有所不同，他仅只认为，肯于帮助他人，使之摆脱困境，得到各种利益，这种行为就合乎仁义之道。"窃国者"（如周武王）因为涉及面宽，从其举事中得到利益的人极多，称赞这一行动合乎仁义，故被拥为诸侯；而"窃钩者"因他人没有得到利益，没人称赞他仁义，拥护他，所以一犯法就被杀。"侯之门仁义存"的真正涵义便在于此。这样理解，和司马迁在《货殖列传》中肯定"人富而仁义附焉"（如陶朱公）、"富者得势益彰"（如子贡），其精神也是完全一致的。固然，"窃钩者诛"等三句话，司马迁转引自《庄子·胠箧》，原意确是讽刺、反对儒家仁义之道的，但先秦两汉学者在发表议论时，常有引前人的话反其意而用之的风气，甚至还有捏造史实以证明自己观点的，司马迁不能免俗，是毫不奇怪的。这样，"由此观之"一段话的精神，本来易被误解，经过反复阅读，也就不难正确掌握了。[①]

精细读书有时还可以发现原书及其注疏中的错误：

《资治通鉴》卷一三九：南齐郁林王即帝位，与大臣萧鸾矛盾尖锐。支持郁林王的杜文谦敦劝郁林王的宠臣綦毋珍之，赶快联络掌兵权的人先下手为强，"勒兵入尚书，斩萧令"，"若迟疑不断，复少日，录君称敕赐

---

① 以上看法详参拙作《有关〈史记〉崇儒的几个问题》，载《国学研究》第 2 卷，北京大学出版社，1994 年。

死(胡三省注:鸾录尚书事,故称为录君),父母为殉,在眼中矣"(以上依古籍出版社 1956 年版、1957 年第二次印刷,今人标点)。

然而据《南齐书》,齐武帝临死遗诏仅以萧鸾为"尚书令"。萧鸾"录尚书事"是在发动政变杀掉郁林王,拥立海陵王为帝后自封的,则在此之前与郁林王斗争时,何来"录君"(录尚书事)头衔?何况《通鉴》正文杜文谦明明白白说的是"斩萧令(尚书令)"!胡三省此处读书不细,注释出错,今人标点又受其误导,将"录君"作为名词下属。其实,正确标点应该是:"若迟疑不断,复少日录君,称敕赐死"云云。这里"录"是逮捕之义。綦母珍之极受宠幸,如萧鸾夺郁林王位,必定杀珍之,故杜文谦才以"复少日录君"这一利害关系打动他,要他先下手。

我就是这样在可能的条件下通过精细读书不断受益的。有时还可以在此基础上"由此及彼",发展成科研论文。如上述《史记》卷一二四《游侠列传》之例,便触发了我进一步研究的兴趣,并成为我后来发表的有关司马迁崇儒论文的一个重要支撑点。

论从史出　追求新意

从 50 年代过来的人都知道,有很长一段时期,史学界十分强调"以论带史",甚至"论"也强调"以阶级斗争为纲"。那时我在法律系讲授中国政治、法律制度史,曾撰写、不断修改了几十万字的讲义,全都体现这一精神。虽然我对史料还是注意搜集的,但仅只为了反复证明权威之"论"的正确。具体说,就中国古代部分言,就是不管历史上任何时期政治、法律制度发生任何变化,结论都是预定的;其指导思想全都被认定是为了加强镇压奴隶、农民反抗的需要,即阶级斗争的需要。为此,有时还不得不曲解史料。记得有一次讨论,我的发言出了格,强调统治集团内部矛盾,便遭到批评。从此,我便被"以论带史"紧紧箍住。老实说,这样做,倒也很省心,只要搜罗一些足以说明统治阶级残酷剥削、镇压劳动人民的史料,塞入既定框架中就可以了。然而有时也会感到乏味和苦闷,难道科学研究就是这样不断重复已有现成的结论吗?

60 年代初,读到翦伯赞先生几篇论文,大受启发。他反对"把史料硬塞进原则中去作为理论的注脚",反对"挑选材料只是作为原理原则的注脚","用史料去迁就理论"。① 这正中我的弊病。他十分强调从具体历史中概括出结论来。这也就是"论从史出"。如果真能做到这一步,也就必然会有创见,会有新意。改革开放以后,有条件了,我努力追求这一境界。

　　所谓"论从史出",如果从广义理解,也可以把"论"理解为一种看法,则小至一个字、一件事、一项制度等的考证,只要史料确凿,见解新颖,都应该是"论从史出"。这种"论从史出",大体也就是清代乾嘉学派的考证,也可以说就是"微观"。对于史学研究来说,它是决不可少,决不可忽视的。因为古代史料脱漏、错讹、长期误解,在所难免。如果不加考证,去伪存真,而是囫囵使用,以之为依据提出宏观看法来,也许不知哪一天便会像建立在沙滩上的大楼一样,倒塌下来的。50、60 年代有些鸿篇巨著,今已很少有人问津,原因之一即在于此。所以对于一些在关键问题上的精彩考证,必须给予高度评价,有些考证决不亚于一篇大论文或专著。我自己从来对这类"论从史出"、考证都是十分欣羡的,也曾在这方面做过一番努力,发表过《刘裕门第考》《素族、庶族解》等文章。不过,总的来说,我的兴趣还是偏重在探讨一些分析性、带有规律性的问题上。即将"论从史出"之"论",多从宏观方面着眼,而把一些微观考证作为"论从史出"中"史"的组成部分,为宏观看法服务,力图大处着眼,小处着手,宏观与微观相结合,将宏观建立在微观基础之上。

　　关于偏重宏观,古代学者早有类似论述:清初学者刘献廷在其名著《广阳杂记》卷四中说:"历代史册,浩繁极矣! 苟不提挈其纲领,便如一屋散钱,无从着手。"所谓"提挈其纲领",他指的便是要用史料说明一些"关系重大"的问题,以达到"识古今之成败是非"的目的。这是很有见地的。我写专著《两汉魏晋南北朝宰相制度研究》,便是通过对大量"散

---

　　① 分见翦伯赞《对处理若干历史问题的初步意见》《目前史学研究中存在的几个问题》,载《翦伯赞历史论文选集》,人民出版社,1980 年。

钱"即史料的搜集与考证,力图"提挈其纲领",探讨这一段时期内,在不同客观条件下,宰相和秘书咨询官员出现、发展的原因与规律,以及相互之间,并与皇帝三者之间的复杂关系,而不仅限于具体制度的罗列及其变化的介绍。

关于究竟如何大处着眼,将宏观与微观相结合,我的体会如下:

第一,需要提高理论水平、理论概括能力。我自己在 50 年代是十分认真地、自觉地学过一点理论的,如辩证唯物主义与历史唯物主义、政治经济学等。原著如《共产党宣言》《反杜林论》《费尔巴哈与德国古典哲学的终结》《家庭、私有制和国家的起源》等,可以说都是一个字一个字读下来的。尽管它们的具体内容,后来逐渐模糊了,但它们分析历史与现实在原则基础上的灵活性,毫无教条气息,以及高度抽象概括的方法,却在我头脑中不同程度地留下痕迹。使得我对一些辩证、历史唯物主义的重要观念,如经济基础与上层建筑、社会存在与社会意识、个人与人民群众、必然性与偶然性等的相互辩证关系,能有一个大体的了解与掌握,这便有利于宏观地把握史料,提高"论从史出"的理论性。

例如我的《陶渊明田园诗产生的历史、文化背景》一文,联系儒家正统文学观、玄学、门阀制度、江州农业生产状况、陶渊明宦途失意亲自参加一些劳动等因素展开论述,便是以必然性与偶然性的相互辩证关系,必然性通过偶然性体现这一理论观点为指导来进行的。又如《有关〈史记〉歌颂汉王朝的几个问题》一文,关于《史记》不可能以批判、反对汉王朝为指导思想的看法,则是以社会存在决定社会意识这一理论观点为指导,分析司马迁的家世、教育、仕宦经历之后得出的。

第二,需要具有比较宽广的我国古代社会、经济、政治、思想文化各方面的知识;或一旦涉及这些问题,懂得如何很快查到、了解。其实这也就是前面提到的"厚积",而且是其中的主体部分——系统的中国通史基础知识。过去我写过《略论晋律之儒家化》一文,初稿送周一良先生请教,他便指出:研究晋律和礼、法关系,不能局限于晋代,要"上挂下连,非于通史精熟者不办"。这对我启发很大。通过后来教学、科研实践,我深深感到,如果没有系统的通史知识,纵使有着很高理论水准,宏观思维,面对有关课题，也只能是望洋兴叹，无从下手；或虽然下手，也不能不是捉襟露肘，主观地概括出几句干巴巴的教条，"以论代史"而已。相反，通史知识越丰富，掌握得越深入细致，有关史料越娴熟，进行教学、科研，分析问题，也就越能左右逢源，得心应手。

最近我写了《〈四书〉传播、流行的社会、历史背景》一文，其所以能宏观地认定主要是"四书"适合宋代以后各王朝力图以之教育官员及其后备力量一般士人"明天理，灭人欲"的需要，而不是为了毒害广大劳动人民，正是以具有唐宋之际社会、经济、政治、思想文化发生重大变化的一些通史知识，以及经学、理学的一点比较专门的知识为前提的。没有这些知识，便不会了解宋代的新特点，也就不会考虑宋代以后官员、士人思想意识、道德品质的教育，和完备法令制度相比，在巩固王朝统治上的重要性，已上升到新的高度问题，也就写不出这篇文章了。当然，我这篇文章的论点是否站得住，是另一问题。我举此例，只想说明，各方面知识包括通史知识多一些，必然有利于教学、科研中大处着眼，将宏观与微观相结合。

顺便一说，上面提到理学知识，我还要特别感谢冯友兰先生的《中国哲学史》，它对我学习哲学史知识帮助极大。这书从30年代版本，到60年代《新编》，再到80年代《新编》修订本，我全都一一购买、拜读，有的篇章是反复拜读若干遍。这是把极难读懂的哲学史史料，一个字一个字真正读懂、理解、消化后，概括出来的具有精辟见解，而又深入浅出的一部巨著，是一部高水准的"论从史出"之作。从中国哲学史专家学者的角度，或许对冯先生的某些观点持有异议，但从我们这一些一般古代史学工作者积累哲学史知识言，则已感到非常满足。某些囫囵引用史料之作，是绝对无法与之比拟的。所以我还要求我的研究生根据情况有选择地阅读这部书。

以上三方面，只是我的体会，即经过摸索，懂得要朝哪个方向去做，实际上我自己做得还很不够。这也不难理解。如前所述，我原来史学基础极差，起步也晚。开始一段时间，可以说是不得其门而入；逐渐摸索出一点门径的过程中，大量旺盛精力又被迫消耗在无谓的"运动""文革"

之中。改革开放，好日子到来时，已垂垂老矣，勉力起追，成就毕竟有限。对这个问题，我很想得开，所以把自己的蜗居颜曰"材不材斋"，但与《庄子·山木》的圆滑态度，以及辛弃疾的消极态度不同，①我是现实的、积极的。从我的经历看，应该说直到80年代五十岁时，才真正进入中国古代史"角色"，发表反映自己观点的文章，的确是"去日苦多"，已太晚了。和功成名就的前辈学者比，成"材"已不可能，要正视这一现实，不怨天，不尤人，要"知命"（"五十而知天命"）；但另一面，我又不甘心陷于"不材"境地，毕竟"天生我材"，总要发挥一些光和热，所以要奋斗，要以"材"为目标，尽可能地多出一些成果，不过要心中有数，如果精力不济，成果有限，也就算了，不必勉强。面对来日方长的中青年学者硕果累累，还有可能著作等身，要为他们高兴，为史学兴旺发达高兴，可能时予以扶掖。要心平气和，决不要嫉妒、压制，也不必暗自嗟伤，空耗心力。与其如此，还不如将心力用在学术上，多增加一点成果。这便是我的材不材观，并以之颜蜗居以自勉。

最后，谈一下一些前辈学者对我直接间接的影响与点拨。只举两例。

记得1948年在华北文法学院兼课的黎锦熙先生，给我们上"中国声韵学"，第一堂课便宣布：听完课，要动脑筋，提问题，有自己的看法。期末考试，"如果完全照我讲课的笔记背，一字不错，别人给你一百分，我给零分！"对惯于死记硬背的我来说，这话无异于一声霹雳，振聋发聩，以至五十年后黎先生当年说话时的姿势、神态，记忆犹新。那年期末考试，我才得65分，懊恼之余，更进一步加深了对这话的印象。我这一生，教学、科研在内容、观点上总力争有点新意，不愿落人窠臼，不能说完全是受黎先生的影响，但他的话对我启发极大，却是可以肯定的。

另一位直接给我很多帮助的是周一良先生。我认识周先生是在1972年调到历史系以后，但早闻大名，1964年已购买、拜读他的大作《魏

---

① 辛弃疾词《鹧鸪天》："味无味处求吾乐，材不材间过此生。"见邓广铭《稼轩词编年笺注》卷二"带湖之什"，上海古籍出版社，1978年。

晋南北朝史论集》。在与周先生交往,有幸亲聆教诲的近三十年中,深感他的最大美德就是真诚:真诚地进行学术研究,真诚地指导研究生、中青年教师(包括我这类由中转老的教师),真诚地与同事相处,真诚地奖掖后进,而毫无利己的意图。"其责己也重以周,其待人也轻以约。"他的名著《魏晋南北朝史札记》初稿写就,征求意见。我在先睹为快,拼命学习,还抄下一些精彩内容之余(因当时还不知何时能出版),也提了几点小意见。如《陈书》卷一九《虞寄传》"系马埋轮"一词,我以为既非汉代俗语,亦不出于《孙子》,而是源于楚辞《九歌·国殇》"霾两轮兮絷四马"。周先生不但表示赞许,而且后来《札记》定稿出版,他还在这一条目下转述了我的看法,以为"似与虞寄原意较近"。这既反映周先生的谦虚美德,更是对我的激励、奖掖!十多年前一位已经毕业了的北大同学来信问我"茶"字的梵文读音与写法。我哪里懂?便带上此信当面请教周先生。他说:多年没摸梵文,要查一查。过了几天他给我写信,做了解答;但又说,为了慎重,还要再去请教季羡林先生(似乎有一段时间季先生正好有事外出)。不久,周先生又来信,并附上季先生给他的信,明确地答复了这个问题。我便将这些信一并寄给了那位同学,虽然涉及的只是一个"茶"字,对方还是一位从未谋面的青年,周先生仍然分出自己极其宝贵的时间,如此认真负责处理,这一件事,更主要的是体现了周先生一贯平等待人,一片真诚待人的美德。这种美德给我的教育意义更大。当然,我得到周先生学术上的点拨也很多,同样终生难忘。前面所举关于重视中国通史掌握问题,即其一。下面再举一例作为本文的结束。80年代初我的《刘裕门第考》一文初稿,本来只提到陈寅恪先生将魏晋南北朝士族分为三等,自己并无定见。周先生看后认为三等说"陈先生似未伸论",建议说:"我看士族大致分为高下两阶层较妥。"据此,我又收集资料作了点考证,补充到初稿中去;并且后来一直坚持士族高低两级之分,追根溯源,实得力于周先生的点拨。

祝总斌先生论著目录

专著、文集

《两汉魏晋南北朝宰相制度研究》,中国社会科学出版社,1990 年、1998
    年;北京大学出版社,2017 年

《材不材斋文集:祝总斌学术研究论文集》(上编:中国古代史研究;下编:
    中国古代政治制度研究)(下文简称《文集》),三秦出版社,2006 年

《材不材斋史学丛稿》(下文简称《丛稿》),中华书局,2009 年

论文及其他

1.《"八王之乱"爆发原因试探》,《北京大学学报》,1980 年第 6 期(《文
    集》《丛稿》)

2.《刘裕门第考》,《北京大学学报》,1982 年第 1 期(《文集》《丛稿》)

3.《略论晋律的"宽简"和"周备"》,《北京大学学报》,1983 年第 2 期
    (《文集》《丛稿》)

4.《关于汉代御史中丞的"出外"、"留中"问题》,《中国历史大辞典通
    讯》,1983 年第 4 期(《文集》《丛稿》)

5.《高昌官府文书杂考》,北京大学中国中古史研究中心编《敦煌吐鲁番
    文献研究论集》第 2 辑,北京大学出版社,1983 年(《文集》《丛稿》)

6.《素族、庶族解》,《北京大学学报》,1984 年第 3 期(《文集》《丛稿》)

7.《略论晋律之"儒家化"》,《中国史研究》,1985 年第 2 期(《文集》
    《丛稿》)

8.《简评晋武帝在统一全国中的作用》,《文史知识》,1985 年第 2 期
  (《文集》)

9.《试论东晋后期高级士族之没落及桓玄代晋之性质》,《北京大学学报》,1985 年第 3 期(《文集》《丛稿》)

10.《西汉宰相制度变化的原因》,《历史研究》,1986 年第 2 期(《文集》《丛稿》)

11.《晋恭帝之死与宋初政争》,《北京大学学报》,1986 年第 2 期(《文集》《丛稿》)

12.《一部别开生面的读史札记——简评周一良〈魏晋南北朝史札记〉》,《书品》,1986 年第 3 期(《文集》)

13.《评晋武帝的民族政策——兼论匈奴刘猛、鲜卑树机能反晋之性质》,中国魏晋南北朝史学会编《魏晋南北朝史研究》,四川省社会科学院出版社,1986 年(《文集》)

14.《从〈宋书·蔡兴宗传〉看封建王朝的"废昏立明"》,《北京大学学报》,1987 年第 2 期(《文集》《丛稿》)

15.《试论我国封建君主专制权力发展的总趋势——附论古代的人治与法治》,《北京大学学报》,1988 年第 2 期(《文集》《丛稿》)

16.《都督中外诸军事及其性质、作用》,北京大学中国中古史研究中心编《纪念陈寅恪先生诞辰百年学术论文集》,北京大学出版社,1989 年(《文集》《丛稿》)

17.《"律"字新释》,《北京大学学报》,1990 年第 2 期(《文集》《丛稿》)

18.《关于我国古代的"改法为律"问题》,《北京大学学报》,1992 年第 2 期(《文集》《丛稿》)

19.《评田余庆著〈东晋门阀政治〉》,《历史研究》,1993 年第 1 期(《文集》)

20.《马援的悲剧与汉光武》,《北京大学学报》,1993 年第 2 期(《文集》)

21.《关于北魏行台的两个问题》,《周一良先生八十生日纪念论文集》编委会编《周一良先生八十生日纪念论文集》,中国社会科学出版社,1993 年(《文集》《丛稿》)

22.《陶渊明田园诗产生的历史、文化背景》,林华国、郑家馨主编《北大

史学》第 1 辑,北京大学出版社,1993 年(《文集》)

23. 《有关〈史记〉崇儒的几个问题》,袁行霈主编《国学研究》第 2 卷,北京大学出版社,1994 年(《文集》《丛稿》)

24. 《魏晋南北朝尚书左丞纠弹职掌考——兼论左丞与御史中丞的分工》,《文史》,1995 年第 3 辑(《文集》《丛稿》)

25. 《有关〈史记〉歌颂汉王朝的几个问题》,袁行霈主编;北京大学中国传统文化研究中心编《国学研究》第 3 卷,北京大学出版社,1995 年(《文集》《丛稿》)

26. 《试论魏晋南北朝的门阀制度》,白寿彝主编、何兹全分册主编《中国通史》第 5 卷上册,上海人民出版社,1995 年(《文集》《丛稿》)

27. 《略论中国封建政权的运行机制》,马克垚主编《中西封建社会比较研究》,学林出版社,1997 年(《文集》《丛稿》)

28. 《〈四书〉传播、流行的社会、历史背景》,《庆祝邓广铭教授九十华诞论文集》编委会编《庆祝邓广铭教授九十华诞论文集》,河北教育出版社,1997 年(《文集》《丛稿》)

29. 《〈史记〉导读》,本书编委会编《中国大学人文启思录》第 2 卷,华中理工大学出版社,1998 年(《文集》)

30. 《试论我国古代吏胥的特殊作用及官、吏制衡机制》,袁行霈主编;北京大学中国传统文化研究中心编《国学研究》第 5 卷,北京大学出版社,1998 年(《文集》《丛稿》)

31. 《诸葛亮隐居地赘考》,丁宝斋主编《诸葛亮躬耕何处——有关史料和考证》,武汉大学出版社,1998 年(《文集》)

32. 《我与中国古代史》,张世林主编《学林春秋》二编下册,朝华出版社,1999 年(《文集》《丛稿》)

33. 《试论我国古代吏胥制度的发展阶段及其形成的原因》,侯仁之、周一良主编,燕京研究院编《燕京学报》新 9 期,北京大学出版社,2000 年(《文集》《丛稿》)

34. 《〈史记〉神农氏、炎帝为一、为二说考辨》,北京大学历史学系编《北大史学》第 7 辑,北京大学出版社,2000 年(《文集》《丛稿》)

35. 《正确理解顾炎武八股文取士"败坏人才"说》,《文史知识》,2001 年第 2 期(《文集》)

36. 《论八股文取士制不容忽视的一个历史作用》,本书编委会编《求是求真永葆学术青春》,河南人民出版社,2001 年(《文集》)

37. 《试论明代内阁制度的非宰相性质——兼略说明代以前秘书咨询官员权力的特点》,《文史》,2002 年第 3 期(《文集》)

38. 《正确认识和评价八股文取士制度》,袁行霈主编、北京大学国学研究院中国传统文化研究中心编《国学研究》第 9 卷,北京大学出版社,2002 年(《文集》《丛稿》)

39. 《〈梁书·何敬容传〉"宰相皆文义自逸"句考释》,袁行霈主编、北京大学国学研究院中国传统文化研究中心编《国学研究》第 15 卷,北京大学出版社,2005 年(《丛稿》)

40. 《评魏晋宋齐"儒教沦歇"及"近世取人,多由文史"说》,《文史》,2006 年第 1 辑(《丛稿》)

41. 《关于魏晋南北朝"弃市"刑为绞刑说》,张金龙主编《黎虎教授古稀纪念中国古代史论丛》,世界知识出版社,2006 年(《丛稿》)

42. 《王荆公诗"作贼"说质疑——试探唐宋及其以前指斥诗歌剽窃的标准问题》,袁行霈主编、北京大学国学研究院中国传统文化研究中心编《国学研究》第 18 卷,北京大学出版社,2006 年(《丛稿》)

43. 《董小宛入宫说始于何时——兼略探吴梅村〈清凉山赞佛诗〉的创作意图》,《北京联合大学学报》,2007 年第 1 期(《丛稿》)

44. 《铜钲与悬鼓——苏东坡诗一个"出典"的商榷》,《文史》,2007 年第 4 辑(《丛稿》)

45. 《关于朱熹〈答陈齐仲（书）〉》,《中华文史论丛》,2008 年第 2 辑(《丛稿》)

46. 《古代皇太后"称制"制度存在、延续的基本原因》,《北京大学学报（哲学社会科学版）》,2008 年第 2 期(《丛稿》)

47. 《戴震的理欲说应该重新评价——试论其对程朱理欲说的歪曲与妄评》,北京大学中国古代史研究中心编《邓广铭教授百年诞辰纪念论

文集》,中华书局,2008 年(《丛稿》)

48.《史佚非作册逸、尹逸考》,《文史》,2009 年第 1 辑(《丛稿》)

49.《唐初宰相制度变化原因试探》,《北京大学学报(哲学社会科学版)》,2009 年第 5 期

50.《关于〈红楼梦〉研究的几个问题》,朱诚如、王天有主编《明清论丛》第 9 辑,紫禁城出版社,2009 年

51.《从"佛狸"的"佛"字注音说起》,中华书局编辑部编《学林漫录》第 17 集,中华书局,2009 年

52.《略论朱熹〈戊申封事〉的特色和宋孝宗的度量》,《北京联合大学学报》,2010 年第 2 期

53.《〈后汉书·党锢传〉太学生"三万余人"质疑》,《中华文史论丛》,2010 年第 1 期

54.《试论戴震理欲说与其人品之关系》,北京大学历史学系编《北大史学》第 15 辑,北京大学出版社,2010 年

55.《说宰相》,《文史知识》,2012 年第 1 期

56.《"须"义"面毛"辨:试析〈说文解字注〉》,《文史》,2012 年第 3 辑

57.《试析关于宋孝宗"憎恨"宋高宗的两条资料》,《中华文史论丛》,2012 年第 4 辑

58.《说"涿"——〈三国志·张裕传〉的一个考释》,北京大学历史学系编《北大史学》第 17 辑,北京大学出版社,2012 年

59.《〈兰亭集序〉再议》,《中国国家博物馆馆刊》,2014 年第 4 期

60.《说〈史记〉——兼试论司马迁〈史记〉的得名问题》,北京大学中国古代史研究中心编《田余庆先生九十华诞颂寿论文集》,中华书局,2014 年

61.《关于王通的〈续六经〉与〈中说〉》,《中华文史论丛》,2015 年第 2 辑

62.《东汉士人人数考略》,北京大学历史学系编《北大史学》第 19 辑,北京大学出版社,2015 年

(李彦楠、季昊亮整理)

编后记

祝总斌先生是研究中国古代政治制度史、秦汉魏晋南北朝史的名家。他的著作《两汉魏晋南北朝宰相制度研究》由北京大学社出版，深受读者欢迎。此外，他还发表有上百万字的学术文章，论旨宏深，泽被学林。

2022 年 7 月，祝先生因病逝世后，我们征得先生哲嗣的同意，决定选编他具有代表性的学术文章，根据主题集为两册，分别拟题为《君臣之际：中国古代国家的政权与学术》《门阀时代：魏晋南北朝的政治与制度》，希望读者能由此了解祝先生"厚积薄发""精细读书""论从史出"的研究方法和学术风格。

文集所收文章发表时间跨度较大，格式不同。我们将原刊论文一律改为简体字，并参考中华书局 2009 年出版的《材不材斋史学丛稿》，最低限度地统一了格式。此外还核对引文，酌情补全出处，订正了以往编校中存在的若干错讹。为保存旧貌，所引论著一般不改用后出新版；古籍原未注出作者、页码的不再添加；作者对于少量引文的句读与通行本相比别有心得，亦不作更改。

为了编好文集，我们请教了曾亲炙祝先生学问的陈苏镇教授、叶炜教授，并得他们慨允，分别为两册文集撰写了导读。陈爽、陈侃理两位先生参与了文集的选目、拟题，英文书名由郭津嵩先生拟定。北大历史学系的研究生季昊亮、冯斌涛、徐铖、李逸飞、刘文滔、张景行诸君为校对文稿、统一格式付出了辛劳。最后由胡鸿通校了全书。在此,谨向他们表示感谢。

遗憾的是,我们已经没有机会再请祝先生审定文稿了。

由于选编时间紧凑,编者能力有限,错漏在所难免,还请读者见谅。

编者

2023 年 7 月 10 日